how

DOV SEIDMAN

Préface de Bill Clinton

how

ou ***comment*** le comportement devient la clé du succès en affaires

Traduit de l'américain par Christian Faivre Delord

DUNOD

Cet ouvrage a été publié sous le titre
How : Why How We Do Anything Means Everything
par John Wiley & Sons Inc en 2007 et 2011 pour la 2e édition.

ISBN 978-2-10-056768-3

À Sydelle, ma mère, pour la première fois où j'ai compris
l'importance du COMMENT

À Maria, ma femme, le COMMENT qui compte le plus pour moi

TABLE DES MATIÈRES

PARTIE IV

COMMENT NOUS DEVRIONS GOUVERNER

PRÉFACE

Quand j'étais président, mon équipe se posait constamment les deux questions suivantes : « Qu'est-ce qu'on va faire ? » et « Combien ça va coûter ? ». Depuis, j'incite tout le monde à se pencher sur un problème plus important : quelle que soit la décision prise (et son coût), comment modifier la situation pour l'améliorer de façon durable ?

Mon ami Dov Seidman s'est consacré à l'étude de la manière dont on mène sa vie, aussi bien privée que professionnelle. Le vingt et unième siècle propose en effet de nouveaux défis et on ne peut plus considérer que la réussite est un jeu à somme nulle. En d'autres termes, un groupe d'êtres humains ne peut plus s'élever aux dépens d'un autre, ces évolutions se font désormais en commun. Notre mission est donc de construire une communauté globale pour partager les responsabilités, les bénéfices et les valeurs. Ce nouvel objectif nous demande de réfléchir ensemble à COMMENT trouver les moyens de résoudre les problèmes globaux impossibles à régler en solitaire.

En 2005, j'ai lancé l'Initiative Globale Clinton réunissant des leaders du secteur privé aussi bien que du secteur public, afin d'élaborer puis mettre en place des solutions innovantes aux défis mondiaux les plus cruciaux. Cette fondation organise des événements permettant à ces leaders de se rencontrer, d'échanger des idées et de monter des partenariats pour améliorer la qualité de vie dans le monde. Nous incitons nos membres à développer des projets spécifiques que nous appelons des «engagements à agir ». Ce sont généralement des rapprochements entre des organisations désireuses de créer des changements durables. Par exemple, des médecins se mettent en contact avec des transporteurs et des ONG de manière à livrer des fournitures médicales inutilisées – qui seraient sinon détruites – aux personnes qui en ont besoin. Par ailleurs on fournit des *jobs* d'été à des jeunes chômeurs de New York, consistant à peindre en blanc le toit des bâtiments, pour réduire les coûts de climatisation, en améliorer l'efficacité énergétique globale et par la même occasion, augmenter le niveau d'emploi. Nos résultats démontrent que la collaboration autour de valeurs partagées optimise l'impact positif de nos actions.

Je suis très heureux que Dov ait écrit ce livre fondamental exposant sa philosophie du COMMENT et détaillant les valeurs à partager accompagnées d'idées pratiques pour les intégrer aux relations publiques, professionnelles et interpersonnelles. Les individus, organisations et entreprises comprenant que COMMENT nous nous comportons est plus important que jamais, vont s'épanouir dans le monde entier. Lorsque des personnes d'origines, de régions et de secteurs d'activité différents, se réuniront dans un véritable esprit de collaboration, s'entraînant mutuellement à en faire plus et à le faire mieux, nous aurons les réponses qui apporteront une amélioration certaine à notre monde et surtout à celui que nous laisserons à nos enfants.

Ce livre nous aidera à construire un futur viable pour de nombreuses générations.

Président Bill Clinton, créateur de la fondation
William J. Clinton et 42e président des États-Unis

AVANT-PROPOS

Ce livre traite du COMMENT et non du *comment-faire*, ce qui est fondamentalement différent.

Au vingt et unième siècle, ce qui compte le plus n'est pas ce que l'on fait ou ce que l'on sait.

Cette remarque s'applique, dans le domaine des affaires, à tout type d'organisation dans le secteur marchand, les associations à but non lucratif, ou même le gouvernement d'un pays. Elle s'applique aussi à la vie quotidienne et à la façon dont on veut atteindre ses buts personnels.

Dans l'économie globale d'aujourd'hui, il est pratiquement impossible de réussir grâce à la valeur intrinsèque des produits fabriqués ou des services fournis. En effet, si on examine les réussites professionnelles, il y en a peu qui sont basées sur le produit ou le service. Quand on fabrique un produit nouveau (ou tout simplement meilleur, plus rapidement et moins cher), la concurrence nous rattrape très vite pour fabriquer un produit encore meilleur à un prix équivalent ou même inférieur. Les clients comparent aussitôt les prix, les performances, la qualité et le service, ce qui transforme le produit fini en une simple matière première.

En parallèle, dans ce monde hyper connecté et hyper transparent, la notion de comportement personnel a complètement disparu. Pour le meilleur ou pour le pire, il est désormais possible de transférer par e-mail, de *tweeter* ou de *blogger* le moindre événement. Nous avons acquis le pouvoir nouveau de voir à travers les murs, court-circuitant les relations publiques, le fonctionnement le plus secret des entreprises et même de percer le caractère des individus qui les dirigent. On peut voir ce qu'ils font et aussi COMMENT ils le font.

Par ailleurs la demande de reconnaissance – personnelle, professionnelle et même nationale – est au cœur de tous nos efforts. Nous voulons tous sortir du lot, être sûrs de nous, montrer notre valeur, faire certaines choses que les autres ne pourront pas imiter et devenir ainsi le (la) numéro un. Nous continuerons à le faire, tout en sachant qu'il n'existe plus aucun domaine où c'est vraiment possible dans ce monde réduit aux matières premières.

Il existe néanmoins un champ recélant encore des trésors de variables, qui n'a pas encore été complètement analysé, quantifié ni systématisé et qui ne peut pas être copié ni banalisé : c'est le royaume des comportements humains – *COMMENT* nous agissons. Il existe en effet d'énormes variations dans *la manière dont* vous faites ce que vous faites. Le comportement humain est si divers, si riche et englobe tant de variables qu'il présente une opportunité devenue rare, *celle de surpasser la concurrence grâce à un meilleur savoir être*. Ce qui permet de donner à l'entreprise une valeur durable.

Il est bien évident que la manière d'agir a toujours eu son importance, la nouveauté est simplement qu'aujourd'hui la manière dont nous nous comportons et dont nous obtenons la confiance des autres et aussi dont nous établissons des relations avec eux, est encore plus importante qu'avant.

Le monde d'aujourd'hui fonctionne à travers un énorme réseau d'informations, il nous met en relation et nous révèle aux autres de multiples façons nouvelles. Un nuage de données globales nous a connectés avec des collègues, des clients et des individus de cultures vraiment très différentes. Les sauts technologiques nous ont reliés plus vite que les méthodes de décodage n'ont été élaborées. En conséquence la plupart des façons éprouvées de travailler en commun ne sont plus valables.

Comme nous le constatons tous les jours, les innovations les plus valables du vingt et unième siècle ne vont pas tellement venir de nouveaux produits, services, compétences, modèles industriels ou programmes publics. Elles vont être apportées par la création de valeur et de différenciation dans notre comportement individuel et en groupe – des innovations du COMMENT. Les individus et les entreprises qui ne suivent pas restent sur la touche. Ceux qui avancent sont ceux qui comprennent que le meilleur chemin vers la réussite (la recherche de sens) se situe dans le comportement – avoir les bons COMMENT. Ce livre montre la puissance et les implications de cette idée toute simple.

L'ÂGE DU COMPORTEMENT

Quand j'ai écrit la première édition de *HOW* en 2007, je soutenais que nous étions en train de pénétrer dans ce que j'appelais « l'ère du comportement ».

En fait je me trompais totalement.

Depuis quatre ans nous y sommes complétement. Notre comportement est encore plus important que je ne le pensais et ceci dans des domaines que je n'aurais jamais imaginés. Quand par exemple, je racontais l'histoire du vendeur de beignets New Yorkais qui a fait littéralement exploser ses ventes en faisant tellement confiance à ses clients qu'ils se rendaient eux-mêmes la monnaie, je n'avais pas pensé un seul instant que la confiance deviendrait une stratégie globale dans les affaires pour établir des relations solides. Je n'aurais jamais imaginé que l'Indonésie adopterait cette stratégie dans sa lutte contre la corruption en créant plus de 10 000 « cafés honnêtes » à travers l'archipel ainsi que de nombreuses « cantines honnêtes » dans les écoles. Elles fonctionnent sans personne à la caisse, les élèves prennent ce qu'ils veulent, déposent le prix correspondant dans une boite ouverte et récupèrent la monnaie dans une autre boite. L'idée sous-jacente est de donner aux jeunes l'habitude de la probité pour les empêcher de s'enfoncer plus tard dans la corruption qui est l'un des problèmes majeurs du pays[1].

Quand j'ai considéré que la plus grande chaine de Ponzi à ce jour était le fruit d'un gigantesque abus de confiance, je n'aurais pas pensé que son effondrement aurait des répercussions globales bien au-delà du cercle d'investisseurs que Bernard Madoff a directement grugés. Quand j'ai écrit l'histoire d'un joueur professionnel de golf qui s'était disqualifié lui-même d'un tournoi parce qu'il pensait qu'il devait le faire en tant que professionnel et être humain et pas seulement pour respecter les règles, je n'aurais jamais imaginé que l'un des plus grands golfeurs de tous les temps tomberait en disgrâce parce qu'il menait une vie professionnelle une vie personnelle diamétralement opposées (alors que les comportements dans le privé et le public ne peuvent plus être dissociés). Quand j'évoquais l'énorme réseau d'informations qui dévoile tous nos secrets, je n'ai pas réalisé qu'il faudrait une crise financière mondiale pour nous faire découvrir la nature profonde et les véritables implications de la nouvelle connectivité globale.

Quand j'expliquais que notre monde avait une forte tendance à l'interconnexion et que les technologies de communication avaient réduit les distances entre individus, pays et cultures, je n'avais pas saisi l'étendue de cette interconnexion entraînant une interdépendance complète y compris sur le plan moral. C'est pourtant le cas quand des prêts hypothécaires en Californie entraînent dans leur chute l'effondrement de fonds de pension en Norvège et quand l'augmentation de la demande globale de téléphones portables et de consoles de jeu vidéo engendre des génocides en Afrique.

Je pense qu'il est réducteur de décrire le monde avec des termes neutres tels que plat, connecté, transparent, complexe, incertain et plein de risques, parce qu'il est en fait beaucoup plus que ça. Il y a deux siècles, le philosophe Écossais David Hume faisait observer que les libertés prises avec la morale diminuaient avec la distance. Il s'ensuit que le sens moral augmente lorsque le monde se rétrécit avec la globalisation de l'information et du capital. Nous sommes désormais proches les uns des autres et il est nécessaire de réactiver notre sens moral.

J'ai élaboré une formule pour expliquer le fonctionnement du monde interconnecté et interdépendant :

Technologie + Passion humaine × (Idées fausses + mauvaises Valeurs) = divers Extrêmes et Dysfonctionnement global

Technologie + Passion humaine × (Idées justes + bonnes Valeurs) = Stabilité globale et Prospérité durable

Cette formule présente deux constantes et deux variables. La première constante est la connexion technologique du monde qui ne diminuera jamais, pas plus que l'exposition de notre vie privée, l'intimité ayant complètement disparu. La deuxième constante est la passion humaine universelle pour le progrès et l'amélioration de la vie quotidienne. Quand ces deux constantes se combinent, ce qui est le cas en ce moment, leur impact commun augmente de manière exponentielle.

Il y a aussi deux variables : nos idées sur le monde et nos valeurs. Les idées fausses et les mauvaises valeurs entraînent un dysfonctionnement global et l'apparition de tous les extrêmes. On passe alors de crise en crise de plus en plus rapidement. Pourtant des idées justes et de bonnes valeurs engendrent la stabilité globale et la prospérité durable qui permettent d'obtenir ce que l'on veut.

Les enjeux liés aux résultats de cette formule sont plus élevés que jamais. Dans ce monde hyper connecté, les problèmes locaux risquent rapidement de prendre une ampleur planétaire. Que ce soit une crise financière, un accident nucléaire, la fonte de la banquise, une épidémie ou le développement du terrorisme par Internet, la rapidité et l'échelle globale de ces problèmes nous incitent à penser que nous sommes quotidiennement confrontés à un sort tragique. Nous ressemblons aux agents secrets de la série *Men in Black*, risquant chaque matin d'être réduits en poussière par des envahisseurs extraterrestres. De toute façon, même si nos problèmes nous paraissent être de l'ordre de *fin du monde*, ce sont plutôt des crises de *mode de vie*, occasionnées par nos relations avec les autres et la planète.

Dans mon cheminement d'entrée en contact avec les autres pour leur expliquer comment se produisent les choses, je souligne la distinction entre ces crises de fin du monde et celles de mode de vie. L'exemple classique de la fin du monde est un astéroïde gigantesque se dirigeant vers la terre. Dans cette éventualité il est tout à fait logique de se terrer sous son lit et de prier pour qu'il évite la terre et termine sa course en s'écrasant sur Vénus. Autrement dit, il s'agit d'un cataclysme contre lequel on ne peut absolument rien. Ce n'est pas le cas de la majorité de nos problèmes sociaux, politiques ou même écologiques, créés par le comportement de l'être humain et pouvant être résolus en modifiant ce comportement.

Par exemple, pendant la crise financière, beaucoup de personnes dites intelligentes croyaient vraiment que l'économie mondiale était sur le point d'exploser au point que l'expression consacrée était : « au bord du gouffre. » Ces personnes-là ont donc baissé la tête, évité de s'exposer et ont attendu que la tempête se calme. Nous avons entendu de nombreux appels à une « réforme » ou à une « remise à zéro » du système financier. Pourtant ce dont nous avons réellement besoin c'est de *repenser* les relations sous-tendant ce système. Comme le disait Albert Einstein, on ne résout pas un problème avec le raisonnement qui l'a créé. Le seul moyen de résoudre une crise de mode de vie est de changer notre mode de vie.

Au cours de mes déplacements je note une soif universelle de mieux comprendre l'évolution du monde et un appétit gigantesque de « repenser » la manière d'agir vis-à-vis de ces fréquentes crises de mode de vie. On m'a souvent demandé d'appliquer les idées de COMMENT concernant le comportement, à ce désastre économique global causé par des transactions financières beaucoup trop complexes. Sachant que tout comportement est guidé par des valeurs, le plus important est de bien distinguer celles qui sont « conjoncturelles » de celles qui sont « durables ». Trop souvent en effet, on se connecte uniquement aux premières. Dans le marché immobilier par exemple, les banques avaient pris l'habitude d'accorder des prêts hypothécaires au-dessus des moyens des emprunteurs. Aujourd'hui, cela paraît complétement aberrant, pourtant certains banquiers l'ont fait à grande échelle. Les acquéreurs n'y trouvaient rien à redire parce qu'ils pensaient que la valeur vénale de leur maison ne pourrait qu'augmenter ce qui leur permettrait de refinancer le prêt ou de revendre avec un bénéfice substantiel. Les banques étaient intéressées parce qu'elles transformaient immédiatement ces créances douteuses en actions qu'elles revendaient à des fonds d'investissement. Les investisseurs étaient d'accord parce qu'ils pensaient qu'il n'y aurait qu'un petit nombre de prêts qui ne seraient pas honorés. Tout le monde supposait, en se trompant lourdement, que le marché immobilier ne pouvait que continuer à la hausse. Et nous avons aussi commis l'erreur, plus fondamentale, de croire que nous n'avions pas besoin d'établir des relations authentiques et durables entre les différents acteurs du marché, parce que ces nouveaux produits financiers nous avaient isolés de la notion de risque. Nous savons désormais qu'ils démultipliaient les risques en encourageant tout le monde à se focaliser uniquement sur les retours à court terme, en négligeant les conséquences à long terme.

Cette distinction est cruciale. Les relations entretenues par des valeurs conjoncturelles incitent à n'évaluer que ce qui est disponible ici et maintenant. Elles exploitent les opportunités à court terme plutôt que le respect de principes à long terme. Elles mettent l'accent sur ce que l'on *peut* ou ne *peut pas* faire dans une situation donnée. Au contraire, les valeurs durables insistent sur ce que l'on *devrait* ou ne *devrait pas* faire dans toutes les situations. Elles maintiennent les relations sur le long terme et nous connectent au plus profond de notre identité d'êtres humains. Elles comprennent l'intégrité, l'honnêteté, la vérité, l'humilité et l'espoir. Elles concernent le *comment* et non le *combien*.

Ce n'est pas grâce à sa taille qu'une institution dure, comme cela a été démontré par la chute des principales institutions financières. Au contraire c'est *comment* elle traite les affaires – *comment* elle entretient ses relations avec ses employés, ses actionnaires, ses clients, ses fournisseurs, l'environnement, la société et les générations à venir.

LE COMMENT DEVIENT GLOBAL

Ces dernières années, j'ai présenté le modèle du leadership à des auditoires dans le monde entier. J'en ai aussi discuté dans beaucoup d'endroits inattendus et j'en ai appliqué les concepts à des situations auxquelles je n'aurais jamais pensé. J'ai aussi été invité à l'émission « Good Morning America » où j'ai eu la surprise de répondre aux questions de l'animateur Robin Roberts sur les COMMENT de la manière d'élever les enfants. C'est en effet tout un cheminement, comme construire sa carrière ou son entreprise. Il y a eu une époque où on pouvait les envoyer dans leur chambre et éteindre la télévision. Maintenant il est pratiquement impossible de les débrancher de tous les gadgets qui les relient au monde des réseaux sociaux. On espérait que les enfants modéliseraient naturellement leur comportement sur celui de leurs ainés, maintenant ce n'est plus du tout le cas. Peu après la publication de *How*, je suis devenu père et mon fils a maintenant trois ans. Tout ce qu'il dit et fait peut désormais virtuellement vivre éternellement, sa réputation le précèdera où qu'il aille. Il est donc fondamental que je lui fasse intégrer des valeurs durables qui l'aideront à prendre pied et le guideront dans ce nouveau monde étrange et excitant.

Peu après, j'ai été invité par Charlie Rose (animateur d'une émission de télévision traitant les sujets de société, Ndt), qui m'a demandé en quoi les idées de ce livre étaient différentes de la Règle d'Or (« Ne fais pas à autrui ce que tu n'aimerais pas qu'il te fasse », Ndt). C'est une question intéressante parce qu'il est important de traiter les autres comme on aimerait qu'ils nous traitent. Et c'est devenu encore plus important maintenant, dans des domaines où ça ne comptait pas auparavant. Il y a en effet beaucoup plus de personnes qui peuvent désormais voir comment vous agissez et en ressentir l'impact. J'ai émis l'idée qu'il fallait augmenter nos valeurs pour les aligner sur un monde dans lequel des millions de personnes ont la possibilité de déclarer « être ami », « ne plus être ami » ou « ne plus vouloir être ami » (suivant la définition de Facebook, Ndt) avec quiconque par un clic de souris et s'attirer des « followers » (suivant celle de Twitter, Ndt) en moins de 140 caractères tapés sur un clavier. Il n'y a donc pas lieu de s'étonner que les générations montantes rejettent l'obtention d'un statut social par la consommation effrénée, pour préférer se faire apprécier par leur comportement et ce qu'elles expriment[2].

Plus je voyage et plus je réalise que les idées de ce livre sont universelles. J'ai beaucoup appris grâce à la manière créative et unique dont chaque auditoire lit How. Un dimanche matin à Pékin, j'ai fait l'erreur de dire lors d'une conférence à l'Université que je resterai après ma présentation jusqu'à ce que j'ai répondu à toutes les questions qui me seraient posées. Quatre heures plus tard, nous discutions encore des passerelles entre un comportement durable et la philosophie chinoise classique. (La réponse est que les deux sont très proches. Un principe central de la pensée de Confucius, par exemple, est que c'est la loi qui contrôle l'homme du bas et le droit qui contrôle celui d'en haut. Si on remplace *homme* par *entreprise*, Confucius devient un théoricien contemporain du management des organisations.)

Lors d'une conférence internationale rassemblant des dirigeants de groupes internationaux en Europe, j'ai demandé à ceux qui connaissaient leurs employés les plus performants de lever la main. Ils l'ont tous fait. Je leur ai alors demandé de garder la main en l'air s'ils pouvaient maintenant donner le nom de leurs employés qui respectaient le plus les principes de l'entreprise – ceux (celles) qui personnifiaient le plus ses valeurs fondamentales et donnaient le meilleur exemple de l'obtention de bons résultats de la bonne manière. Toutes les mains sont retombées. Pour continuer leur gymnastique, je leur ai demandé si leur entreprise serait meilleure et plus durable s'ils pouvaient répondre à la deuxième question aussi facilement qu'à la première, toutes les mains se sont brandies à nouveau. J'ai terminé en leur demandant de garder les mains en l'air s'ils pensaient que la dynamique globale des affaires nécessitait de développer ce point et de l'intégrer rapidement dans leur manière de travailler au quotidien. Les mains sont restées en l'air.

En 2008 j'ai proposé le verbe « mieux se comporter que » au Festival des Idées, une réunion à Aspen où l'on discute des idées qui paraissent les plus importantes pour l'évolution du monde. J'avais remarqué que ce terme n'existe pas, au contraire de ceux que l'on emploie régulièrement (en américain, Ndt) comme *plus performant*, *plus rusé*, *plus malin*, *meilleur tacticien* ou *produire plus*… Le langage est primordial parce que c'est ce qui modèle notre pensée. On trouve les expressions ci-dessus dans les dictionnaires parce qu'ils expriment des habitudes courantes d'esprit et de comportement. Alors que l'idée qu'exceller dans son comportement en y respectant des principes procure un avantage, n'est pas une notion suffisamment reconnue pour avoir un mot qui l'exprime. Nous sommes des culturistes qui ont travaillé leur torse et leurs biceps sans s'occuper de leurs cuisses, nous sommes trop développés de la tête. Nous savons comment dépenser plus et être plus malins que nos concurrents et nous ne savons pratiquement pas comment mieux nous comporter qu'eux. Pour reprendre la métaphore, il est temps de retourner à la salle de musculation et de travailler sur nos jambes comportementales qui nous relient au sol et nous font avancer vers une vie qui aura plus de sens et sera plus durable.

J'ai aussi remarqué que des penseurs et des leaders que j'admire ont adopté et développé le concept du COMMENT en tant qu'éthique du comportement humain et plateforme de création de valeur durable. Dans cette veine, ils ont adopté mon emploi de comment comme substantif (c'est-à-dire : « choisir les bons COMMENT » ; « c'est le COMMENT qui fait la différence ») plutôt qu'adverbe (c'est-à-dire : « Comment pouvons-nous améliorer notre part du marché ? ») Le président Bill Clinton a annoncé qu'il allait passer le reste de sa vie à se pencher sur le « COMMENT » et qu'il abandonnerait le « quoi » aux autres. Il a en conséquence focalisé les activités de son Initiative Globale Clinton sur les réponses à apporter aux questions du COMMENT.

L'éditorialiste du *New York Times* Tom Friedmann a ajouté le COMMENT comme une « règle » du monde aplani dans son livre *The world is flat*. Dans son livre suivant : *Hot, flat, and crowded*, il a adopté le cadre du COMMENT et ses valeurs durables comme la pierre angulaire d'un monde durable. Il a aussi développé le leadership basé sur le COMMENT – le leadership qui inspire – pour en faire la clef de l'innovation et de l'épanouissement dans ce monde marqué par des bouleversements politiques, économiques et environnementaux de plus en plus fréquents.

L'ESSOR DES VALEURS DU COMMENT

Je gagne ma vie en dirigeant une entreprise opérant dans le marché global. Ces dernières années, j'ai discuté des mérites du capitalisme avec des personnes pour qui les responsables de la récession étaient les banquiers cupides, les régulateurs mal informés et les fabricants de voitures incompétents. J'ai invariablement commencé ma réponse en leur faisant remarquer que le comportement économique a toujours eu une dimension morale. En effet, Adam Smith, auteur de *La richesse des nations*, était un philosophe et non un économiste. Puis je continue en expliquant que dans une société capitalistique, nous supposons naturellement que la croissance économique profite à tout le monde puisqu'elle entraîne des emplois, de l'argent et assure la sécurité des affaires aussi bien que celle des personnes.

Tout au long du vingtième siècle, nous avons constaté des fusions d'entreprises conduisant à des compagnies de plus en plus grosses et de moins en moins nombreuses. L'idée prévalente était que les grandes entreprises étaient plus solides que les petites. Toutes voulaient atteindre la taille critique pour devenir « trop gros pour tomber » « *too big to fail* », pour employer un terme qui a pris un tout autre sens depuis la crise des *subprimes*. Tout un écosystème d'écoles de commerce, d'investisseurs, de bourses, de médias des affaires et d'entreprises ont commencé et continuent encore à évaluer leur réussite sur ce seul critère. Les fonds de capital-risque demandent encore aux entrepreneurs actuels comment ils envisagent de développer leur start-up avec une croissance exponentielle. Le marché favorise encore les entreprises à la croissance rapide et désavantage celles dont la croissance est plus sage. Néanmoins dans les affaires, la taille ne peut pas à elle seule garantir la survie à long terme. Au contraire, la recherche d'un développement agressif – plus de chiffre d'affaires, de profit, de clients, de points de vente ou une augmentation conséquente de la capitalisation boursière – incite les entreprises à perdre de vue les valeurs nécessaires à tenir au long terme. J'attends encore que l'on me montre un capital-risqueur qui demande à un entrepreneur de lui expliquer comment il entend « augmenter ses valeurs » et j'investirai dans son fonds. Indiquez-moi une entreprise qui est « trop durable pour tomber » et j'achèterai immédiatement des actions.

Si vous ne retenez rien d'autre de ce livre, souvenez-vous de ça : au vingt et unième siècle, un comportement respectant des principes est le meilleur moyen d'obtenir la réussite et d'atteindre un sens véritable dans son travail et sa vie privée. Si ça paraît contraire à l'intuition, c'est parce que nous croyons que la vie professionnelle et la vie privée sont situées dans des sphères séparées régies par des règles différentes. En suivant ce raisonnement, la responsabilité sociale et environnementale est au mieux périphérique au but fondamental des affaires qui est de maximiser le profit économique. La culture populaire donne aussi énormément de poids à ce message. Ayant débuté ma carrière professionnelle à Los Angeles, je suis souvent allé au cinéma et je tire des leçons sociales des films que j'ai vus. Il suffit de penser aux membres de la mafia dans *Le Parrain* qui justifient des actes épouvantables de violence en expliquant « C'était uniquement professionnel. Je n'ai rien contre Michael, dis-lui que je l'ai toujours apprécié. »

On peut prendre en exemple le slogan « L'avidité est une bonne chose », rendu célèbre par le trader Gordon Gekko joué par Michael Douglas dans le film d'Oliver Stone *Wall Street*. Le réalisateur ne veut pas démontrer que l'avidité est forcément une bonne chose, il s'est inspiré de son père, un agent de change de la vieille école qui ne jurait que par les services qu'il rendait à ses clients. Il est assez ironique de constater que plusieurs générations de jeunes traders ont interprété la mise en garde de Stone comme un cri de ralliement à la cupidité. Des concepts tels que « L'avidité est une bonne chose » et « C'est strictement professionnel » sont tout à fait adaptés à un monde déconnecté où les gens peuvent se créer une sphère à part – d'abord dans leur esprit, puis dans leur comportement – dans laquelle leurs relations dépendent des situations. Le monde professionnel était devenu une sphère de ce type. Ces prêts hypothécaires transformés en subprimes étaient « strictement professionnels. » L'idée était qu'il existait un espace sans morale dans lequel, pour autant qu'on n'enfreignait pas la loi, la seule responsabilité de chacun se situait vis-à-vis de la valeur des dividendes et de de la recherche de bénéfice. Hélas, beaucoup trop d'entre nous n'ont pas compris que la technologie ne s'est pas contentée de nous interconnecter, elle nous a aussi rendu interdépendants sur le plan moral. « L'avidité est une bonne chose » et « *too big to fail* » sont des stratégies raisonnables dans un monde où les affaires et la vie personnelle sont séparées. Ce sont les pires stratégies dans un monde connecté où tout est personnalisé parce que le comportement de chacun (e) affecte tout le monde.

Je pense que c'est pour cette raison que la vision du monde à travers le COMMENT est maintenant prise en considération dans des forums traditionnellement dévolus aux perspectives économiques. La réunion annuelle du Forum économique mondial à Davos par exemple, rassemble des leaders politiques et économiques pour évaluer l'état de l'économie mondiale. Le titre de l'édition de 2011 était « *Shared norms for a new reality* » - les normes étant prises dans le sens de normes de comportement, ce que nous *devrions* faire. La brochure expliquait clairement que la réunion se focaliserait sur « la question du COMMENT ». Et *Fortune*, le magazine qui a contribué à créer le concept de « trop gros pour tomber » à travers son classement annuel des 500 entreprises américaines les plus grosses, est passé de sa vision traditionnelle du *combien* à la philosophie du COMMENT dans un article intitulé « *Why doing good is good for business* »

La logique du « trop gros pour tomber » a toujours prévalu dans les affaires internationales où les pays font la course aux armements et aux devises parce qu'ils pensent que la taille signifie puissance et sécurité. Est-ce vraiment le cas ? Dans ce domaine aussi, ce livre a montré que ses prédictions se révélaient exactes dans des domaines que je n'avais certainement pas imaginés. Le prologue commence par la description des vagues spontanées que des spectateurs lancent dans des stades pour encourager leur équipe. Pour moi c'est la métaphore du type d'énergie humaine qui va se développer au vingt et unième siècle, pas uniquement dans les stades d'ailleurs. Le Moyen Orient a montré plusieurs vagues au début de l'année 2011, où des révolutions populaires se sont dressées contre plusieurs despotes arabes. Un peu comme à Wall Street, les politiques menées dans cette région du globe ont suivi cette philosophie du « trop gros pour tomber ». Nous croyions que ces régimes autocratiques dureraient toujours parce qu'ils avaient la puissance et l'argent de leur côté. D'ailleurs beaucoup ont reçu le soutien des États-Unis parce que nous pensions que seuls des dictateurs forts étaient capables de combattre le terrorisme et de garantir la production de pétrole et non parce qu'ils partageaient nos valeurs.

Ce qui s'est passé est extraordinaire. Comme des millions de personnes, je suis resté cloué devant ma télévision pendant le printemps arabe. En Tunisie et en Égypte, des manifestants pacifiques uniquement armés des caméras vidéo de leurs téléphones portables se sont dressés contre les gouvernements, utilisant le canal des réseaux sociaux tels que Facebook et Twitter pour organiser leurs actions et les diffuser dans le monde entier. Ils ne voulaient que ce que nous voulons tous : la justice, la dignité et la liberté. Et bien qu'ils n'aient ni tanks ni moyens de torture, ils ont rapidement réussi à déboulonner ces anciens régimes. Autrement dit, ils ont créé la *liberté à partir de* la tyrannie. Leur avenir est incertain et personne ne peut dire si cela va mener à une liberté durable, c'est-à-dire la liberté de vivre suivant leurs valeurs. Pourtant nous savons désormais que des mouvements populaires inspirés par des valeurs durables peuvent triompher des forces de violence et de répression. Aucun dictateur n'est trop gros pour tomber.

En regardant des milliers d'égyptiens réclamer leurs droits sur la place Tahir, j'ai compris que c'était la confirmation tangible que trop gros pour tomber est un mythe. Que ce soit à Wall Street ou au Caire, c'est une stratégie qui ne fonctionne pas. Nous avons besoin pour la remplacer de leaders, d'entreprises et de gouvernements qui sont trop durables pour tomber, respectent trop de principes pour tomber et sont trop bons pour tomber.

Pourquoi ? Parce que dans ce monde hyper connecté, les individus et les petits groupes sont maintenant beaucoup plus puissants pour faire aussi bien le mal que le bien. Un seul individu peut voler des millions d'identités et peut aussi lancer des révolutions pour obtenir la liberté dans le monde arabe. Nous avons en fait démocratisé la production du bien comme du mal. Plus nous sommes connectés et plus nous devons nous attendre à ce que l'inattendu se produise. Dans ce monde de changement constant et radical, nous avons tous besoin d'un rempart qui nous serve de moteur et de guide. Il faut nous enraciner et enraciner nos entreprises dans ce qui ne bouge pas, c'est-à-dire nos valeurs. Ces valeurs nous empêchent de passer d'une crise à l'autre, de la cupidité à la peur et nous guident sur un chemin durable de progrès.

L'ÉVEIL DU LEADERSHIP CAPABLE D'INSPIRER

Si trop gros pour tomber est une stratégie inadaptée au monde hyper connecté, comment alors structurer nos vies et nos entreprises pour les rendre trop durables pour tomber ? Il faut repenser la nature elle-même du leadership. Dans l'économie actuelle du savoir, les sources du pouvoir – les informations et les idées – sont infinies, Google les distribue gratuitement. Comme nous ne pouvons plus les garder pour notre usage personnel, les habitudes de leadership de l'ère industrielle perdent leur efficacité. Quand on observe désormais le monde à travers les lunettes du COMMENT, on voit évoluer certains leaders et se transformer d'autres depuis le « commander et contrôler » vers le « se connecter et collaborer ». Ce changement consiste à abandonner l'exercice du pouvoir *sur* les gens pour lancer des vagues à *travers* eux.

Ces leaders engendrant l'inspiration ont compris que, comme la source de pouvoir évoluait, il fallait adapter en conséquence leur façon de provoquer et guider les comportements. C'est en fait assez simple parce qu'il n'y a que trois moyens de générer le comportement recherché : on peut forcer, motiver ou inspirer.

La coercition dit : « Terminez-moi cette note pour cinq heures de l'après-midi. C'est ça ou la porte. Débrouillez-vous.» La motivation : « Si c'est fait, vous aurez une récompense. » Ces leaders emploient des moyens externes de récompense (des carottes) ou de punitions (des bâtons) pour obtenir la performance, se connecter aux autres et les obliger à respecter des règles. Dans notre monde interconnecté, on découvre vite la limite du système carotte/bâton parce que l'on ne peut pas écrire suffisamment de règles pour obtenir le comportement voulu dans toutes les situations imaginables. On perçoit aussi la limite du système carotte/bâton pour établir des connexions fortes dans un monde qui montre déjà nos connexions pour ce qu'elles sont réellement. Si la seule raison pour laquelle je travaille pour cette entreprise est le montant du salaire, je la quitterai dès que l'on m'en offrira un plus gros. Si la seule raison pour laquelle j'achète un produit chez un fournisseur est le prix, j'achèterai ailleurs si je trouve ce produit moins cher. La motivation se révèle être une façon très couteuse d'engendrer un comportement et de générer une connexion, surtout quand il y a moins de carottes sur le marché.

En tant que leaders nous devons plus employer l'inspiration que la coercition ou la motivation, parce que nous demandons plus à nos employés que par le passé. Nous leur demandons de développer des relations avec des collègues à l'autre bout du monde qui ont des cultures différentes et parlent des langues variées. Nous leur demandons d'aller plus loin que le simple service au client pour créer des évènements uniques, agréables et authentiques. Nous voulons qu'ils représentent l'entreprise de manière honorable et qu'ils cultivent la marque, aussi bien quand ils s'expriment sur les réseaux sociaux, les blogs, les e-mails ou en toute situation que quand ils sont au travail. Nous voulons qu'ils soient meilleurs avec moins de moyens et qu'ils réagissent positivement en face de toute incertitude. Nous leur demandons de plus en plus d'aller au-delà des simples améliorations, de concevoir et de mettre en œuvre les innovations nécessaires, même si elles sont perturbatrices, pour réaliser les changements dont nos entreprises ont besoin pour se développer au sein de la concurrence globale. Les demandes sont grandes et les tâches nombreuses pour y répondre. Si on y réfléchit bien, on réalise que nous demandons des qualités et des comportements particulièrement humains. Les carottes et les bâtons ne peuvent absolument pas répondre aux questions posées.

Le seul type de leadership qui puisse fournir les réponses à ces grandes questions est celui de type « connecter et collaborer » parce qu'il inspire le meilleur aux personnes. Ironiquement, c'est le sport professionnel qui l'illustre le mieux parce que c'est un domaine où la philosophie de type « trop gros pour tomber » a régné en maître. On veut être plus gros, plus fort et plus rapide que l'équipe adverse pour obtenir un meilleur score. Il s'agit de performance de pointe, gagner année après année jusqu'à créer une véritable dynastie. Comme on peut s'y attendre, les coaches qui réussissaient ont été de vrais tyrans obtenant des résultats en demandant beaucoup et en bousculant les joueurs. Pensez à Vince Lombardi, Bobby Knight, Tom Coughlin et à d'autres despotes sévères dont les noms sont associés à des victoires. Puis maintenant pensez à l'équipe nationale espagnole de foot, qui a rebondi après une classique crise de milieu de vie grâce à l'étincelle provoquée par le fait qu'ils aient perdu au premier tour de la Coupe du monde en 2010. Le coach espagnol, Vincente del Bosque, est l'exact opposé d'un adjudant criard et gesticulant. Après le match perdu, il n'a pas imposé d'entrainements supplémentaires ou d'autres punitions « par principe » ou « pour montrer qui est le chef. » Au contraire, il a organisé une série de petites réunions d'équipe où il a rappelé aux joueurs que le désintéressement et le travail d'équipe pouvaient les sortir de là. C'est le leadership tranquille de del Bosque qui les a unis et galvanisés, de sorte qu'ils ont gagné la coupe du monde[3].

Si vous êtes un supporter de la ligue nationale américaine de football, vous savez que ce n'est pas un cas unique. Le football américain est peut-être le dernier domaine de « force brute » et pourtant, beaucoup de coaches qui réussissent ont un style de leadership collaboratif. L'un d'eux, Coughlin, a mené les Géants de New York à une victoire improbable lors du Championnat national de 2007. Malgré sa longue expérience de coach, les critiques mettaient souvent en doute sa capacité à se connecter aux joueurs. Ils le traitaient de « tyran autocratique » et de « figure distante de dictateur. » Il a failli être mis à la porte et changea donc ses habitudes. Plutôt que de crier plus fort, il a créé des connexions solides avec les joueurs. Il les a régulièrement réunis pour évaluer leurs préoccupations et découvrir leurs familles et leur vie en dehors du football. Son objectif de gagner le championnat était toujours le même, il a seulement adapté ses méthodes. Ils les a enrôlés dans des croyances partagées sur la volonté de devenir champions et sur des valeurs guidant le *comment* travailler ensemble. Un vieux singe a appris à faire la grimace, a aussi eu le courage de se transformer et en plus, il a modifié son équipe[4].

Je ne prétends pas du tout que Coughlin et del Bosque soient des saints. Comme de nombreux PDG qui vont de l'avant, ce sont des leaders intelligents qui ont trouvé de nouveaux moyens pour obtenir la performance de pointe dans un monde où les formes traditionnelles de puissance perdent rapidement du terrain. Il s'agit surtout de repenser à la signification stratégique du comportement, le faisant passer de la défense à l'attaque.

J'ai présenté la philosophie du COMMENT à de nombreux leaders d'entreprises. Dans le passé, certains m'écoutaient attentivement, puis m'envoyaient leurs « gardiens de buts » (c'est-à-dire le secrétaire général, le responsable des risques ou des relations publiques). Les PDG ont toujours voulu employer les meilleurs gardiens de but, ceux qui concèdent le moins de buts pour éviter des comportements susceptibles d'être sanctionnés et les défauts de conformité. Pourtant historiquement, les leaders des affaires sont moins intéressés par ce rôle que par celui de buteur. Ils ont tendance à considérer le comportement comme une tactique défensive, pour limiter les risques ou pour présenter des excuses quand l'entreprise s'est mal conduite.

On peut facilement comprendre cet état d'esprit. La présentation du *comportement* qui nous a été faite nous ramène aux réprimandes que nous avons connues enfant. On nous disait d'un ton sec : « Veux-tu bien te tenir ! » quand notre comportement laissait à désirer. Depuis cette époque, la plupart d'entre nous avons considéré le comportement comme quelque chose à adopter uniquement après s'être mal conduit. Si vous êtes accusé d'un crime, vous pouvez être envoyé en prison. Et c'est pour bonne conduite qu'on obtient une réduction de peine.

Ces dernières années, j'ai été particulièrement heureux de constater que de nombreux PDG ont arrêté de m'envoyer leur « gardiens de buts ». Après avoir mis en place le bon « état d'esprit depuis le haut », ils ont modifié la culture de l'entreprise et le comportement de leurs collègues. Ils ont en effet réalisé qu'un comportement durable est une stratégie offensive qu'il faut généraliser dans l'entreprise. Ils écoutent maintenant leur responsable de la conformité, à la déontologie et aux risques légaux qui leur expliquent qu'ils y a trop de risques pour se contenter de les bloquer et qu'il faut, en conséquence, passer à l'offensive en gardant la main. Le comportement est devenu une source puissante d'excellence et un avantage concurrentiel. Dans le passé, les patrons pouvaient s'en sortir en disant : « Contente-toi de faire ce que je demande, je ne veux pas savoir comment. » Les plus avancés demandaient à leur personnel de réfléchir en dehors du cadre, ce qui était à leur avis un compliment. De mon point de vue, c'est plutôt une insulte (pour eux). Quand on fait confiance à son personnel, on ne l'enferme pas dans un cadre. Dans notre monde totalement interconnecté, les leaders doivent remplacer les postes basés sur des tâches (qui concernent le travail que les gens doivent faire) par des missions s'appuyant sur des valeurs. Autrement dit, COMMENT il faut faire les choses.

C'est une évolution depuis l'importance donnée à la taille vers l'importance donnée au sens. On rencontre constamment des discussions tournant autour de « combien » dans les affaires, la politique et notre vie courante : Combien de bénéfice peut-on obtenir ce trimestre ? Quelle croissance peut-on atteindre ? Cependant les questions de type « Combien » ne sont pas adaptées. Il vaudrait mieux réfléchir au moyen de créer des entreprises qui reflètent nos valeurs profondes. Le royaume du Bhutan dans l'Himalaya évalue depuis longtemps son progrès économique et social par le « bonheur national brut » en opposition avec le produit national brut. Aujourd'hui les observateurs chargés de conseillers les politiques au Royaume-Uni, en France et même à Somerville dans le Massachussetts (où les agents recenseurs demandent « Combien vous sentez-vous heureux en ce moment[5] ? ») discutent pour savoir si des indices similaires pourraient évaluer le bonheur et le bien-être matériel. Ceci indique bien la voie dans laquelle se dirige le monde : nous allons du *combien* au *comment*.

Tout ceci me ramène à la troisième forme, la plus efficace, d'influence sur l'être humain, c'est-à-dire l'inspiration. La première syllabe est *in* ce qui veut dire que cette attitude est interne et intrinsèque. Alors que la coercition et la motivation vous arrivent de l'extérieur, l'inspiration arrive *à l'intérieur de* vous. Les personnes inspirées ont un objectif plus important qu'elles-mêmes. Elles sont guidées par des valeurs qu'elles estiment fondamentales – qui soutiennent leurs relations aux autres à la recherche de visions partagées dignes de leur engagement. En d'autres termes, le comportement inspiré commence et finit avec l'être humain.

Nous n'avons pas uniquement pénétré dans l'ère du comportement, nous avons accédé à l'ère de comportements que l'on ne peut atteindre que par l'inspiration. Nous sommes donc maintenant dans l'ère de l'inspiration, qui est la source ultime d'énergie renouvelable. À l'heure actuelle, le leadership inspirant est la manière la plus puissante, abondante, efficace, abordable et facile à partager, de connexion humaine et de guide du comportement. Ce type de leadership peut inspirer – et le fait – de plus en plus, sans aucun coût tout en accumulant les dividendes. Il est certain qu'il faut encore plus de leaders capables d'inspirer les comportements susceptibles de changer les règles du jeu de notre monde.

Il y a encore du chemin à faire. La motivation du personnel aux États-Unis et dans plusieurs multinationales s'est écroulée ces dernières années. Certainement parce que nous avons trop employé le système carotte/bâton et pas assez d'inspiration avec des valeurs et des missions dignes de leur engagement. Les leaders et les entreprises doivent intégrer l'inspiration. C'est déjà le cas. J'ai récemment observé COMMENT une hôtesse de l'air inspirée de la Southwest Airlines s'est connectée à un avion entier se rendant à Las Vegas. Au moment où nous nous apprêtions à sortir, elle a pris le micro et a annoncé : « Il est bien connu que si vous pliez la ceinture sur le siège, vous augmentez vos chances de gain au casino. » Tout le monde a éclaté de rire et a plié sa ceinture comme elle le suggérait. Le plus beau de l'histoire est que l'Administration fédérale de l'aviation américaine impose que les ceintures soient pliées sur les sièges avant que de nouveaux passagers puissent embarquer. Elle aurait pu le faire elle-même. Ni les instructions de la compagnie, ni une incitation financière ne la poussaient à demander notre aide. Au contraire, elle a eu cette inspiration pour innover dans son travail. (Il est probable qu'à l'arrivée de l'avion à Los Angeles, elle raconte la même chose en remplaçant les gains au casino par le nombre de célébrités rencontrées.) Par la manière dont cette hôtesse de l'air s'est connectée à nous et nous a enrôlés, elle a permis à sa compagnie de respecter une obligation administrative, a réduit la durée d'immobilisation de l'appareil au sol (parce que ça lui aurait pris plus de cinq minutes pour plier les ceintures) et a tenu la promesse de la compagnie de transporter ses passagers « simplement, de manière agréable, en sécurité et en temps voulu. »

Ce genre de comportement créatif ne peut pas être imposé par un manager ou codifié dans un manuel de règles. Il faut être inspiré pour l'avoir. Vous connaissez certainement plusieurs leaders capable de déclencher l'inspiration. Pour ma part c'est cette hôtesse de l'air qui en est le plus parfait exemple. Elle a obtenu ce qu'elle voulait en se connectant à nous et non en nous disant ce qu'il fallait faire. Elle s'est comportée de manière stratégique et non défensive. Elle n'était ni le PDG, ni un cadre dirigeant, ni même un manager de niveau intermédiaire et pourtant elle a montré un leadership « inspirant ». Pour se développer, nos compagnies ont besoin que tous les employés, quelle que soit leur position hiérarchique, fasse de même quotidiennement.

Ce genre d'exemples nous aide à repenser le leadership, on ne peut pas commander des qualités humaines telles que la créativité, l'obligeance ou l'espoir, il est uniquement possible de les *inspirer aux* personnes. On ne peut pas ordonner à quelqu'un d'avoir une idée géniale, on ne peut pas mandater une collaboration riche et créative. On ne peut pas ordonner à un médecin ou à une infirmière d'être plus humain(e) et de montrer de la compassion. On ne peut pas obliger un professeur à insuffler la confiance de la réussite à ses élèves. On ne peut pas motiver suffisamment un représentant pour qu'il obtienne la confiance de ses interlocuteurs dans tous ses contacts. Certains le font de leur propre chef alors que d'autres demandent à être inspirés pour le faire.

LE SYSTÈME DE FONCTIONNEMENT DE L'ÊTRE HUMAIN

Maintenant que le leadership relève plus de la capacité à inspirer que de la coercition ou de la motivation, il faut repenser entièrement la gouvernance et l'organisation des entreprises. Ces dernières années, de nombreuses compagnies innovantes ont commencé à déconstruire leur hiérarchie traditionnelle et à éliminer les règles et les autorisations. Leurs leaders ont compris que dans ce monde « à code source libre » (pour utiliser le jargon informatique), manager une entreprise comme une forteresse ou une prison ne fonctionne plus. Toutefois le fait de déconstruire la hiérarchie et d'aplanir l'organigramme est uniquement la première étape, la plus facile. Il faut ensuite élaborer et faire grandir une culture d'entreprise susceptible de développer le comportement inspiré. Il s'agit d'évoluer depuis le stade de la *libération du* micro management et des autorisations abusives vers la liberté d'apporter sa créativité à la *manière* dont l'entreprise mène sa mission.

Même si je ne pense pas que les êtres humains soient des ordinateurs, je fais un parallèle étroit entre le système d'exploitation d'un ordinateur et le type de système d'exploitation humain dont on a besoin pour s'épanouir dans les affaires telles qu'on les traite au vingt et unième siècle. Dans ces deux domaines il faut des applications suffisamment attractives (*killer application* en langage informatique, Ndt) pour éperonner l'adoption d'un nouveau logiciel. Les traitements de texte et l'e-mail ont joué ce rôle à la fin du vingtième siècle pour les ordinateurs et maintenant c'est le comportement qui joue ce rôle chez l'être humain. Pour mettre en place un nouveau mode de fonctionnement (pour moi il s'appuie sur le COMMENT), il faut élaborer une culture qui place les valeurs humaines et le comportement au cœur du système. Il faut ensuite diminuer les méthodes anciennes d'ordres et de contrôle. Il faut enfin harmoniser les deux modèles pour ramener le sens de l'humain au centre des affaires, dans l'entreprise et aussi à travers tout l'écosystème de manière à connecter l'entreprise avec ses clients, fournisseurs, partenaires et la société tout entière.

Il ne suffit pas d'avoir des innovateurs dans le domaine de la technologie, il faut aussi des pionniers du comportement innovant dans le COMMENT. Un de ces prochains jours, tous les humains seront connectés par la technologie. Et l'unique différenciateur sera la qualité et la profondeur de l'humanité de chacun – la manière dont il (elle) se connecte avec les autres et leur transmet de l'inspiration. Quand tout le monde aura un Smartphone, tout ce qui comptera dans la conversation sera son contenu humain – et non plus le fait d'avoir un téléphone ou non. Pour cette raison, de plus en plus de compagnies mettent en avant leur sens de l'humanité. Chevron est devenue l'entreprise de « L'énergie humaine » ; Dow propose « L'élément humain » ; Cisco est « Le réseau humain » ; le slogan de la banque Ally est « Nous avons un langage humain. » Certaines entreprises montrent déjà leur humanité à tous, d'autres se limitent à leur département marketing et d'autres encore lancent tout juste le lourd travail de traduction de leurs valeurs dans leur pratique quotidienne, ainsi que dans le leadership et les comportements individuels qui apportent un plus pour établir des relations de qualité sur le marché. Il ne suffit pas de proclamer son humanité, encore faut-il la vivre ! Les gagnants sont les entreprises qui comprennent vraiment cela, plaçant leur humanité au cœur de leur façon d'agir, de diriger et de gouverner et non plus seulement au centre d'une campagne de marketing. En bref, les entreprises doivent bien se comporter pour devenir de grandes entreprises.

MON CHEMINEMENT

Qui suis-je pour vous dire ça ? Le fondateur et PDG de LRN Corporation, une société qui aide les entreprises de toutes tailles à réussir grâce au COMMENT, autrement dit par la manière dont elles font ce qu'elles font. J'ai commencé ma vie professionnelle modestement, je suis sorti du lycée avec deux diplômes : l'un en éducation physique, l'autre en mécanique automobile. Malgré la dyslexie dont je souffrais, j'ai pu rentrer à l'Université de Californie à Los Angeles (UCLA) où je me suis retrouvé, par manque de places libres, à suivre des cours de rattrapage en anglais et de philosophie.

Je me suis entiché de philosophie parce que c'est une discipline qui apprend à repenser le monde en utilisant l'observation et la logique. Je suis particulièrement attiré par la philosophie morale qui s'intéresse à certains des aspects les plus profonds de la vie, tels que la nature du bonheur, la différence entre le bien et le mal, et l'organisation d'une société juste. Grâce à mes enseignants, la philosophie m'a aidé à surmonter la dyslexie. Je n'arrivais pas à lire la quantité d'ouvrages nécessaires pour les autres matières, alors que la philosophie consiste en l'examen approfondi d'une seule idée et mon handicap est, du coup, devenu une force.

La philosophie est au cœur de l'entreprise que j'ai créée. Depuis de nombreuses années, avant même le scandale Enron et que les scandales d'entreprises fassent la une quotidienne des journaux, nous avons appliqué la philosophie au monde troublé des affaires. Nous avons enseigné à des centaines de leaders comment inspirer dans leur entreprise une performance respectant des principes. Nous avons appris à des millions d'employés comment faire. J'aime bien me considérer comme un philosophe en costume cravate. (Et les salles de réunion de LRN portent les noms des grands philosophes moraux).

Après avoir étudié la philosophie à l'université j'ai suivi une école de droit. Mon diplôme en main, j'ai travaillé dans un cabinet d'avocats. En peinant à la bibliothèque pour trouver les renseignements dont j'avais besoin, il m'est venu à l'idée que quelqu'un avait dû effectuer des recherches sur ce point précis et qu'il en savait forcément plus que moi sur le sujet (ce qui n'était pas difficile puisque je ne savais rien). J'ai alors voulu rendre les arcanes du droit accessibles à un grand nombre à prix réduit et j'ai bâti pour cela un réseau rassemblant les esprits les plus affûtés en la matière pour proposer une expertise particulièrement efficace. L'activité s'est mise à prospérer très rapidement et nous avons commencé à aider certaines des sociétés les plus importantes au monde à gérer leurs risques.

J'ai vite compris que l'essentiel de notre activité consistait à aider nos clients à éteindre les incendies déclenchés par l'inobservation de la législation. J'ai alors pensé que nous pourrions offrir un meilleur service en les aidant à déceler les risques à l'avance par une approche au niveau du COMMENT. LRN s'est donc mise à aider les organisations à élaborer une culture durable à tous les niveaux, depuis le top management jusqu'à l'atelier de fabrication.

Au début, nous avons eu l'impression de vendre des vitamines à des entreprises dont les dirigeants ne se rendaient pas compte qu'elles pouvaient tomber malades. Puis une série de scandales s'est produite et nous nous sommes retrouvés au centre d'une réflexion de fond. L'UCLA m'a invité à prononcer un discours lors d'une cérémonie de remise des diplômes, parce que ses responsables estimaient que le pouvoir du COMMENT était le message le plus concret dont les étudiants avaient besoin. La Commission américaine fédérale de délits du commerce m'a ensuite demandé comment relever les critères en matière de gestion et de responsabilité des entreprises, parce qu'elle désirait réviser les directives en vigueur dans les tribunaux de commerce. Le téléphone a commencé à sonner et les mails à arriver en provenance de sociétés réalisant qu'une véritable épidémie s'était déclenchée et qu'elles pouvaient être contaminées à tout moment. J'ai participé à des émissions de télévision et j'ai commencé à me déplacer dans le pays entier pour m'adresser à des conseils d'administration et à des groupes d'employés de quelques-unes des entreprises les plus grosses et respectées dans le monde. LRN a quadruplé de volume.

Tout à coup il est devenu rentable d'avoir des principes, c'est même devenu une mode. Pourtant j'y ai d'abord vu une arme à double tranchant. Bien sûr, c'était une amélioration globale qu'il y ait plus de gens respectant ces principes, même si c'était pour des raisons fallacieuses (pour éviter un procès, pour réduire leur responsabilité ou développer leur image de marque). Pourtant je subodorais que ces gens-là ne comprenaient pas vraiment *pourquoi* il fallait qu'ils respectent ces principes ni pourquoi il fallait qu'ils déploient plus d'énergie à poursuivre ce but. À partir de cette notion de base, LRN a développé son action pour aider les compagnies de tous ordres à gagner, par des performances respectant des principes et en se comportant mieux que leurs concurrents.

Une manière efficace de mieux se comporter que la concurrence est d'être plus soucieux des contraintes de l'environnement que les autres. Pour cette raison nous avons acquis la société *GreenOrder* pendant la dernière crise, quand la plupart des sociétés réduisaient leur voilure. C'était une petite société de consultants qui tournait bien et qui aidait de grosses compagnies telles que General Electric à développer des pratiques et des produits répondant aux critères environnementaux. Comme nous, ils avaient compris que le développement durable ne se réduit pas à changer les ampoules ou les sources d'énergie et qu'il s'agit en fait de faire évoluer les états d'esprit et la culture d'entreprise. C'est un type de leadership et de comportement orienté vers la création de valeur durable par opposition à l'accumulation de bénéfices à court terme. Il s'agit moins d'éoliennes ou de panneaux solaires ou encore de bâtiments à basse consommation énergétique que du fondement lui-même : nos entreprises et le monde doivent devenir plus vivables demain qu'aujourd'hui.

Nous travaillons maintenant tout autour du monde, avec des bureaux à New York, Los Angeles, Londres et Mumbai et des représentations dans de nombreux pays. Nous rentrons en contact, travaillons et aidons à se mettre en place des cultures d'entreprise gagnantes inspirées de valeurs durables, dans des centaines de compagnies, soit plus de 20 millions d'employés répartis dans plus de 100 pays.

Nous avons testé à LRN la plupart des concepts et stratégies présentés dans ce livre et nous nous considérons comme un laboratoire. Nous voulons devenir le changement que nous recherchons dans le monde, en appelant cela « Vivre le COMMENT ». Dans cet esprit, nous avons mis au panier notre ancien organigramme vertical que nous avons remplacé par un modèle plat en autogestion. Nous nous appuyons maintenant sur notre modèle du leadership pour prendre nos décisions et gérer nos interactions, ainsi que sur les équipes pour mener en collaboration des initiatives partagées et élire des conseils garantissant la gouvernance nécessaire. Nous faisons le maximum pour mettre en application notre philosophie selon laquelle la confiance s'obtient en faisant soi-même confiance. Nous l'avons mise en œuvre dans le domaine du remboursement des frais de nos collègues. Nous voulons qu'ils soient honnêtes sur ce plan, qui ne le voudrait pas ? Au lieu de renforcer les vérifications, nous les avons supprimées : il n'y a plus d'autorisation à obtenir. Nous faisons des vérifications aléatoires et suivons les chiffres globaux, ce qui nous a permis de faire des économies sur les déplacements par avion. Par ailleurs, notre politique en matière de congés est : « Prenez autant de vacances que vous pensez en avoir besoin, dans la mesure où vous tenez compte de vos collègues. » Enfin il n'y a aucun patron qui évalue la performance. Les évaluations sont faites par un réseau de collègues que chacun(e) choisit pour le(la) guider dans son développement. Le seul patron à LRN est notre mission.

En tant que philosophe moral, je connais bien l'art de l'argument logique. Au cours de la croissance de LRN, j'ai rencontré des cadres chez nos clients qui avaient besoin de mesurer les résultats pour pouvoir diriger. Je me suis donc senti obligé de vérifier mes idées et de trouver une confirmation statistique ainsi que la quantification de ma théorie et de mes observations – la mesure du COMMENT, en quelque sorte – par une série d'investigations sur la gouvernance, la culture et le leadership dans les compagnies du monde entier. Cette étude a été une vérification du modèle du leadership que vous découvrirez plus loin. Les résultats montrent de manière indubitable que les cultures d'entreprise basées sur les valeurs (qui ont un mode de fonctionnement humain et des leaders capables d'inspirer) adoptent beaucoup plus vite de nouvelles idées, sont plus innovantes, ont de meilleures performances financières et un meilleur taux de fidélisation de leurs clients, sont moins sujettes à la démission de leurs employés et ont moins de problèmes d'attitudes désagréables du personnel – tous ces éléments étant les meilleurs garants de la durabilité à long terme et de la réussite.

LA RECHERCHE DU SENS

Comme je l'ai écrit plus haut, ce livre décrit le COMMENT, et non le *comment-faire*. Les livres exposant le *comment-faire* proposent des méthodes d'amélioration personnelle ou professionnelle : *Les cinq règles de ceci, Les dix méthodes pour cela, Comment en obtenir plus*… Ils vous promettent que si vous suivez exactement les explications, vous atteindrez votre but à coup sûr – que ce soit une réussite professionnelle, perdre du poids ou devenir millionnaire. Néanmoins un livre, pour servir vraiment à quelque chose, doit vous offrir autre chose – qui dure plus, qui soit plus essentiel et qui soit applicable à tous les aspects de la vie quotidienne. Celui-ci vous offre une approche et non des étapes, des règles ou des instructions. Cette approche est une manière de voir qui vous aide à naviguer dans le nouveau monde global et hyper connecté dans lequel nous travaillons maintenant. Ce livre vous apporte ce qu'il faut pour vous conduire à une réussite à long terme, sans vous arrêter aux résultats à court terme.

Pour atteindre ce nouveau concept du COMMENT il faut s'interroger sur la raison pour laquelle nous travaillons. Je pense que cela tient à la différence entre le fait de faire une chose *pour* réussir et celui de la faire *et de* réussir. Les leaders capables d'inspirer sont conscient de cette différence, ils connaissent le paradoxe de l'hédonisme, que je présente plus loin, c'est-à-dire l'idée suivant laquelle vous ne pouvez pas trouver le bonheur si vous le cherchez directement. Par contre vous le trouverez si vous recherchez passionnément un but plus élevé et qui a plus de sens. J'ai appris dans mon travail qu'il existe un corollaire, c'est le paradoxe de la réussite – que vous ne pouvez pas atteindre en la recherchant directement. Les leaders inspirants savent que la valeur réelle et durable n'est obtenue qu'en recherchant une chose plus grande qui fait la différence dans la vie des autres, pour laquelle j'emploie le mot : *sens.*

La manière dont on gère la relation entre réussite et sens détermine sa capacité à survivre et à s'épanouir dans les nouvelles conditions du monde d'aujourd'hui. Ce livre va vous aider à découvrir cette idée dans toutes vos actions. Nous y adoptons un autre point de vue sur le monde, le travail et les comportements humains, que j'ai appris lors de discussions avec les acteurs du monde du travail, que ce soit des dirigeants, des universitaires, des directeurs généraux ou des managers, aussi bien que des vedettes sportives, des entraîneurs ou des marchands ambulants. J'ai analysé ces discussions à la lumière des défis posés à mon entreprise en plein essor confrontée à la concurrence quotidienne, la pression des résultats financiers, la demande des clients et par dessus tout, de faire la différence par rapport à la concurrence, tout en m'obligeant à faire le bon choix, même s'il paraît inopportun ou moins intéressant sur le plan financier à court terme.

Je vais exposer des anecdotes, des études de cas, le résultat de recherches pointues dans toutes les situations professionnelles, des expériences personnelles et des discussions avec des gens au travail, des experts et des rencontres de tous les jours, que ces personnes me soient familières ou parfaitement inconnues. À travers ces exemples nous allons étudier COMMENT nous pensons, COMMENT nous dirigeons, COMMENT nous nous comportons et COMMENT nous nous gérons de manière à découvrir les nouveaux COMMENT qui créent de la valeur dans le vingt et unième siècle et au-delà. Les personnes et les entreprises qui réussissent et restent au sommet, qui obtiendront des récompenses et seront mises en avant, sont celles qui agissent de la bonne *manière*. Cette idée est plus pertinente que jamais dans ce monde qui s'est complètement transformé. Je pense que c'est maintenant le meilleur moyen d'atteindre la réussite aussi bien personnelle que professionnelle.

Vous connaissez certainement la vieille rengaine selon laquelle l'espoir n'est pas une stratégie dans les affaires. On l'emploie pour dénigrer les managers qui n'ont pas analysé à fond la situation quand ils décident de lancer une action. Pourtant les leaders capables d'inspirer savent que c'est une bonne stratégie. C'est ce qu'a fait Franklin Delano Roosevelt au cœur de la « Grande Dépression » quand il a galvanisé la nation découragée en lui expliquant que les Américains n'avaient rien à craindre que la peur elle-même. Il les engageait à ne pas perdre espoir parce que c'est une valeur durable qui incite à voir le monde comme une source de sens et à se connecter profondément aux autres. C'est un catalyseur, quand on le perd on se replie sur soi-même, on se détache et on désespère. Quand on garde l'espoir, on s'épanouit avec le sentiment que tout est possible, ce qui nous permet de nous connecter aux autres et de collaborer avec eux pour un meilleur futur. Comme la confiance, l'espoir est fondamental pour savoir comment se connecter dans un monde connecté. Sans lui, il n'y a plus de progrès, plus d'innovation, ni de prospérité durable. Il incite les gens à se lever, à se confronter à des défis auxquels ils n'auraient jamais pensé – et à les surmonter même quand les choses deviennent difficiles. Bien sûr ce n'est pas une stratégie en soi, c'est le point de départ pour une stratégie durable. De cette façon, l'espoir incite à la recherche de sens, ce qui est le COMMENT ultime.

Dov SEIDMAN

New York City

Juillet 2011

Prologue

LA VAGUE

Le 15 octobre 1981, dans les gradins du Colisée d'Oakland, George, dit Le Foldingue Henderson a eu une idée géniale. C'était le troisième match des « play-off » de la ligue américaine entre les « Oakland Athletics » et les « New York Yankees » alors que les Oakland Athletics avaient perdu les deux premiers. Depuis trois ans, George le Foldingue était employé par l'équipe des Oakland Athletics pour « faire la claque ». Ce n'était pas une « pom-pom girl » classique se trémoussant pour encourager l'équipe de son université, il parcourait au contraire les gradins affublé d'un short élimé et d'un vieux survêtement, ressemblant à Robin Williams (l'acteur principal du film « Le cercle des poètes disparus », Ndt) avec la tignasse d'Einstein. Il frappait sur son tambourin et hurlait des encouragements comme « C'est parti, Oakland, c'est parti ! » avec un enthousiasme si communicatif qu'il était connu comme le loup blanc dans toute la région. Mais ce jour-là fut différent. Ce jour-là il a innové en provoquant un mouvement dans les gradins qui s'est propagé à travers la foule comme une vague géante d'enthousiasme, un geste nouveau qui a fait date. C'est en effet le 15 octobre 1981 que George Henderson a inventé la « Vague » (aussi appelée la « Olá » Ndt)

Il y a un début à tout.

J'étais fasciné depuis longtemps par ce phénomène et je suis allé voir Henderson pour lui demander de m'expliquer COMMENT il a fait la première fois. « Quand je l'ai lancée, je savais exactement ce que je voulais », m'a-t-il répondu. « J'étais d'ailleurs le seul dans le stade à savoir ce qui allait se passer. »

> « J'ai commencé par frapper sur mon tambourin, ce qui a attiré l'attention de trois ou quatre rangées de spectateurs. C'est mon secret : le tambourin dégage de l'énergie et réveille les émotions, il montre que je fais partie des supporters. Je me déplace partout dans le stade en frappant constamment dessus. On voit que je suis en nage, on voit l'énergie, on voit que j'apprécie le match et que je soutiens l'équipe. Je me conduis comme un supporter et ça déclenche en eux l'envie de faire quelque chose.

Ce jour-là, il a fallu que j'explique ce que je voulais. Il est, en effet, primordial de cadrer les encouragements parce que si tout le monde ne s'y met pas, ça ne fonctionne pas. Je tapais sur mon tambourin et j'ai commencé à hurler : « *On se met debout et on lève les bras. Les rangs autour de moi commencent et ça continue vers la droite.* »

Je savais que le mouvement allait s'éteindre tôt ou tard parce que c'était une première : on n'avait jamais vu ça. Alors je leur ai dit que si ça s'arrêtait il fallait huer ou siffler le plus fort possible. Seul, je ne pouvais pas me faire entendre du stade entier, par contre le groupe pouvait y arriver. J'ai hurlé : « *On commence à trois, d'abord cette section de sièges puis celle-là et puis la suivante* », je criais aussi fort que je pouvais. La première section s'est mise debout et a levé les bras... puis la deuxième... la troisième... la quatrième... la cinquième et ça s'est arrêté. Les spectateurs regardaient le match et ne comprenaient pas ce qu'on était en train de faire.

À ce moment-là, les trois premières sections se sont mises à huer et à siffler et j'ai tapé plus fort sur mon tambourin, tout en m'égosillant et en agitant les bras. Ils ne pouvaient pas m'entendre à travers le terrain, par contre ils pouvaient entendre mon tambourin. Ils m'ont vu agiter les bras et brandir ma baguette et ils ont compris. C'est donc reparti et ça s'est étendu sur 11 sections environ – à peu près un tiers du stade – pour s'arrêter à nouveau. Tout à coup un énorme hurlement de désapprobation a éclaté, poussé par six ou huit sections. Le stade entier s'en est rendu compte et a compris mon intention. Alors j'ai dit : « *On recommence.* » Notez bien que je n'ai pas dit : « *On va essayer* », et je l'ai lancée pour la troisième fois.

Quand j'ai regardé autour de moi, tous les gradins le faisaient à leur tour, levant les mains et formant une immense vague d'énergie qui tournait autour du stade. Elle a dépassé la zone où elle s'était arrêtée au tour précédent et s'est encore amplifiée, elle a fait le tour, est revenue vers nous et a continué. Tout le monde hurlait, le stade entier est devenu fou, on n'avait jamais vu ça.

Juste à ce moment-là Rickey Henderson, le joueur vedette des Athlètes, regagnait son poste, la batte à la main. Il a levé les yeux et a vu tourner la chose. Il s'est alors arrêté et l'a contemplée quelques instants, tout en ajustant ses gants. Je ne me souviens pas exactement combien de fois elle a fait le tour – peut-être six fois – tellement elle était puissante.

Après la Olá, la foule des spectateurs était complètement différente, excitée et totalement immergée dans le match. Ils savaient qu'ils avaient apporté leur aide, ils ressentaient l'énergie qui les animait. Quand j'ai poussé le cri suivant, la réaction a été encore plus forte. J'ai constaté ce jour-là et je constate encore aujourd'hui, 25 ans après, l'énergie fantastique que la vague apporte à un stade. Les supporters se rendent compte qu'ils participent au match et qu'ils aident les joueurs. »

La Vague est quelque chose d'extraordinaire. Toutes ces personnes, assises dans un stade immense sans pouvoir vraiment communiquer, mettent leurs énergies en commun dans le but de faire gagner l'équipe locale. Cela défie les lois habituelles de la communication verbale car elle se produit lors d'événements mondiaux de type « Tour de Babel » comme les jeux Olympiques ou la coupe du monde de football. En fait on l'appelle souvent la Vague Mexicaine ou la Olá parce qu'on l'a observée pour la première fois au niveau international à la finale de la coupe du monde à Mexico en 1986[1]. Elle transcende les genres, les statuts sociaux et le niveau de revenus de chacun. C'est l'expression d'une passion collective.

Quand j'ai lancé mon entreprise LRN en 1994, j'ai pensé que ce serait extraordinaire d'y transplanter un processus de l'ordre de la vague – ce canevas riche et cacophonique d'êtres humains mettant leurs énergies en commun pour encourager l'équipe locale. Est-il possible de focaliser cette énergie créative sur des buts professionnels ? *Que faut-il pour lancer une vague ?*

Si l'on considère que la vague est un processus de l'esprit humain, on se rend immédiatement compte que n'importe qui peut en démarrer une – aussi bien la mère d'un joueur que quatre types saouls au ventre bedonnant et la poitrine peinte aux couleurs de leur club ou encore huit adolescentes « groupies » du joueur vedette. Il n'est pas nécessaire d'être le propriétaire du stade, la personne la plus riche ou la plus puissante, ou même un professionnel salarié comme George. Personne ne sort sa carte de visite pour dire : « J'ai le titre le plus élevé, c'est moi qui la lance. » Tout le monde peut démarrer une vague, c'est un acte véritablement démocratique.

Alors, COMMENT faire ? Pour le découvrir, amusons-nous à analyser le démarrage d'une vague. Vous assistez, par exemple, à un match de foot et l'équipe locale est menée par l'adversaire. Vous vous rendez compte que les joueurs sont mécontents. Vous avez tout à coup envie de faire quelque chose pour montrer à votre équipe qu'ils jouent à la maison et que c'est un avantage. Vous imaginez un certain « esprit de corps » (en français dans le texte, Ndt), une énorme vague d'énergie. Cependant vous ne vous leurrez pas, vous savez pertinemment que le stade ne vous appartient pas et que les spectateurs ne vous doivent rien – ils sont libres et ont d'autres préoccupations. Certains mangent du pop-corn ou des hot-dogs, d'autres sirotent leur bière ou encouragent l'équipe adverse. Peut-être que votre idée ne leur plairait pas du tout. Le spectateur assis à côté de vous peut ne pas avoir envie de se lever ou est peut-être furieux parce qu'il s'imagine que le joueur vedette a envie de changer de club. Alors, comment allez-vous vous y prendre ?

Il faut tout d'abord attirer l'attention et pour cela faire preuve de leadership. Il faut vous lever, exposer votre idée et convaincre les autres de vous accompagner. COMMENT ? George Foldingue utilise son tambourin, seulement le personnel de sécurité à l'entrée du stade vous a interdit d'introduire le vôtre, qui est donc resté dans le coffre de la voiture. Vous pourriez demander au spectateur à côté de vous de se lever si vous lui donnez un billet de 20 €. Le problème est que, sauf si vous vous appelez Bill Gates, vous serez probablement à court d'argent avant d'avoir convaincu les 60 000 spectateurs de faire ce que vous leur demandez et vous n'aurez certainement pas assez d'argent pour qu'ils se lèvent une deuxième fois. Donc la motivation par l'argent a ses limites.

Vous pouvez aussi menacer ceux qui sont autour de vous de leur taper dessus s'ils ne se lèvent pas. Cet étalage de force brutale peut en inciter quelques-uns à vous suivre. Néanmoins, la coercition par la force est limitée. Vous pouvez arriver à forcer les personnes autour de vous, toutefois celles qui sont hors de votre portée se sentiront en sécurité et feront ce qu'elles ont envie de faire, y compris éventuellement quitter le stade. La fuite est souvent la réaction à la brutalité. Et même s'ils vous obéissaient, quel entrain vont-ils montrer ? Il faut une participation vraiment enthousiaste pour lancer une vague puissante qui donnera l'avantage à votre équipe. S'ils ont peur ils vont peut-être sauter en l'air ou se lever très lentement. Est-ce que vous allez obtenir une vague glorieuse ou une vague « mollassonne » ?

Une fois éliminées la motivation par l'argent et la coercition par la force, la meilleure option reste probablement la communication verbale. Même si vous ne connaissez pas les spectateurs qui vous entourent, vous êtes réunis par une même activité et un intérêt commun. Alors que dire et surtout, COMMENT le dire ? Il y a plusieurs possibilités, vous pouvez penser par exemple : « L'information est le pouvoir, si je la contrôle j'aurai donc plus de pouvoir sur les autres. » Vous avez une idée et vous ne voulez pas qu'on vous la vole, alors vous dites à la personne à côté de vous : « Je vais vous demander de faire quelque chose sans vous dire pourquoi. » Autrement dit, vous lui demandez de vous faire entièrement confiance, de prendre le risque de se ridiculiser – c'est-à-dire d'agiter les bras et de crier sans savoir à quoi ça sert – alors qu'elle ne vous connaît pas. George le Foldingue a mis trois ans pour se faire connaître en jouant du tambourin pour les Athlètes et il prend le risque qu'un groupe de nouveaux venus le prenne pour un doux dingue. Si c'est vous qui essayez, les gens vont sans doute se demander si ça va fonctionner et sur quelle base vous faire confiance. Votre approche sans aucune explication va faire naître la suspicion sur vos motivations.

Vous pensez alors qu'il serait peut-être plus efficace de faire partager votre idée. Une présentation informatique PowerPoint sur écran géant montrant COMMENT se forme une vague vous semble convaincante.

Il est évident, même si cela démontre la qualité de vos recherches et votre maîtrise de l'outil informatique, qu'il sera difficile de motiver 60 000 personnes de cette manière. Même pendant un match de base-ball qui peut traîner en longueur, une présentation informatique est moins intéressante que la personne qui vend des cacahuètes.

Une étude Hongroise[2] montre qu'une vague :

- Tourne en général dans le sens des aiguilles d'une montre
- S'étale sur une largeur de 6 à 12 mètres (15 sièges en moyenne)
- Se déplace à une vitesse d'environ 12 mètres à la seconde (20 sièges)
- Est lancée par quelques dizaines de personnes
- Tend vers une forme stable et quasi linéaire quand elle se développe

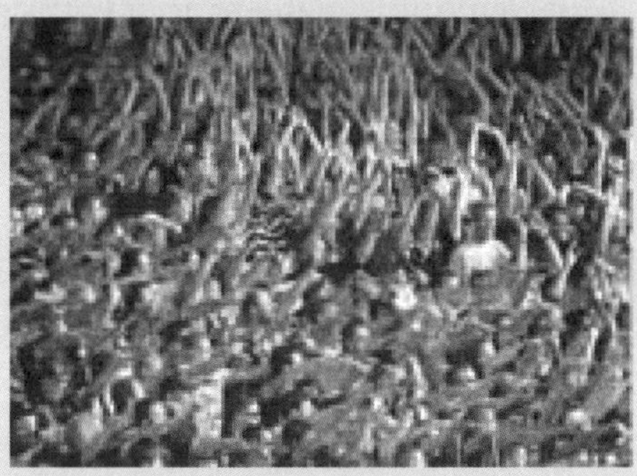

Crédit photo : Vladimir Rys/Staff, Alemannia Aix la Chapelle contre le Borussia de Mönchengladbach en 2006

Probabilité de formation d'une vague

On peut étendre au comportement social humain les approches utilisées dans la modélisation des « médias excitables », en considérant les êtres humains comme des « unités excitables ».

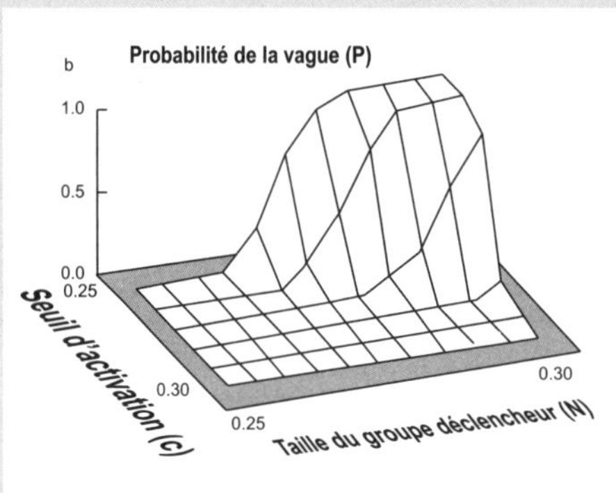

- Les unités sont activées par un stimulus externe – la concentration au-delà d'un certain seuil (c), de personnes faisant toutes la même chose.
- Quand elle est activée, chaque unité suit le même comportement alternant une phase active (se mettre debout et lever les bras) et une phase passive (se rasseoir), avant de revenir à l'état original de repos « excitable ».

Il est clair que la manière dont vous communiquez l'idée – COMMENT vous vous connectez avec ceux qui sont autour de vous – modifie le résultat. Donc aucune des approches ci-dessus ne fonctionne. C'est la passion partagée d'aider à vaincre l'équipe locale qui fait l'essence d'une vague et la transforme en une expression aussi puissante de la volonté humaine. Cette valeur commune est infiniment plus forte que n'importe quelle action individuelle et c'est elle qui rassemble tous les supporters. Une vague nécessite un leader et pourtant on oublie très vite à quel endroit elle a démarré – la rangée 32 ? 64 ? 132 ? Personne n'a suivi l'idée de George le Foldingue pour ses beaux yeux. Les supporters ont suivi parce que tout le monde s'est engagé et, dans ce cas, peu importe d'où part la vague. Elle continue sur sa lancée. Ce n'est pas non plus parce que certains ont hué, que les supporters ont accompagné George parce qu'ils aimaient ce qu'il représentait et qu'ils étaient contents qu'il joue du tambourin pour leur équipe.

Pour lancer une vague il faut donc *atteindre* ceux qui vous entourent, *partager* votre idée avec eux et les *enrôler* dans l'atteinte d'un but commun. On démarre une vague par du charisme, non par un geste d'autorité agressive, la menace d'une punition ou d'une mini-bombe thermonucléaire cachée sous les gradins. Pour être suivi, il faut montrer de l'ardeur et de la sincérité, ne rien cacher de l'émotion débridée que vous voulez susciter chez les autres de manière à gagner leur confiance : « On se lève tous, on agite les bras et on crie, ça va nous faire gagner ! »

Qui n'a pas envie de gagner ?

Je trouve que la vague est une très belle métaphore parce qu'elle montre ce qu'un groupe hétérogène peut accomplir quand ses participants partagent un but commun. Elle illustre la puissance d'un groupe fonctionnant au meilleur de chacun des membres, avec toute sa passion et ses capacités. Souvent on ne réalise pas qu'il existe un moyen très puissant de réaliser quelque chose – un COMMENT – alors que cela demande seulement d'être transparent, de déclarer ses intentions et enfin d'être ouvert à tout. Ce COMMENT exerce une influence significative sur la vague que vous créez, les meilleurs COMMENT arrivent à faire durer une vague longtemps après qu'elle vous ait échappé. Je me suis aperçu que quiconque veut le faire est capable de comprendre et d'utiliser cette capacité dans un cadre professionnel (et même dans toutes les situations de sa vie quotidienne) quels que soient sa fonction, son statut ou son autorité.

C'est le premier point de ce livre.

Au niveau individuel, on peut déclencher une vague en agissant sur son environnement immédiat. Dans un stade, il faut qu'un nombre limité de personnes puisse transmettre leur énergie à la masse des spectateurs. Des études ont montré qu'une vague démarre plus facilement et va plus loin dans des stades de forme circulaire ou ovale que lorsqu'ils ont une forme droite et allongée. Dans un match opposant les équipes de football de deux lycées de la même ville, où les supporters rivaux sont assis face à face de chaque côté du terrain, une vague sera difficile à lancer. Ce qui ne sera pas le cas dans un stade ovale, alors que le sentiment de rivalité est aussi marqué. Les clubs peuvent construire des stades qui permettent aux vagues de se créer. Dans le même esprit, les entreprises peuvent créer des environnements permettant la création des vagues.

C'est le second point de ce livre.

J'ai récemment commandé, par correspondance, un bracelet pour l'offrir à ma femme le jour de notre anniversaire de mariage. Le joaillier de New York me l'a expédié à Los Angeles par un transport UPS de nuit pour que je sois sûr de l'avoir le jour prévu (nous savons tous qu'oublier ce jour-là peut provoquer plus de dégâts que manquer la livraison d'un client organisé en « juste à temps »). Le lendemain matin Angel Zamora, notre livreur UPS, n'avait pas le paquet. Devant mon mécontentement, il a immédiatement réagi en me disant qu'il allait s'en occuper personnellement. Bien que sa tournée soit terminée il était encore au téléphone une heure plus tard avec l'entrepôt central de Los Angeles. Il a fini par retrouver la trace du paquet qui avait été égaré et a organisé une livraison spéciale le soir même. Il m'avait aussi donné son numéro personnel de portable ainsi que celui de son supérieur et m'avait indiqué qu'il serait joignable jusqu'à ce que ce soit réglé. J'avais le paquet à 17 heures.

Quand j'ai revu Angel quelques jours plus tard, je lui ai expliqué combien j'avais été impressionné par la manière dont il avait géré la situation pour assurer l'engagement d'UPS de livrer le lendemain matin. Sa réponse a été immédiate : « C'est mon boulot. » Ça m'a fait penser à l'histoire des deux maçons construisant une cathédrale. Le premier, quand on lui demande ce qu'il fait, répond : « Je pose des pierres. » Le second : « Je construis une cathédrale. » Certains se considèrent comme des poseurs de pierres, Angel construit des cathédrales. Il ne se définit pas de manière étriquée comme un livreur de paquets, il se voit comme l'instrument avec lequel UPS tient ses promesses. Il crée les vagues qui font d'UPS le leader dans son domaine. En considérant son travail dans ce contexte plus large qui lui donne du sens, il met en valeur son entreprise, et lui-même, non grâce à CE QU'IL A FAIT – me livrer le paquet – plutôt COMMENT il l'a fait, avec implication, passion, initiative et le sentiment de faire partie d'un ensemble. Ces COMMENT, la qualité de ses efforts et la façon dont il a entraîné les autres, ont permis à Angel de créer une vague et de faire réagir ses collègues qui ont retrouvé le paquet égaré et me l'ont fait parvenir par porteur spécial.

C'est UPS qui a créé la culture d'entreprise qui permet l'émergence de ces vagues, Angel n'a pas eu à se battre avec une série de signatures à obtenir pour faire approuver ses heures supplémentaires. UPS avait compris et institutionnalisé les COMMENT qui permettent à son personnel de bien faire son travail et de répondre aux engagements de ponctualité avec le minimum de lourdeur et le maximum d'efficacité. UPS et Angel partagent les valeurs et les comportements qui l'ont conduit à faire ce qu'il a fait.

Dans le monde du travail d'aujourd'hui, les entreprises qui réussissent et durent, celles qui, se développant sur des marchés où la concurrence est rude, ont une forme d'énergie semblable à une vague. Les vagues sont le résultat de COMMENT nous agissons. Si, dans une entreprise, convaincu par la manière dont une chose devrait être faite, quelqu'un se sent capable de convaincre ceux qui l'entourent, de grandes choses peuvent arriver. Construire et entretenir une réussite à long terme dans les nouvelles conditions socio-économiques du monde actuel demande une nouvelle capacité, celle de l'animation des êtres humains, celle du COMMENT.

Construire la réussite sur la qualité des interactions humaines vous paraît utopique ? Vous vous dites sans doute : *« Allez ! Le monde des affaires est une jungle, la concurrence féroce, la pression intense pour atteindre les objectifs et l'environnement plein de chausse-trappes. Bien sûr, c'est génial d'imaginer un monde idéal où chacun serait transparent, respecterait ses valeurs, traiterait correctement tous les autres et ne désirerait que le bien commun ; hélas la réalité est totalement différente. »*

Je sais bien que nous avons tous vécu suffisamment d'expériences désagréables pour que les idées que je vais présenter dans ce livre paraissent complètement chimériques. Néanmoins, j'espère vous montrer que le monde qui a provoqué ces expériences, ce monde du capitalisme hypersauvage qui a décrété : les affaires se traitent comme une guerre, l'information c'est le pouvoir, c'est le vainqueur qui récupère le butin et il faut tuer le plus possible d'adversaires pour survivre, ce monde n'existe plus. Les avancées des technologies de l'information, de la communication et de la connectivité se rejoignent pour transformer de manière radicale la manière de traiter les affaires et de vivre au quotidien. Les choses ont changé tellement rapidement que nous n'avons même pas eu le temps de développer des structures permettant de les comprendre et je vais vous montrer que ces changements sont aussi radicaux qu'ils sont permanents. Pour prospérer dans le monde hypertransparent et hyperconnecté du vingt et unième siècle, nous devons changer, nous aussi.

Je vais vous montrer aussi que les traits de caractère que beaucoup considèrent comme de la faiblesse – c'est-à-dire la confiance, le respect, la transparence, le but, la réputation – sont devenus les valeurs sûres de la réussite dans un monde connecté – des facteurs d'efficacité, de productivité et de profit. Vous allez comprendre que les COMMENT du comportement humain seront les éléments déterminants de votre réussite à long terme. À première vue, ces idées sont peut-être en contradiction avec vos croyances ou vos intuitions ; à la fin du livre j'espère que ce sera certainement différent.

Le plus grand avantage des vagues est qu'elles permettent de se faire plaisir : se lever, agiter les bras, hurler à tue-tête pour son équipe et bien sûr *se sentir en relation avec tous les autres.* Cependant George le Foldingue m'a expliqué que le plus important, qu'il a toujours remarqué, c'est que ça change tout. À partir de ce moment-là et pour le reste du match, la foule encourage plus vigoureusement son équipe, les supporters sont plus intéressés par le résultat, ils ont vraiment l'impression de participer. En outre, le pouvoir de la vague n'est pas limité à l'instant de sa création, il dure dans son sillage longtemps après qu'elle soit terminée. C'est une propriété essentielle de sa force : une fois que le circuit est raccordé, le courant circule.

C'est une vague qui bat chez le personnel travaillant pour UPS et de nombreuses autres entreprises. Cela montre que la manière dont nous agissons génère un bénéfice durable et quantifiable. Et je pense que c'est une compétence que tout individu ou groupe, peut comprendre, maîtriser et appliquer. Ce livre vous aidera à le faire, il présente l'énergie que contient le COMMENT, qu'on ne peut pas arrêter et qui est comparable à celle de la marée montante.

PARTIE I

COMMENT NOUS AVONS ÉVOLUÉ

INTRODUCTION : LES ESPACES INTERPERSONNELS

Dans le cerveau humain il existe des unités de travail appelées les neurones. Certains sont hautement spécialisés et accomplissent des fonctions cognitives. D'autres se regroupent pour mener à bien des tâches plus complexes. D'autres encore sont chargés de stocker des informations ou de transmettre ces informations. Les neurones ont des *membranes excitables* qui leur permettent de générer et de propager des signaux électriques. Quand un neurone veut agir, il envoie un signal, comme un e-mail, aux autres parties du cerveau avec lesquelles il désire rentrer en contact. Dans son parcours, ce signal doit sauter par-dessus une série de petits fossés, appelés les synapses, qui séparent les neurones entre eux. Un cerveau d'enfant contient environ 1 000 milliards de synapses alors qu'à l'âge adulte, en raison de l'usure, il n'en reste plus que 100 à 500 milliards. C'est ce qui se passe dans les synapses – autrement dit dans *l'espace intermédiaire* – qui détermine le fonctionnement correct du cerveau. Les *synapses vigoureuses* transmettent les messages facilement en assurant le passage de l'énergie d'un neurone à l'autre et ainsi permettent au cerveau d'utiliser toutes ses capacités. Quand les synapses sont plus faibles, le message ne passe pas, la chaîne est rompue[1].

Imaginons maintenant un stade de foot plein à craquer, il fonctionne pratiquement de la même manière. Chaque supporter est un neurone, doté d'une membrane excitable lui permettant, s'il le désire, d'entrer en relation avec les autres. L'espace entre chaque personne est comme une synapse, c'est l'espace de connexion. Dans certaines zones les gens ont des relations fortes parce qu'ils sont abonnés pour toute la saison ; dans d'autres zones les relations sont plus faibles. Chez ceux qui sont déjà en relation, les cris d'encouragements se déclenchent facilement, ils partagent le même enthousiasme pour l'équipe locale, on fait passer les cacahuètes de main en main et les discussions s'engagent entre parfaits inconnus ; dans les autres zones c'est plus difficile, les supporters crient de leur côté et doivent se déplacer pour acheter leurs cacahuètes.

Une synapse dans le cerveau, comme l'espace entre les spectateurs au stade, est en relation avec plusieurs neurones, de la même façon qu'un carrefour est l'endroit où se croisent plusieurs routes. Cela lui permet de recevoir simultanément des instructions venant de plusieurs sources et dans ces conditions, même une synapse plus faible peut transmettre des messages. Dans un stade c'est le même phénomène : la stimulation de nombreuses personnes faisant la vague entraîne souvent celles qui sont plus tièdes. En fait, ce que l'on appelle communément une idée lumineuse est la traduction électroencéphalographique d'un groupe de neurones émettant simultanément des messages à travers des synapses aussi bien faibles que vigoureuses – c'est le cerveau lançant une vague.

Par analogie, dans le domaine du comportement humain tout ce qui affecte l'espace entre nous influe sur notre capacité à agir. Si vous mettez 60 000 personnes dans un stade les yeux bandés avec des bouchons d'oreille, vous aurez beaucoup de mal à lancer une vague. Demandez-leur de chuchoter quelque chose à l'oreille de leur voisin pendant que l'organiste joue à plein volume et le message sera méconnaissable avant même d'avoir quitté une rangée de sièges. Faites naître une émotion complexe entre deux personnes et tout ce qu'ils se diront sera mal interprété. Pour lancer une vague, pour générer cette réaction interpersonnelle capable de se développer à l'intérieur d'une entité (un cerveau, un stade, une équipe ou une entreprise) il faut bien sûr savoir COMMENT la démarrer et aussi comprendre tout ce qui peut affecter les espaces intermédiaires.

Le 13 octobre 1994, la compagnie Netscape Communication a lancé la première version de son navigateur sur le web, qui a donné naissance à l'ère de l'information en popularisant l'accès à l'Internet. À ce moment-là, l'énorme flot d'informations disponibles a radicalement changé les relations entre nous et a transformé la manière dont fonctionne le monde. Notre compréhension de ces changements n'a pas suivi leur rapidité. Pour nous adapter et réussir dans ce nouvel environnement, nous avons besoin de nouveaux modèles pour comprendre COMMENT les choses ont évolué.

Dans la première partie de ce livre, nous explorons le passé pour faire le lien entre les événements disparates qui ont donné forme au monde actuel. Nous commencerons par la naissance de l'ère de l'information et l'évolution qu'elle a provoquée à partir d'un fonctionnement de type instructions/contrôle vers un fonctionnement coopération/partage. Puis nous examinerons COMMENT la technologie s'immisce dans les synapses de nos relations, nous aidant et nous entravant en même temps. Nous évoquerons ensuite les changements qui ont amplifié l'importance de la manière dont nous agissons.

Les trois chapitres suivants décrivent la topographie d'un monde entièrement différent, celui du COMMENT, qui nécessite de nouvelles compétences. J'espère qu'à ce stade, vous comprendrez mieux en quoi notre paysage a changé de manière fondamentale, que nous avons besoin d'adopter un nouveau point de vue pour le traverser et la façon dont le COMMENT peut nous guider.

Chapitre 1

DE LA PROPRIÉTÉ TERRIENNE À L'INFORMATION

Où est la sagesse que nous avons perdue dans la connaissance ?
Où est le savoir que nous avons perdu dans l'information ?
T.S. Elliot

Parfois pour regarder devant il faut d'abord se tourner vers le passé, dans ce cas vers l'Europe féodale aux environs de 1335. À cette époque l'Angleterre avait besoin de vin parce que, au siècle précédent la mode était de suivre les coutumes des Normands et que tout seigneur qui voulait être à la page, avait remplacé sa pinte de bière par un verre de *vin rouge* (en français dans le texte, Ndt). Il fallait du vin parce qu'il apporte les vitamines et les calories nécessaires pour se défendre contre les hivers longs et rigoureux et aussi parce que ça réjouit le cœur. L'Angleterre ayant un climat trop froid pour faire pousser un raisin correct, les Anglais se sont tournés vers la France. Ils ont échangé la laine de leurs moutons contre des vêtements chez les Flamands (ce qui se faisait de mieux à l'époque), qu'ils ont ensuite troqués contre du vin dans le sud de la France. Heureusement, en ces temps-là, les Anglais contrôlaient les Flandres et la Gascogne, ils pouvaient donc faire tranquillement leur troc, se déplacer en sécurité et boire tout leur saoul. Pour cette raison et un tas d'autres détails, les Français détestaient les Britanniques. En 1337 ils ont attaqué les Flandres pour remettre la main sur ces territoires, déclenchant la Guerre de cent ans qui a en fait duré 116 ans jusqu'à 1453, quand les Britanniques ont été repoussés et sont retournés boire leur bière, une habitude qu'ils ont conservée jusqu'à ce jour.

Quel rapport avec nous et notre activité professionnelle utilisant essentiellement une technologie avancée de communication ? La bière n'est pas la seule habitude héritée du Moyen Âge. À cette époque-là le fonctionnement du monde était basé sur la propriété et ceux qui possédaient le plus de terres régnaient sur les autres. La terre est un jeu à somme nulle : plus j'en ai, moins vous en avez et plus j'en ai, plus j'ai de pouvoir sur vous. La terre veut dire des récoltes et des loyers payés par les serfs – les commerçants, les fermiers et les artisans – qui fabriquaient les marchandises qui faisaient tourner l'économie. Il y avait une corrélation directe entre les personnes les plus puissantes et celles qui possédaient les plus grandes surfaces. Si on se base sur ses propriétés, la reine Élisabeth est la personne la plus riche du Royaume-Uni[1]. À l'époque où les ressources n'étaient pas extensibles, la noblesse féodale a appris que pour réussir et augmenter son pouvoir, elle devait amasser des richesses et les protéger. Pour cela ils ont construit des châteaux et les ont protégés par des fossés, ils se sont emparés de tout ce qu'ils ont pu et ont bâti leur richesse petit à petit. Ce fonctionnement leur a été bénéfique pendant des siècles.

Si l'on fait un saut dans le temps jusqu'à la naissance de la révolution industrielle, on voit que l'invention de la machine à vapeur a complètement modifié le cours des choses. On a pu fabriquer beaucoup plus vite et plus rapidement. Un entrepreneur perspicace pouvait produire des marchandises de bonne qualité en grandes quantités et les mettre sur le marché à un coût inférieur à celui que demandait son cousin artisan. Grâce aux machines on pouvait alors s'enrichir rapidement, il n'était plus nécessaire de passer sa vie à amasser des richesses ou de se lancer dans des voyages périlleux à la recherche d'un trésor. Avec un peu d'argent à investir, n'importe qui pouvait inventer un nouveau produit, construire une usine pour le fabriquer et prendre des parts de marché à ses concurrents. L'initiative et l'innovation sont devenues source de richesse et ont supplanté les anciennes méthodes, le tout poussé par une nouvelle classe d'investisseurs capable de gagner de l'argent avec l'argent. En 1776, Adam Smith a écrit *The Wealth of Nations* et ce fut la naisssance du capitalisme[2]. À ce sujet il est intéressant de remarquer que le mot *capital* vient du latin *capitalis*, qui signifie la tête. Sous le règne du capitalisme, on peut utiliser sa tête pour être le premier.

Alors que le moteur de la richesse se déplaçait des terres vers le capital, la mentalité féodale du jeu à somme zéro était encore là. Le capital, lui non plus, n'est pas extensible à l'infini et plus j'en ai, moins vous en avez. Je peux donc innover, me développer et faire des choses qui sont hors de votre portée. Les capitalistes ont pris des habitudes de puissance, en suivant quelques règles intuitives. Quand on avait quelque chose, on le conservait précieusement, on ne le partageait pas. On ne le donnait pas, on ne le prêtait qu'avec l'assurance d'un intérêt, souvent à taux usuraire. Pendant des siècles, le patrimoine était l'équivalent du pouvoir et pour réussir, il fallait le contrôler de très près. On construisait généralement une forteresse autour pour le défendre. On dominait les marchés, on protégeait par des brevets les secrets de fabrication et tout ce qu'on produisait. On pouvait aussi contrôler les informations distillées sur le marché et on a ainsi développé une communication à sens unique pour maîtriser l'image de son entreprise. On a inventé les communiqués de presse et affiné les messages publicitaires ainsi que la manière de les présenter pour diviser et conquérir, disant une chose au client A et une autre au client B. La structure des entreprises reprenait ces notions avec un fonctionnement de type contrôle et une hiérarchie top-down. Les anciennes habitudes du capital/forteresse ont bientôt façonné tous les rouages des entreprises.

LES LIGNES DE COMMUNICATION

Arrêtons-nous un instant pour examiner quelques événements intéressants de l'ère industrielle. Quand le télégraphe est arrivé aux États-Unis au milieu du dix-neuvième siècle, des entrepreneurs audacieux ont cru avoir trouvé un véritable filon en installant des kilomètres de câble de cuivre pour relier les centres marchands de l'Est aux états du Middle-West en plein développement. Dans cette recherche désordonnée de richesse, on a produit une surcapacité de moyens de transmission sans un marché suffisant pour équilibrer les coûts de l'infrastructure. Les prix ont dégringolé, comme la fortune de ceux qui ont investi. Ce bond dans les relations et l'économie a eu des conséquences inattendues que le journaliste Daniel Gross a relatées dans le magazine *Wired* : « Les reporters pouvaient alors envoyer des rapports précis sur les différentes batailles de la guerre de Sécession, ce qui a permis la naissance d'empires de la presse tels que ceux de William Randolph Hearst et Joseph Pulitzer. De la même façon, la possibilité d'envoyer des télégrammes à bon marché a développé le marché national des produits et a permis de gérer plus facilement les affaires à l'exportation[3]. » Ces évolutions ont changé le monde. Un demi-siècle plus tard, *American Telephone and Telegraph*, en lançant le téléphone, a facilité les communications. Ils ont été assez perspicaces pour se protéger en demandant un monopole au gouvernement américain, afin d'assurer leur rentabilité. Le téléphone était en quelque sorte le télégraphe sous stéroïdes et a eu un impact énorme sur l'activité professionnelle.

Sautons à 1994 et observons la naissance de l'ère de l'information avec l'évolution fantastique que nous apporte la technologie. Il y avait de nombreuses opportunités et même si peu d'entre nous avaient une vision claire des développements possibles, les inventions, les produits et les méthodes, donnaient une réalité à ce qui existait auparavant uniquement à l'état de rêves. À nouveau, plusieurs entrepreneurs (ignorant les leçons de l'âge du télégraphe) ont investi lourdement, en installant des fibres optiques. C'est un saut quantique par rapport aux câbles de cuivre des débuts. Une simple paire peut transmettre 30 000 communications téléphoniques à des centaines de kilomètres alors qu'une paire de fils de cuivre deux fois plus épais ne transmet que 24 communications à 5 kilomètres environ. Si on utilise des technologies nouvelles telles que le multiplex, la capacité de la fibre est multipliée par 64. Les scientifiques estiment que leur capacité théorique de transmission tend vers l'infini. Tout à coup, la capacité totale utilisée des communications électroniques est tombée à 5 pour cent de la capacité totale de transmission. En conséquence les prix ont chuté (faisant la perte d'une grande partie des sociétés qui pensaient s'enrichir très rapidement) et nous nous sommes retrouvés à une époque où l'information se déplace tout autour du monde aussi rapidement et aussi économiquement que lorsque la lumière jaillit dans une pièce grâce à un banal interrupteur électrique.

TOUT S'APLANIT

Du coup tout a changé parce que l'information, contrairement aux terres ou au capital, est infinie. Plus j'en ai et plus vous pouvez en avoir. Contrairement à l'argent, elle est élastique ; un euro vaut un euro quelle que soit la force avec laquelle vous le désirez. Par contre l'information prend de la valeur en fonction directe de votre besoin ou de votre désir de l'obtenir. Si on vous annonce, par exemple, que vous avez contracté une maladie, vous paierez plus pour savoir comment la guérir que quand vous êtes en bonne santé.

À l'époque du capitalisme forteresse s'est créée une classe professionnelle d'avocats, de médecins, de comptables et de consultants financiers qui se sont servis de l'élasticité de l'information pour prospérer : ils ont jalousement protégé leur savoir (comme un produit banal) et ne l'ont distillé qu'à petites doses avec des honoraires élevés (généralement à des personnes qui en avaient réellement besoin parce qu'ils avaient des problèmes, qu'ils étaient malades ou, métaphoriquement, parce que leur maison était en feu). Ils ont donc élaboré un langage spécialisé incompréhensible aux autres et des règles complexes – telles que le code des impôts, le jargon juridique et les autres « petits caractères » pour empêcher un accès facile à leur savoir. C'était un moyen d'augmenter sa valeur. Plus quelqu'un avait besoin de certaines informations, plus il était disposé à payer un spécialiste pour les obtenir.

Le monde connecté, grâce à la transmission très rapide et économique des informations, a permis à tout individu un accès direct au savoir, réduisant le coût de l'intervention d'un spécialiste. Les 300 € qu'il fallait payer pour localiser un père « disparu » en s'adressant à un détective privé sont tombés aux 50 € que coûte une recherche par Internet. Le pouvoir et la richesse sont passés de ceux qui stockaient l'information vers ceux qui la rendent accessible à tous.

Rien que cela rend obsolètes les habitudes du capitalisme « forteresse ». Avec la montée en puissance de l'information comme moteur du commerce, le pouvoir s'est déplacé vers ceux qui s'ouvrent et partagent librement les informations. Les jeunes titans de cette économie – Yahoo!, Google, Amazon, eBay – ont compris qu'il ne sert à rien de thésauriser, le tout est d'atteindre les gens. Google, dont la capitalisation boursière est l'une des plus importantes au monde, claironne à qui veut l'entendre que sa mission n'est rien moins que « d'organiser l'information dans le monde puis de la rendre utile et accessible à tous ». Réfléchissez à ce paradoxe : une société vaut plusieurs milliards d'euros alors qu'elle fournit gratuitement ce qu'elle produit[4]. C'est le même processus pour Amazon : elle ne donne pas ses produits – elle vend des livres et d'autres produits, comme beaucoup d'autres – mais elle donne son savoir. Son succès réside dans sa façon nouvelle et inventive de partager ses informations. Ses listes de vœux et autres Listmania utilisent l'information pour créer des liens solides entre ses clients par l'intermédiaire de communautés d'intérêts communs. eBay va encore plus loin en organisant son marché sous la forme d'une communauté autonome basée sur la circulation libre des informations. L'économie de l'information affecte toutes les entreprises et toutes les branches d'activité en transformant la manière dont elles atteignent leurs buts. Les fabricants n'utilisent plus des ouvriers travaillant « à la chaîne », ils emploient des travailleurs spécialisés capables de faire fonctionner des systèmes de fabrication automatisés.

Le journaliste du *New York Times* Thomas L. Friedmann – qui a gagné le prix Pulitzer, détaille de façon exhaustive, dans son livre majeur *The World is Flat*, les effets globaux de ce flot débridé d'informations. Il décrit les capacités totalement nouvelles, dont certaines sont déjà exploitées dans le monde des entreprises : des nouveaux paradigmes de collaboration, de spécialisation, de production et de distribution, ainsi que l'expansion de compétences constituant le cœur de métier[5]. Il est maintenant possible de s'associer et de travailler ensemble instantanément parce que nous pouvons partager des informations comme jamais auparavant. La collaboration elle-même – notre capacité de relation la plus élevée – sert de moteur d'expansion et d'innovation. Le partage ne conduit plus uniquement la relation entreprise/client, il conduit maintenant les entreprises elles-mêmes. Friedmann cite en détail le nombre important de sociétés à la pointe de cette idée qui appliquent ces nouveaux paradigmes de travail pour exploiter cette nouvelle réalité : UPS emploie l'efficacité de son système d'expédition pour gérer le centre de réparation de Toshiba à un coût moindre que la société elle-même, les centres d'appel de Dell à Bangalore assurent à leurs clients un support produit sans faille; des mères de famille réservent et éditent leurs billets d'avion directement sur les ordinateurs de JetBlue Airways, depuis leur maison à Salt Lake City. Il est évident que le train à sustentation magnétique des zéros et des uns (qui gouverne toute opération informatique, Ndt) a quitté la gare et personne ne sait où il va s'arrêter.

L'analyse macroéconomique et sociale que fait Friedman de notre monde « plat » et interconnecté présente une vision des forces qui restructurent la manière dont se traitent les affaires au vingt et unième siècle. La libre circulation du flux d'informations change de manière significative le fonctionnement des business units dans les entreprises et celui des personnes entre elles. Les jours où les départements étaient encore des prés carrés réservés organisés avec une hiérarchie top down dans l'esprit d'un système féodal, sont comptés. De plus en plus, un jour de travail ordinaire impose d'avoir des relations avec des personnes de même statut au sein d'équipes et des partenariats localisés tout autour du globe. À partir du moment où le savoir permet d'agir, les entreprises qui peuvent fournir plus d'informations de valeur à leurs employés leur permettent d'être plus efficaces.

Les entreprises s'aplanissent comme le monde, de telle sorte que beaucoup d'activités qui étaient autrefois l'apanage d'une seule division sont maintenant du ressort de chacun. Par exemple en 2005, Computer Associates International Inc., qui cherchait alors à réhabiliter son image après un scandale financier, des défauts de production et des problèmes de direction, se débarrassa de ses 300 postes « de responsables techniques clients[6] ». Le PDG John Swainson a expliqué que le but en était de rendre les commerciaux « plus responsables » ; néanmoins le message sous-jacent était clair : se soucier des intérêts des clients n'est pas la responsabilité de personnes spécifiques, c'est inscrit dans la définition de poste de tout le monde[7]. De plus en plus d'entreprises sont en train d'éliminer ce que l'on appelle les « Centres d'excellence » et les « Centre d'innovation » pour en reporter la responsabilité sur tous. Chacun doit maintenant développer l'excellence de l'entreprise et chacun doit faire preuve d'innovation. Comment lancer une vague d'innovation si ne se lève que la vingtaine de personnes faisant partie du département innovation ?

Alors que la structure verticale s'effondre et s'horizontalise, la hiérarchie de type « instructions et contrôle » perd sa pertinence pour être remplacée par un nouveau modèle de « relation et collaboration ». Pour réussir dans ce nouveau modèle, les employés et les entreprises doivent développer de nouvelles compétences : il est nécessaire de contextualiser sa façon de travailler. Les individus doivent approcher différemment la sphère des relations humaines, il faut apprendre à partager dans tous les sens du terme.

Le monde ressemble de plus en plus à un jeu d'échecs. Chaque pièce est hautement spécialisée, avec ses qualités et ses défauts, ses vertus et ses vices, ses avantages et ses inconvénients. Certaines se déplacent en diagonale, d'autres tout droit, d'autres encore comme elles veulent alors que certaines sont strictement réglementées. Toutefois, avec de très rares exceptions, il faut au minimum trois pièces pour obtenir le mat. Gagner aux échecs est une question d'équipe, les pièces ne peuvent vaincre que si vous les positionnez comme il faut et si elles restent en communication entre elles. Deux tours sont très puissantes si vous les jouez en maintenant leur relation, même si elles sont éloignées, sinon elles sont beaucoup moins efficaces. Les affaires ont maintenant le même fonctionnement, la réussite dépend de la manière dont communiquent et se complètent des personnes de différentes compétences. Dans ce monde connecté, le pouvoir se déplace vers ceux qui sont le plus à même de se connecter eux-mêmes.

Il y a six cents ans, on pouvait réussir en faisant du troc au coin des rues. Maintenant la majorité des affaires se font au sein d'organisations formalisées : une entreprise n'est rien de plus qu'une société d'individus partageant un intérêt commun. (L'entreprise elle-même n'est qu'une fiction légale. Beaucoup ont leur siège social dans l'état du Delaware (où les frais de création d'une entreprise sont réduits, Ndt), pourtant peu d'employés vont y travailler. Même si tout le monde ne travaille pas dans une entreprise – beaucoup sont indépendants ; comptables, entrepreneurs free-lance, agents, consultants… – ceux qui travaillent dans le domaine du commerce ou des services doit se mettre en relation avec d'autres, que ce soit des clients, des sous-traitants, des fournisseurs, ou les membres d'autre équipes. Aucun être humain, comme l'a si bien dit le poète John Donne : « n'est une île déserte », nous faisons partie d'un paysage humain, parce que la plupart de ce que nous faisons ne peut pas être réalisé tout seul.

Je ne peux rien faire seul. Je fais partie d'une organisation située dans un marché compétitif, réussissant grâce aux autres. C'est le lieu où vous pouvez vous trouver vous-même. Votre réussite tient à votre capacité à établir de solides relations avec les autres. En effet, l'économie de l'information donne une nouvelle importance à la manière dont nous comblons les espaces entre nous. Comment créons-nous des synapses vigoureuses capables de réaliser nos désirs ? Avec l'évolution fondamentale depuis les terres jusqu'au capital, puis au savoir, puis à l'information, nous avons constaté un déplacement du pouvoir d'une hiérarchie de type instructions et contrôle vers la collaboration horizontale et l'effort collectif. La nécessité de travailler ensemble comme des pièces sur un échiquier met l'accent sur notre capacité à nous comporter pour réussir dans la sphère des rapports humains.

Les relations interpersonnelles sont au cœur de notre état d'humains et donnent tout son sens à notre vie. Après notre mort, nos pierres tombales portent rarement comme inscription : SYLVIA JONES, 1960-2042, DIRECTRICE DE LA PLANIFICATION STRATÉGIQUE ET DE LA MISE EN ŒUVRE. Nous écrivons plutôt : STAN SMITH, NOTRE BIEN AIMÉ MARI, PÈRE, FRÈRE OU ONCLE. IL A RÉCHAUFFÉ LE MONDE PAR SON SOURIRE. Notre travail nous apporte de l'argent, nos relations nous donnent une valeur durable. Des relations de qualité nous apportent plus que la réussite, elles donnent du sens à notre vie.

Chapitre 2

L'INTRUSION DE LA TECHNOLOGIE

Les ordinateurs ne servent à rien, ils ne font que donner des réponses.
Pablo Picasso

Les relations, la communication, la connexion, la collaboration. C'est ainsi que nous comblons les espaces entre nous. *Communiquer* vient du mot latin *communicare* qui veut dire « partager ». Donc, quand nous modifions la manière dont nous communiquons, nous changeons la nature de nos relations. Ces dix dernières années, l'intrusion de la technologie dans nos synapses interpersonnelles a radicalement modifié la façon dont nous travaillons et nous a fourni un accès facile à l'information, forgeant ainsi un glaive à double tranchant.

LES LIENS QUI NOUS ENTRAVENT

À l'époque du capitalisme féodal, diriger une société telle qu'IBM était beaucoup plus facile qu'aujourd'hui. Vous vous rappelez les costumes bleus ? IBM était célèbre pour avoir une philosophie d'entreprise tellement forte que le costume bleu était devenu l'uniforme. Tout le monde reconnaissait le personnel d'IBM à ce costume qu'ils portaient comme le blason d'un seigneur du Moyen Âge. Quand on travaillait chez IBM on savait quelle armure porter et mettre en œuvre le point de vue de son entreprise était plus facile avec la mentalité de l'époque des châteaux forts. On pouvait inculquer des politiques, des valeurs, des règles, des buts et des perspectives à travers les canaux verticaux de la hiérarchie. On pouvait rédiger des notes de service, organiser des réunions et des séminaires et vos messages – explicites ou non – cheminaient au sein des équipes. Les stratégies étaient verrouillées et chacun portait un costume bleu. Tout le monde était content : les ordres étaient donnés et chacun savait ce qu'il avait à faire.

Cette époque est maintenant révolue, la communication a remplacé le concept de force de travail unitaire par une myriade de travailleurs ayant des relations ouvertes. Les employés à plein-temps travaillent main dans la main avec le personnel de sociétés partenaires, des collègues de filiales éloignées, des sous-traitants indépendants, de joint ventures des consultants travaillant chez eux plus l'externalisation… Quand on ajoute à ça une chaîne de production et de distribution globale, on obtient un enchevêtrement de relations difficile à contrôler.

Le personnel des grandes entreprises ressemble maintenant à une forêt tropicale humide. Des arbres anciens et particulièrement hauts définissent la configuration générale où des lianes se développent, reliant un arbre à un autre, ou à un buisson, ou à des racines. Le lichen et la mousse poussent partout, souvent les uns sur les autres. Les buissons, les champignons, les pousses et les parasites sont partout. Les fleurs éclosent, généralement aux endroits les plus improbables et toutes les espèces d'oiseaux, d'insectes ou d'animaux trouvent leur place dans les recoins sombres et fertiles. La forêt a remplacé le château fort en pierre des affaires, créant ainsi un écosystème organique plein de possibilités. Le personnel ne travaille plus en costume bleu, certains travaillant chez eux le font même en pyjama. Les catégories traditionnelles ont disparu, emportant avec elles les façons anciennes de transmettre les buts et les valeurs. On ne transmet plus d'ordres inflexibles, la plupart d'entre nous doivent naviguer au jour le jour. La force de travail s'est transformée en un *écosystème* composé d'agents indépendants se renforçant mutuellement. Par définition un écosystème doit interagir pour survivre. Pour se développer dans l'écosystème des affaires il faut être capable d'établir des relations d'une manière tout à fait nouvelle.

Revenant à la métaphore du stade représentant l'entreprise, pour qu'une vague fonctionne, il faut que tout le monde s'y mette. Les employés à temps plein sont comme les supporters abonnés à l'année, très investis dans la réussite de l'équipe, ce qui est généralement suffisant. Les autres, par exemple les consultants et le personnel en CDD, peuvent réagir en fonction de leur paye et se lever quand vous le leur demandez. Et il y en a beaucoup d'autres qui ne le font pas et ne le feront pas, leur intérêt étant ailleurs, certains n'étant venus que pour ce match. Ils peuvent même être liés à la concurrence et applaudir l'équipe des visiteurs. Ils peuvent arrêter votre vague. En effet si tous ceux qui n'ont pas d'abonnement à l'année refusent de suivre le mouvement, vous vous retrouvez seul à vous lever et à agiter les bras.

Les entreprises ont toujours abrité des relations interpersonnelles compliquées autour d'un intérêt mutuel. Aujourd'hui on constate des liens à la fois plus fragiles et plus résistants avec nos actionnaires, nos partenaires. Plus fragiles parce que les différents types de relations avec les fournisseurs, les consultants indépendants, les sous-traitants et les partenaires ne sont plus assez forts pour entraîner une coopération totale. Plus résistants dans la mesure où tout le monde dépend d'eux pour atteindre les objectifs critiques. En dépit de ces relations complexes et évoluant sans arrêt, il faut établir des relations solides de manière à se rassembler pour un but commun, pour lancer une vague suffisamment puissante qui balayera les obstacles, unifiera tous les intérêts divergents en jeu.

LES DISTANCES NOUS RÉUNISSENT

Les affaires à l'ère de l'information sont complexes à cause de la myriade de nouvelles formes de relation sur lesquelles elles se construisent et aussi par l'éloignement de plus en plus grand des personnes avec qui il faut les établir. Le philosophe David Hume a dit un jour que l'imagination morale diminue avec la distance[1]. Il veut dire par là qu'on ne ressent pas la même qualité de relation ou d'obligation avec quelqu'un à l'autre bout du monde que quand cette personne est à proximité, dans la même pièce, la même ville ou le même pays. En fait pour survivre, il faut que nous ne nous sentions *pas* impliqués par ce qui se passe loin de nous. Par exemple un médecin ne se déplace pas au hasard dans tout le pays. Il explique que sa responsabilité s'applique à un hôpital ou un secteur géographique et que plus loin cela devient la responsabilité d'un autre. Une personne asiatique vit tellement loin de nous qu'elle devient une abstraction pour la plupart d'entre nous et nous pensons que nous n'avons pas à nous sentir responsable d'une abstraction. C'est la logique qu'on retrouve derrière la terrible formulation de Staline : « Une seule mort est une tragédie, un million de morts devient une statistique. »

Durant des siècles, notre fonctionnement social était essentiellement local, nous maintenant dans un environnement relativement homogène. Nous avions des relations avec des gens qui partageaient la même culture et il était donc facile de comprendre leur comportement et les signaux qu'ils nous envoyaient. La connectivité globale a tout changé, on se trouve maintenant pressés les uns contre les autres dans tous les aspects de notre vie quotidienne sans la pression de la proximité pour nous canaliser ni aucune limite. Les fibres optiques qui nous entourent percent la membrane des cultures de proximité comme des aiguilles font éclater des bulles de savon. Elles créent de nouveaux défis dans les relations, depuis l'achat de produits sur le site d'eBay jusqu'aux rencontres par Internet ou des discussions avec des collègues à l'autre bout du monde, que l'on n'a jamais rencontrés, qui ne parlent même pas la même langue et qui ont des habitudes de vie et de travail complètement différentes. Cette Asiatique ? Votre entreprise vient d'acheter la start-up Internet où elle travaille et l'a incluse dans votre « business unit ». Vous allez maintenant gérer à distance son équipe qui travaille à Bangkok.

Avant cette informatisation des relations, le rythme de vie était plus lent, on avait plus de temps pour apprendre à se connaître et prendre le luxe d'entretenir des contacts personnels avec tous les partenaires de travail. Désormais, les multinationales forment des équipes constituées d'employés de diverses divisions, issus de différents pays et possédant des cultures variées. Les chaînes d'approvisionnement globales et les centres de support client se multiplient et mutent plus rapidement que le virus de la grippe. Les regroupements et les acquisitions entraînent la croissance et la création de valeur sans beaucoup se préoccuper des relations interpersonnelles. On construit souvent ses relations de travail de manière hétéroclite à travers des réunions dans des hôtels, des vidéoconférences, des communications téléphoniques, des e-mails ou des fax. Pendant que je relisais ce chapitre, une de mes collaboratrices travaillant à l'autre bout de la ville m'a envoyé un SMS pour me demander un dossier dont elle avait besoin. J'ai pu le retrouver et lui envoyer depuis mon ordinateur plus rapidement que si elle était dans le bureau à côté. Maintenant ce mode de fonctionnement est devenu tout naturel.

Ces nouvelles possibilités évoluent tellement rapidement que nous n'avons pas eu le temps de créer les cadres permettant de les comprendre. La distance ne sépare plus, la communication est instantanée. Paradoxalement, les opportunités de ne pas se comprendre abondent. Rédiger un e-mail peut être délicat quand on ne sait pas, uniquement par son adresse mail, déterminer si l'expéditeur est un homme ou une femme, sa nationalité, son niveau de culture, si pour lui (elle) les vaches sont une représentation divine ou de la nourriture. Aux États-Unis, quand deux cadres de niveaux différents se trouvent dans une position conflictuelle, ils se contactent et discutent de manière ouverte pour trouver une solution. En Indonésie, cela ne ferait qu'empirer la situation, parce qu'à Djakarta c'est le principe du *asal bapak senang* (il faut que le patron soit content) qui s'applique[2]. Les subordonnés indonésiens tiennent à régler les problèmes sans en parler à leur supérieur, même quand cela implique de mentir à propos d'une situation, plutôt que de tenter de la résoudre.

Les Docteurs Fons Trompenaar et Charles Hampden-Turner, les auteurs de *Building Cross-Cultural Competence*, ont mené au niveau mondial une étude des attitudes culturelles qui a révélé des différences fondamentales dans les divers pays regroupés dans une multinationale. Ils ont posé la question suivante à des travailleurs dans une dizaine de pays pour mieux appréhender les diverses positions par rapport à la loyauté et à l'application de la réglementation :

> Vous êtes dans une voiture que conduit un de vos amis. Il heurte un piéton alors qu'il roule au moins à 60 kilomètres/heure dans une zone limitée à 30 km/h. Vous êtes le seul témoin et son avocat vous dit que si vous témoignez sous serment qu'il roulait à 30 km/h vous lui épargnerez de sérieux ennuis. Quelle position choisissez-vous entre l'obligation de vérité d'un témoignage sous serment et votre amitié[3] ?

Avant de regarder les résultats, réfléchissez à votre propre réaction.

Dans des démocraties à forte tradition protestante telles que les États-Unis, la Suisse, la Suède et l'Australie, pratiquement 80 pourcent pensent que le conducteur n'a « pas » ou « peu » à attendre une aide de son ami et en conséquence déclarent qu'ils diraient la vérité au tribunal. En Corée du sud et dans les pays de l'ex Yougoslavie, il y en a moins de 20 pourcent de cet avis, 80 pourcent estiment qu'il faut aider leur ami. « Quand nous avons posé la question au Japon », m'a déclaré Hampden-Turner, « ils ont répondu que c'était une question délicate et qu'ils voulaient en discuter entre eux. Ils sont revenus une demi-heure après et nous ont expliqué qu'il fallait dire au conducteur : « Je te soutiens et je donnerai la version des faits qui te convient, néanmoins je te demande de trouver dans notre amitié le courage de dire la vérité. » Je trouve que c'est une solution merveilleuse parce qu'ils veulent être universels – dire la vérité, ce qui est une caractéristique du monde occidental – alors que leur culture est orientée vers l'individu et les critères d'amitié et de loyauté. Ils sont passés d'un monde à un autre avec une approche à l'opposé de celle d'un *WASP* (*White Anglo-Saxon Protestant*, Ndt).

La tendance globale de chaque culture à considérer que les valeurs des autres ne sont pas bonnes vient encore compliquer ces différences de perception. Un Suisse a tendance à ne pas faire confiance à un Sud-Coréen parce qu'il estime qu'il ne respecte pas l'autorité et le Sud-Coréen ne le respectera pas parce qu'il trouve qu'il n'accorde pas assez de valeur à l'amitié et à la loyauté. Comment gérer toutes ces particularités dans votre chaîne de distribution globale ou votre liste d'envoi d'e-mails ? Et comment une multinationale peut-elle élaborer et faire appliquer un code de conduite uniforme dans le monde entier ? Comment lancer une vague avec des gens qui, fondamentalement, ne font pas confiance ou ne comprennent pas vos valeurs ?

Quand Lotus, l'éditeur de logiciels, a voulu étendre sa gamme de produits collaboratifs – Notes et Dominos – pour l'élargir au niveau global, il s'est heurté de front à tous ces problèmes. Pour adapter son « refroidisseur virtuel global » aux habitudes de travail des Japonais, il a dû créer un espace pour les plaisanteries sociales traditionnellement échangées avant de commencer à travailler[4]. Combler ces fossés peut devenir un casse-tête fantastique. Imaginez le nombre d'options différentes nécessaires pour répondre aux exigences de deux cultures, puis souvenez-vous qu'on trouve au moins quatre ou cinq cultures dans un seul groupe de travail.

POUVEZ-VOUS M'ENTENDRE ?

Le monde des affaires est un écosystème, les distances ne nous séparent plus, les liens qui nous relient sont plus lâches que jamais et on observe un nouveau *nous* dont les membres changent quotidiennement. La communication électronique remplit les synapses entre nous, c'est à la fois une aubaine et un fléau parce qu'elle rend possible le fonctionnement de tous ces réseaux de communication mais cela dans un langage étrange et fracturé.

C'est notre capacité à créer des symboles qui différencie l'être humain des autres créatures vivantes. Les symboles nous permettent de comprendre le monde et sont le moyen fondamental pour nouer des relations sociales et psychologiques. Le langage n'est qu'une partie infime des gestes symboliques constituant les interactions humaines. Le physique, l'intonation de la voix, l'expression du visage et le langage du corps jouent un rôle primordial pour se mettre en relation et comprendre les intentions derrière les mots. Avant l'ère du télégraphe et du téléphone, la plus grande partie de notre communication s'opérait en face à face. On pouvait généralement voir son interlocuteur et interpréter ses messages cachés. Depuis environ 75 ans, la technologie a retiré systématiquement la majorité de ces indices comportementaux. Tout d'abord, elle nous a permis de prendre contact plus facilement, toutefois en partie seulement puisque beaucoup d'indices sociaux symboliques manquaient. Le rythme plus lent de l'ère industrielle nous a accordés le temps de nous adapter et de développer de nouvelles compétences pour décoder les nouveaux symboles. Cependant nous ne leur avons pas fait totalement confiance. La règle tacite était que l'on pouvait traiter beaucoup de choses par téléphone. Pourtant, quand le point était très important, il était préférable de le traiter entre quatre yeux et une bonne poignée de main.

Considérons un moment l'évolution fantastique de la communication au vingt et unième siècle : l'e-mail, la messagerie instantanée, les téléphones portables, les « Smartphones » et les SMS. Chacun de ces outils déforme notre message de manière subtile, altérant certaines parties, amplifiant ou diminuant d'autres car chaque technologie est un filtre qui laisse passer certains symboles et en bloque d'autres. Tout ceci s'est déroulé très vite, les e-mails ne sont monnaie courante que depuis une dizaine d'années. Auparavant, seuls quelques-uns d'entre nous avaient des « pagers » et les quelques téléphones portables étaient bien plus gros que ce livre.

Quand on communique de manière électronique, c'est moins dynamique et cela permet moins de concessions mutuelles. La communication tend à être unidirectionnelle et séquentielle. Quand elle se chevauche elle perd tout son sens :

Le PDG (11 h 16) : Bonjour Christine.
Son assistante (11 h 16) : Bonjour Monsieur.

Le PDG (11 h 16) : Prête pour la réunion ?
L'assistante (11 h 16) : Je pense.

Le PDG (11 h 17) : Vous pensez ? J'espère. Vous pouvez me faire un topo sur la situation de notre client ?
L'assistante (11 h 19) : Vous pensez que je n'ai pas travaillé dessus ?

Le PDG (11 h 20) : Je les rencontre dans cinq minutes.
L'assistante (11 h 20) : Ils n'ont pas respecté le contrat sur plusieurs points et prétendent que c'est de notre faute.

Le PDG (11 h 20) : Mais si, je vous crois.
L'assistante (11 h 20) : Plus précisément de votre faute et celle du conseil.

L'assistante (11 h 20) : C'est votre récision.
Le PDG (11 h 20) : Je m'excuse.

Le PDG (11 h 21) : Bien, nous allons les attaquer pour rupture de contrat.

L'assistante (11 h 21) : Pas de problème, je prépare la salle de conférence.

Le PDG (11 h 21) : Récision ?

Réponse automatique de l'assistante (11 h 21) : Je suis absente de mon bureau.

Le PDG (11 h 21) : Je ne comprends pas, quelle récision ?

Le PDG (11 h 22) : Allô ? Vous êtes là ? La conférence démarre dans trois minutes !

Même si nous travaillons maintenant en meilleure entente, comme les pièces d'un jeu d'échecs, la communication électronique limite la transmission des informations et transforme le jeu en poker. En effet, aux échecs les deux joueurs voient l'échiquier et ont toutes les informations, alors qu'au poker on ne voit que les cartes retournées. Pourtant le but de notre communication n'est pas de cacher des informations, c'est plutôt de clarifier la situation avec nos interlocuteurs, autrement dit de jouer cartes sur table. C'est le paradoxe de l'âge de l'information : la technologie nous relie plus que jamais et pourtant nos relations sont plus incomplètes et morcelées. Nous ne sommes pas habitués à ne pas être en possession des indices dont nous avons besoin pour décoder la totalité des intentions d'autrui.

Une autre pression engendrée par la communication instantanée est ce que l'on appelle le facteur d'exigence d'une réponse. À l'ère industrielle, quand on écrivait on savait que même si on envoyait une note succincte, il faudrait le temps de transmission du courrier pour qu'elle atteigne son destinataire ; qui de son côté pouvait prendre son temps pour répondre. Cela permettait de réfléchir pleinement aux termes de ses écrits, même si le délai en était compté. Ce n'est plus du tout le cas avec tous les gadgets que nous avons maintenant à notre ceinture ou sur notre bureau, qui nous transmettent instantanément des messages exigeant implicitement une réponse immédiate. Cette obligation d'une réponse exerce donc une influence néfaste sur la qualité de notre communication, nous entraînant à répondre à des messages qui ne contiennent qu'une partie des symboles sans réfléchir suffisamment à une formulation précise et prudente.

L'ÈRE DE LA TRANSPARENCE

À une époque (avant 1995) plus simple, quand on voulait acheter un grille-pain, on allait dans un magasin connu pour la qualité de ses produits, ou de ses prix raisonnables et l'on achetait l'appareil qui nous semblait convenir le mieux. Ceux qui étaient particulièrement difficiles ou regardant sur les prix allaient voir deux ou trois magasins avant de se décider ou se plongeaient dans des revues d'associations de consommateurs ou encore consultaient des catalogues. Depuis l'apparition de la vente en ligne, les gens peuvent acheter pratiquement partout. Les grandes marques se sont jointes aux petits détaillants, augmentant ainsi les opportunités d'achat. À partir de la mi 2004, le commerce électronique a littéralement explosé dans le monde entier et les acheteurs potentiels se sont mis à consulter une dizaine de sites avant de souvent revenir à leur site habituel pour concrétiser leur achat[5].

On dit que l'information est comme un petit enfant qui court partout, se mêle de tout et que l'on ne peut pas contrôler[6]. Il aurait fallu dire ça à David Edmonson, l'ancien PDG de RadioShack (société de vente d'appareils électroniques, Ndt). Pour les consommateurs, la facilité d'accès à l'information sur les fournisseurs est un avantage, pour les personnes qui ont quelque chose à dissimuler, comme Edmonson, c'est un désastre. Quand il a postulé chez RadioShack en 1994, il a faussement indiqué sur son CV qu'il avait obtenu des diplômes de théologie et de psychologie à l'Université Baptiste de la Côte Pacifique en Californie. Il a dû démissionner en 2006 alors qu'il était à la tête de l'entreprise. En effet, bien que cette université se soit délocalisée à Oklahoma en changeant son nom, un reporter du *Fort Worth Star-Telegram* a effectué des recherches et découvert le pot aux roses. Sa carrière, construite sur ces mensonges, s'est écroulée[7].

Ce n'est, bien sûr, pas le seul. On trouve beaucoup de puissants qui ont chuté. On a découvert en 2002 que Kenneth Lonchar l'ancien PDG de Veritas, une société de logiciels de stockage de données de la Silicon Valley, avait déclaré avoir obtenu un MBA de Stanford alors que c'était faux[8]. (Il est piquant de remarquer que Veritas est la traduction du mot latin qui signifie la *vérité*). George O'Leay, entraîneur de l'équipe de foot de l'Université Notre Dame, a démissionné quand on a découvert qu'il avait menti sur son CV en prétendant avoir joué dans l'équipe de son université et qu'il était titulaire d'une maîtrise[9]. Jeff Taylor lui-même, fondateur du site de recherche d'emploi Monster.com, a mis en ligne sa biographie mentionnant un MBA de Harvard qu'il n'a jamais obtenu[10].

Nous vivons à l'ère de la transparence. En 1994, il était facile de faire passer des combines de ce type. Maintenant le nombre d'informations et de profils personnels facilement accessibles sur l'Internet est tel que l'on peut virtuellement tout découvrir sur vous. Le fait que le *New Oxford American Dictionnary* conjugue « Google » comme un verbe, est symptomatique, ainsi que la phrase qu'il utilise pour illustrer son propos : « Vous rencontrez quelqu'un, échangez vos numéros de téléphone, décidez d'un rendez-vous, puis le (la) *Googlez* à travers 1 346 966 000 pages ». Le *Pittsburgh Post-Gazette* a fait récemment état d'un sondage interactif de Harris montrant que 23 pour cent des gens recherchent régulièrement les noms de partenaires de travail ou de collègues sur Internet avant de les rencontrer[11]. Le site « NeSorsPasAvecLui.com » permet à une femme de mettre en ligne le nom et la photo d'un homme qui s'est mal conduit avec elle. Tasha C. Joseph, la créatrice du site, a déclaré au *New York Times* : C'est une « évaluation du comportement des hommes » à l'intention des femmes[12]. N'importe qui avec une caméra vidéo peut faire partager au monde entier vos pires comportements, simplement en les mettant sur YouTube.com. C'est une révolution qui, peu de temps après son avènement, a eu un effet sans précédent sur la politique, le show-business, l'application des lois, la musique et la vie privée. Les sondeurs politiques analysent votre âge, vos ressources financières, le parti politique auquel vous adhérez, le type de voiture que vous conduisez, les dons que vous faites et un tas d'autres informations personnelles, pour prédire votre vote avec beaucoup de précision[13].

Le tout exerce une influence importante sur la manière dont on travaille maintenant. Avant que cette transparence ne permette de voir à travers les arbres les plus touffus, on ne pouvait distinguer que la silhouette de la forêt et peu de ce qui poussait en dessous. Par exemple des sociétés pouvaient former des joint ventures pour se protéger des ramifications lointaines potentiellement dangereuses, estimant que si une filiale avait des problèmes, cela ne mettrait pas en jeu la réputation de la société mère. Maintenant, dans ce monde de transparence, tout le monde sait qui fait partie de la joint venture quand elle se conduit mal. Dans le passé, former les cadres supérieurs à un comportement éthique était suffisant parce que les travailleurs à la chaîne n'avaient que peu de contacts à l'extérieur et qu'ils ne risquaient pas de créer des problèmes. À l'heure actuelle, n'importe quel employé peut s'exprimer au sujet de son entreprise dans une discussion en ligne ou sur un « blog » et le lendemain ça apparaît sur « DrudgeReport » ou « The Smoking Gun ». On a même créé un nouveau mot – whistleblogging (jeu de mots sur *vendre la mèche* et *blog*, Ndt) lorsque qu'un employé crée un journal personnel pour dénoncer ce que fait l'entreprise. La transparence ne vous permet plus de vous cacher dans les sous-bois obscurs pour créer une filiale discrète ou avoir un représentant. Les observateurs peuvent très bien distinguer les arbres de la forêt.

La société de l'information entraîne une société de surveillance. Les gens deviennent plus curieux et *s'intéressent* à plus de choses. Ils le font parce que c'est devenu tellement facile : regarder ne coûte presque rien, effectuer une recherche encore moins d'effort, et procure aussi bien les meilleurs prix d'achat que des révélations croustillantes. Tout autour du monde, les gens sont collés à leur poste de télévision pour regarder la « télé réalité », prétendant montrer des instants vrais de vie privée (Il existe aux États-Unis un réseau entier qui lui est consacré et la version anglaise de *Celebrity Big Brother* a déclenché un incident raciste au niveau international[14]). On a toujours été intéressé par ce qui se passait dans la maison d'à côté et maintenant on peut le voir réellement. Cela ressemble à l'examen d'une goutte d'eau au microscope. Quand on la place sur la lame porte-objet, elle paraît claire et immaculée, puis l'examen révèle un monde caché. Si on augmente la puissance on distingue des organismes et des objets qu'on n'aurait pas imaginés et tout devient complexe et désordonné. La technologie du microscope modifie l'image que l'on avait de l'eau et la curiosité étant piquée, on ne peut pas s'empêcher de se demander quels sont les mondes cachés sous les objets familiers autour de soi.

Les gens regardent plus aussi parce qu'il y a plus de choses à découvrir. Imaginez par exemple la satisfaction de Heather Landy, la reporter qui a découvert que le CV de David Edmondson avait été maquillé. Elle a commencé ses investigations après avoir appris que ce cadre, qui avait lancé deux églises avant de se consacrer à plein-temps aux affaires, était convoqué au tribunal… pour son troisième procès de conduite en état d'ivresse. Les scandales d'entreprises, les divorces de gens célèbres, la corruption des politiques, toutes les malversations des icônes de l'époque sont instantanément retransmises par la télévision, la radio, le web et les téléphones portables. Que ce soit les médias sous dépendance parce qu'elles ont trop d'espace dans les journaux, de temps d'émission à la radio ou à la télévision à remplir ou que ce soit nous qui sommes accrochés à ces informations, une fois que l'on a goûté au scandale, on en demande toujours plus.

LA PERSISTANCE DE LA MÉMOIRE

Quand Paul Chung a appuyé sur la touche « envoi » de sa boîte mail, sa carrière prometteuse dans l'investissement financier est partie en vrille. C'est le groupe Carlyle qui avait recruté ce diplômé de Princeton âgé de 24 ans et l'avait envoyé au bureau de Séoul, en Corée. Trois jours après son arrivée, il utilisait le réseau interne de la compagnie pour se vanter auprès de ses amis restés à New York : « J'étais déjà un tombeur à New York mais aujourd'hui j'ai en moyenne 5 à 8 numéros de téléphone par nuit et au moins 3 filles chaque soir qui veulent passer la nuit avec moi. » Plus loin il prétendait utiliser une chambre de son appartement de fonction comme « harem » et une autre pour ses activités sexuelles. Les destinataires ahuris ont transmis ce message à des milliers de personnes de Wall Street jusqu'à que celui-ci arrive finalement dans la boîte de réception de son patron. Chung a perdu son travail – et sa réputation[15]. C'était en 2001, cinq ans plus tard on en parle encore. J'ai « googlé » Paul Chung, Carlyle, comme ses futurs employeurs le feront certainement et trouvé son histoire signalée cinq fois en première page. Elle le poursuivra le reste de sa vie.

Le cerveau fabrique et stocke les souvenirs en construisant des réseaux de neurones, qui emmagasinent des millions d'impressions détaillées formant la mémoire. L'Internet fonctionne exactement de la même manière. Ses bases de données immenses et interconnectées ont une durée de vie qui nous survivra. Même les sites fermés ou supprimés restent en mémoire sur un site appelé *Wayback Machine* (la machine à remonter le temps) qui archive 55 milliards de pages web remontant jusqu'à 1996[16]. Cette persistance de la mémoire électronique rend difficile toute nouvelle chance. Auparavant, un médecin charlatan pouvait déménager et accrocher sa plaque sans craindre d'être retrouvé. Maintenant, l'administration conserve des bases de données détaillant toutes les plaintes déposées contre lui. C'est la même chose pour les entreprises, les magasins et les vendeurs sur eBay. La vie n'a plus de chapitre qu'on peut clore, on ne peut rien abandonner et on ne peut plus cacher ses cadavres dans les placards. Votre passé est devenu votre présent et il vous rattrape comme un camion qui recule en écrasant tout ce qu'il y a derrière.

Ce ne sont pas uniquement des preuves flagrantes comme le mail de Chung qui sont dangereuses, avec la démocratisation de l'information. N'importe qui peut publier n'importe quoi quand il (elle) veut, que ce soit vrai ou faux. Les informations ne sont plus vérifiées aussi précisément. À l'époque des médias de masse, durant les années 1980 et 1990, les grandes agences se comportaient en chiens de garde de l'information. Une véritable classe de journalistes et de rédacteurs en chef vérifiaient les accusations et les plaintes avant de les publier sur la base de preuves indépendantes. Sinon ils en payaient le prix. Maintenant cette responsabilité n'est plus entre les mains de professionnels aguerris, elle repose sur toute personne possédant un clavier. N'importe quel employé mécontent peut se venger et peut porter une fausse accusation qui va instantanément prendre du poids. Comme Mark Twain (d'après certains) aurait dit « Un mensonge peut traverser les États-Unis pendant que la vérité est juste en train de mettre ses chaussures[17]. »De nos jours, le mensonge peut faire plusieurs fois le tour du monde alors que la vérité a tout juste eu le temps de penser : « chaussures ». Des réputations qui semblaient gravées dans la pierre peuvent facilement s'effondrer à cause de quelqu'un ayant accès à un ordinateur. Des accusations non vérifiées peuvent prendre autant de poids qu'une vérité démontrée et même si elles sont fausses, demandent beaucoup de temps pour s'en défendre. Tout le monde peut désormais facilement comparer les réputations avant de faire un choix. La réputation devient une denrée périssable et en conséquence, sa valeur augmente. Devenant plus accessible, elle devient un meilleur atout et un plus grand risque.

LE GÉNIE DE L'INFORMATION EST SORTI DE SA LAMPE

La libération du flux d'informations a irrévocablement changé nos relations, en bien comme en mal. Une récente étude de l'institut indépendant Pew montre que 40 pour cent des 11 millions de personnes utilisant la messagerie instantanée au travail estiment qu'elle facilite le travail en commun et 32 pour cent qu'elle encourage les potins, 29 pour cent qu'elle les a dérangés et 11 pour cent qu'elle a augmenté leur stress[18]. Cette évolution de la communication a bouleversé des siècles d'habitude, diminuant l'efficacité de nombreuses pratiques traditionnelles. Elle a modifié la manière de travailler et les relations au travail.

Nous ne pouvons plus retourner en arrière.

Nous ne *diminuerons* pas notre niveau de connexion. Nous ne deviendrons jamais *moins* transparents. Le génie de l'information est sorti de sa lampe et il n'écoute pas les vœux que nous formulons. Fatigué de vivre dans les ténèbres d'une vieille lampe rouillée, il s'est construit une nouvelle maison, avec des murs transparents et perméables, entouré des nouvelles réalités : la destruction du château fort, l'aplanissement du monde, la montée de l'écosystème du monde du travail, la nature morcelée du discours virtuel, la transparence incontrôlable, la puissance destructrice de l'accusation et l'importance de la réputation. Avec toutes ces modifications de la façon dont nous vivons, nous connectons et menons notre vie personnelle et professionnelle, la question devient : Comment nous épanouir ? Comment transformer ces défis en ressources ? Nous allons y répondre après avoir réfléchi à certains points fondamentaux les concernant : les changements dont la société a besoin pour rester stable dans cette époque d'incertitude.

Chapitre 3

LE VOYAGE VERS LE COMMENT

Ce n'est pas ce que vous faites qui compte, c'est comment vous le faites
John Wooden, coach de basket-ball

L'information est partout grâce à l'hyper connectivité et la transparence montre tout. Nous avons évoqué certaines des forces que nous subissons alors que nous devons nous adapter à des changements importants. Il en existe d'autres, des modifications de notre manière de nous ressentir en tant qu'individu, entreprise ou autre groupe dont nous faisons partie. Les nouveaux besoins et perceptions engendrés par ces changements exercent une influence puissante sur notre réussite professionnelle. Pour examiner ces modifications de la topographie du travail, il faut envisager la manière dont cette situation a créé un nouvel espace de réussite.

JUST DO IT !

À la fin du vingtième siècle, il ne faisait aucun doute que nous n'étions qu'à un clic de souris de tout savoir sur tout le monde. De nos distractions à nos comptes en banque, de nos numéros de sécurité sociale aux détails sur ce que nous dépensons et possédons, un tas d'éléments dont nous n'aimerions peut-être pas parler avec nos amis vont être mis sur la place publique sans que nous ne puissions rien faire. Cet accroissement de notre exposition entraîne un malaise, une vulnérabilité que nous n'avons pas encore tous pris en considération. Avec toute cette transparence, nous avons commencé à regarder d'autres choses. Et nous nous sommes demandés si le monde actuel respectait les valeurs qui nous tiennent à cœur. C'est à ce moment-là que les choses ont changé.

En 1996, le réalisateur Cameron Crowe a fait un film, *Jerry Maguire*, qui montre particulièrement bien les valeurs des années 1990, dans lequel Tom Cruise joue un impresario pour sportifs qui ne pense qu'à gagner de l'argent. Cependant il se réveille une nuit avec une illumination sur la nature corrompue de ses habitudes de travail. Il passe alors la nuit à écrire un manifeste qu'il intitule : « Ce qu'on pense et que l'on ne dit pas. » Il y explique que, dans l'avenir, la réussite consistera à avoir moins de clients et à les traiter de façon plus humaine, en reprenant contact avec les valeurs intemporelles qui font la qualité d'une relation. Il envoie ensuite le texte à tous les membres de la société où il travaille. Le lendemain matin, touchés par la passion de ses convictions, tout le monde se lève pour lui faire une ovation au moment où il arrive. À ce moment-là, l'un des membres de l'équipe se tourne vers un collègue et lui demande du coin des lèvres : « Combien de temps tu lui donnes ? » L'autre répond : « Environ une semaine. » Une semaine plus tard, bien sûr, il est parti, ses collègues lui ont dérobé ses clients et sa carrière est en ruines.

Ce film raconte l'histoire d'un homme se battant contre la déshumanisation de l'époque. Il est devenu rentable parce qu'il touchait une corde sensible chez ceux qui en avaient assez de voir les règles contournées[1]. C'était la décade du « *Just do it !* » qui était, dans ce monde en pleine accélération, le slogan de Nike, le fabricant de chaussures de sport, qui résumait bien l'époque. Le marché explosait et toute une classe d'investisseurs se lançait dans le frisson de l'argent facile à travers les bulles spéculatives. Beaucoup ont immédiatement sauté dans le train, de peur qu'il parte sans eux. Des millions de personnes ont joué sur le marché des valeurs et des millions de personnes aussi ont vu leur portefeuille en bourse et leurs placements pour la retraite atteindre des plus-values phénoménales. Tout le monde prenait des risques, porté par un sentiment de sécurité de la richesse espérée.

Avec les possibilités apparemment sans limite de l'ère du « .com », l'esprit de l'époque a déteint sur les affaires. Les dirigeants, pour répondre aux demandes à court terme d'un marché du capital de plus en plus insistant, se sont tournés vers des raccourcis et des solutions faciles, négligeant les conséquences à long terme. Les tendances de l'ère industrielle efficacité, rapidité et l'œil rivé sur le résultat – sont devenues les seules priorités. Le message aux subordonnés était clair : vous y allez ! Tous les moyens étaient bons, pour autant qu'ils soient légaux. De la même façon que le capitalisme industriel encourageait et récompensait certaines habitudes, telles que la thésaurisation, les années 1990 valorisaient d'autres critères. On se trouvait en tête avec de l'astuce et de l'ingéniosité pour sauter au-dessus des obstacles dans ce monde qui changeait trop vite. Les affaires, en général, consistaient à manager les initiatives et les tâches, tout le monde était obsédé par les plannings Gantt ou PERT (Program Evaluation and Review

Technique). L'approche de l'être humain était la même, le mot-clé était la *performance* et les services de ressources humaines se sont focalisés sur la *gestion de la performance*. Il est devenu indispensable de répondre au téléphone à la troisième sonnerie au plus tard, d'être toujours souriant(e) et d'avoir les comportements qui paraissaient aux directeurs les plus propices à l'atteinte de leurs objectifs.

On a perdu dans la bagarre la valeur du leadership. En effet on gère les choses et on dirige les personnes. On l'a bien ressenti, « *Just do it !* » n'était plus suffisant. Comme Jerry Maguire le montrait, les gens ont commencé, à la fin de la décade, à se soucier de la façon dont on faisait les choses – comment vous vous comportez et comment vous atteignez vos buts. L'opinion publique a changé sur ce point et plus important pour les affaires, ce changement s'est opéré dans la totalité de l'entreprise. En 1997 déjà, une campagne publique a secoué Nike en montrant les déplorables conditions de travail dans ses usines autour du globe[2]. Les informations sur le COMMENT du travail sont devenues de plus en plus faciles à obtenir et à partager. Le changement était dans l'air du temps, son parfum pourtant couvert par la course en avant. Ce n'est qu'au changement de siècle que les cycles naturels de prospérité et d'éclatement des bulles ont montré les nouvelles réalités et ont secoué le système dans son entier.

LE FOSSÉ DE L'INCERTITUDE

On porte tous en nous une vision idéale de la stabilité et de la sécurité, c'est-à-dire ce que l'on ressentirait à vivre complètement en sécurité. On n'arrive pourtant jamais à cet état idéal parce que la vie apporte toujours une part d'incertitude et de déséquilibre. Cela crée un fossé entre cet état et nos conditions de vie, que j'appelle le Fossé de l'Incertitude et je crois qu'il exerce une influence importante sur notre capacité à réussir. Il ne disparaît jamais totalement et il est plus ou moins large suivant les circonstances. Quand il est étroit, on n'y fait pas très attention, on pense au fond de nous qu'on peut réagir aux coups. Toutefois s'il s'élargit, on serre les rangs et on se protège. Plus il s'agrandit et plus on a besoin d'aide (parce que même quand on se sent en danger aussi bien sur le plan personnel que professionnel, on doit continuer à vivre, développer son entreprise et atteindre ses objectifs).

J'ai toujours pensé que l'intégrité de la vie repose sur trois piliers : la sécurité physique, la prospérité matérielle et le bien-être émotionnel. Comme les trois pieds d'un tabouret, la vie a du sens quand ils reposent au sol parce que le tabouret est stable. Quand un pied est endommagé, le tabouret vacille et on perd le sentiment d'être en sécurité. Au début de ce siècle, parallèlement au développement de l'ère de l'information et à la soudaine connectivité transparente que la technologie a apportée, l'Occident a connu une série de chocs qui ont collectivement secoué nos tabourets.

Tout d'abord l'explosion de la bulle Internet a déclenché une récession économique sévère avec de nombreux retentissements sur l'emploi et la sécurité financière. Même en sachant que ces cycles d'expansion et de contraction de l'économie sont monnaie courante, nous avons compris que, pour la première fois, ces entreprises ne rouvriraient pas. Les réalités de la nouvelle ère économique globale poussaient à la délocalisation des emplois vers des zones à moindre coût de main-d'œuvre. Les pays en développement connaissaient une croissance rapide et une augmentation de la richesse, en opposition avec l'image traditionnelle qui nous avait habitués à sa stabilité durable. Les hypothèses économiques mondiales étaient en train de se modifier et nous avons compris que, contrairement aux cycles précédents, le pendule ne reviendrait pas à son emplacement d'autrefois.

Puis une série de scandales a éclaté dans le milieu des affaires qui a secoué le monde professionnel dans le monde entier. Des abus tellement énormes que la seule mention de leur nom en évoque toute l'histoire : Enron, WorldCom, Parmalat, Hollinger International. L'entreprise est devenue l'organe de la société auquel on accordait le moins de crédit, d'après une étude de l'Institut Harris Interactive et le New York Institute for Reputation[3]. On s'est mis à surveiller de plus près le monde des affaires et l'émergence de la transparence nous a permis de voir plus précisément comment ça se passait. Dans une autre étude, mené par LRN/Within Worldwide en 2003, 71 pour cent des Américains ont répondu qu'« aucune », « très peu » ou « seulement quelques-unes » des grandes entreprises se conduisaient de manière honnête, en dépit du fait que le nombre des celles qui ont transgressé les règles est relativement faible[4].

La déception que nous avons éprouvée en constatant ces résultats n'était pas uniquement provoquée par les écarts de conduite dans le monde des affaires ni les échecs de l'économie. Nous avons alors commencé à ressentir l'influence de la technologie sur notre culture. Toutes les facettes de la société semblaient tout à coup mises à nu. Les scandales politiques, les mensonges des entraîneurs sportifs, les athlètes professionnels sous stéroïdes, des reporters du *New York Times* inventant des histoires pour leurs articles, des gens célèbres de tous niveaux qui montraient leur vulnérabilité, alors qu'ils étaient pour nous les parangons d'une éthique vers laquelle nous tendions. À la découverte des bases viciées de leur réussite, nous avons compris que beaucoup de ces dernières étaient bâties à la va-vite sur des valeurs à court terme. Le système de valeurs auquel nous croyions s'écroulait autour de nous, ébranlant nos croyances. Comme il est contre notre nature d'accepter qu'une réussite à long terme soit bâtie sur des bases corrompues, sur qui compter maintenant ?

Puis le World Trade Center s'est écroulé, suivi par une série d'actes terroristes contre des civils – à Madrid, Londres, Bali et bien d'autres – qui, couplés à des guerres régionales, ont déstabilisé une grande partie du globe. Le risque d'insécurité physique s'est tout à coup immiscé dans une vie tranquille.

Ce n'était certes pas la première fois que les trois pieds du tabouret étaient bousculés. La deuxième guerre mondiale, le Vietnam, le Watergate, le conflit du Moyen Orient et la crise pétrolière des années 1970, pour n'en citer que quelques-uns, ont provoqué de semblables perturbations. La montée des bulles financières puis leur explosion, ainsi que la corruption ne nous étaient pas étrangères. La nouveauté de notre époque est que nous voyons maintenant tout en temps réel. Ce flot d'informations non vérifiées nous bombarde constamment, sans nous laisser le temps de reprendre notre souffle. Quand notre tabouret vacille, le fossé de l'incertitude s'élargit et nous cherchons à nous rassurer, à nous stabiliser pour aller de l'avant. Nous cherchons comment combler ce fossé.

LES RÈGLES ONT LEURS LIMITES

Pour atteindre nos buts et réussir nous avons besoin de certitudes, de constance et de stabilité, un socle solide pour prendre notre élan et sauter. Les joueurs de basket sautent plus haut que ceux qui jouent au beach-volley parce c'est plus facile pour eux sur un sol dur que sur du sable. D'un côté le fossé de l'incertitude décrit notre relation à la certitude, ainsi que notre relation à la société. De l'autre on s'appuie sur des règles – sous la forme de lois – pour assurer la certitude, la constance et la prévisibilité dont nous avons besoin. Aux temps du capitalisme château fort, on a rédigé de nombreuses règles qu'on a commencé à abandonner à la fin du siècle dernier.

Il y a de bonnes raisons : tout d'abord les règles sont souvent inefficaces pour réguler le comportement humain. Bien sûr elles n'ont pas été inventées de toutes pièces. Le législateur les a généralement adoptées pour proscrire des comportements non souhaités, en réaction à un événement particulier. On a limité la vitesse des voitures quand le nombre d'accidents a trop augmenté, réglementé les pit bulls à la suite de morsures graves et institué des procédures de remboursement de frais professionnels quand quelqu'un a été pris en train de vouloir se faire payer le dernier iPod. Les règles ont été instaurées pour une raison, dont la plupart des gens ont oublié le fondement, n'ayant pas suivi leur genèse. C'est pour ça que beaucoup cherchent à les contourner en utilisant leurs failles. Steve Adams, par exemple, est un employé de la poste basé en Alaska qui voulait exprimer sa personnalité en portant une cravate avec des personnages de bande dessinée. Ses supérieurs se sont battus avec lui pendant des mois avant de lui ordonner finalement de suivre les règles. Il a les alors soigneusement étudiées et a découvert qu'il n'y avait aucune interdiction concernant les bretelles. Il est donc allé travailler affublé de bretelles avec un dessin de Mickey[5]. La faille des règles est qu'il est impossible de les rédiger en décrivant tous les comportements possibles. Il y aura toujours des zones de flou qui permettront de les contourner. Quand c'est le cas, la réaction habituelle est de les rendre plus sévères, ce qui les transforme en un composant du problème.

Les règles cherchent à combattre les faiblesses. Les entreprises n'ont pas de règle rappelant à leurs employés de respirer tout le temps. Cela ne présente aucun risque puisque les gens le font naturellement. Par contre elles *ont des règles* sur les horaires de travail parce que sinon, les employés viendraient travailler quand ils en ont envie et il serait difficile d'obtenir que le travail soit fait à temps. Les règles fixent des bases, des critères minima de conduite et empêchent l'apparition des problèmes – quand elles sont respectées. Ceux qui trouvent qu'ils doivent suivre trop de règles estiment qu'on ne leur fait pas confiance. Ils perdent leur respect pour ces règles (et ceux qui les ont rédigées) et cherchent par tous les moyens à se débarrasser de leur joug, comme Steve Adams. Cela crée une spirale vicieuse de rédaction de règles qui entraîne la baisse de confiance dont on a besoin pour maintenir la vie en société. Notre confiance dans la capacité des règles à gouverner la conduite humaine diminue à chaque fois qu'une règle montre ses limites. Les règles perdent donc tout leur pouvoir.

Il y a un autre élément dans la nature des règles et des lois qui limite leur efficacité dans certains domaines du comportement humain. Comment légiférer sur l'honnêteté ? Quels sont les mots objectifs avec lesquels on peut enchâsser dans la loi une valeur aussi fondamentale ? On peut (et on le fait) écrire de longues listes interdisant les nombreux comportements que l'on estime malhonnêtes. Il est impossible de le faire sans créer des contradictions, des inégalités et des vides juridiques. Dans la vie professionnelle, par exemple, comment écrire un contrat de travail qui vous oblige à *faire plaisir* à un client ? D'aller au-devant de ses attentes ou de le surprendre ? Ce n'est pas possible. On peut définir un service minimum, des délais optimums ou des indemnités de base mais on ne peut pas trouver comment exprimer ce plus qui est nécessaire pour maintenir d'excellentes relations. En établissant des *planchers* au comportement, les règles créent aussi des plafonds.

Quand nous vivions dans un monde de type « *Just do it !* », nous ne prenions pas garde à la façon dont nous faisions les choses dans la mesure où nous appliquions les règles et que nous ne tombions pas en dessous du minimum. La société se contentait de juger sur la capacité de chacun à faire son chiffre – en d'autres termes, on évaluait le QUOI (le contenu) et non le COMMENT (la manière). Le monde est devenu plus transparent et nous distinguons maintenant la conformité du comportement, ou pour le présenter autrement, puisque maintenant tout le monde peut voir les méthodes de tout le monde, COMMENT vous faites quelque chose devient aussi important que le QUOI (la chose elle-même). Il ne suffit plus de se contenter de *suivre* les règles, puisque l'on peut voir et comprendre la *relation* de chacun aux règles. Dans ce monde hyper transparent et hyper connecté, on ne peut plus se contenter de « *Just do it !* », il faut le faire correctement.

AVOIR UN MEILLEUR COMPORTEMENT QUE SES CONCURRENTS

Certains traits ne changent pas, quelle que soit la manière dont évolue le monde ou même quelle que soit la variation du fossé de l'incertitude : nous avons tous envie d'être unique, nous aimons être reconnus, nous aimons recevoir des compliments et nous aimons réussir, pour nous-mêmes, notre famille et notre entreprise. Nous devons trouver un moyen d'atteindre nos objectifs et de combler nos désirs, de sauter aussi haut que nous pouvons. Le travail, en tant qu'expression des aspirations humaines, reflète les mêmes buts. Il consiste à être quelqu'un, réussir quelque chose et même parfois à changer le monde. Les sondages Gallup montrent en fait que le bonheur au travail n'est pas lié à la rémunération, plutôt à la reconnaissance, aux félicitations et à l'occasion de faire chaque jour ce en quoi l'on excelle[6]. Et si l'on examine les entreprises dans les 100 premières places du classement de *Fortune*, la plupart d'entre elles se distinguent aux yeux de leurs employés par la qualité de leurs efforts.

Le défi de la réussite grandit. Il suffisait auparavant d'avoir la licence d'une bonne université pour assurer sa carrière. Maintenant les cafés Starbuck embauchent des serveuses avec une maîtrise ou un doctorat. Les ingénieurs étaient très recherchés et maintenant, avec tous les étudiants qui sortent d'universités indiennes ou chinoises, un diplôme d'ingénieur n'est plus du tout la garantie d'une embauche[7]. Comme entreprise, la proximité de vos clients vous donnait traditionnellement un avantage compétitif, vous permettant de fournir des produits ou des services à un meilleur prix que vos concurrents plus éloignés. Maintenant vous êtes confrontés à une concurrence mondiale et l'équation est souvent inversée. Pour réussir dans ce marché global surchargé, il faut trouver le moyen de vous démarquer de manière durable. Ces niches de marché deviennent de moins en moins nombreuses, remettant en cause les qualités personnelles nécessaires pour s'épanouir.

Les leaders des entreprises capitalistiques du vingtième siècle s'élevaient au-dessus de la mêlée par le contenu de ce qu'ils faisaient. On était alors très *inventifs*. Ceux qui déposaient des brevets gagnaient et ceux qui ne pouvaient pas ramassaient les miettes. C'est l'innovation au niveau du produit et le marché fournissait des protections pour la protéger. C'est là qu'allaient les profits, la publicité et les protections gouvernementales. De ce fait ces inventeurs ont fait la première des magazines *Forbes* et *Fortune*. C'est ce qu'a fait Chester F. Carlson qui, à la fin des années 1930, bricolait dans un laboratoire improvisé à l'arrière du salon de beauté de sa belle-mère à New York. Il a réussi à transférer des spores de champignon depuis une feuille de métal chargée électro statiquement vers un morceau de papier sulfurisé. Ayant breveté le procédé, il a essayé de le vendre à une vingtaine des plus grandes entreprises du pays, qui l'ont toutes refusé. En 1947, une petite fabrique de produits photo appelée Haloid, installée à Rochester, dans l'état de New York, a investi un quart de son bénéfice annuel (qui était de 100 000 dollars pour un chiffre d'affaires de plus de 6 millions de dollars) pour développer cette idée. En 1959, Haloid a présenté la première application pratique de l'invention de Carlson qu'elle a appelé la Xerox 914. Deux ans après, son chiffre d'affaires dépassait les 60 millions de dollars. Quatre ans plus tard, Xerox atteignait le demi-milliard[8].

Ou encore des personnages comme Noah et Joseph McVicker qui, en 1956, ont inventé la formule d'une matière plastique destinée à nettoyer les papiers peints. Leur sœur, qui travaillait dans une école maternelle, s'est entichée de cette matière pour remplacer l'argile avec laquelle les enfants modelaient. Ils ont alors créé la Rainbow Crafts Company pour fabriquer le produit et le vendre comme jouet. À ce jour, Hasbro qui a racheté Rainbow

Crafts, a vendu plus de deux milliards de boîtes de Play-Doh (célèbre pâte à modeler). Son odeur a été désignée comme l'une des cinq odeurs les plus faciles à reconnaître dans le monde entier et c'est l'un des jouets qui a connu la plus grande réussite au monde[9].

L'innovation dans le QUOI a été le moteur du capitalisme du vingtième siècle et ses jours sont maintenant révolus. Si les McVickers lançaient le Play-Doh aujourd'hui, quelqu'un pourrait en emporter un échantillon en Chine, en retrouver la formule et le moyen de le fabriquer en une semaine pour le livrer dans le monde entier à une fraction de son prix. Ce serait la même chose en quelques mois pour une photocopieuse. Nous sommes dans un monde de produits où il est difficile d'en inventer de meilleurs. Starbucks a lancé un nouvel engouement pour le café et maintenant on sert des cafés lattés dans la moindre gargote. Dell fabrique des ordinateurs bon marché pour le grand public et Hewlett-Packard va bientôt faire la même chose. Johnson & Johnson a trouvé le moyen d'empêcher l'ouverture par inadvertance de la bouteille de Tylenol et presque instantanément, toutes les bouteilles d'analgésique ont été équipées du même système de protection[10].

Il est désormais plus difficile d'innover dans le QUOI. Il faut beaucoup de chance et d'argent pour devenir un pionnier et même si vous y arrivez, la facilité pour quelqu'un d'autre de découvrir comment fabriquer le produit en six mois et non six ans fait perdre tout son intérêt à l'opération. En 1999, deux sociétés, ReplayTV et TiVo, ont simultanément lancé la première version grand public du caméscope numérique, une invention qui a tellement révolutionné la manière de regarder la télévision qu'elle a fondamentalement modifié le business model de l'industrie télévisuelle. Sept ans après, ReplayTV a disparu et TiVo se bat encore pour tirer un bénéfice sur une petite partie d'un marché minuscule. Le caméscope numérique est devenu un appareil courant, fabriqué par de nombreuses entreprises dans le monde entier et TiVo se débat pour se positionner plus sur les possibilités de son logiciel (COMMENT on l'utilise), que sur le matériel lui-même (le QUOI)[11].

Beaucoup d'entreprises ne veulent plus innover dans le domaine du QUOI : c'est trop onéreux et elles préfèrent attendre qu'une autre invente pour la copier. Jack Welch, l'ancien PDG de General Electric, aimait bien faire remarquer que le système ne récompensait pas l'innovation. En effet il est difficile de protéger un QUOI, que ce soit un produit ou un service. La loi sur le copyright est régulièrement bafouée et de nombreux pays ne tiennent aucun compte des droits d'auteur ou ignorent même carrément le concept de propriété intellectuelle. Beaucoup de cultures n'en ont aucune traduction dans leur langue, parce qu'elles ne conçoivent pas que l'on puisse être propriétaire d'une idée. Welch était tellement persuadé de son idée qu'il dévoilait constamment au public le détail des projets et des stratégies de GE dans son rapport annuel. « Nous lui avons demandé pourquoi il exposait nos business models », m'a dit un jour Steve Kerr, l'ancien directeur de la formation chez GE. Steve a aussi tenu ce poste chez Goldman Sachs et a coécrit *The GE Work-Out* (McGraw-Hill, 2002), une approche du leadership tel qu'il l'a développé comme directeur du centre de développement du leadership de GE à Crotonville, dans l'état de New York. Il est depuis longtemps considéré comme un leader de pensée dans le monde du management des entreprises. Steve se souvenait de Jack Welch : « Il nous disait 'Il n'y a aucun secret dans le QUOI, tout le secret réside dans le COMMENT on fait. Ils peuvent connaître notre business model, ils ne peuvent pas réaliser le même, ils sont incapables de copier nos COMMENT, c'est-à-dire la manière dont nous l'exécutons. »

Welch avait raison. Les hommes d'affaires américains se sont donc mis à innover dans le COMMENT au début des années 1980. Ils se sont focalisés sur le management des procédures, ce que j'appelle les COMMENT du QUOI. Les entreprises étaient dominées par tous les outils de gestion de la qualité : la qualité totale (tan), six sigma, le juste à temps, le *kaizen*, l'ERP, le CRM gestion de la relation clients, celle des ressources humaines, le zéro défaut, la gestion de la chaîne d'approvisionnement... La culture du processus cherche à améliorer les bénéfices en réduisant les défauts d'efficacité à tous les stades de la chaîne de production. On vérifie désormais ce que disait Welch : une personne sur 100 peut découvrir un traitement contre le cancer, les 99 autres vont se démarquer par le COMMENT.

Et il s'est passé quelque chose d'amusant : chacun est devenu bon dans le processus. Et en atteignant les limites de l'amélioration, on a fini par aplanir le terrain de jeu. Pratiquement tout le monde peut maintenant réduire les défauts à un niveau infinitésimal ; la mortalité au travail a quasiment disparu, chacun répond au téléphone à la deuxième sonnerie, on possède tous des systèmes de protection et on boit tous des cafés lattés. On a banalisé les processus et les performances presque au point de réduire le retour sur investissement. (Le professeur Mary J. Benner explique que les résultats de ses recherches depuis 20 ans montrent que la gestion des processus, qui est devenue une véritable manie, est en train d'étrangler l'innovation en encourageant la réflexion à court terme qui étouffe l'audace[12].)

Il y a pourtant un domaine extrêmement fluctuant, qui n'a pas été totalement analysé et qui *ne peut pas* être mis en équation, c'est celui du comportement humain : COMMENT nous faisons ce QUE nous faisons. Réfléchissez-y, vous pouvez améliorer les comportements. Si vous insufflez l'inspiration à un plus grand nombre de personnes dans votre réseau, vous gagnerez. Si vous intensifiez la collaboration avec vos collègues, si vous tenez vos promesses 99 pour cent du temps alors que vos concurrents ne le font que 8 fois sur 10, vous gagnerez parce que vous démontrerez un meilleur souci du client. Les opportunités existent dans ce domaine du comportement où l'on rencontre un tel échantillonnage de différences. Vous avez ici une opportunité rare : celle de *mieux vous comporter que vos concurrents* et par là même de *gagner*.

Il suffit de jeter un coup d'œil aux comportements dans le domaine des affaires ces derniers temps. Qui aurait pensé que le créateur d'un site de recherche d'emploi (Monster) falsifierait son propre CV ? Que des cadres de Tyco détourneraient les fonds d'une société de publicité pour investir dans, entre autres, une sculpture taillée dans la glace qui représente un Manneken-Pis avec de la vodka à la place de l'eau de la fontaine originale[13] ? De l'autre côté il y a Angel Zamora, le livreur d'UPS qui a fait le pas supplémentaire pour apporter son colis et m'offrir une expérience riche de sens. Ou les pilotes de la compagnie Southwest Airlines. Lors d'un de mes déplacements à Phoenix, j'ai remarqué qu'ils aidaient le personnel à l'embarquement pour le contrôle des tickets. Et à l'arrivée, le copilote a apporté une poussette pour une mère et son enfant. Je me suis dit que ce n'était certainement pas écrit dans leur fiche de description de poste, et je n'imagine pas le syndicat des pilotes de la Southwest négociant une clause de ce type. Aucune règle n'explique que pour garder son emploi il faut aider à l'embarquement et porter une poussette. Ces personnes sont donc motivées par quelque chose de plus important qu'une fiche de fonction.

Bien sûr, pour réussir et devenir numéro un, il faut avoir de bons produits et des business models adaptés. Néanmoins, ces QUOI ne suffisent plus, il faut quelque chose en plus. « Zéro multiplié par n'importe quoi donne toujours zéro », disait Steve Kerr. « Faire élégamment quelque chose qui ne sert à rien ne rapporte pas plus que faire quelque chose d'important de manière inefficace. Il faut maintenant donner de l'importance au COMMENT parce que c'est la partie de l'équation dont on s'occupe le moins, alors que c'est elle qui peut tout changer. » Ce n'est pas tellement que le COMMENT soit plus important que le QUOI me disait Steve, c'est surtout que le monde est maintenant de type A multiplié par B et que COMMENT est le facteur multiplicateur. C'est lui qui permet d'améliorer les résultats de vos efforts.

Le monde, à travers ses réseaux tentaculaires d'informations, nous connecte et nous expose de manière entièrement nouvelle. Une chose est claire comme de l'eau de source : c'est le COMMENT vous agissez qui fait maintenant la différence et non CE que vous avez réalisé. Toutes les équipes ne réussissent pas, tous les employés ne deviennent pas forcément cadres, certains ne survivent même pas. Certains durent, d'autres non et d'autres encore ont de meilleures performances. Pour être en tête du business maintenant, il faut fournir un meilleur service (au sens large) à ses clients plutôt que simplement fournir un meilleur produit. La possibilité de se différencier en se comportant mieux que la concurrence est la raison d'être fondamentale de ce livre. C'est ce concept que je démontre en parlant d'innover et de gagner grâce au COMMENT, appliqué aux relations entreprise/client/fournisseur aussi bien qu'employé/patron/équipe.

COMMENT NOUS AVANÇONS

Le comportement a toujours exercé une influence importante sur la manière de vivre et de traiter les affaires. Désormais cette influence change considérablement. En 2005, Merriam-Webster a indiqué que le mot le plus consulté sur le site web de leur dictionnaire connu dans le monde entier était le mot *intégrité*[14]. Les nouveaux réseaux de relation permettent de nombreuses innovations, réservées de fait à ceux qui savent faire passer le courant et entraîner les autres dans une vague. Les structures changent, les paradigmes évoluent, les affaires et la vie semblent truffées d'embûches, n'importe quel mouvement venant de n'importe où exerce un effet important sur le reste du monde. Ce sont parfois des mouvements tectoniques qui font bouger l'ensemble, parfois c'est juste notre capacité à voir sous un jour différent des éléments jusqu'alors familiers, qui révèle un nouvel ordre du monde qui rodait juste en dessous de celui que l'on croyait si bien connaître. Si le monde change, nous devons adapter notre manière de faire.

Dans cette partie, nous avons évoqué les forces définissant les paramètres d'une nouvelle structure, d'une nouvelle réalité pour les affaires du vingt et unième siècle. Nous avons constaté l'évolution du pouvoir de la propriété terrienne vers celui de l'information. Nous avons aussi vu que les anciennes habitudes de thésaurisation, de « diviser pour régner », de donner des ordres et vérifier, se sont accrochées à nous en dépit de changements fondamentaux. La tendance des affaires vers les relations horizontales nous met de plus en plus en contact avec des collègues de même niveau qui travaillent à l'autre bout du monde. Le temps et les différentes cultures se sont percutés tellement vite que nous n'avons eu le temps de développer les structures adéquates pour comprendre ce qui se passait. En conséquence nous n'avons pas su comment fonctionner ensemble de manière productive. Puis les informations et les communications ont été fusionnées et ont modifié la manière dont nous comblons les espaces entre nous. Nous avons parlé des nombreuses ramifications de la transparence, comment elle a amplifié la valeur de la réputation et comment elle s'est combinée au flot des informations pour rendre la réputation plus vulnérable à des accusations infondées ou malhonnêtes. Nous avons identifié la fin du « *Just do it !* » uniquement focalisé sur les résultats financiers et les comportements transactionnels et sur les limites intrinsèques que présentent les règles dans le gouvernement de l'être humain. Nous avons aussi vu que tous ces changements ont fait basculer notre attention du QUOI vers le COMMENT.

Ces forces et cette dynamique démontrent un changement irréversible du monde. La manière dont nous faisons ce que nous faisons, transforme le comportement en un processus basé sur les valeurs. Il n'y aura pas de retour en arrière, nous ne serons jamais *moins* transparents, nous n'aurons jamais *moins* d'informations et nous ne serons jamais *moins* connectés qu'à l'heure actuelle. Quelle que soit notre compétence verticale – la vente, le marketing, la production, la finance, l'administration, le management, le service, etc. – le succès au vingt et unième siècle dépendra uniquement de notre capacité à nous épanouir au milieu d'un système de relations plus large, plus varié et plus exposé qu'aucun autre dans toute l'histoire de l'humanité. Nous ne vivons pas dans des maisons de verre (les maisons ont des murs), nous vivons comme observés au microscope, visibles et exposés aux yeux de tous.

La réussite réclame maintenant des nouvelles compétences et habitudes, de nouveaux points de vue et un nouveau sens de la relation. Dans ce monde où tout se voit, il y a une surabondance d'informations qui arrivent trop facilement pour permettre à qui que ce soit de les contrôler et qui se montrent plus rusées que n'importe qui. On ne peut plus désormais truquer le système en espérant que personne ne s'en rendra compte. Il faut arrêter de danser autour des autres et se lancer dans une danse que tout le monde peut suivre. La réussite à long terme est directement proportionnelle à notre capacité – en tant qu'entreprise autant qu'individu – à lancer des vagues dans des réseaux évanescents, à enrôler les autres dans des efforts plus importants, alors que tout le monde nous observe. Nous allons voir COMMENT dans les chapitres qui suivent.

PARTIE II

COMMENT NOUS PENSONS

INTRODUCTION : LE PARADOXE DU VOYAGE

Quand j'étudiais le droit, j'étais assistant dans un cours animé par Alan Dershowitz, Stephen J. Gould et Robert Nozick intitulé « Penser à la pensée » à Harvard. C'était un cours très conceptuel et pluridisciplinaire qui combinait les sciences, la philosophie et le droit pour affronter les grands problèmes du moment : les drogues, l'avortement, l'euthanasie, le port d'armes et bien d'autres. À la fin du semestre j'ai noté une tendance intéressante dans la manière dont je notais, ceux à qui je donnais B, ceux auxquels je donnais A et surtout ceux auxquels je donnais C. En en parlant avec mes collègues, j'ai été confronté à un paradoxe intéressant sur l'apprentissage et le cheminement vers le savoir.

Les étudiants moyens (notés B) montraient qu'ils connaissaient leur sujet. Ils démarraient leur cheminement intellectuel au début du semestre et gravissaient une première colline de compréhension. Ils lisaient tout, étaient sérieux et aptes à expliquer clairement ce qu'ils avaient compris lors de l'examen final. Ils cheminaient avec application, comme lors d'une randonnée, vers le savoir. À la fin du semestre ils démontraient une compréhension et un savoir de base, ne commettaient pas d'erreur de fond et étaient clairs dans leurs explications.

Les meilleurs (A) avaient une maîtrise totale du programme, en avaient fait la synthèse et l'avaient intégré. Ils avaient réfléchi, étaient capables de développer des contre-arguments au-delà du cours présenté. Ils avaient assimilé le matériau et l'avaient appliqué. Ils s'étaient appropriés tous les éléments et avaient même inventé de nouveaux outils de pensée. En bref, ils avaient développé une compétence personnelle – à partir de ce qu'ils avaient lu et entendu, améliorée, parce qu'ils avaient pu essayer eux-mêmes. Ils ne s'étaient pas contentés de *suivre* le cours, ils l'avaient en quelque sorte *enseigné* en allant plus loin.

C'est ceux qui avaient des notes médiocres (C) qui m'ont le plus intéressé. Certains étaient paresseux et faisaient le minimum. Et pourtant, un bon nombre travaillaient autant que ceux qui étaient le mieux notés. Ils avaient suivi le cours et bien compris les outils, ils avaient des flashs d'intuition, qui leur permettaient souvent d'aller plus loin. Néanmoins, quand il s'agissait d'exprimer leur pensée, ils restaient bloqués dans une étroite vallée pleine de confusion, se débattant pour en sortir. Ils avaient fait un pas en avant vers la connaissance et l'avaient manquée de peu ou glissaient en arrière et n'arrivaient pas à exprimer leurs idées de manière claire et pertinente.

J'ai alors fait un croquis représentant ce phénomène en figure II.1.

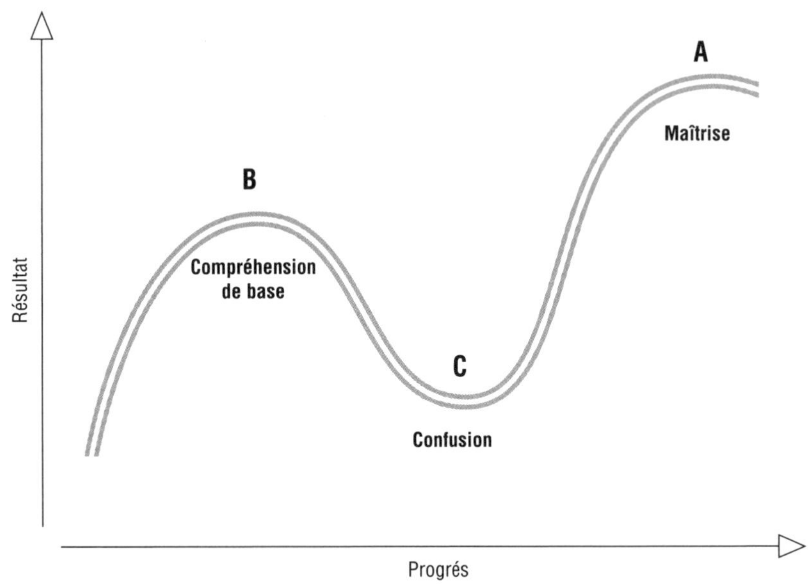

Figure II.1 Le paradoxe des collines du savoir

Le paradoxe est que les étudiants C sont en fait plus avancés que les B. Ils ont dépassé le premier sommet, ils ne sont pas encore au niveau des A, tout en en étant plus proches. Je leur ai donné un C pour *confusion* et cela montre bien le cheminement de l'apprentissage vers le savoir. Il est facile de s'arrêter sur le sommet de B, on a l'impression d'avoir bien grimpé, on voit le paysage en dessous et on pense qu'on mérite un peu de repos. On se sent en sécurité parce que les choses paraissent claires sur ce premier sommet. On a démontré qu'on était capable d'efforts et de se remettre en cause pour atteindre un certain degré de réussite, sans prendre trop de risques.

Pourtant cette position n'est pas gagnante. Si on y reste alors que d'autres acceptent le défi de continuer vers A, on reste en arrière. B est statique alors que nous savons tous que la réussite tient à une avancée constante. Pour comprendre vraiment, il faut se battre dans la vallée du C, sinon on n'atteindra jamais le deuxième sommet, le plus élevé. On peut lire ce livre en diagonale, par exemple (comme le font beaucoup de gens avec les livres sur les affaires) et n'atteindre qu'une compréhension superficielle de l'intérêt de l'innovation dans le COMMENT qui représente pourtant la clé de la réussite à long terme, parce que les gagnants au vingt et unième siècle se comporteront mieux que leurs concurrents. Dans ce cas on n'acquiert qu'un savoir de base. Contrairement à ce que l'on peut penser, le savoir n'a pas d'ailes, on ne peut pas voler directement du sommet B au sommet A. Pour comprendre vraiment le monde du COMMENT, il faut accepter de se battre avec la complexité, la remise en cause et de nouvelles façons de voir les choses.

Il faut du courage pour continuer, surtout pour descendre dans la vallée de la confusion et se battre avec ce qui s'y trouve. La plupart d'entre nous avons fait cette expérience, involontairement, quand nous avons voulu réellement maîtriser un outil. Nous nous sommes retrouvés dans la vallée du C sans comprendre d'où venait notre confusion. Certains d'entre nous se sont découragés et ont abandonné, cela peut vous arriver à la lecture de ce livre. Cheminer du sommet B au sommet A demande plus que des indications et des règles, il faut de la ténacité, du courage et une certaine intelligence émotionnelle. Il est nécessaire de se débattre et de vivre la confusion, de sorte que le savoir soit profondément ancré au moment où arrive la clarté. Le seul problème serait d'y rester bloqué. Daisetz T. Suzuki, spécialiste du Zen bouddhiste, l'explique ainsi : « Quand on veut réellement maîtriser un art, le savoir technique est insuffisant. Il faut transcender la technique pour que l'art devienne une seconde nature directement générée par l'inconscient[1]. »

Le pouvoir, dans le monde du COMMENT n'est pas un pouvoir *sur* quelque chose, mais plutôt *à travers* quelque chose, un réseau, une synapse ou un circuit ; c'est un pouvoir qui connecte, non un pouvoir qui ordonne. Je vais vous guider jusqu'à la colline du A et comme le disait le philosophe chinois Lao-Tseu : « Un voyage de cent mille lieues commence par le premier pas[2]. » Le changement, l'amélioration et le développement personnel demandent un cheminement, un véritable voyage. Cheminer signifie se pencher sur le processus et non le produit, sur le COMMENT et non le QUOI, sur le chemin et non le point d'arrivée. Les voyages sont curvilignes par définition, ils présentent des hauts et des bas qui réclament plus d'efforts pour monter que pour descendre. Je vais donc utiliser ce schéma des deux collines pour illustrer le cheminement de l'ancien vers le nouveau, du savoir vers sa compréhension, puis de son acquisition vers sa maîtrise. Pour faciliter la compréhension, j'ai dessiné la figure II.2.

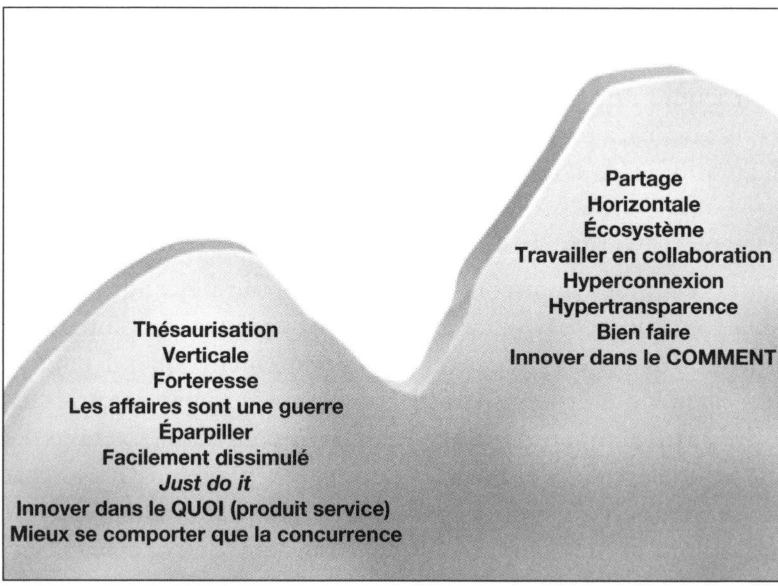

Figure II.2 – Comment nous avons évolué

Mieux se comporter que la concurrence

Les changements *de cette dernière* décade, aussi bien dans la société que dans les affaires – depuis la thésaurisation vers le partage, de la forteresse vers l'écosystème, de l'éparpillement et le facilement dissimulé vers l'hyper connecté et l'hyper transparent – concourent à mettre l'accent sur les COMMENT du comportement, la manière de combler les synapses entre nous et les autres. Dans cette seconde partie, nous avons démarré notre cheminement pour comprendre et maîtriser ces COMMENT, puis les mettre en application au quotidien. Le premier pas nous conduit à l'intérieur, vers les mécanismes de pensée et de compréhension qui façonnent nos décisions et nos actions. Un zeste de biologie, un peu de sociologie, une pincée de linguistique et une goutte de golf : cette section intitulée « Comment nous pensons » nous aide à construire une nouvelle structure pour comprendre le monde du COMMENT.

On peut résumer les trois premiers chapitres en plaçant les savoirs et comportements faciles ou bien connus sur la colline du B et les nouveaux concepts sur la colline du A.

Chapitre 4

UTILISER TOUTES SES CAPACITÉS

On ne peut pas résoudre les problèmes avec le même mode de pensée que celui qu'on a employé pour les créer.
Albert Einstein

Dans le film *Cast Away*, l'acteur Tom Hanks joue le rôle de Chuck Noland, un employé de FedEx qui se retrouve abandonné sur une île déserte où il va passer quatre ans, à la suite de l'accident de l'avion à bord duquel il se trouvait[1]. Il survit grâce à ce qu'il peut dénicher sur l'île et ce qu'il peut récupérer des quelques colis de FedEx échoués sur le rivage. Quand on demande à un spectateur de raconter le film il expose généralement la lutte héroïque pour survivre ou – parce que Noland veut absolument retrouver sa fiancée – le pouvoir de l'amour surmontant tous les obstacles. Personnellement j'ai été frappé par deux scènes, au point d'envoyer un e-mail au scénariste William Broyles Jr. pour savoir ce qu'il avait voulu exprimer.

La première chose que j'ai remarquée c'est l'amitié que Noland noue avec un ballon de foot à moitié dégonflé qu'il a trouvé sur la plage et qu'il a appelé « Wilson » d'après le nom du fabricant. Broyles m'a expliqué que, quand il faisait des recherches pour le film, il a passé quelque temps seul sur une plage de la mer de Cortez et qu'il a trouvé un ballon de volley échoué sur le sable. « L'être humain est un animal tellement social », m'a-t-il dit, « et nous avons tellement besoin d'une connexion spirituelle avec quelqu'un d'autre, que j'ai attribué des caractéristiques humaines à un ballon. Uniquement parce qu'il était trop difficile d'être seul. » On n'a pas besoin de morale ou de valeurs quand on est bloqué sur une île (sauf si l'on croit avoir des obligations morales envers les palmiers et les bananiers). On n'a que soi à qui rendre compte, on survit donc de la manière que l'on décide. En créant cet ami imaginaire, Broyles reconnaît qu'il existe en l'homme quelque chose qui l'entraîne à être plus que lui-même et à avoir un but envers les autres.

La deuxième survient à la fin du film, quand Noland, quatre ans plus tard, livre à son destinataire un colis qui a survécu à l'accident et sur lequel il a écrit : *Ce colis m'a sauvé la vie*. Broyles m'a expliqué : « C'est une partie cruciale de ce qu'il a été, Noland est quelqu'un qui "connecte le monde", qui le fait tourner, et qui tient la promesse de transmettre un colis d'un être humain à un autre. Cet homme de relation, qui est resté aussi longtemps sans relation, réintègre le monde en tenant sa promesse. » Noland avait besoin d'un but pour survivre à son calvaire. Il a alors réalisé qu'il n'était pas uniquement quelqu'un qui transportait des paquets, il était aussi quelqu'un qui tenait ses promesses. C'est pour moi le sujet du film : tenir ses promesses, rester en connexion avec les autres et accomplir l'impératif biologique de se dépasser. Je me demande si nous avons appris ça en tant qu'espèce ou si c'est un besoin biologique. Est-ce une obligation intrinsèque pour nous de nous connecter aux autres ?

Quand on parle des synapses interpersonnelles entre les gens dans un stade ou de notre collaboration horizontale à travers le monde, on évoque en fait des réseaux biologiques. Le cerveau – cette masse spongieuse située entre les oreilles – gère une quantité vertigineuse d'informations chaque jour, que ce soit consciemment ou inconsciemment. Il est responsable de tout, depuis notre respiration jusqu'au baiser que nous donnons à l'être aimé. Sa capacité inconsciente d'enregistrer des indices subtils de l'environnement et de les intégrer nous fournit les moyens d'agir et de réagir au monde. C'est le réseau biologique le plus complexe que nous connaissions. Les scientifiques ont commencé à comparer le cerveau en fonctionnement avec la recherche comportementale en économie, politique et autres activités sociologiques. Le résultat est la découverte d'une prédilection biologique humaine pour des comportements augmentant notre capacité à être efficace et à nous développer[2]. Le cerveau en réseau et le monde du travail en réseau ont plus en commun que l'on a jamais imaginé.

Nous allons étudier quelques aspects de cette étude passionnante, puis en tirer des conclusions. Même s'il paraît paradoxal, au premier abord, de se lancer dans une discussion plus profonde sur le COMMENT dans un monde dirigé par Internet, en s'appuyant sur les neurosciences et l'anthropologie de l'évolution, le fonctionnement du cerveau peut nous apporter une compréhension fondamentale de notre manière de penser et d'agir. Maintenant que la plupart des gens admettent qu'on obtient de meilleurs résultats en améliorant encore ce que l'on fait déjà bien, plutôt qu'en essayant de réparer ses points faibles, comprendre les tendances naturelles du cerveau peut nous fournir de nouvelles perspectives sur la meilleure façon de concentrer nos efforts. La science insiste sur le fait que si on sait bien COMMENT faire, cela signifie qu'on utilise la totalité de ses capacités.

À L'AIDE !

Vous faites vos courses au supermarché, poussant votre chariot, ne pensant qu'à ce que vous allez acheter, quand vous remarquez quelqu'un d'assez petit perché sur la pointe des pieds pour atteindre une boîte sur l'étagère du haut en face de vous. Il heurte par mégarde quelques boîtes de minestrone et les rattrape dans leur chute, essayant de retenir les autres pour les empêcher de tomber à leur tour. Sans réfléchir, vous l'aidez à les rattraper, puis à ramasser celles qui sont à terre, pendant qu'il bégaie des excuses. Vous l'avez aidé sans aucune réflexion consciente.

Les êtres humains s'aident de manière régulière, même s'il n'y a aucune récompense à la clé, aussi bien les personnes qu'on ne connaît pas que celles qu'on connaît. Ce comportement – appelé *l'aide altruiste* – est l'un des éléments qui nous différencie de la plupart des autres animaux. Cela demande un ensemble relativement complexe de perceptions : il faut remarquer l'action d'une autre personne, comprendre ses intentions et ce qui est nécessaire pour atteindre son but, évaluer sa capacité à l'atteindre ainsi que son acceptation d'une aide extérieure et enfin prendre la décision d'intervenir sans attendre une récompense. Pendant longtemps, les psychiatres ont cru que c'était un phénomène induit par la vie en société, un comportement appris par la modélisation des parents et l'observation des autres. Cette croyance était issue du fait que tout cela réclame la mise en action des fonctions les plus élevées du cerveau – le raisonnement, la syntaxe, l'empathie et la capacité de faire des choix – toutes capacités qui demandent des années de développement pendant l'enfance.

Pourtant récemment, Felix Warneken et Michael Tomasello de l'institut Max Planck d'Anthropologie évolutive, ont publié une étude révolutionnaire qui a démontré que des enfants dès l'âge de 18 mois – sachant tout juste parler et qui ne maîtrisaient pas ces capacités cognitives complexes – aidaient spontanément un adulte inconnu à atteindre un certain nombre de buts et étaient capables de déterminer à quel moment une aide était nécessaire[3]. Ils aidaient à atteindre des objets hors de portée, sauf si le sujet s'en était débarrassé volontairement. Ils l'aidaient à ranger des livres s'il apparaissait qu'il n'avait pas terminé. S'il peinait à ouvrir un placard parce qu'il avait les mains pleines, ils l'ouvraient sauf s'il avait auparavant posé sur le placard ce qu'il avait dans les mains. Enfin ils récupéraient des objets dans une boîte sauf s'il les y avait jetés volontairement. Ces enfants, qui parlaient à peine, étaient capables de faire la différence entre quelqu'un qui avait réellement besoin d'aide et quelqu'un qui n'en n'avait pas besoin. Warneken et

Tomasello en ont conclu que « les très jeunes enfants ont une tendance *naturelle* à aider les autres, même des étrangers, sans en attendre aucun bénéfice. » C'est en totale contradiction avec la conception généralement soutenue selon laquelle l'être humain ne tiendrait pas compte des autres et que ses actions seraient motivées par son seul intérêt. Cela démontre que l'avidité égoïste n'est pas dans la nature de l'être humain.

ON PEUT JUGER UN LIVRE À SA COUVERTURE

Le 26 septembre 1960, 70 millions de personnes ont regardé le débat télévisé entre Richard M. Nixon et John F. Kennedy. C'était le premier des « grands débats » télévisés[4]. Pour la première fois, une nation entière a pu observer l'interaction des deux candidats, d'autres l'on simplement écouté à la radio. Nixon avait été hospitalisé pour une opération au genou pendant le mois d'août. Il est arrivé au studio maigre et pale, avec une chemise qui ne lui allait pas et a refusé tout maquillage alors que ça aurait pu cacher sa pâleur et sa barbe de trois jours. Par contraste, Kennedy avait passé les semaines précédentes en campagne en Californie, il était bronzé, en forme et portait un costume impeccablement coupé. Après le débat, les auditeurs de la radio ont nettement proclamé Nixon vainqueur. Au contraire ceux qui l'ont vu à la télévision ont préféré Kennedy pour son charisme et sa mise posée. Ils ont eu l'impression que sa vigueur et son charme avaient mis mal à l'aise le vice-président. Les téléspectateurs ont donc été plus marqués par ce qu'ils ont vu que par ce qu'ils ont entendu, si l'on en croit les résultats de l'enquête d'opinion analysés par Earl Mazzo, directeur du bureau de Washington du *New York Herald-Tribune*[5]. D'après cette analyse, dans l'Ouest où Nixon a été vainqueur, 9 pour cent des adultes ont entendu le débat à la radio alors que dans l'Est où Nixon a perdu, l'audience radio était de 2 pour cent.

Pour aider quelqu'un que vous ne connaissez pas – ou voter pour lui – il faut surmonter la peur viscérale que vous avez qu'il vous blesse si vous l'approchez. En d'autres termes il faut décider de lui faire confiance. On sait que les enfants nouveau-nés sont en lien très étroit avec leur mère, pourtant comment savent-ils qu'ils peuvent faire suffisamment confiance à un étranger pour l'aider ? Cela ressort encore une fois d'une série de perceptions cognitives. Plusieurs équipes de chercheurs ont fait des études sur ce sujet. Peter Kirsch, Christine Esslinger et les autres membres du groupe de Neurologie Cognitive au Centre de Psychiatrie et Psychothérapie à l'université

Justus Liebig ont montré à des adultes une série de photos d'hommes de type Européen, avec une expression neutre du visage, tout en soumettant leur cerveau à un IRM (Imagerie à Résonnance Magnétique). Les scientifiques ont demandé aux sujets de dire quels étaient les visages « à qui on peut faire confiance » et ceux dont « il faut se méfier[6] ». Les IRM ont montré qu'une certaine partie du cerveau, l'amygdale, se met à briller à la vue de sujets supposés indignes de confiance. Il s'agit d'un groupe de neurones en forme d'amande, situé dans les profondeurs du lobe temporal médian, qui fait partie du système limbique. Cette zone du cerveau comprend les structures neurologiques responsables des émotions, de la motivation et de la mémoire. C'est elle qui permet d'éprouver la peur. (Quand votre beau-père arrive pour dîner sans avoir prévenu, elle signale la peur à la base du cerveau, le centre de la motivation qui vous rappelle, fort à propos, que vous avez un travail urgent à terminer et que vous devez immédiatement retourner au bureau.) Les chercheurs ont ensuite demandé aux sujets de lister les caractéristiques des visages qu'ils avaient vus. Ceux qui avaient été classés comme indignes de confiance la première fois ont récolté des caractéristiques plus négatives que les autres.

Le nouveau-né perçoit d'abord les visages, il semblerait maintenant que ce soit pour des raisons de survie. La première impression compte beaucoup. Les humains sont programmés pour définir de manière instantanée s'ils font confiance ou non. Comme les 70 millions de personnes qui ont suivi le débat Nixon-Kennedy, on a tendance à juger un livre sur sa couverture.

CHERCHER LE NUMÉRO DEUX

Si la confiance n'est pas le résultat d'un raisonnement, qu'est-ce que c'est ?

C'est en réalité une substance chimique appelée oxytocine. Cette hormone dont le rôle est de créer des liens est une chaîne peptide de neuf acides aminés (nano peptide) secrétée par la glande pituitaire et bien connue parce que libérée à l'occasion de l'orgasme ainsi que par une mère quand elle accouche ou qu'elle allaite. L'oxytocine comble les synapses et inonde le cerveau d'un sentiment de bien-être qui dure de trois à cinq minutes. Cela réduit l'effet de l'amygdale sur le cerveau limbique et surmonte la peur. Kirsch et Esslinger ont démontré ce phénomène en montrant à deux groupes des photos identiques de visages et de situations inspirant la peur tout en réalisant des IRM. Ils ont traité un seul groupe avec un spray nasal d'oxytocine (on peut la synthétiser en laboratoire). Ce groupe n'a ressenti aucune frayeur à la vue des photos effrayantes, alors que celui qui n'avait pas été traité a eu peur.

L'oxytocine n'inonde pas la totalité du cerveau, elle n'influence que les zones spécifiquement associées à la mémoire et celles qui contrôlent les fonctions réflexes telles que la respiration, la digestion et le cœur. Le plus étonnant est que ces zones sont intimement liées à celles de l'attention et à celles qui perçoivent les erreurs et transmettent des messages à la zone de prise de décisions. Autrement dit, l'oxytocine influence inconsciemment la prise de décisions.

Que peut-on conclure de tout ça ? Nous supposons que le monde des affaires, dans lequel la concurrence est féroce, se base sur l'hypothèse selon laquelle le profit et la réussite maximum seraient le résultat de la recherche de l'intérêt personnel. Selon le vieux dicton, les affaires sont comme une guerre où le fort survit et le faible périt. On suppose couramment qu'abandonné sur une île déserte comme Tom Hanks dans *Cast away*, n'importe quel être humain reviendrait à ses instincts de base pour ne penser qu'à lui, qu'on est programmés pour ça et que l'on ne coopère avec les autres que *lorsque les impératifs de la société l'imposent*. Pourtant il semble que cette supposition soit fausse. L'être humain, à un stade très précoce, est programmé avec la capacité et le désir d'entrer en relation et d'aider les autres, même si cela peut entraîner des risques importants et n'apporter aucune récompense. Et pour y arriver, nous avons la faculté biologique extraordinaire de surmonter notre peur animale de l'inconnu.

À la lumière de cette nouvelle approche des fondements biologiques de la confiance et de l'aide altruiste, Paul Zak, directeur du département des études d'économie à l'université Claremont et professeur auxiliaire de neurologie à l'école de médecine de l'université Loma Linda, a décidé d'étudier si le profit maximum provient réellement de la recherche de l'intérêt personnel. Il est le directeur du centre d'études neuroéconomiques (qu'il a créé) et il se place en leader de ce champ naissant de la neuroéconomie, là où se rejoignent l'économie et l'esprit. Cette science rassemble la neurologie, l'endocrinologie, la psychologie, les théories économiques et les expérimentations de l'économie, pour mieux comprendre comment prendre des décisions dans le domaine de l'économie. Zak a mis en place une expérience à partir d'un jeu intitulé *le jeu de la confiance*, utilisé pour la première fois par Joyce Berg, John Dikhaut et Kevin McCabe en 1995[7]. Il a fait des découvertes passionnantes qui remettent en cause nos idées préconçues.

Le principe du jeu est de choisir de manière aléatoire des paires de sujets et de les installer devant un ordinateur dans des pièces différentes, sans possibilité de communiquer visuellement. On donne à chacun 10 € et on indique aux premiers (1) qu'ils peuvent en envoyer tout ou partie à leur partenaire (2). Le montant de leur envoi sera triplé sur le compte du partenaire. On indique à ces partenaires qu'ils peuvent, à leur tour, renvoyer la totalité, une partie ou rien du tout, aux premiers. L'argent qu'envoie (1) est l'expression de la confiance, le montant que renvoie (2) celle de l'honnêteté.

La réflexion dominante à cette époque-là sur la manière d'obtenir le gain maximum, était basée sur les travaux de John Nash, le mathématicien interprété par Russel Crowe dans le film *A beautiful mind*, à partir de la biographie écrite par Sylvia Nasar. Sa fameuse formule – appelée l'équilibre de Nash – est la parfaite représentation mathématique de la manière d'obtenir le bénéfice maximum dans un monde d'égoïsme total[8]. Le raisonnement est que personne n'envoie d'argent à l'autre : (1) parce qu'il n'a aucune raison de penser que son partenaire anonyme va lui en renvoyer – ce serait donc risquer un sacrifice sans garantie d'un quelconque retour – et (2) ne renverra rien parce qu'il n'y gagne rien.

Zak a réalisé cette expérience de nombreuses fois, à la fois aux États-Unis et dans des pays en voie de développement, utilisant différentes sommes qui représentaient parfois une part importante du revenu mensuel du sujet (pour vérifier l'influence du montant sur le résultat final). De manière étonnante, 75 pour cent des (1) ont envoyé un peu d'argent à leur partenaire inconnu et un pourcentage encore *plus élevé* de (2) en a renvoyé[9]. J'ai questionné Zak sur ce résultat contraire à toute intuition. « Le jeu de la confiance est enfoui dans l'interaction humaine » m'a-t-il répondu « et l'équilibre de Nash ne tient pas compte de ça. » Il m'a indiqué que Nash souffrait de schizophrénie, un désordre neuropsychiatre caractérisé, entre autres, par un retrait volontaire de la société. Il pense que cela affectait les théories économiques de Nash. « Le prix n'est pas la seule raison pour préférer acheter le produit A plutôt que le B. Il y a de nombreuses autres raisons basées sur les relations humaines, dont Nash n'a tenu aucun compte dans ses calculs. »

La théorie de Zak est que nous faisons confiance aux autres parce que cela active des mécanismes d'attachement social, parce que cela semble « la » chose à faire. La confiance apparaît alors comme « ce » qu'il faut faire plutôt que le choix conscient de ce qui est le plus profitable. Pour vérifier cette hypothèse, Zak a effectué des prélèvements de sang sur les sujets après qu'ils aient joué et a fait une découverte phénoménale : le niveau d'oxytocine s'élevait chez (2) en fonction de la somme qu'il recevait de (1) et (2) renvoyait à (1) plus d'argent quand il était plus élevé. Autrement dit, quand on fait confiance à quelqu'un, le cerveau de cette personne réagit en secrétant plus d'oxytocine ce qui le pousse à vous faire confiance. *La réciprocité - faire aux autres ce qu'ils nous font – semble être une fonction biologique : la confiance engendre la confiance.* (De manière intéressante, Zak a noté qu'environ 2 pour cent des sujets ne partageaient pas l'argent qu'ils avaient reçu, ce qui correspond en gros au pourcentage de sociopathes dans une population globale.)

De plus, l'oxytocine agit directement sur les zones associées à la mémoire. Quand on fait confiance, ce qui est souvent un réflexe, on secrète cette hormone et on en fabrique un souvenir. Zak en a conclu qu'il est possible de stimuler et de renforcer la confiance dans le temps, la confiance *renforçant* la confiance, sur une base biologique.

Comment cela se traduit-il dans le monde moderne des affaires ? Si, comme Zak l'explique, la confiance est « un acte tangible et volontaire dans lequel on concède des biens à quelqu'un », les deux parties peuvent estimer que faire confiance est un pas vers un gain potentiel. On génère des hormones de bien-être chez les personnes à qui on fait confiance et elles réagissent en nous faisant confiance. Et de notre côté, consciemment ou non, nous reconnaissons leur confiance avec la même réaction biologique. La peur disparaît, remplacée par la collaboration et il s'ensuit une spirale positive de renforcement mutuel. Il semble que nous sommes programmés pour trouver des connexions afin de bâtir des réseaux biologiques qui nous permettent d'obtenir un gain personnel plus important.

L'ÉVOLUTION DES VALEURS

Nous admettons dans le concept de l'évolution le principe de la survie du sujet le plus adapté. En matière d'être humain, comment définir le plus adapté ? Est-ce que c'est le plus fort ? Aux débuts de l'humanité, quand tout le monde s'habillait de peaux de bêtes et vivait dans des grottes, est-ce que les plus grands dominaient les plus faibles ? Est-ce que, grâce à leur grande taille, ils obtenaient plus de nourriture et donc un avantage pour la reproduction ? Même si c'est une supposition répandue, la pensée moderne de l'anthropologie sociale estime que c'est sans doute faux. Parce que l'homme moderne est beaucoup plus qu'une brute épaisse sachant se servir d'outils, la sélection s'est opérée sur d'autres critères. La force principale de l'humanité n'est pas l'importance de notre musculature, c'est au contraire cet amalgame de connexion et de coopération – notre prédilection à créer des groupes d'individus qui pensent de la même manière et veulent travailler ensemble. Nous avons vu que c'est une prédisposition biologique que nous retrouvons au niveau de l'évolution. Nous connecter et travailler ensemble est le résultat de notre nature et de notre éducation.

Réfléchissons maintenant à ce qui rassemble les êtres humains. L'une des premières façons qu'ont trouvée les sociétés et les organisations pour combler les synapses entre leurs membres est de regrouper des croyances ou des valeurs communes. C'est aussi simple que : « Si nous nous mettons ensemble pour chasser, nous aurons plus de nourriture. » Ou « Nous allons prendre soin les uns des autres quoi qu'il arrive. » Ou plus complexe : « Nos croyances nous ordonnent d'agir de telle manière entre nous. » Comme la confiance, les valeurs sont en quelque sorte programmées dans notre cerveau. Ce sont les conséquences des efforts neurologiques pour faire confiance à l'objet de notre attention, à nos souvenirs et à la faculté de reconnaître nos erreurs. Toutefois, les croyances sont plus souples et plus faciles à apprendre, c'est un processus plus conscient que la sécrétion automatique d'oxytocine et ses résultats neurologiques. Nous apprenons les valeurs comme le vocabulaire de notre entourage, son comportement définissant la norme de celui du groupe.

Les enfants absorbent les valeurs de la société dans laquelle ils vivent comme ils apprennent leur langue maternelle – en France ils apprennent le français, en Arabie Saoudite l'arabe. La culture exerce une forte influence sur la formation des valeurs. Un comportement obligatoire dans une culture peut être interdit dans une autre alors qu'une troisième peut ne pas s'en préoccuper du tout. Les valeurs sont déterminées par la culture et lui sont sensibles. Chaque société renforce sa propre hiérarchie de valeurs : ce qui est important et ce qui l'est moins. L'étude de l'accident de la circulation évoquée au chapitre 2 montre que les cultures américaine et coréenne privilégient le respect de la loi et les obligations de l'amitié alors que chacune leur attribue une importance différente. De même, un enfant élevé dans une société peut avoir des frontières morales ne s'appliquant pas dans une autre.

Il existe néanmoins, sous la surface des normes sociétales, certaines valeurs traversant les frontières sociopolitiques. Historiquement, les valeurs sociétales ont eu un impact évolutif sur l'épanouissement des sociétés. L'anthropologue Joseph Shepher, par exemple, a étudié les gens élevés de manière communautaire dans les kibboutz en Israël, où les enfants passent la majeure partie du temps en groupe. Il a découvert qu'ils avaient une tendance lourde à ne *pas* être sexuellement attirés par les membres de leur groupe, même sans lien familial[10]. Quelque chose dans l'expérience du groupe au fil du temps interrompt la pulsion biologique de procréation. Son travail a renforcé l'hypothèse émise au dix-neuvième siècle par Edward Westermarck selon laquelle cette tendance fonctionne comme un mécanisme d'évitement de l'inceste. Si on remonte dans les sociétés humaines les plus anciennes, quelqu'un que l'on connaît depuis l'enfance a de fortes chances de présenter des liens familiaux étroits avec soi, ce qui ne le (la) rend pas propice à la reproduction. Donc, l'aversion culturelle de l'inceste trouve son origine dans notre programmation physique.

Il en résulte que la culture et les valeurs ne sont pas *uniquement* apprises ; l'évolution les a aussi engrammées dans notre biologie. Le docteur Richard Joyce de l'université nationale d'Australie, auteur de *The evolution of morality*, appelle ceci « *fitness-survival*[11] ». C'est un penseur remarquable, son travail combinant l'étude de l'anthropologie de l'évolution avec celle de la philosophie morale pour proposer un modèle qui présente des implications d'une portée considérable dans le fonctionnement des organisations et des réseaux. « La *pensée morale* (la capacité à concevoir un comportement social en termes de valeurs) se retrouve dans toutes les cultures à travers l'histoire, jusqu'à *l'épopée de Gilgamesh* ou les hiéroglyphes datant de l'Égypte ancienne », dit-il. Joyce pense que cette ubiquité de la pensée morale soulève une question importante : « Existe-t-il une prédisposition biologique à la pensée basée sur des valeurs ? » demande-t-il, « ou bien sommes-nous simplement des créatures intelligentes, douées de raison et de sens social, ayant naturellement inventé la moralité comme moyen de continuer à être des animaux sociaux ? »

En d'autres termes, si nous voulons utiliser toutes nos capacités, de quelles capacités parlons-nous ?

La conclusion de Joyce est que la pensée morale remonte à nos ancêtres les plus anciens, puis est devenue une part de notre être biologique à travers le processus de sélection naturelle. Il précise qu'il y a deux écoles de pensée expliquant les avantages d'un comportement basé sur les valeurs : le modèle *avantage pour le groupe* et celui de *l'avantage pour l'individu*. Dans le modèle pour le groupe, notre ancêtre fictif habitant une caverne – appelons-le *Ook* – et ses semblables ont développé une société coopérative, altruiste et basée sur des valeurs, qui leur a permis de fonctionner plus efficacement que leurs voisins : ils pouvaient mieux travailler la terre, chasser, se défendre et se protéger, de telle sorte que leur tribu s'est développée. Leurs voisins, deux collines et trois cavernes plus loin, n'avaient pas le sens des valeurs et donc étaient moins organisés, moins susceptibles de travailler ensemble, d'accorder leur confiance ou de partager. Finalement, la famine, le manque de protection ou d'autres facteurs ont éliminé cette deuxième tribu parce que ses membres étaient incapables de produire une société fonctionnant en douceur. Ce scénario « d'évolution par sélection naturelle » présente des ramifications évidentes dans les sociétés développées – comme les entreprises – et pourtant laisse de côté la question de savoir pourquoi nous sommes devenus des penseurs moraux si nous ne sommes pas nés comme ça ?

Joyce explique : « Un individu peut obtenir un gain plus important s'il pense et agit de façon morale. » Ook, par exemple, se comporte de manière altruiste : il partage, coopère et aide les autres, en conséquence il engendre la confiance qui, conformément aux travaux du professeur Zak, pousse les membres de sa tribu à lui rendre cette confiance. Il va récolter les fruits d'une moisson commune, partager un abri et donc acquérir un avantage en termes de reproduction. Il va faire un tas de petits Ooks, propageant ses gènes dans son groupe, ce qui signifie augmenter le nombre de penseurs moraux. Pour Joyce, ce processus de sélection naturelle est l'explication la plus probable de notre comportement en références à des valeurs.

La transmission du respect de valeurs ne s'effectue pas uniquement de façon biologique. Ook, étant un leader social, parle aux membres de sa tribu. Il exerce donc une influence notable sur son groupe. Ses deux amis Nook et Took constatent qu'il se bâtit une vie agréable : il a beaucoup de nourriture, une caverne confortable et de la chance avec les femmes. S'ils sont assez intelligents pour l'observer attentivement, ses compagnons vont l'imiter. Ce qui montre que la pensée basée sur les valeurs n'est pas uniquement une adaptation biologique, c'est une conséquence de la vie en communauté, les différents membres discutant entre eux et échangeant leurs idées. En conséquence, Nook et Took développent des capacités morales et leurs enfants vont faire de même. La tribu se développe et devient capable de faire plus de choses que celle qui est installée deux collines plus loin, non parce que ses membres sont plus forts, mais plutôt parce qu'ils travaillent plus ensemble. D'après Joyce, savoir exactement à quel moment et comment l'homme est passé de la moralité à l'augmentation du nombre d'enfants est difficile, pourtant il est clair que les valeurs se sont développées parce qu'elles fournissaient un avantage pour la reproduction.

Ce qui me frappe dans cette théorie, c'est qu'elle soutient la notion de sélection naturelle par la pensée la plus adaptée. Ook n'était pas forcément le plus fort ou le premier à trouver une caverne, par contre sa capacité à bien travailler avec les autres et à les entraîner à l'imiter peut l'avoir rendu très populaire (essentiellement auprès des femmes). Plus il avait d'enfants et plus il propageait son mode de pensée à travers ses gènes. Les gens sympathiques – génétiquement parlant – arrivent en tête de la course.

On constate alors un saut : notre tendance biologique à la pensée basée sur des valeurs mène tout droit à la vision d'Adam Smith d'une entreprise capitalistique idéale, autrement dit le développement d'un système de marché libre et équitable fondé sur l'intérêt commun.

Vous pensez que cette idée est tirée par les cheveux ? Réfléchissons-y.

Depuis que Smith a écrit *La richesse des nations*, ce livre qui a suscité les notions de capitalisme et d'auto régulation du marché, beaucoup d'analystes ont mal interprété ces théories et s'en sont servis pour justifier les concepts de la guerre des affaires et du laisser-faire. Ils ont négligé le concept de l'intérêt *commun* qui en constitue le fondement : les biens, l'argent ou le travail peuvent être échangés contre d'autres biens/argent/travail en procurant un bénéfice à chacune des parties. Cela ne peut se passer sans la présence de valeurs morales parce que, pour faire un échange, les deux parties en présence doivent comprendre qu'elles ne peuvent pas uniquement prendre sans rien donner en échange. Supposons qu'une défense de mammouth, par exemple, appartienne à Ook et que Natto, le sorcier de la tribu d'à côté, veuille cette défense. Il peut s'en emparer sans le consentement d'Ook, ou l'échanger contre du maïs. Considérer que quelque chose est à moi (ou à nous s'il s'agit d'un bien en commun) consiste à reconnaître des droits : si vous avez gagné/créé quelque chose, les autres doivent respecter votre propriété. Cette notion de propriété entraîne des droits, des obligations et des interdits. Pour faire fonctionner un marché, les deux parties commerçantes doivent penser en termes de valeurs et percevoir l'intérêt commun de l'échange. Le développement et le succès des économies de marché n'auraient jamais pu se produire sans la réussite naturelle de la pensée basée sur les valeurs et la collaboration.

CROYEZ-Y !

Il reste une pièce du puzzle du cerveau à considérer : les croyances. Elles occupent une place toute particulière dans l'intellect humain parce qu'elles se créent en l'absence de toute preuve et souvent face à une contradiction flagrante. Nous avons tous un système de croyances plus ou moins développé. Les doctrines religieuses, les mythes fondateurs des différentes cultures et l'histoire elle-même, propagent des croyances sans aucune base tangible. Certains y croient dur comme fer. Par exemple certains veulent continuer à croire que la terre est plate alors qu'il est démontré depuis longtemps qu'elle est ronde. Beaucoup poussent leurs enfants à croire au Père Noël alors qu'ils ne sont jamais montés dans son traîneau volant.

Notre fonctionnement d'être humain repose en grande partie sur notre capacité à admettre à la fois les faits et des croyances. Certains pensent même que le fait de croire est une bonne chose (dans le cas du Père Noël par exemple). Le côté négatif est qu'une croyance peut aussi nier la réalité factuelle. On peut savoir quelque chose et refuser d'y croire, réglant ce conflit interne en décidant que c'est la réalité qui est fausse. Certains croient aux fantômes et aux esprits. Cette croyance – qu'elle soit vraie ou fausse – les pousse à refuser toutes les preuves du contraire. Je ne cherche pas à mettre en cause ou à réfuter les croyances, il est néanmoins important de comprendre que les processus « *croire* » et « *savoir* » utilisent deux zones différentes du cerveau.

Croire peut générer une réaction chimique puissante et incontrôlée sur la manière dont nous pensons et traitons les informations, l'illustration la plus saisissante en est l'effet placebo. Des chercheurs de l'université de Californie, à Los Angeles, ont dit à deux groupes de sujets qu'on allait leur administrer des antidépresseurs. Le premier groupe en a reçu, le deuxième a reçu un placebo, pourtant les deux groupes ont présenté la même réaction physiologique[12]. Le médicament et le placebo agissent sur la même zone du cerveau, le médicament directement alors que les effets du placebo sont uniquement activés par la croyance. C'est elle qui a incité le cerveau à agir comme si c'était un fait matériel. Dans une autre expérience, à l'université du Michigan, des scientifiques ont injecté de l'eau salée dans les mâchoires de jeunes gens, de manière à provoquer une pression douloureuse. Pendant ce temps une tomographie avec émission de positrons mesurait l'impact de l'opération sur leur cerveau. Les chercheurs ont indiqué aux sujets qu'ils recevaient aussi un analgésique, alors que c'était en réalité un placebo. Un analgésique entraîne des effets comparables à celui de l'endorphine ou provoque sa sécrétion, faisant ainsi disparaître la douleur. Dans ce cas-là, les zones inconscientes du cerveau ont cru qu'elles recevaient un analgésique et ont fait « comme si ». Elles ont généré plus d'endorphine et les sujets ont senti diminuer la douleur[13].

Ces découvertes renforcent des recherches antérieures montrant que l'expectative joue un rôle important dans l'effet placebo. *L'expectative génère des émotions dans le vécu du présent ou du futur.* En d'autres mots, ce à quoi on s'attend affecte notre vécu. Les croyances modifient notre perception des informations et parfois ces croyances se manifestent de manière *inconsciente.* Les enfants découvrant leurs parents enveloppant des cadeaux la veille de Noël vont trouver des raisons extraordinaires pour expliquer que ça ne remet pas en cause leur croyance au Père Noël. De la même manière, ceux qui pensent que tout le monde n'est motivé que par son propre intérêt, perçoivent de l'égoïsme dans tout ce qu'ils voient – *même un cas d'aide altruiste* – souvent sans se rendre compte de l'effet qu'une croyance exerce sur l'esprit. Le premier exemple ci-dessus n'affecte que les rêves d'un enfant, le deuxième peut diminuer votre capacité à réussir. Il est possible de laisser de nouvelles informations modifier vos croyances *et* il est possible de modifier vos croyances pour accepter de nouvelles informations.

Revenons à l'expérience de Zak sur la confiance, qui présente un résultat plus intéressant : *Les gens qui ont fait confiance aux autres ont gagné plus d'argent que ceux qui ne l'ont pas fait.* En moyenne, les (1) qui ont envoyé de l'argent ont gagné 14 € et les (2) qui en ont renvoyé en ont gagné 17 (ceux qui n'ont rien envoyé sont repartis avec les 10 € de départ). Le seul moyen de gagner plus d'argent était donc de prendre un risque en en donnant une partie. Dans le jeu de Zak, l'argent était une métaphore de la confiance. Au fond le message est que, si vous acceptez le bon modèle de la nature humaine – les gens sont fondamentalement bons et on peut leur faire confiance – vous pouvez gagner plus d'argent en leur faisant confiance. C'est ici que la croyance intervient. Si vous *croyez* que les gens sont globalement bons et honnêtes, ils s'aperçoivent que vous l'êtes aussi (parce que, comme Kirsch et Esslinger l'ont démontré, les gens sont performants pour ça), ils jugent rapidement votre honnêteté et vous font confiance plus vite. La *croyance* en la confiance a créé les conditions de la confiance et le bénéfice qui en résulte.

Utiliser toutes ses capacités

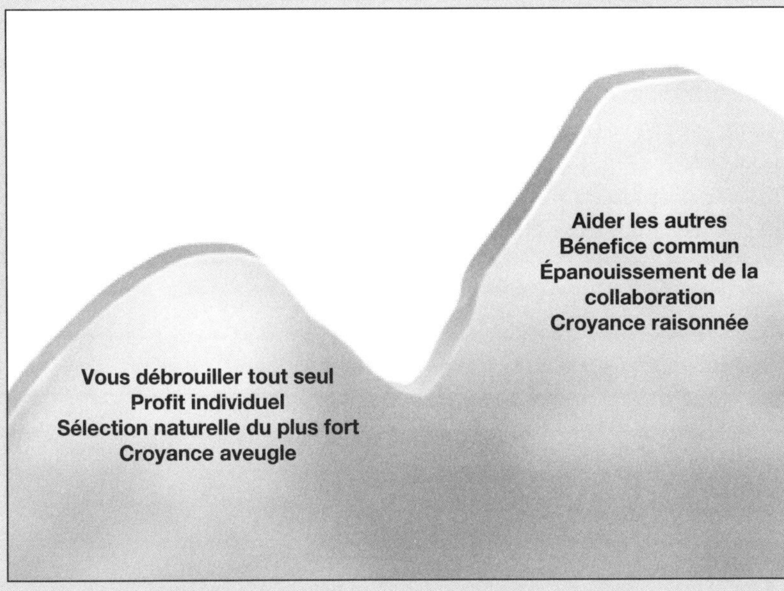

Une croyance *est un puissant* déclencheur d'inspiration et d'énergie, seulement elle peut aussi empêcher d'y voir clair. La croyance et la perception sont intimement connectées. Pour atteindre la colline du A, il faut mettre vos croyances en jeu et reconnaître leur importance fondamentale – aussi bien positive que négative – sur la manière dont vous pensez.

L'évolution nous *a dotés d'un* cerveau complexe ainsi que d'un ensemble de peptides et d'hormones agissant harmonieusement pour assurer la survie de l'espèce. Il y a des milliers d'années cette survie était assurée par des réactions de peur qui accéléraient le rythme cardiaque, nous retournaient l'estomac et nous faisaient rougir. Maintenant au contraire, il faut nous sentir bien avec les autres et avec nous-mêmes. L'aide altruiste, la confiance, la réciprocité, la pensée basée sur des valeurs, les croyances : ces attitudes, qui ont la capacité de combler les synapses interpersonnelles, semblent programmées dans notre ADN. Se pencher sur ces domaines veut dire jouer avec nos capacités biologiques et c'est la voie de la moindre résistance. Un théoricien appelle cela « faire ce qui vient naturellement. » Comme les enfants qui aident un étranger avant même de savoir parler, on cherche naturellement, instinctivement et inconsciemment à aider nos congénères à s'améliorer. Comprendre cette tendance naturelle amène à explorer le monde du COMMENT.

>>

>> C'est pourquoi *Cast away m'a* tellement touché. Malgré son aventure solitaire, Tom Hanks est le gardien d'une promesse, investi dans sa relation aux autres. Nous ressentons dans nos tripes que ce sont deux éléments qui donnent du sens à notre vie et c'est ce que nous recherchons. C'est pour cette raison que, aussi bien biologiquement que culturellement, maîtriser la construction de meilleures synapses avec ceux qui nous entourent en rectifiant nos COMMENT est aussi pertinent pour notre réussite aujourd'hui. Comme nous vivons dans un monde de plus en plus connecté, ne devrions-nous pas essayer de nous connecter de la meilleure façon possible.

Chapitre 5

DE « JE PEUX » À « JE DEVRAIS »

Il y a une différence entre ce que vous avez le droit de faire et ce qui est « la » chose à faire.
Potter Stewart
Président de la Cour suprême des États-Unis

Tout le monde adore rédiger sa déclaration d'impôts, ce moment formidable où on mesure son engagement financier pour la société. Partout dans le monde, on fait la fête, on débouche du vin, les gens dansent et se laissent aller en pensant à tous les bienfaits de la société.

En fait, ce n'est pas tout à fait comme ça que ça se passe.

Je paie mes impôts aux États-Unis, c'est donc le système que je connais le mieux. Le service général des impôts américain estime qu'en moyenne chaque personne imposable consacre 45 heures à remplir sa déclaration[1]. Chaque heure passée à ce travail réclame un dialogue avec soi-même. On examine chaque reçu : peut-on déduire cette dépense ? Faut-il l'indiquer ? Peut-on l'ignorer ? Que risque-t-on si on modifie légèrement le chiffre à son bénéfice ? En manipulant un peu les chiffres, évalue-t-on le risque d'avoir à subir un contrôle en face d'un gain éventuel ? Est-ce que le stress d'être découvert s'ajoute au coût global non financier du processus ? Est-ce qu'on y pense quand on a terminé ? Quels sont les coûts émotionnels de toute l'affaire ? Est-ce qu'on se dispute avec son conjoint ou son partenaire ? Est-ce qu'on stresse sur le montant que l'on a dépensé ou oublié de mettre de côté pour payer ? Pendant combien de temps avez-vous retardé le moment de vous y mettre parce que c'est pénible ? Y pensez-vous constamment pendant ce temps ? Est-ce que vous les avez encore en tête ?

Imaginez maintenant un système de calcul à taux fixe et le peu d'énergie, de temps et de réflexion que vous passeriez chaque année à répondre à votre obligation civique de financer le gouvernement si vous n'aviez qu'un seul paiement, disons de 20 pour cent de vos revenus bruts, quel que soit ce montant, sans déductions ni niches fiscales. Je suppose environ une demi-heure. Le pays gagnerait ainsi des milliards en productivité. Cet argument, avancé par les partisans du taux fixe, ferait objectivement gagner le temps passé à remplir les formulaires et calmerait de plus les conflits internes qui sapent le moral et empêchent de se concentrer sur des sujets plus importants. Bien sûr ce n'est pas simple à mettre en œuvre. Les règles comme le Code Général des Impôts permettent aux désirs de la société de s'exprimer par procuration. Ils évaluent une valeur ou un critère supposé important pour la culture en question et tentent de l'exprimer d'une façon claire et sans ambiguïté. Un système progressif – dans lequel ceux qui gagnent plus paient un pourcentage d'imposition plus élevé – représente la vision d'une redistribution plus équitable des richesses permettant aux plus aisés de prendre leur responsabilité vis-à-vis des plus pauvres. Autrement dit le système des impôts existe pour légiférer une vision plus équitable du monde. Si l'économie, la facilité de s'y conformer et l'utilité étaient les seuls buts du système d'impôts, la seule réponse serait un taux unique. Par contre, si l'on tient compte du rôle qu'il joue par procuration, la question devient beaucoup plus complexe.

Il est difficile d'instiller des valeurs telles que l'équité et le respect dans des populations aussi importantes et hétérogènes qu'un pays entier. Pourtant l'équité est une idée très puissante qui fait le consensus sur les bénéfices qu'elle apporte. En conséquence, les différents législateurs rédigent des ensembles de règles enchevêtrées et inefficaces, qu'ils croient tournées vers le sens général de ce qui est équitable. Cela crée un paradoxe : presque tout le monde en effet, peut argumenter que, de son point de vue, un article ou un autre du code des impôts est *injuste*. On peut penser que les niches fiscales des entreprises favorisent les riches par rapport aux individus isolés, que la déduction des intérêts des prêts hypothécaires favorise la classe moyenne par rapport aux ouvriers, ou que les déductions de l'imposition sur les personnes physiques favorisent les pauvres par rapport aux artisans. Chaque cas spécifique créé pour être équitable envers un groupe engendre immédiatement une injustice pour un autre. La règle, par exemple, qui établit une réduction d'impôt pour les PME pour l'achat d'un petit camion ou d'un 4 × 4 nécessaire à leur métier, bénéficie aussi à des gens très riches qui achètent des Hummers gloutons en essence pour leur plaisir personnel[2].

Les règles sont les règles. Seulement, contrairement à notre désir de nous connecter aux autres et à notre tendance à la pensée orientée par nos valeurs, nos cerveaux ne sont pas programmés pour les règles. C'est essentiellement un phénomène social.

On a grandi dans un monde de règles venant de l'extérieur – « Ne touche pas le poêle » ou « Ne cours pas dans la rue » – établies et exprimées par nos parents et acceptées, pour la plupart, sans réfléchir. En grandissant, on a introduit des règles dans nos jeux. Au début, elles étaient surtout dans notre propre intérêt : « Tu n'as pas le droit de me toucher ! » Elles sont souvent l'expression des limites imposées par d'autres – autrement dit ce que veulent papa et maman. Puis on s'aperçoit assez vite que nos amis n'aiment pas plus les règles qui leur sont imposées que nous ne les aimons. Du coup elles deviennent plus neutres. On apprend à « jouer le jeu ». Plus tard encore, la plupart d'entre nous éprouvent un certain plaisir à les respecter. Le jeu d'échecs devient un plaisir parce que les pièces ne peuvent pas se déplacer n'importe comment. Les jeux de cartes apportent plus de complexité, le jeu de Go encore plus et les sports ajoutent des paramètres plus spécifiques aux activités physiques. La relation que nous avons avec les règles quand nous sommes devenus adultes est reliée en profondeur avec ces vécus de l'enfance et les jeux en groupe.

La civilisation s'est développée elle-même suivant des lignes organiques similaires, puisqu'en tant qu'adultes nous avons développé des règles encore plus complexes pour répondre à la pression de la vie en commun. Cela a débuté par des petites tribus qui ont grossi en taille entraînant la complexification des relations. Il a fallu alors inventer des règles pour se guider, se diriger et parfois se contrôler mutuellement. Elles ont été codifiées sous forme de lois, comme le Code des Impôts, devenant la structure de la société civile. De nos jours, les règles, d'une manière ou d'une autre, gouvernent les espaces qui nous séparent et nous rendent service dans beaucoup de domaines. Toutefois, comme nous avons commencé à réfléchir en profondeur au nouveau type de pensée nécessaire pour réussir dans le monde du COMMENT, nous devons examiner plus en détail notre relation aux règles, voir comment notre réflexion à leur sujet nous aide et, parfois, nous retient.

LES RÈGLES SONT NOS SUBSTITUTS

Pourquoi ? Parce que les règles paraissent efficaces et que la société moderne (surtout le capitalisme de l'ère industrielle) s'est précisément construite sur ce thème. La plupart des démocraties, par exemple, ont fixé un âge minimum pour obtenir le droit de vote. Aux États-Unis c'est 18 ans, au Japon 20 ans et dans beaucoup d'autres 21[3]. (L'âge de 21 ans est issu d'habitudes féodales oubliées depuis longtemps : c'était en effet l'âge minimum en Angleterre pour être fait chevalier.) Pourtant l'âge n'implique pas forcément l'intelligence, la maturité ou la responsabilité civique, qualités qui seraient certainement de meilleurs critères pour évaluer la capacité à voter. Si l'on voulait organiser des élections susceptibles de donner le meilleur résultat pour le plus grand nombre de personnes, on n'autoriserait à voter que des citoyens matures et civilement responsables. Au lieu de ça on emploie un critère objectif et facile à quantifier, qui se substitue à l'intelligence et à la responsabilité civique, en espérant que ce critère arbitraire permettra à suffisamment d'électeurs raisonnables de désigner un gouvernement de qualité. Il existe, toutefois, beaucoup de personnes de 25 ans qui n'ont aucune idée de ce que cela signifie et un tas de personnes de 15 ans qui ont déjà un sens développé de leur responsabilité civique. En s'appuyant sur un substitut mesurable plutôt qu'une valeur, on inclut de nombreuses personnes qui ne répondent pas vraiment à ce rôle et on en exclut beaucoup d'autres qui en sont capables. Ces règles-là sont donc à la fois trop restrictives et trop larges.

Bien qu'une élection n'acceptant que des électeurs qualifiés serait une meilleure élection, elle serait extrêmement difficile à organiser. Vérifier l'âge et l'identité des électeurs est très simple, et l'élection ne dure qu'un jour pour le pays entier. Sinon il faudrait définir la maturité et la responsabilité civique de chacun, ce qui prendrait beaucoup de temps et laisserait le champ libre à la subjectivité. Dans une société fonctionnant avec des règles, on choisit souvent l'efficacité plus que les valeurs. Néanmoins la faiblesse de ce système est que : *l'on s'appuie souvent sur des règles alors que ce n'est pas la solution la plus efficace pour obtenir le résultat désiré.* Il est fondamental de comprendre cela pour s'épanouir dans le monde du COMMENT.

Un autre problème des règles est qu'elles ne sont pas toujours rédigées de manière systématique. Les élus, sensibles aux demandes du corps électoral et au processus politique, en rédigent ; ceux qui exercent ou veulent exercer leur pouvoir sur d'autres en rédigent ; les patrons d'entreprises ou un directeur délégué pour ce faire en rédigent. William F. Buckley en plaisantait en disant qu'il préférerait être gouverné par les 2 000 premières personnes dont le nom est dans le répertoire téléphonique de Boston que par la faculté de Harvard. Et pourtant ces universitaires sont particulièrement intelligents[4]. Malgré leurs meilleures intentions, les gens qui rédigent les règles le font en *réaction* à des comportements jugés inacceptables par le plus grand nombre. C'est pour cette raison qu'on est amenés à les revoir quand de nouvelles situations ont montré leurs failles. En voici quelques exemples :

En 1991, le congrès américain a publié des guides fédéraux de bonne conduite à l'attention des entreprises[5]. Ils décrivaient un certain nombre d'étapes et de programmes que les entreprises pouvaient mettre en application pour limiter leur responsabilité potentielle en cas de violation de la loi. Le résultat a été que les entreprises ont dépensé énormément en mettant en place des programmes de conformité (substitut pour leur bonne conduite) et ont développé une bureaucratie énorme et coûteuse pour assurer leur conformité afin de ne pas risquer des pénalités. Cette approche de type carotte et bâton n'a pas résolu le problème. Les entreprises ont effectué plus de contrôles et ont reçu plus de pénalités pour les non-conformités ainsi que de récompenses pour les conformités sans voir véritablement augmenter le taux de conformité. Malgré cet investissement énorme, depuis 1991 un nombre plus important d'entreprises ont violé les lois. En 2003, le comité ad hoc de la commission fédérale des lois a conclu, après l'étude de ces programmes de mise en conformité, qu'ils n'avaient pas réussi à atteindre une « conformité effective. »

En réaction à l'afflux de scandales au début du vingt et unième siècle, le congrès américain a rédigé un nouvel ensemble de règles pour moraliser le comportement des entreprises, le décret Sarbanes-Oxley. Les sociétés ont immédiatement investi des milliards pour se conformer à cette nouvelle donne, comme elles l'avaient fait une douzaine d'années plus tôt[6].

Voici un exemple de ce phénomène à un niveau plus trivial : un directeur appose dans la salle à manger de l'entreprise un panneau indiquant : « Merci de nettoyer le four à micro-ondes après usage. » Puis un autre : « Ne pas mettre les pieds sur les tables. » Et enfin : « Ne pas voler la nourriture des autres. » Toutes ces règles cherchent à codifier une seule valeur, le *respect.* Plutôt que de déclarer une valeur commune, telle que : « Merci de respecter les espaces communs. » Ceux qui édictent des règles traquent l'ingéniosité humaine qui cherche à se conformer globalement aux règles tout en les contournant gaiement.

Qu'ont en commun les panneaux du directeur tatillon de la salle à manger et le décret Sarbanes-Oxley ? Ils montrent tous les deux une vérité troublante au sujet des règles : elles ne font que répondre après coup à des comportements, elles ne les modifient pas. *Les règles ne facilitent pas le progrès humain, elles ne s'adressent qu'au passé.* Cette vérité essentielle est celle qui soutient notre idée à propos des règles : pour réussir, il suffit d'apprendre à jouer avec.

JOUER AVEC LES RÈGLES

Je crois aux règles et je pense que nous en avons besoin. Certaines lois donnent de bons résultats en régulant des actions identifiables. Par exemple celles qui traitent d'environnement, de sécurité et du travail des enfants, car ce sont des domaines où la société bénéficie indéniablement de ces garde-fous. On ne choisit pas une eau minérale parce qu'elle n'a empoisonné que peu de gens, ni la voiture qui a le moins de risque de prendre spontanément feu. On sait maintenant comment réaliser des constructions capables de résister aux tremblements de terre ainsi qu'aux ouragans et c'est une bonne chose pour la société que ces méthodes soient codifiées par des lois. Il n'y a pas de raison de laisser les constructeurs faire ce qu'ils veulent alors qu'on sait comment éviter ces catastrophes. Le sujet de ce livre n'est pas le crime, les comportements sociopathes ou le désir de détruire la société civile, c'est de définir l'état d'esprit et les comportements menant à la réussite à long terme dans un monde hyper connecté et hyper transparent. Quand j'évoque les règles, je parle de celles qui régulent le comportement dans les limites d'actions socialement acceptables.

C'est pour cette raison que je pense que nous devons tous être capables de bien vivre en respectant les règles. Cela correspond à la colline du B, bien définie et basique, où l'on est en sécurité. Comme tous les savoirs de base, c'est une étape nécessaire sur la voie de la compréhension. Le seul problème est que beaucoup d'entre nous y restent bloqués.

Nous vivons dans une société respectant les lois et nous les acceptons parce qu'elles ont sans arrêt été améliorées. Compter sur elles devient une partie du problème, parce qu'on se tourne vers la loi pour résoudre trop de choses. Si la loi dit que nous *pouvons*, nous le faisons. Nous sommes très habiles à la réflexion de type *je peux* contre *je ne peux pas*. Nos modes de pensée sont devenus tellement forts dans ce domaine que nous ressemblons à un athlète si musclé qu'il ne peut plus toucher ses doigts de pied – fort et inflexible. Nous respectons trop les règles, ce qui nous entraîne à nous embourber dans les limites de la permissibilité légale. Nous sommes tellement forts que nous croyons que nous pouvons tout faire dans la mesure où nous obéissons à la loi. Nous devenons comme Microsoft dans les années 1990, pensant que nous pouvons écraser la concurrence tant que nous respectons la loi.

Comme le juge suprême Potter Stewart le suggérait, nous avons confondu permissibilité légale et permission. Jouer avec les règles mène à perdre le sens de ce qui est correct à long terme. Comme les règles sont souvent adaptées en fonction d'exigences politiques, elles ne constituent pas une référence suffisamment stable pour choisir un chemin juste, surtout quand la mer est rude et instable. Microsoft n'a jamais été accusé d'avoir un monopole parce qu'il n'y a aucune loi qui l'interdise aux États-Unis. Personne ne lui reprochait d'être un fonceur, on les aime bien dans les affaires. Par contre personne n'a supporté que l'entreprise se conduise comme une brute. Quand ils ont employé leur position de quasi-monopole pour agir belliqueusement et malhonnêtement, le département américain de la justice et la commission européenne ont poursuivi la compagnie[7]. Microsoft n'a jamais eu de problème avec ses QUOI (ses produits), par contre il en a eus à cause de ses COMMENT.

On pourrait penser, après cette explication des limites des règles, que je suis partisan de ne pas les respecter. Dans la culture populaire et du point de vue traditionnel des entreprises, on apprécie la phrase : « Les règles sont faites pour être dépassées ». « Je crois aux règles » disait le légendaire coach de baseball, Leo Durocher. « Je pense aussi que j'ai le droit de les tester en vérifiant jusqu'où je peux les adapter[8]. » Quand on « joue » avec les règles on se croit sans contrainte, pourtant c'est une illusion dangereuse.

Le conflit essentiel que j'ai avec elles, c'est la nature des relations avec elles : *elles viennent de l'extérieur*. C'est pour ça que nous passons un temps fou à nous battre contre elles, cherchant à les contourner de manière astucieuse. Personne n'internalise le code des impôts, pas même les comptables qui l'interprètent. Les êtres vivants résolvent naturellement les problèmes et aiment le défi des puzzles. On inventera toujours de nouvelles failles alors qu'aucune règle ne pourra toutes les gérer.

Le temps passé à se jouer des règles renforce les muscles de l'agilité mentale, de l'intelligence et de l'astuce – ce sont des muscles « *Just do it* ! » et leur époque est révolue. Danser avec les règles vous transforme en un technicien des lois, cherchant constamment les failles. Certains pensent même que ne pas respecter les règles s'apparente à de la pensée créative alors que c'est l'inverse. *Travailler contre les règles est simplement le négatif de travailler en les respectant* ; réfléchir uniquement en termes de ce que les règles interdisent est tout aussi limitant qu'être tenu par ce qu'elles permettent. Et, trop de temps passé dans le royaume des lois limite la pensée réellement créative.

Trop de règles engendrent un environnement dans lequel on est moins conscient de ce qui est juste. On se met à dépendre des textes de lois pour notre conduite. Quand il n'y a pas de loi – dans cette zone floue que l'on rencontre tous les jours – on pense parfois que l'on peut faire ce que l'on veut. « Si c'était important », pense-t-on, « ils auraient établi une loi. » Trop compter sur les règles peut aussi pousser les gens à se rapprocher de la limite. « Jusqu'où peut-on aller ? » se demande-t-on. On essaie de trouver la ligne à ne pas franchir. Si le vent change et que les conditions ne sont plus les mêmes, on peut se retrouver facilement de l'autre côté et en payer le prix fort. Quand Patricia Dunn, présidente de Hewlett-Packard a démissionné à la suite du scandale provoqué par sa décision d'autoriser la surveillance électronique d'autres membres du conseil, le *Los Angeles Times* a révélé « qu'elle ne craignait pas que ce soit illégal, parce que les avocats de HP supervisaient toute l'opération[9]. » Toutefois, Kevin Hunsaker, conseil et responsable de l'éthique à HP, échangeait des mails (*cf.* ci-dessous) avec Anthony Gentilucci, le directeur de la sécurité qui supervisait lui-même une équipe d'enquêteurs privés :

> **De** : Kevin Hunsaker
> **À** : Anthony Gentilucci
> Salut Tony, comment Ron a-t-il obtenu les enregistrements des téléphones portables et personnels ? Est-ce que c'est honnête ?
>
> **De** : Anthony Gentilucci
> **À** : Kevin Hunsaker
> Nous avons utilisé l'ingénierie sociale. Les enquêteurs appellent les opérateurs de téléphone et obtiennent la liste des appels grâce à une ruse. L'opérateur ne devrait pas la fournir et cette personne est responsable dans une certaine mesure. C'est limite, sans véritablement enfreindre les règles.
>
> **De** : Kevin Hunsaker
> **À** : Anthony Gentilucci
> Je n'aurai pas dû demander.

Les dirigeants doivent être rigoureux avec la vérité. Pourtant Dunn et ses collègues de HP étaient tellement obnubilés par ce qu'ils *pouvaient faire* ou *non* qu'ils ont perdu la trace de ce qu'ils *devaient faire* ou *non*. Ils ont oublié « la philosophie HP », les valeurs qui ont construit la compagnie et l'ont rendue prospère tout en lui conservant son caractère unique.

La conduite humaine est plus complexe que ce que peut décrire un texte de loi. Elle est en relation étroite avec les aspirations et les intentions. La conduite humaine défie la réduction à des règles. Nos synapses fonctionnent dans les deux sens et les interactions sont dynamiques. Les règles, étant rédigées en réaction à un événement, ont des difficultés à s'adapter aux permutations infinies et aux diverses significations des relations humaines.

Les problèmes des règles

Les règles sont externes

Elles sont faites par d'autres

Elles nous demandent de résoudre un puzzle et elles présentent des failles

---

Nous sommes ambivalents vis-à-vis des règles

Nous savons que nous en avons besoin et nous voulons que les autres les respectent tout en nous disant : « les règles sont faites pour être transgressées. »

Les règles sont réactives

Elles sont rédigées en réaction à un événement passé.

Les règles sont à la fois trop restrictives et trop larges

Parce que ce sont des substituts, elles ne peuvent pas être suffisamment précises.

La prolifération des règles impose un tribut au système

Peu de gens se souviennent de toutes les règles.

On perd en productivité quand on s'arrête pour vérifier qu'on les applique toutes.

Les règles sont des interdictions

Elles sont rédigées en termes de *on peut* et *on ne peut pas*.

On les considère comme restrictives.

Il faut vérifier leur application

Elles perdent leur crédibilité et leur efficacité en cas de laxisme.

Elles entraînent un système bureaucratique pour s'assurer qu'elles sont respectées.

Les règles créent des planchers et parfois des plafonds malvenus

On ne peut pas légiférer sur « le ciel est la limite. »

> **La seule manière de respecter les règles est de leur obéir aveuglément**
> Elles s'exercent par la coercition et la motivation.
> L'inspiration vers l'excellence doit venir d'ailleurs
>
> **Trop de règles engendrent la dépendance**
> On pense : « Si c'était important, ils auraient fait une règle. »

D'où la question suivante : dans un monde évoluant rapidement, y a-t-il un moyen, acceptant le changement de manière pro active, pour gouverner le comportement humain ?

En dépit du mot de Winston Churchill selon lequel la démocratie est le pire système de gouvernement excepté tous les autres, elle fonctionne. Comme un contrat social parce que les démocraties s'appuient sur des valeurs partagées, sur des constitutions et non sur un ensemble de règles. Ce sont des documents puissants parce que contenant les valeurs et les principes des peuples qu'elles gouvernent, tels que la libre expression, la liberté, le suffrage universel, la justice, la recherche du bonheur et la force de la loi. Ces valeurs fondamentales peuvent s'adapter à des changements de situation, plus le document va en profondeur et plus il pourra s'adapter. La clé de la réussite à long terme ne repose pas sur le fait de briser les règles, elle s'appuie sur le fait de les transcender et de maîtriser le pouvoir des valeurs.

SUR LE BOUT DE LA LANGUE

Pour comprendre que notre dépendance aux règles nous impose une limite étroite, examinons comment elles interviennent sur notre façon de penser. Cela passe par le langage qui exerce lui-même une forte influence sur notre mode de pensée. La plupart des gens s'imaginent que les mots suivent la pensée : on a une idée et on trouve les mots pour l'exprimer. En fait, des études ont prouvé que c'était le contraire : on pense les mots. Plus notre vocabulaire est étendu et notre maîtrise de la syntaxe développée et plus notre connaissance s'affine. Par exemple si vous n'avez à votre disposition que deux mots pour décrire une surface, *dure* et *souple*, vous ne la classerez que par l'un ou l'autre de ces adjectifs. Le monde entier serait dur ou souple et tous les degrés de dureté – ferme, consistant, rigide, résistant – et tous les stades de souplesse – spongieux, cotonneux, velouté, soyeux – vous seraient inconnus. On ne peut concevoir ces différences que lorsque l'on a les mots qui les qualifient, ou pour être plus précis et pour paraphraser les linguistes : *vous évaluez les choses en fonction de la nature du langage que vous employez.* C'est le philosophe indien Bhartrihari qui a avancé cette idée le premier au cinquième siècle, et les linguistes modernes l'appellent l'hypothèse Sapir-Whorf d'après le travail du linguiste et anthropologue Edward Sapir et de son collègue et disciple Benjamin Whorf[10]. Ils ont postulé une relation constante entre la manière de parler une langue d'une part et la façon de comprendre le monde et de s'y comporter d'autre part. Comme l'expliquait Sapir : « Nous voyons, entendons et de manière générale ressentons comme nous le faisons parce que les traditions de langage de notre communauté prédisposent à certaines interprétations[11]. »

Pour bien comprendre comment la langue influence notre manière de résoudre les problèmes, penchons-nous sur deux exemples et la façon dont les mots utilisés ont façonné leur conclusion.

Pendant les années 1970 et 1980, alors que la guerre froide faisait rage, les athlètes d'Allemagne de l'Est ont obtenu un nombre important de médailles aux Jeux Olympiques, dans une proportion bien supérieure à la population. Après la chute du communisme, on a découvert ce dont tout le reste du monde se doutait : ce résultat avait été obtenu à grand renfort de dopage par des substances améliorant les performances, plus connues sous le nom de stéroïdes anabolisants.

Leur utilisation outrancière a eu un effet désastreux sur la santé des athlètes qui avaient été forcés de les absorber et en 2005, un groupe d'environ 100 000 d'entre eux a intenté un procès pour obtenir une compensation financière[12]. Comme l'Allemagne de l'Est n'existe plus, ils ont attaqué JVE Jenapharm, le laboratoire pharmaceutique qui fabriquait ces stéroïdes, réclamant 3 millions €[13]. Jenapharm est une entreprise familiale fondée au dix-neuvième siècle, rachetée depuis par le géant Bayer Schering Pharma AG, connu pour son expertise en médecine de la reproduction, qui fabrique des pilules contraceptives et des hormones pour la ménopause.

Leur réponse à l'action en justice intentée contre eux a été immédiate, claire et sans ambiguïté. Ils se sont appuyés sur le fait que le gouvernement communiste de l'époque les avait obligés à fabriquer les stéroïdes et à les distribuer aux athlètes sans les prévenir des effets secondaires. Jenapharm a répondu, en substance : « Ce n'est pas notre faute et nous verrons ça au tribunal ». À la lumière des précédents internationaux, cette position paraissait tenable sur le plan légal et se battre contre l'action intentée était une *option*.

À l'autre bout du monde, Le Centre Hospitalier de l'Université du Michigan (CHUM) à Ann Arbor, se compose de trois hôpitaux, une faculté de médecine et plusieurs autres établissements de soins. En 2001, ils ont subi plusieurs procès concernant des erreurs médicales. Étant donné la transparence accrue de l'acte médical, les patients mieux informés et les avocats friands de cas d'atteinte à la santé, le CHUM ont compris qu'ils allaient encore être mis en cause dans un certain nombre de cas, même s'ils avaient mis en place tout ce qu'il fallait pour éliminer les erreurs. Cette année-là ils se sont battus au tribunal et ont aussi réglé à l'amiable 260 cas pour un coût total de 18 millions de dollars[14].

Les administrateurs du CHUM ont envisagé tous les moyens de réduire leur responsabilité pénale et se sont aperçus qu'ils ne pouvaient pas faire grand-chose dans les cas d'erreurs monumentales ayant entraîné la mort ou l'amputation d'un membre. Ils se sont alors focalisés sur les procès avec des conséquences mineures, comme le cas d'un patient subissant une opération chirurgicale alors qu'il souffrait d'épilepsie et que son médecin avait omis d'indiquer l'obligation d'une médication antispasmodique après l'opération. Quand un patient a eu une crise dans sa salle de bains et s'est heurté la tête, ce qui a nécessité quelques points de suture, un procès a suivi. Dans ces cas-là, se sont-ils demandés, que devons-nous faire pour ces gens-là ?

L'une des réponses était de continuer à se battre sur le plan juridique. Pourtant ils ont fait un autre choix. Ils ont encouragé les médecins à dire : « Je suis désolé. » Mettant en œuvre leur programme d'interaction médecin/patient, ils ont développé des scénarios pour aider les médecins à admettre leur erreur. Maintenant, dans le cas de l'épileptique, le médecin s'excuse aussitôt. Contrairement à la position de Jenapharm, quand CHUM a annoncé sa nouvelle approche, elle a été tournée en ridicule et traitée de suicidaire sur le plan légal.

Dans un monde hyperconnecté où les informations sur vos actions sont instantanément transmises à n'importe qui, ceux qui vous observent ne jugent pas *ce* que vous faites, ils évaluent *comment* vous le faites. Ils n'attendent pas de voir si vous gagnez ou si vous perdez, ils veulent observer la façon dont vous traitez l'affaire. Au cours d'interactions individuelles avec des collègues ou des partenaires potentiels, l'opinion que vous vous faites d'eux a forcément une influence sur votre approche. Je vous pose donc la question : Quel jugement portez-vous sur ces deux sociétés ? Pensez-vous que Jenapharm a eu une approche raisonnable, prudente et défendable sur le plan légal, donc une stratégie légitime pour sauver l'entreprise de la faillite et que CHUM a fait une erreur en admettant immédiatement sa responsabilité ? Ou pensez-vous au contraire que Jenapharm s'est cantonnée à sa position strictement juridique et s'aliénant de ce fait des clients potentiels, alors que CHUM met en avant ses valeurs et se préoccupe plus de l'intérêt de ses patients que de sa propre situation financière ?

Voici où en sont les choses : à la fin de 2006, Jenapharm a accepté de payer 9 250 € à 184 athlètes (parmi les milliers qui ont eu des séquelles) et a fait une donation de 170 000 € à une association d'aide aux victimes du dopage Est Allemand[15]. Isabel Rothe, PDG de Jenapharm n'a admis aucune faute et a déclaré que « cet accord va éviter un procès interminable ». On ne connaît pas le résultat à long terme sur la réputation de Jenapharm ni sur sa position sur le marché. (De manière incidente, une semaine après l'annonce de Jenapharm, le comité allemand des Jeux Olympiques et le gouvernement fédéral ont indiqué qu'ils allaient payer la même somme à 167 victimes. Dans un registre totalement différent, le président du comité, Thomas Bach, a déclaré : « Nous assumons la responsabilité morale et nous voulons nous assurer que ça ne peut pas se reproduire. » Durant les trois années qui ont suivi la décision CHUM de s'excuser, les procès intentés contre l'établissement ont chuté de 50 pour cent et le coût de chacun d'eux de 50 pour cent également, leur faisant économiser des millions de dollars. Une société a voulu limiter ses pertes en se fermant à tous les défis, alors que l'autre s'est ouverte au défi et a, en fait, limité ses pertes.

Comment CHUM en est-il arrivé à la solution des excuses contraire au bon sens commun, ce qui a été considéré comme un suicide potentiel sur le plan légal ? Ils appliquent en fait une approche basée sur les valeurs de leur philosophie d'entreprise. Le respect, la compassion, la confiance, l'intégrité et le leadership – les valeurs établies – informent leurs patients comme ils informent leur personnel et articulent ces valeurs dans leurs Sept Principes Stratégiques[16]. Comme c'est une société fondée sur les valeurs, ils ont abordé le problème en se demandant « En s'appuyant sur nos valeurs, que *devrions*-nous faire ? » et non : « Que *pouvons*-nous faire ? » Ils ont alors observé que l'acte médical est fondamentalement une relation entre deux personnes – le médecin et le patient – comparable à une relation d'affaires, et qu'il fallait déterminer ce qui était « malade » dans les cas où il y avait plainte. Ils se sont alors rendu compte que la grande majorité des plaignants étaient disposés à oublier l'erreur elle-même – après tout, les médecins sont des êtres humains – et que ceux qui avaient trahi leur confiance en niant toute culpabilité les rendaient fous furieux. Le problème dans ces cas-là résidait dans la synapse interpersonnelle entre le médecin et le patient. Sachant que la perte de confiance entraînait des conséquences pécuniaires pour des erreurs impossibles à éviter, CHUM a cherché à traiter ce dysfonctionnement fondamental : la guérison, après tout, c'est ce qu'ils savent faire le mieux. Cette nouvelle approche a, par ailleurs, engendré des bénéfices inattendus. Dans cette atmosphère libre de reproches, les médecins n'avaient plus besoin de se cacher pour éviter la culpabilité en cas d'erreur. Ils ont eu la possibilité d'examiner ce qui n'avait pas fonctionné, pour trouver des solutions innovantes afin d'y remédier et empêcher de nouvelles occurrences des problèmes. La culture de la transparence apportée par la nouvelle ouverture de CHUM a réduit le taux d'erreurs dans tout l'hôpital et a considérablement amélioré la qualité des soins[17].

Toutes les organisations d'êtres humains ont besoin d'être gouvernées (les entreprises, les associations, même les familles), et la plupart des systèmes de gouvernance fonctionnent mieux avec quelques règles. Dans notre image du stade représentant l'équipe de travail, on peut se mettre d'accord par exemple, sur la nécessité pour chacun d'avoir un ticket pour y rentrer, le fait que chacun s'installe à sa place et que le match commence à 9 heures du matin. Sinon c'est l'anarchie : les supporters sautent par-dessus les barrières et s'installent là où ça leur plaît et les gens commencent le travail sans tenir compte du planning des autres. Au final on ne joue jamais le match. La plupart des groupes organisent leur système de gouvernance sous la forme d'un code de bonne conduite. Ces codes peuvent ressembler au Code des Impôts, un ensemble de règles destiné à anticiper, prescrire et interdire certains comportements. « Nettoyez votre bureau tous les soirs. » « Portez toujours un pantalon bleu. » Au début cela paraît un moyen efficace de codifier et de transmettre les planchers de comportement à travers la hiérarchie. D'autres sont structurés comme des constitutions, exposant les valeurs et les principes moteurs de l'entreprise. Celui du fabriquant de vêtements Levi Strauss édicte : « Nous sommes honnêtes et dignes de confiance. Nous faisons ce que nous disons. L'intégrité comprend la volonté de faire ce qu'il faut pour nos employés, nos marques, l'entreprise et la société dans son ensemble, même quand nous sommes confrontés à des risques personnels, professionnels, sociaux ou soumis à la conjoncture économique[18]. » On peut les trouver vagues à première vue, ou peu adaptés aux décisions quotidiennes d'un ouvrier. Néanmoins le langage choisi par une organisation exerce une influence remarquable et puissante sur les comportements.

Le langage des lois et des règles est celui du *on peut* et *on ne peut pas*, le *bien* opposé au *mal*. C'est un langage binaire sans place pour les nuances de comportement, c'est pour cela qu'il est inadéquat pour prendre en compte toute la richesse du comportement humain. Nous, les êtres humains tellement plus riches que juste vrai ou faux. Quand on se limite au langage de la permission ou de l'interdiction (*pouvoir* opposé à *ne pas pouvoir*), on reste coincé dans la relation aux règles plutôt que dans le domaine du potentiel humain. On peut discuter un procès en termes d'efficacité – « *Peut-on* combattre ça de manière efficace ? ». C'est tout à fait différent d'en parler en termes de valeurs – « En fonction de ce que nous croyons, devrions-nous nous battre sur ce point au tribunal ? » La première approche engendre une réflexion en relation avec les règles et les codes, la deuxième ouvre la voie à ce qui est le plus important pour l'organisation, ou l'individu, c'est-à-dire les valeurs personnelles et la réussite à long terme. Dans la différence entre *pouvoir* et *devoir* – il y a une étape extraordinairement importante vers l'épanouissement dans le monde du COMMENT : *La vraie liberté n'est pas l'absence de contraintes, c'est la transcendance de la pensée basée sur les règles.*

Penser en termes de *pouvoir* opposé à *ne pas pouvoir*, vous prédispose à considérer les défis d'une certaine manière et à réagir de façon plus restreinte. Réfléchir et parler le langage des valeurs – celui du *devoir* – ouvre un large spectre d'idées comprenant toutes les nuances du comportement humain au lieu du noir et blanc de la réaction aux règles. Il peut vous mener à des solutions vraiment créatives et innovantes en réponse aux défis.

LIBÉRER LE *JE DEVRAIS*

J'ai exposé les problèmes légaux qu'ont rencontrés Jenapharm et le CHUM parce qu'ils représentent la différence fondamentale entre la pensée de type *je peux* et celle de type *je devrais*. Être confronté à un procès est plus grave que nos confrontations quotidiennes avec les règles diverses. Cependant notre réaction est souvent similaire. En effet, tous les jours nous les acceptons ou les évitons de mauvaise grâce. Le patron vous félicite pour un travail réalisé par un de vos subordonnés. Est-ce que vous lui signalez qui mérite vraiment les félicitations ? Vous *pouvez* tout à fait ne rien dire. Aucune *règle* ne vous oblige à le faire et en fait les règles tacites dans le monde du travail vous autorisent à accepter les félicitations pour le travail effectué par vos subordonnés, donc vous ne réagissez pas. C'est la pensée basée sur les règles sous sa forme la plus insidieuse.

Je pense que la plupart des gens estiment que n'est pas correct, même si vous n'avez pas sollicité les félicitations en question. Ce n'est pas quelque chose à faire, ni une valeur avec laquelle nous sommes en accord. Pourtant je me hasarderai à dire que, si vous y réfléchissez, vous retrouverez des situations où, soit à cause de l'absence d'une règle, soit parce que sa formulation est ambigüe, vous avez agi en fonction d'une règle et non de ce que vous *auriez dû* faire pour vous aligner avec vos valeurs. C'est en transcendant le langage bloqué par les règles du *je peux* et en utilisant le langage inspiré par les valeurs du *je devrais*, que l'on découvre la voie de solutions vraiment innovantes telles que celle de CHUM, ou plus simples comme celle de partager les félicitations. CHUM a réussi à considérablement réduire le coût des actions en justice et vous, en partageant les félicitations, obtenez le dévouement de votre collaborateur qui, la prochaine fois que votre équipe devra faire un effort supplémentaire, sera volontaire pour vous aider à réussir en venant travailler le week-end. Pour s'épanouir dans le monde du COMMENT, il faut équilibrer ses habitudes d'évitement – aussi fortes et développées soient-elles – par la capacité de penser dans le langage des valeurs, en termes de *je devrais*.

Il existe peu de règles qui vous donnent de l'inspiration. Par définition vous vous contentez de les respectez. Elles engendrent une culture de l'acquiescement. Tout le monde trouve le moyen de vivre avec ou de les circonvenir – autrement dit – de vivre dans leur espace, qu'il soit positif ou négatif. Donner le très mauvais conseil de « briser les règles » n'est pas pire aujourd'hui que son opposé « suivre les règles à la lettre ». Les deux confinent ceux qui les appliquent à une vie de servitude à des éléments extérieurs et à un état d'esprit de conformité. Réfléchir en termes de valeurs vous libère de la tyrannie des règles ainsi que de l'illusion de liberté que vous avez dans leur espace négatif.

Pour lancer une vague, il faut un principe d'organisation qui donne plus d'inspiration et soit plus attrayant que des règles. On ne peut pas le faire en décrétant par exemple que les vagues se déclencheront tous les mardis après le déjeuner. Et si vous y réussissiez, quel type de vague ce pourrait être ? Au contraire, penser et communiquer dans le langage du *je devrais* – celui des valeurs – inspire des idées. Le domaine des valeurs est étendu et sans limite, il crée un espace de créativité véritablement libre dans lequel on peut trouver de nouveaux moyens d'atteindre ses buts. Les valeurs sont importantes, aussi bien pour nous que pour les autres et apportent du sens aux synapses. Elles fournissent un plancher de comportement et nous propulsent parce que nous pensons qu'elles sont importantes et que nous dépensons notre énergie pour ce qui nous importe le plus. La *justice*, la *vérité*, *l'honnêteté* et *l'intégrité*, ces valeurs ont du corps. *L'équité*, *l'humilité* et le *service rendu aux autres*, le langage des valeurs nous donne de l'inspiration parce que le propre des valeurs est de nous élever. On ne croit pas aux règles. On croit aux valeurs parce qu'elles parlent à notre cœur et qu'elles ont une double utilité : elles nous poussent à *en faire plus* et en même temps à *ne pas en faire moins*. Elles créent des planchers de comportement sans créer de plafonds.

Nous avons tous un ensemble de valeurs qui se sont formées au cours des années soit sous l'influence des autres – parents, proches, enseignants ou amis – ou apprises par l'expérience. Contrairement aux règles servant de substituts, les valeurs ne sont pas un mécanisme représentant ce qui est important pour nous, elles nous y connectent directement. Elles sont au niveau de nos capacités les meilleures. De la même manière, réfléchir à nos actes en termes de valeurs nous apporte plus de sens. Si deux maçons sont payés le même salaire, qui en retire le plus de richesse, celui qui monte des pierres ou celui qui construit une cathédrale ?

Il existe des myriades de raisons pour lesquelles il est important, maintenant encore plus qu'avant, de repenser notre relation aux règles. Tout d'abord, les affaires au vingt et unième siècle réclament de l'innovation, surtout, ce qui est facilité par la libération des contraintes que les règles imposent à la pensée. Ainsi, vous ouvrez de nouvelles voies. Plus important encore, dans un monde transparent, on est jugé autant sur le processus du COMMENT on résout les problèmes que par les résultats atteints. Dans un monde où la concurrence est partout, c'est COMMENT on fait ce que l'on fait qui nous différencie des autres. Pratiquement tous les métiers souffrent maintenant du « syndrome de l'épicerie ». On peut acheter dans n'importe quelle épicerie, chacune offrant un prix compétitif. Après le prix, on choisit en général en fonction de son expérience en tant que client, sur la qualité de l'accueil. On aime bien acheter dans un lieu qui plaît, où on voit facilement la marchandise et où les employés sont disponibles et avenants. Pour offrir ce type de service dans tout ce que l'on fait, pour découvrir les moyens de mieux se comporter que la concurrence, il faut réfléchir à la façon d'obtenir le meilleur résultat, donc penser dans la langue du *je devrais*.

LE RISQUE ET LA RÉCOMPENSE

Penser en termes de valeurs débloque d'importantes possibilités de développement et d'action même si, à première vue, ça peut paraître dangereux. Les dirigeants craignent parfois, lors du passage des règles aux valeurs, de perdre le contrôle. Diriger sur la base des règles délègue moins de pouvoir vers les échelons de base, permettant à ceux d'en haut de croire qu'ils peuvent plus facilement contrôler ce qui se passe en dessous. Cet état d'esprit date de l'époque du capitalisme du château fort et du système féodal. Diriger par les valeurs, au contraire, décentralise le pouvoir et fait passer la responsabilité dans les mains de tout le monde. Les valeurs ne sont pas en noir et blanc, elles sont comme la confiance : elles donnent à l'autre la possibilité de vous respecter ou de vous trahir. Elles ouvrent des champs de possibilités diverses et laissent de la place à l'interprétation.

De manière assez surprenante, le leadership basé sur les valeurs présente un énorme avantage : alors que les business units se développent de plus en plus, parfois très loin du siège et que les interactions entre mêmes niveaux sont plus fréquentes, les stratégies de gouvernance top-down sont de moins en moins efficaces. La tendance actuelle des affaires à devenir plus horizontales crée les conditions favorables à un leadership s'épanouissant dans un environnement décentralisé. Ce transfert de pouvoir peut à première vue faire croire que la pensée axée sur les valeurs est dangereuse pour les affaires, alors qu'au bout du compte elle est plus efficace. Les nouvelles conditions du monde du COMMENT réclament ce type d'approche. Le raisonnement en termes de valeurs permet à l'individu d'agir dans le meilleur intérêt de l'organisation.

Quand Harry C. Stonecipher, PDG de Boeing, a été forcé par le comité de direction de démissionner après une liaison extra-conjugale avec une employée, Boeing aurait pu réagir en modifiant le code de bonne conduite par l'interdiction ou la limitation de certains types de relations entre salariés. Au contraire, ils ont mis en place une valeur. Le directeur général Lewis Platt a déclaré : « Le comité a conclu que l'affaire démontrait que l'attitude de Harry n'était plus au niveau requis pour diriger l'entreprise… que le PDG devait montrer l'exemple par un comportement irréprochable aussi bien personnellement que professionnellement et le comité a conclu que cette décision était juste et nécessaire vues les circonstances. Nous nous sommes battus pour restaurer notre réputation et chacun doit être certain que si nous remarquons n'importe quel acte inapproprié, nous réagirons immédiatement. » Boeing a transmis le message suivant : le comportement des employés ne répond pas à un ensemble de règles, il doit répondre à un critère beaucoup plus important qui est la *réputation*. Les employés ont immédiatement compris qu'une partie de leur travail état de maintenir intacte la réputation de l'entreprise et que cette intégrité était tellement fondamentale pour Boeing que toute atteinte pouvait coûter son poste aux dirigeants les plus hauts placés. En faisant respecter une valeur plutôt qu'une règle, Boeing a obtenu un meilleur alignement de ses employés. Ils doivent tous internaliser cette valeur, se battre avec elle sur une base individuelle – tout au fond de la vallée de C – et donc développer un meilleur alignement avec les buts de la société. La valeur, de manière moins directe que la règle, obtient un bien meilleur résultat.

Même dans un environnement moins pointu et plus orienté vers le service tel que celui de McDonald's, les valeurs permettent un moyen d'intégration plus efficace aux buts de l'entreprise. « Toute l'expérience chez McDonald's se résume à ce moment de vérité au comptoir, ces 30 secondes d'interaction avec le client », m'a expliqué le PDG Jim Skinner. Il a lui-même bâti sa carrière à partir de cette expérience. Il a commencé sa carrière en 1971 comme directeur de restaurant à Carpentersville dans l'Illinois. « Le développement de cette relation entre nos employés et le client est probablement la chose la plus difficile. Avec des centaines de milliers d'employés servant plus de 50 millions de clients par jour à travers 119 pays, il est essentiel de partager les mêmes valeurs. Elles sont efficaces et forment un liant, permettant à tous ceux qui travaillent dans le groupe de comprendre ce que ça signifie de réussir ce moment de vérité avec le client. »

De « je peux » à « je devrais »

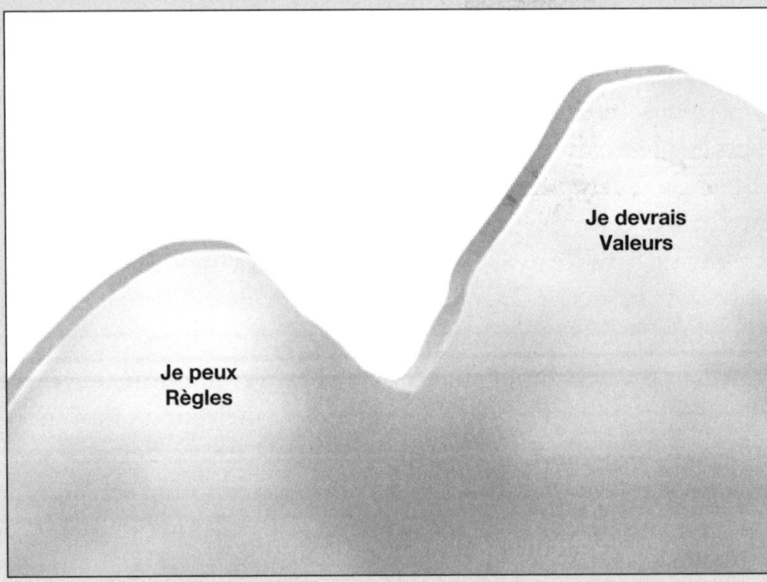

La pensée de type *je peux* ou à *je ne peux pas* est un substitut au fait d'envisager vraiment les comment d'une situation (Comment puis-je faire plaisir à mon client ? Comment puis-je agir pour augmenter la réputation de mon entreprise ? Comment puis-je améliorer cette réunion ?) et engendre une relation passive avec les autres (Que dit le manuel dans ce cas ? Quelle est ma description de fonction ? Qu'y a-t-il à l'ordre du jour ?). Dans ce mode de pensée, on croit que l'on peut faire ce que l'on veut tant qu'on se conforme au contrat ou au code. Au contraire, si on réfléchit en termes de valeurs, il faut s'impliquer dans chaque situation. Les valeurs engagent à l'action vers les autres, ce qui crée une énergie focalisée sur comment on agit et cette énergie, à son tour, déclenche une vague d'actions vers les autres. Dans un système où le pouvoir se situe plus dans le réseau que dans l'individu, cette énergie vers l'extérieur devient le moteur de la réussite.

De *je peux à je devrais*, des règles aux valeurs. Ces changements de langage exercent un effet profond sur votre mode de pensée, de diriger votre énergie, de prendre des décisions et bien sûr, d'atteindre vos buts. Employer ce nouveau langage paraît bizarre au début, comme lorsque qu'on apprend une langue étrangère. Cependant, quand c'est le cas, on a tendance à utiliser une grammaire plus exacte que ceux dont c'est la langue maternelle, parce qu'on le fait consciemment. Comprendre la différence de rôle des règles et des valeurs et se libérer de la tyrannie du *je peux* sont des étapes essentielles dans la maîtrise de la grammaire du monde du COMMENT.

Chapitre 6

RESTER DANS LA COURSE

Le plus court chemin de l'honneur est d'être ce qu'on désire paraître.
Socrate

L'Open britannique de golf est organisé tous les étés, c'est la plus ancienne et certainement la plus prestigieuse compétition de golf professionnel. En 2005, l'Open se déroulait sur le lieu de naissance du Golf, c'est-à-dire au Golf Club Royal de St Andrews en Écosse. L'ancien champion de l'association des golfeurs professionnels, David Toms, faisait partie de la poignée de joueurs qui avaient le plus de chances de remporter le trophée. C'est alors qu'il s'est produit une chose inhabituelle.

Au matin du deuxième tour, il s'est présenté à la tente des officiels et leur a expliqué que la veille il avait sans doute fait une chose susceptible de lui valoir une pénalité. Sur le fameux 17e trou, celui de la Route, il a manqué son putt et s'est dirigé vers le trou, puis a rentré sa balle. Il n'était pas sûr toutefois que ce ne soit pas le vent qui ait fait légèrement bouger sa balle au moment de son coup. Au golf, il est interdit de frapper une balle en mouvement et comme il n'en n'était pas sûr, David Toms s'est disqualifié lui-même de l'Open[1].

S'éliminer soi-même d'un tournoi important est un exemple extraordinaire de sportivité. Le faire pour un geste dont on n'est pas certain et que personne d'autre n'a remarqué est véritablement remarquable. Toms a une très bonne réputation dans le monde du golf. Il a créé une association d'aide aux enfants abandonnés, maltraités ou défavorisés et s'est vraiment impliqué dans l'aide aux victimes du cyclone Katrina. Il est simple et direct et personne ne le critique. Quand j'ai appris ce qu'il avait fait, j'ai tout de suite pensé qu'il s'était véritablement passé quelque chose d'important pour lui. Je l'ai aussitôt appelé pour lui demander ce à quoi il avait pensé, voici ce qu'il m'a répondu :

David Toms : Quand je suis rentré à mon hôtel ce soir-là après le premier tour, j'ai repensé au 17e trou et je me suis dit : si j'ai frappé la balle alors qu'elle roulait encore, c'est une pénalité. Je n'en n'étais pas sûr et il n'y avait personne à qui demander. J'avais déjà signé ma carte de parcours et je savais donc que s'il était établi que la balle roulait encore, je serais disqualifié. Le lendemain je suis allé discuter avec les officiels pour leur raconter. Le président a regardé la vidéo et m'a dit qu'il ne pouvait rien discerner d'anormal. D'après lui c'était à moi de prendre la décision : je pouvais déclarer une faute et continuer au second tour, ça ne lui posait pas de problème.

Puis il me demanda : « Si vous terminez premier, comment vous sentirez-vous ? » Je lui ai répondu que j'aurai quelque chose sur la conscience que je garderais longtemps. Si je gagnais le tournoi après avoir triché, ce ne serait pas correct pour les autres, ni pour moi parce que je vivrais avec ce souvenir toute ma vie.

Vous ne pouviez pas simplement continuer le tournoi ?

David : Non.

Pourquoi pas ?

David : Parce que j'ai l'intention de jouer encore longtemps au golf. Quelle pourrait être la décision à la prochaine controverse de ce type ? Je ne me serais pas senti bien, surtout si j'avais remporté le trophée.

Ce n'est pas l'esprit du golf et ce n'est pas comme ça que je suis. Les organisateurs n'étaient pas contents de voir ça, et j'étais le seul à pouvoir prendre la décision, donc…

Vous l'avez prise vous-même ?

David : Oui, vous savez certaines choses ne sont visibles que du joueur. Que les règles aient été transgressées ou non, il demeurait un doute et je ne voulais pas vivre avec. J'ai décidé de me disqualifier, je savais que c'était la seule chose à faire.

Vous pensez que ce que vous avez ressenti aurait pu affecter votre jeu ?

David : Certainement, ce que j'ai fait m'aurait déstabilisé et aurait affecté les autres joueurs, comme c'est le cas dans toute situation similaire, que ce soit dans le sport ou les affaires.

Je comprends, pourtant votre travail est de battre vos concurrents.

David : (éclatant de rire) Au golf, on note ces infractions soi-même, on ne cherche pas à les cacher jusqu'à ce que l'arbitre les signale, comme au basket. Je ne dis pas qu'il n'y ait aucun esprit sportif dans les autres sports, néanmoins c'est comme ça que j'ai été élevé et c'est ce que vous enseigne le golf : vous êtes face à vous-même sans aucun contrôle externe.

Quand je suis rentré chez moi, ça a fait beaucoup de bruit dans les médias, puis ça s'est calmé et je me suis senti bien.

Est-ce que cette clarté que vous ressentez en vous impacte votre jeu ? Est-ce qu'un conflit interne affecterait votre jeu ?

David : Il est très difficile de bien jouer sans avoir la conscience aussi claire que l'esprit. Il faut être mentalement et physiquement prêt.

Pourquoi ?

David : Je pense que c'est le pouvoir de l'esprit. On ne peut pas vraiment se concentrer quand on pense à autre chose. Je sais que cela concerne beaucoup de situations. Néanmoins c'est particulièrement important dans notre sport. Pour moi c'est la capacité de rebond qui est la plus pertinente, c'est-à-dire pouvoir bien jouer à nouveau après avoir manqué un coup. C'est là que l'on note la valeur du joueur et ce qu'il a dans les tripes.

Quelqu'un m'a dit que le golf est le sport le plus difficile sur le plan mental parce que dans tous les autres on réagit à la balle – on la frappe avec la batte, on la renvoie avec la raquette, on attrape la passe... – alors que la balle de golf reste immobile jusqu'à la fin des temps, ou jusqu'à ce qu'on la frappe.

David : (en riant) Oui c'est vrai.

Et il me semble que la beauté du golf et ce qui révèle vraiment le caractère du joueur c'est que la manière dont on s'approche de la balle est presque plus importante que la frappe elle-même.

David : C'est tout à fait ça, c'est ce qui vous passe par la tête. Bob Rotella, le psychiatre du sport me le rappelle chaque fois que je discute avec lui. Il me dit : « On sait qu'il est possible de se dire qu'on va mal frapper, alors pourquoi ne pourrait-on pas se dire qu'on va réussir son coup ? »

Je ne sais pas où est leur secret. Néanmoins je sais que les gens qui réussissent vraiment, que ce soit sur un terrain de golf ou ailleurs, ont quelque chose de spécial, une sorte de paix intérieure qui fait la différence avec ceux qui ont seulement acquis une technique et sont bien entraînés. Si on pouvait mettre ce quelque chose en bouteille, on pourrait gagner beaucoup d'argent.

Comment l'intégrité s'intègre-t-elle dans cette formule ?

David : C'est savoir que l'on fait ce qui est juste et se sentir bien dans ce que l'on fait. J'ai toujours pris beaucoup de plaisir à aider les autres et à leur donner les mêmes chances que celles que j'ai eues. Il est important pour moi de rendre quelque chose à la société, que ce soit à travers mon intégrité et l'exemple que je donne ou en aidant et en laissant une trace. Ça rend mon pas plus léger.

Donc, pour en revenir à St Andrews, vous êtes reparti d'un pas plus léger ?

David : Je suis reparti en estimant avoir fait ce qu'il fallait faire. Pouvoir dire ça signifiera beaucoup de choses pour moi, mon esprit ne sera pas distrait. De plus c'est important pour moi de donner le bon exemple. Si un jeune a tendance à enjôliver son score et ne s'en préoccupe pas, je veux qu'il puisse se dire : « Regarde ce qu'a fait Toms, il faut arrêter de tricher. »

David, *je pense que vous êtes quelqu'un de spécial. Le golf est un sport dans lequel vous êtes seul contre l'univers. Pourtant vous êtes personnellement en relation avec les autres joueurs sur le parcours, vos fans et les personnes qui vous respectent. Vous sentez-vous la même responsabilité dans tout ce que vous faites ?*

David : Les gens surveillent ce que vous faites, ce que vous dites et même comment vous le dites. Pourtant leur interprétation n'est pas toujours la bonne. Ce n'est pas que l'on ne veuille pas exprimer son opinion, c'est que la moindre parole est évaluée en fonction de ce à quoi elle va ressembler et de la manière dont elle va influencer les autres. Ce que vous voulez que les autres pensent de vous a une incidence sur ce que vous faites sur le parcours et en dehors. Si vous voulez être un exemple, il faut vivre tout le temps comme ça, de manière à ce que les autres soient fiers de vous.

La pression est constante pour réussir et se comporter d'une certaine manière alors qu'on faillit quotidiennement. On n'arrive que rarement à ce que l'on veut. Même avec un score de 61, on se dit : « Pourquoi est-ce que je n'ai pas réussi 59 ? » Cela finit par s'enraciner : « C'est comme ça que je vis 24 heures sur 24 et 7 jours sur 7. Je dois agir correctement pour ma famille et mes amis, ainsi que pour tous mes supporters. » Si vous avez deux personnalités, l'une dans votre vie intime et l'autre pour le terrain de golf et les caméras, vous serez constamment en train de surveiller pardessus votre épaule. Personnellement je n'en n'ai qu'une, donc ce n'est pas très difficile.

Les personnalités telles que David Toms, qui sont toujours en tête de la course, qui gagnent des championnats internationaux, qui sont dans les 10 premiers de leur activité et ont des revenus importants, savent comment rester dans la course. Dans les deux chapitres précédents, nous avons vu que l'esprit fonctionne bien en tant que machine biologique et comment le langage a une influence importante sur la manière de conceptualiser les situations, que ce soit en libérant ou en restreignant notre mode de pensée, notre créativité et notre réussite. Dans ce chapitre nous allons nous intéresser à une autre activité que notre esprit sait bien faire : rester dans la course. À la fin, nous reviendrons à cette remarquable conversation avec David Toms pour voir comment ces idées se combinent.

LA PERTURBATION

Bien que la plupart d'entre nous ne soient pas schizophrènes, nous avons tous des petites voix dans la tête. Elles expriment tour à tour les différentes parties de notre personnalité ou de notre vécu : l'intégrité, l'insécurité, la résistance à l'autorité ou la compassion et à chaque fois, la voix influence nos actions. Notre patron nous demande d'un ton hautain de faire quelque chose et comme ça nous rappelle vaguement la manière dont nous parlait un de nos professeurs, on grommelle et on s'agace alors qu'on est maintenant adulte. On a une conversation houleuse avec cette voix interne qui est encore en colère contre ce professeur.

Certaines de ces voix parlent plus fort que d'autres et certaines sont plus calmes par nature ou parce qu'on ne leur fait pas encore confiance. Souvent elles coopèrent entre elles et leur dialogue devient alors une discussion calme entre amis : nous nous concentrons et nous fonctionnons au meilleur de nous-mêmes. À d'autres moments, une voix se met à crier pour faire taire les autres. Cela ressemble alors à des frères et sœurs se chamaillant autour de la table : ils nous distraient, ralentissent nos progrès, diminuent notre efficacité et gâchent le plat que maman a amoureusement préparé. Ce genre de perturbation fait partie de la vie quotidienne de tout être humain.

La perturbation peut venir de l'intérieur, elle peut aussi venir du monde extérieur. Souvent, on ne le réalise même pas. Pour vous le démontrer, je vais faire un test : ne trichez pas en cherchant la réponse plus loin.

Quel a été le mot le plus recherché sur Google en 2005 ?

L'année a été pleine d'événements : l'ouragan Katrina s'est abattu sur la Nouvelle Orléans et une bonne partie du Golfe du Mexique, un tsunami a fait des millions de victimes en Asie, un pape est mort et on en a élu un nouveau, il y a eu un attentat terroriste dans le métro londonien. Beaucoup de choses importantes ont eu lieu et ce n'est aucune d'entre elles.

Un indice : vous souvenez-vous qui a joué le Super Bowl en 2004 ? Ce fut l'un des matches les plus intéressants et les plus acharnés de toute l'histoire, gagné à la dernière seconde grâce à une transformation. Vous souvenez-vous qui l'a emporté ?

Pratiquement personne ne se souvient de l'équipe gagnante, pourtant presque tout le monde se rappelle ce qui s'est passé à la mi-temps.

Le mot le plus recherché sur Google en 2005 est : « Janet Jackson », la chanteuse dont l'écart de conduite en janvier 2004 était encore dans tous les esprits[2]. Peu de gens se souviennent qui a gagné le match, cependant des années après, l'expression « incident vestimentaire » résonne dans le monde entier. Des centaines d'athlètes ont travaillé une année entière pour devenir les meilleurs, produisant une démonstration éblouissante entre les deux meilleures équipes du moment. Tout autour du monde, des millions de spectateurs ont suivi le match et ce dont la plupart se souviennent c'est d'une demi-seconde de la vision d'un sein décoré d'un bijou en forme d'étoile[3]. Cet incident a complètement occulté la performance des joueurs.

Avez-vous triché ?

Ce petit test n'a rien à voir avec l'histoire de Janet Jackson. Par contre je vous demande, après avoir lu l'histoire de David Toms le champion de golf, comment vous êtes-vous senti quand je vous ai demandé de ne pas tricher ? Est-ce que vous y avez pensé en lisant ? Est-ce que vous avez été blessé par l'insinuation que vous *pourriez* tricher ? Est-ce que vous avez perdu le fil et avez dû lire le passage à nouveau ? Ou encore est-ce que vous avez ralenti le rythme pour *être sûr* de ne pas tricher ? Les gens sont sensibles à la tricherie parce que dire à quelqu'un de ne pas tricher soulève la question de la confiance qu'on peut lui accorder : « Qu'est-ce qu'il pense de moi, il me prend pour un tricheur ? » C'est alors que les petites voix se mettent à parler et sans le réaliser, on est distrait.

L'incident vestimentaire de Janet Jackson a déclenché environ 500 000 plaintes à la Commission fédérale des communications et la plus forte amende infligée à une chaîne de télévision à l'époque. On peut penser que le geste était innocent, mal venu, sans conséquence grave, inapproprié ou choquant, le résultat en est que la productivité totale perdue en discussions autour de la machine à café (ou par mail ou SMS ou sur la blogosphère) se chiffre probablement à des centaines de millions de dollars[4]. Le geste d'une seule personne peut avoir des implications financières graves pour les entreprises. Et le plus significatif (et sûrement le plus préjudiciable) ce sont les millions de petits événements – tels ce commentaire sur le fait de tricher – qui encombrent notre attention quotidiennement, déclenchent nos voix intérieures et poussent notre esprit en dehors de la course.

PETITS ÉCARTS, COÛTS IMPORTANTS

La course ne s'arrête pas, bien sûr, quand notre esprit la quitte, elle continue joyeusement sans nous, nous laissant le soin de la rattraper. Autant la passion et l'intégrité d'un Georges le Foldingue peut lancer une vague positive, engendrant l'innovation et la réussite, autant les Janet Jackson de la vie professionnelle peuvent en lancer qui sont négatives, provoquant la distraction et la déconcentration. Qu'elles soient positives ou négatives elles tirent leur force de la manière dont on établit ses relations. Notre expérience ci-dessus a montré les diverses façons par lesquelles de petits écarts du COMMENT peuvent nous blesser de manière significative.

Le consultant Stephen Young a inventé un nouveau terme pour qualifier ces instants : il les appelle des *microdérapages*[5]. Une attitude inadaptée dans une réunion, une question posée sur un ton ironique, une blague d'un goût douteux racontée de façon inopportune – ces dérapages dans la manière de combler l'espace entre vous et ceux qui travaillent avec vous – peuvent subtilement faire diminuer la productivité de n'importe quelle entreprise. Lire vos messages tout en parlant avec vos collaborateurs, c'est dévaluer leur temps et leur présence. Jeter un coup d'œil à votre montre pendant une présentation, c'est ne pas respecter l'effort de celui (celle) qui l'a préparée. On peut faire un bilan des performances de ses collaborateurs un peu médiocres de manière à leur donner envie de s'améliorer ou bien d'une autre façon qui les décourage et les incite à chercher du travail ailleurs. Ces microdérapages sont une distraction parce qu'ils injectent le doute et la peur dans les relations et ce faisant, élargissent le fossé de l'incertitude. L'énergie qui devrait être investie dans le travail en cours ou dans un but commun est redirigée vers des préoccupations politiques ou de survie. Quand on est distrait et déconcentré on perd pratiquement tout le temps.

Une autre question (cette fois-ci ce n'est pas un test). Ces dernières semaines, combien de fois avez-vous eu l'une de ces réactions en ouvrant un mail ?

- Ce n'est pas ce dont nous étions convenus.
- Ça me met en rogne.
- Pourquoi avoir mis mon patron en copie ?
- Essayes-tu de me faire honte ?
- Je suis vexé.

- Je ne trouve pas ça drôle du tout.
- Pourquoi remplis-tu ma boîte de réception avec ça ?

Est-ce que vous avez transféré ce mail à quelqu'un ? Avez-vous appelé un ami ou un proche pour lui dire : « Comment vas-tu aujourd'hui ? Je vais te raconter ce que je viens de recevoir. » Ou est-ce que vous vous en êtes souvenu quand vous avez rencontré la personne en question et ça vous a empêché de parler avec elle ? Tout cela arrive fréquemment pendant un jour de travail ordinaire et provoque des mauvais ressentis qui s'accumulent. Dans la vie professionnelle, les perturbations causées par ces dérapages réduisent la capacité de concentration et donc de fonctionnement optimal. Il est déjà difficile de réussir dans le monde compétitif du travail, si on ne peut plus se concentrer sur la réussite, on n'a plus aucune chance. Un mail ou un coup de fil qui vous distraient peuvent briser votre concentration.

Cela arrive constamment ; un commentaire inapproprié pendant le déjeuner se transforme en une plainte pour harcèlement sexuel. Tous les membres de l'équipe et les managers se lancent dans une enquête. Des relations cordiales deviennent délicates et se formalisent, ce qui fait diminuer très rapidement la production.

On peut quantifier les perturbations de plusieurs manières. Certaines anecdotiques – telles que la perte de production que l'on imagine aisément après l'incident vestimentaire – et d'autres plus scientifiques. Des études ont prouvé, par exemple, que la perte d'attention provoquée par le fait de parler au téléphone en conduisant est plus importante que d'avoir un taux d'alcool dans le sang à la limite légale. D'après certains conducteurs, il est *plus facile* de conduire avec ce taux d'alcool que d'avoir une conversation téléphonique, ce qui prouve bien que les ressources nécessaires pour équilibrer attention et distraction sont élevées[6].

Dans le chapitre 5 on a évoqué Jenapharm et le CHUM pour montrer la différence de leurs approches respectives vis-à-vis d'un défi légal. Le temps, l'argent et la préparation de la défense dans ces cas ne sont que des distractions. Les gens travaillent pour fabriquer des produits, fournir des services, résoudre des problèmes réels, améliorer leur efficacité ou leur vie quotidienne. Personne ne va travailler pour mener de meilleurs procès. J'ai en tête l'histoire d'un homme d'affaires qui a abandonné un poste très bien payé dans le domaine des logiciels pour se mettre à son compte. Avec sa femme et son beau-frère il a ouvert un magasin de glaces dans un quartier huppé de Los Angeles. Il vendait des arômes sortant de l'ordinaire comme du lemoncello au basilic et du martini au chocolat. La boutique a eu un succès immédiat, triplant le chiffre d'affaires très rapidement. Quand je lui ai demandé comment s'étaient passés les premiers mois, il m'a répondu qu'il avait dépensé presque la totalité de son bénéfice en frais de justice à cause d'un voisin pâtissier, pour savoir si les croissants jambon fromage qu'il vendait étaient des « sandwiches » ou des « pâtisseries », ce qui aurait été contraire aux termes du bail de location du fonds de commerce. Il était obnubilé par ça. Les grandes entreprises souffrent de ce genre de problèmes à plus grande échelle, les recherches pour les plaintes judiciaires les plus banales peuvent coûter des millions de dollars et des milliers d'heures de travail.

Les humains ont des bons et des mauvais jours, des perturbations au travail et à la maison. Admettre ce fait et apprendre à limiter ces distractions qui vous déconcentrent peut vous placer devant vos concurrents, en vous focalisant plus et en vous aidant à employer votre énergie de façon plus efficace. Rester mentalement dans la course – apprendre à reconnaître et à apprivoiser les voix de votre mental et les COMMENT qui affectent les autres – est un défi permanent. Plus fondamental que jamais à une époque où les petits écarts peuvent coûter très cher.

LA DISCORDANCE

Vous entrez dans une boulangerie pour acheter un petit pain. Vous apercevez derrière le comptoir une table sur laquelle trône un grand couteau à pain. Quand la vendeuse vous tend votre petit pain, vous lui demandez de le couper en deux. Elle vous répond gentiment : « Désolée, nous ne pouvons pas couper. » Aussi gentiment qu'elle, vous lui faites remarquer qu'il y a un couteau sur la table, de toute évidence destiné à trancher le pain. Elle refuse à nouveau, expliquant que la boulangerie ne coupe pas les petits pains, puis elle vous tend une fourchette en plastique. Comment réagissez-vous ?

Il n'y a aucune raison pour qu'une boulangerie vendant des sandwiches ne coupe pas un petit pain pour un client. Ils offrent un service – vendre du pain et des sandwiches – et pourtant ont édicté une règle qui le contredit de manière flagrante. Le patron a certainement une bonne raison pour avoir imposé cette règle qui paraît inadaptée – un employé s'est peut-être blessé en coupant un petit pain, un client a peut-être pris quelqu'un en otage pour voler le tiroir-caisse ou c'est lui-même un amateur de pain tatillon qui estime qu'on ne doit pas couper les petits pains au couteau, qu'il faut les rompre à la main – toutefois aucun raisonnement ne répond à cette incongruité fondamentale. Alors, vous réagissez, vous piquez une colère, parce que vous avez l'impression qu'on vous manque de respect. Ou vous vous contentez peut-être de grommeler en quittant la boutique. Cette réaction émotionnelle s'appelle une *discordance*, ou plus exactement une *discordance cognitive*[7]. C'est la réaction qu'a l'esprit quand on lui demande d'accepter une idée nouvelle qui contredit des croyances bien établies. Aussi fou que cela puisse paraître, cette histoire est réellement arrivée à un collègue et illustre bien les effets de la discordance sur la manière de penser. Malgré nos meilleures intentions, nous sommes parfois confrontés à des messages dont la contradiction intrinsèque crée des tensions générant une réaction émotionnelle. Nos petites voix sont folles de colère. Ce n'est pas uniquement un effet psychologique, ça modifie la façon dont nos synapses se déclenchent. Des recherches ont montré que dans des situations telles que celle-ci, les parties raisonnantes du cerveau – utilisées en temps normal pour prendre des décisions et évaluer de manière saine – se mettent hors fonction et ce sont les parties responsables des émotions qui se mettent en action. La discordance entrave physiquement l'aptitude à penser clairement, à agir de façon raisonnée et à prendre les décisions adaptées[8].

Dans le travail, ce type de messages conflictuels est envoyé constamment, sans percevoir que la discordance qu'ils génèrent entraîne des résultats négatifs. Combien de managers encouragent les initiatives de leurs collaborateurs tout en les parasitant en prenant trois coups de téléphone, y compris celui d'un ami golfeur, pendant une réunion ? Comment se sent-on quand on croit que nos suggestions longuement réfléchies sont attendues et que l'on perçoit des signaux implicites du contraire ? Est-ce qu'on perd le fil de ses idées, les mots se bousculent-ils dans la bouche, ou on sort du bureau en oubliant l'importance de ce que l'on voulait dire ? La prochaine fois que vous aurez une idée, est-ce que vous ne la garderez pas pour vous ? Combien d'entreprises font des discours sur la confiance et la responsabilité personnelle et, simultanément, exigent la signature du patron pour chaque remboursement de dépense ou de multiples autorisations pour passer une commande ? Si elles prétendent vous faire confiance, ne devraient-elles pas le prouver ? Ce n'est pas le cas si vous devez remplir un formulaire, le faire signer par votre responsable puis viser par le comptable pour vous faire rembourser un déjeuner de travail à 10 dollars. Cela entraîne forcément des grognements, de la procrastination et du ressentiment contre le système.

Et que dire du magasin qui, avec un sourire et en trois secondes prend votre argent avec votre carte bancaire, pour vous faire faire la queue pendant dix minutes, remplir un formulaire, détailler toutes vos coordonnées, puis obtenir l'accord du patron pour accepter de reprendre ce que vous avez acheté qui ne vous convient pas ? Est-ce que vous en tiendrez compte la prochaine fois ? Le message de la direction au personnel au comptoir est tout aussi discordant : « Nous vous faisons suffisamment confiance pour prendre leur argent, pas assez pour le leur rendre. » On peut argumenter en expliquant qu'on doit être plus prudent dans les affaires en matière d'argent parce que les possibilités d'abus ou de triche sont plus nombreuses. Pourtant nous avons vu que la confiance entraîne la confiance. Les employés qui sentent qu'on leur fait confiance ont moins tendance à trahir cette confiance parce qu'ils comprennent que c'est dans leur intérêt. Ceux qui ne se sentent pas respectés auront plus tendance à récupérer discrètement – en trichant sur les remboursements de frais ou en piquant dans la caisse – pour se rembourser des contraintes qu'on leur impose injustement. Quand on accumule de nombreuses règles, on crée les conditions pour que les employés trichent.

Le contraire de la discordance, c'est *l'accord*, le sentiment que les choses vont bien ensemble. Ce type de messages inspire un plus grand sentiment d'alignement pour atteindre une cause commune, en créant des synapses fortes et en lançant plus de vagues. Il est plus intéressant, sur le long terme, d'envoyer des messages de confiance aux employés demandant le remboursement de leurs frais, de les vérifier au hasard et réagir sévèrement auprès des quelques personnes qui trahissent votre confiance, que d'établir des procédures lourdes transmettant un message de défiance envers tout le monde. Quand les gens reçoivent des messages discordants qui n'ont apparemment aucun sens – comme la boulangère qui ne coupe pas les petits pains – ils perdent toute relation avec la personne qui les a envoyés et frappent à l'aveuglette, physiquement ou intellectuellement. Ils considèrent votre vague avec suspicion et une attitude attentiste, puis ils se lèvent lentement et sans ardeur, ou ils quittent carrément le stade.

Il y a un effet plus dommageable encore, c'est celui qu'exerce la discordance sur la capacité à apprendre et à s'adapter à de nouvelles situations. Le psychologue français Jean Piaget a créé un mot spécifique pour décrire le phénomène. *Accommoder* – qui signifie réconcilier deux idées contradictoires – est plus difficile qu'*assimiler* – c'est-à-dire accepter totalement une nouvelle idée[9]. Autrement dit, si on demande à quelqu'un d'apprendre quelque chose en contradiction avec ce qu'il pense savoir – surtout s'il est en est convaincu – il résistera certainement au nouveau savoir. Des études sur le cerveau ont montré que l'on rejette le message discordant et qu'en plus, on se sent bien en le faisant : le cerveau octroie une *récompense*.

Drew Westen, professeur de psychologie à l'université Emory a démontré ce fonctionnement[10]. Il a soumis des partisans déclarés de partis politiques opposés à un scanner du cerveau et leur a demandé de trouver des caractéristiques négatives chez différents candidats. Les deux groupes ont rapidement identifié de l'inconstance et de l'hypocrisie *uniquement chez les candidats du parti opposé*. Quand il les a placés en face de traits de caractère négatifs du candidat de leur parti, les zones du cerveau correspondant au raisonnement et à l'apprentissage se sont éteintes et les zones associées aux émotions fortes se sont allumées. Ces réactions leur permettaient de rejeter aisément les informations qu'ils estimaient discordantes. Puis il s'est passé une chose intéressante : leurs cerveaux ont secrété des endorphines, les opiacés naturels du corps humain, les comblant de chaleur et de bonheur. Autrement dit, les sujets se *récompensaient eux-mêmes* d'avoir trouvé le moyen de résoudre la discordance sans changer leurs croyances.

Le travail évolue plus vite chaque jour dans le monde de l'Internet et les conditions commerciales récompensent les organisations et les entreprises capables de s'adapter. Celles qui soumettent leurs employés à des messages confus, à de multiples changements de procédures ou des pratiques incongruentes incitent leur force de travail à résister au changement et à l'adaptation alors qu'elles la voudraient souple et adaptable. Si les choses vont réellement trop loin, on se retrouve dans la situation kafkaïenne de la boulangère qui refuse de couper les petits pains. D'autres études de la discordance cognitive ont montré que lorsqu'un apprentissage a été suffisamment difficile ou humiliant, les sujets ont *moins* tendance à admettre que ce à quoi ils croient n'a aucune valeur, parce que ce serait admettre qu'ils ont été dupés. C'est pour cette raison que la boulangère vous dit, avec un sourire charmant, que c'est contre la politique de la maison de couper un petit pain et vous pouvez vociférer aussi longtemps que vous voudrez, vous ne réussirez pas à la convaincre du contraire. Admettre votre logique et le ridicule de ces instructions consisterait pour elle à accepter qu'elle soit folle et elle se refuse à le faire.

Bien que les entreprises cherchent désespérément à ce que leurs employés restent dans la course, il s'avère généralement qu'elles ne créent pas les conditions nécessaires. Une étude de trois ans effectuée par Sirota Survey Intelligence sur 1,2 million de personnes dans les 1 000 entreprises classées par *Fortune*, a conclu que le moral des employés, enthousiastes à leur embauche, déclinait rapidement au bout de six mois et que cela continuait pendant des années dans 85 pour cent des entreprises[12]. D'après les conclusions de cette étude, la responsabilité en revenait à l'encadrement et à son incapacité à créer des procédures répondant aux trois objectifs principaux recherchés dans leur travail par les employés :

1. *L'équité* : être respecté et traité de manière juste pour le salaire, les primes et la sécurité de l'emploi.
2. *La réussite* : être fier de son travail, de ses résultats et de son employeur.
3. *La camaraderie* (en français dans le texte) : avoir de bonnes relations avec ses collègues.

Ces statistiques montrent que le coût ultime de la discordance c'est le cynisme. Quand une entreprise brise la confiance et que son comportement n'est plus à la hauteur de l'image qu'elle se donne et des valeurs qu'elle professe, l'enthousiasme qu'apportent les nouveaux embauchés se dissout petit à petit jusqu'à ce qu'il n'en reste que l'opinion des cyniques qui croient que les gens sont plus motivés par leur intérêt propre que pour des raisons altruistes ou honorables. Cela crée un espace de suspicion entre eux et les autres – un fossé d'incertitude permanent et impossible à combler – et remet constamment en question l'intérêt de faire le travail requis. La remise en question n'est pas forcément une mauvaise chose – le scepticisme peut constituer une réponse adaptée dans les bonnes circonstances – toutefois le faire automatiquement dans tous les cas au lieu d'y réfléchir honnêtement, éloigne des événements et de son entourage personnel.

Le cynisme affecte les fondements de la relation interpersonnelle. Des études ont montré que les employés particulièrement cyniques sont plus enclins à porter plainte contre l'entreprise, à montrer des niveaux d'implication moindres ou à croire que l'encadrement récompensera leur travail s'il est bien fait[13]. (Ce dernier fait est patent dans les cultures de management de type carotte et bâton. Quand la carotte ne présente plus d'attraits, le bâton est le seul moyen pour se faire obéir. Les cyniques consomment de l'énergie comme un gros 4×4 consomme de l'essence. On ne peut pas lancer une vague dans un stade rempli de cyniques. Malgré toute la ferveur et l'intégrité que vous mettrez dans votre initiative, les cyniques resteront assis, persuadés que votre désir d'aider l'équipe locale n'est qu'une volonté de votre part de vous faire mousser. Vous pourrez vous épuiser à les cajoler, le poison des cyniques va vous ronger jusqu'à l'os. « Les cyniques peuvent empoisonner une organisation », disait John Wanous, professeur de management et de ressources humaines à l'université d'état de l'Ohio à Columbus. Son étude, qui a duré plus de trois ans sur un millier d'ouvriers a conclu que « Le cynisme éclabousse la manière dont les employés voient l'entreprise et leur travail[14]. »

VOUS METTRE EN ACCORD

Il n'est pas inéluctable de devenir une victime de la discordance. Vous pouvez apprendre de nouveaux COMMENT pour déceler son apparition et réduire de façon consciente sa capacité à s'introduire dans votre cerveau. Le premier pas, de toute évidence, est de percevoir consciemment comment elle affecte l'esprit et les émotions, ce que nous avons déjà fait. Le second est d'empêcher toute réaction de type émotionnel en lui substituant une autre stratégie.

La stratégie la plus simple consiste à *modifier* l'une des idées[15]. Par exemple, vous pensez que l'on ne peut pas faire confiance aux fournisseurs et qu'il faut constamment les surveiller. Et vous vous rendez compte que, dernièrement, plusieurs fournisseurs vous ont signalé des erreurs dans vos commandes afin de les corriger, plutôt que les exploiter à leur propre profit. Vous pouvez alors modifier la procédure de passation de contrat pour l'adapter à la situation. De cette manière vous récupérez l'émotion pour la transformer positivement en amélioration de la prise de décision.

Une autre technique c'est de *soutenir* la nouvelle idée, lui donnant ainsi plus de poids que la précédente. Une étude a montré clairement ce fonctionnement. Les chercheurs ont raconté à un groupe de sujets une blague sexiste et après qu'ils en aient bien ri, leur ont fait prendre conscience de son caractère discriminatoire. Ils leur ont ensuite fait passer un test pour évaluer leur attitude par rapport au genre féminin et ont comparé les résultats à ceux d'un groupe à qui on n'avait pas raconté la blague et à qui on n'avait pas fait remarquer son caractère misogyne. Le groupe qui a entendu la blague a eu tendance à avoir des réactions montrant plus de sensibilité à une approche identique vis-à-vis des deux sexes. Voyant la nouvelle idée soutenue, ce groupe a été plus apte à contrebalancer son attitude antérieure et ses croyances sexistes.

Quand le désir de réussir est suffisamment fort, on peut rendre triviale une idée conflictuelle qui bloque l'action. Un grimpeur en montagne souffrant de vertige peut diminuer sa peur pour atteindre son objectif.

Quand il aura atteint le sommet, les émotions engendrées par les deux pensées discordantes tendront à disparaître. Si le défi à des croyances bien implantées active des émotions trop fortes en face de nouvelles situations, l'expression de ces émotions peut aussi effacer l'effet de brouillard de la discordance. En effet, exposer ses émotions permet de leur rendre un caractère plus normal, ce qui diminue leur effet de distraction. Enfin, quand vous pouvez identifier la source de ces idées discordantes, une stratégie efficace pour rester dans la course est tout simplement d'éviter leur cause.

Ces différentes techniques de réduction des discordances améliorent la prise de décision ainsi que l'apprentissage et sont une aide précieuse pour limiter le conflit intérieur qu'elles engendrent.

LE CONFLIT

Imaginez une jeune femme dynamique et qui réussit dans son travail, diplômée d'un MBA d'une grande université, à qui est prédit un avenir brillant. Son patron lui est en poste depuis longtemps. Un jour, elle reçoit un mail d'apparence anodine de ce patron lui faisant part d'une ouverture de poste dans une autre entreprise et lui demandant si elle connaîtrait quelqu'un qui pourrait être intéressé. Curieusement, ce poste lui irait comme un gant. L'une des choses qu'on vous enseigne dans le cursus d'un MBA c'est qu'un patron menacé par un jeune qui monte a souvent tendance à protéger sa position en éliminant la menace. Proposer un travail dans une autre entreprise correspond tout à fait à ce mécanisme. Est-ce que ce mail est un geste innocent ou une tentative masquée de supprimer la concurrence de la jeune femme ?

Malgré tous ses efforts, elle ne réussit pas à éliminer de ses pensées les implications potentielles de ce mail, ce qui la perturbe et diminue sa productivité. Elle le transfère à certains de ses amis, en discute avec eux et se préoccupe de ce qu'elle peut faire pour conserver son poste : signes classiques de la distraction. Elle perd sa confiance en elle et en l'entreprise. Elle doute et passe plus de temps à prendre des décisions, pénalisant la souplesse et l'habileté qui faisaient d'elle une force vive de l'entreprise.

Au bout de quelque temps, ses relations avec son patron se détériorent, ce que remarquent les autres membres de l'équipe de travail. Le patron, au lieu de combler entre eux les synapses par la confiance et le soutien, a tout gâché. La communication se dégradant, la confiance fait place au doute, des tensions politiques se créent, les gens commencent à jaser et le moral part en vrille. Le conflit s'envenime, chacun s'irrite et ne se sent plus respecté. Plus de gens s'impliquent et la situation se dégrade.

Il est difficile d'évaluer qui souffre le plus de cette manœuvre (si c'en est une). La jeune femme dont la productivité baisse ou son patron qui a sacrifié la cohésion de son équipe sur l'autel de sa propre sécurité. L'e-mail était peut-être innocent et le conflit aurait pu être évité si le patron avait trouvé un moyen plus direct de l'informer, s'il avait agi d'une manière plus adaptée. De toute façon, ce qui est clair c'est le pouvoir de destruction de ce type de situation et des forces qu'elle déclenche. Dans un monde transparent, où vous analysez vos COMMENT comme vos QUOI, il est fondamental de conserver les synapses interpersonnelles avec vos collaborateurs dans un état optimal pour lancer des vagues et obtenir des résultats. Cela demande beaucoup d'efforts et d'attention parce que, quand les perturbations, la discordance et le cynisme traversent la pensée et se répercutent sur le comportement, ils contaminent la relation et provoquent le *conflit*.

Dans le monde de la mécanique, la métaphore du conflit est le frottement créé par le mouvement contraire de deux surfaces en contact. Dans les organisations humaines, on le rencontre quand les forces de perturbation et de discordance infectent l'espace entre les individus. On sait d'après les lois de la mécanique que le frottement ralentit le mouvement. Il récupère une partie de l'énergie du système et la transforme en un sous-produit : la chaleur – une énergie gaspillée dans l'atmosphère. Cet excès de chaleur met tout le monde mal à l'aise. Cela demande plus d'énergie – sous la forme du conditionnement d'air – pour rafraîchir l'ambiance. Sans vouloir aller trop loin sur les ailes de cette métaphore, nous savons tous ce qui se passe pour la productivité quand les gens s'échauffent le col. On sait aussi les efforts supplémentaires de management que cela demande pour rafraîchir une atmosphère de travail quand les esprits se sont échauffés.

Bien que les perturbations, les discordances et les conflits puissent se développer indépendamment, ils se nourrissent souvent eux-mêmes pour créer un cercle vicieux qui s'autoentretient. Si la situation continue de se détériorer, la chaleur peut enflammer les relations. Dans ce cas, vous ne pouvez plus vous occuper de votre travail, sinon l'équipe se divise en deux et la production baisse. S'épanouir dans le monde du COMMENT implique de reconnaître et éviter les conditions susceptibles d'entraîner perturbations, discordances et conflits. Apprendre à déceler ces cycles dès leur apparition permet de les contrôler et de reconstruire la situation antérieure.

COMMENT FAIRE ?

C'est une chose de parler de réduire les perturbations, de résoudre les discordances, d'éviter les conflits et de supprimer le cynisme, c'en est une autre de le faire au quotidien. C'est pour cela que j'ai commencé ce chapitre par ma conversation avec le golfeur David Toms. Il trône sur la colline du A dans ce domaine, maîtrisant tout ce qui peut lui faire perdre sa concentration. Il se bat avec ses petites voix intérieures et s'échauffe quand il est déçu par son jeu. Néanmoins il sait reconnaître, à un niveau plus profond, les chausse-trappes qui pourraient l'entraver dans l'atteinte de ses buts et agit donc de manière à empêcher ces forces nocives de pénétrer la fragile machine de l'esprit. Si toutefois elles y arrivent, il sait les domestiquer.

Comment fait-il ? Tout d'abord il a compris que les règles n'établissent que le minimum de son comportement. Les officiels du golf club de St Andrews, ceux qui ont édicté et gèrent les règles depuis des siècles, l'auraient autorisé à poursuivre le tournoi s'il avait voulu. En effet d'après ces règles il n'avait rien fait de répréhensible. Pourtant, poussé par un officiel plus sage qui comprenait, lui aussi, la limitation des règles, Tom a réalisé qu'il ne pouvait pas. Il connaissait les règles, les *je peux* et les *je ne peux pas*, il les respectait dans leur domaine d'application. Néanmoins il vit dans les *je devrais*, dans ses valeurs – l'honnêteté, les obligations envers les autres, le leadership et l'intégrité – qui transcendent les règles. Les règles n'atteignent pas l'esprit du golf, son amour du jeu ou sa recherche de l'excellence. Ses valeurs le maintiennent focalisé sur des buts plus élevés.

Ce qui me frappe aussi c'est que, même si le golf est un sport éminemment individuel, Tom ne distingue pas sa réussite personnelle du reste de son environnement. Il se sent connecté et responsable de sa famille, ses supporters, ses concurrents et même les jeunes s'initiant au golf, tentés de prendre quelques raccourcis pour limiter le nombre de coups. Il sait que dans un monde transparent, tout ce que l'on fait reste inscrit dans les archives. Tom comprend de manière innée que ses comportements aussi bien en privé qu'en public sont inséparables et que vivre autrement provoquerait une discordance. Le calme interne qu'il pense essentiel pour gagner n'est rien moins que la congruence, cette capacité à agir en harmonie avec soi-même. La discordance crée des tensions intérieures que les autres ressentent, parce que de même que le libre flux des informations dans une société transparente, on ne peut jamais les masquer ni les contrôler complètement. C'est un exemple vivant de congruence externe générée par la congruence interne.

David Toms recherche autre chose que simplement gagner des tournois. Il aspire tous les jours à combler les synapses entre lui et les autres dans son stade personnel avec de la confiance, de l'intégrité et de la congruence de façon à devenir une figure pleine de *sens* aux yeux des spectateurs. C'est cette recherche de sens qui le guide dans son voyage à travers la vie.

Rester dans la course

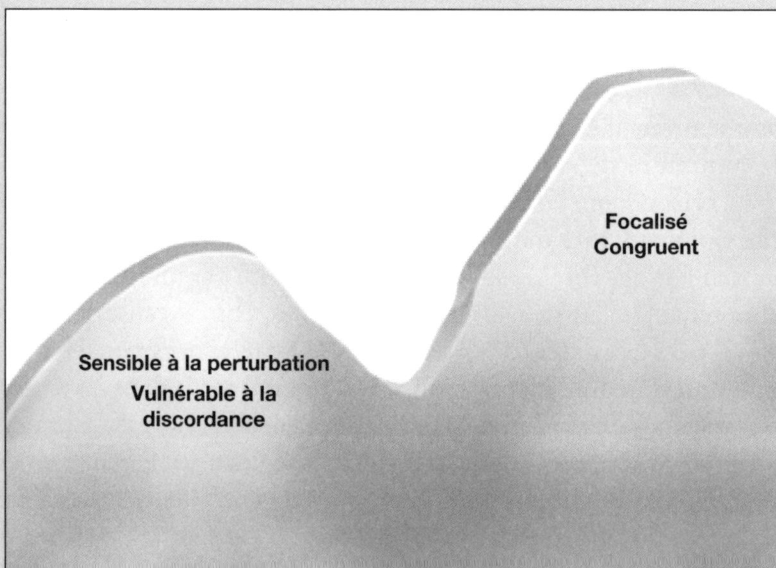

On a *tous à faire* des choix comme David Toms, plusieurs fois par jour. Pour construire une réussite à long terme il faut apprendre à choisir des voies qui réduisent les perturbations et les discordances, puis maintenir en bon état nos synapses interpersonnelles. Les gardiens des règles ne sont pas là en permanence et les règles ne nous aident pas toujours. On peut s'adresser à nos conseillers, qui peuvent nous guider. Mais finalement, nous sommes métaphoriquement dans cette chambre d'hôtel le soir, tard, sans aucun repère pour prendre une décision. C'est à ce moment-là qu'il faut trouver l'accord entre les diverses petites voix dans notre tête, se fier à celles qui nous aident et nous détourner de celles qui veulent nous retirer de la course. L'aide dont nous avons besoin n'est pas tant liée aux circonstances (qu'est-ce que je peux faire ?) que structurelle (qu'est-ce que je crois ?). Et ce savoir structurel vient des valeurs, de la connexion et de la poursuite d'un but plus élevé que la réussite immédiate.

La capacité *à rester dans* la course est étroitement liée au fait de trouver les bons COMMENT, de bâtir des synapses fortes avec les autres et de les conserver en bon état dans tout ce que l'on fait. Si le défi de la vie dans un monde connecté nous demande de maintenir des connexions fortes avec les autres, nous ne pouvons le faire que si nous acceptons le défi de maintenir une connexion forte avec nous-mêmes.

PARTIE III

COMMENT NOUS NOUS COMPORTONS

INTRODUCTION : COMMENT NOUS AGISSONS

David Ellen, un ami depuis la faculté de droit, est vice-président et conseiller pour le câble, les télécommunications et la programmation à la Cablevision Systems Corporation, une société de pointe dans les télécommunications. En 2005, nous avons parlé des activités de LRN et je lui ai ensuite envoyé une étude personnalisée sur la manière dont nous pourrions accompagner Cablevision, ainsi que la carte de visite de notre responsable régional. À la mi-2006, Cablevision a embauché un nouveau vice-président, Adam Rosman, pour définir et développer une nouvelle politique de déontologie. Adam s'est adressé à David qui lui a remis l'étude que je lui avais envoyée un an plus tôt, et lui a expliqué l'intérêt qu'il avait trouvé à notre rencontre.

Adam m'a donc appelé sur le conseil de David et en mon absence, a laissé un message à mon bureau que je n'ai jamais reçu. « Quand je n'ai pas eu de réponse, j'ai trouvé que c'était un mauvais point pour l'entreprise », m'a dit Adam quand je l'ai rencontré plus tard, et il avait été beaucoup plus virulent dans sa formulation. Toutefois, il avait été impressionné par les éléments que j'avais rassemblés spécialement pour lui et c'était une recommandation de David. Donc il a rappelé et laissé un message à notre représentant local. « Personne ne fait ça. Sans l'insistance de David je n'aurais jamais rappelé une deuxième fois. » Beaucoup de personnes ont envie de travailler avec Cablevision et Adam a l'habitude qu'on le rappelle quand il laisse un message.

Pourtant personne n'a rappelé. Entre le moment où j'avais envoyé les documents à David et celui où Adam a appelé la deuxième fois, le responsable des ventes avait quitté LRN. À cause d'un incident technique sa boîte vocale n'avait pas été transférée (encore un exemple de la façon dont la technologie nous rapproche et nous éloigne).

Quelque mois plus tard, David a rencontré Adam et lui a demandé le résultat de ses entretiens avec nous. À sa grande surprise Adam lui a répondu qu'il n'avait pas été rappelé malgré ses messages. « Pour moi c'était inconcevable », m'a dit David qui a ajouté : « J'ai dit à Adam qu'il y avait certainement un problème. Ce n'est pas le genre de Dov. Donnez-leur encore une chance. » La réaction spontanée de David a vraiment impressionné Adam qui a rencontré par hasard, lors d'une conférence Chris Kartchner, un de mes collaborateurs. Il l'a abordé pour lui raconter l'histoire. Ce dernier a fait des recherches et a fini par trouver le message dans la boîte vocale inutilisée.

Dès que Chris m'a mis au courant, j'ai appelé David pour m'excuser. Adam Rosman avait pratiquement banni LRN quand on ne lui avait pas répondu la deuxième fois et je ne l'en blâme pas. Ça avait dû être bizarre pour lui d'être ignoré par une entreprise dont la philosophie est d'aider les autres à améliorer leur manière de faire. Ma conversation initiale avec David avait lancé une vague d'intérêt déclenchant le premier appel d'Adam, laquelle avait été stoppée net par notre négligence. Nous n'avions pas eu la bonne attitude.

Tout aurait pu s'arrêter là. Toutefois notre interaction avait généré plusieurs types d'énergie. La première était la réputation et la confiance mutuelle que j'avais bâties avec David depuis que nous nous connaissions. Il savait que ma préoccupation première était de bien me conduire. C'est cette réputation qui nous a donné une deuxième chance. « Ce n'était pas le bénéfice du doute qu'on accorde généralement à une entreprise », m'a dit David. « Normalement on appelle une ou deux fois et on passe à quelqu'un d'autre. Il y a tellement de gens qui veulent travailler pour nous qu'on ne perd pas de temps avec ceux qui ne semblent pas intéressés. » La seconde réside dans le comportement de David vis-à-vis d'Adam. Il a été très transparent au sujet de notre relation quand il nous a recommandés et convain cant quand il a appris notre faux pas. Adam s'est rendu compte que David était persuadé qu'il était bon que Cablevision nous connaisse mieux. La troisième a été, bien sûr, la persévérance d'Adam dans sa recherche de l'entreprise adéquate pour Cablevision.

Quand Adam a rencontré Chris à cette conférence, il a été impressionné par la façon dont ce dernier s'est immédiatement impliqué, a découvert le problème de communication et lui a expliqué que c'était tout à fait étranger aux valeurs de l'entreprise. Il a donc restauré notre réputation endommagée. Dans les mois qui ont suivi, Cablevision a lancé une procédure de sélection à laquelle ils nous ont invités à participer. Ils ont finalement choisi un de nos concurrents parce qu'ils ont pensé qu'il répondait mieux à leurs besoins du moment. Nous avons réussi à construire une relation forte et confiante et je pense que nous reprendrons notre dialogue en fonction de leurs besoins.

Un instant a suffi, un pépin technique. Dans ce monde hyperconnecté où le facteur d'attente d'une réponse est instantané, ces petits dérapages font la différence entre la réussite quotidienne et la recherche d'un nouvel emploi. De moi à David, de David à Adam et d'Adam à Chris : ce sont les synapses personnelles qu'il faut renforcer pour prospérer dans les affaires. C'est le type de vague qu'il faut lancer tous les jours. La nôtre s'est maintenue parce que, malgré l'incident de parcours qui l'a pratiquement tuée, nos synapses étaient remplies par des énergies particulièrement fortes.

Le cadre de la compréhension commence au niveau de l'esprit, dans le processus chimique qui remplit les synapses entre les neurones actifs et agit sur la manière dont nous voyons les événements et les interactions, ainsi que le langage que nous choisissons pour élaborer nos pensées. Quand nous percevons les connexions du monde qui nous entoure à la lumière du COMMENT, nous commençons à chercher le moyen d'agir sur ces connexions et de les améliorer. Cette partie s'intéresse aux COMMENT du comportement, à la manière de nous conduire dans un monde relié par Internet : la transparence, la confiance et la réputation.

Chapitre 7

ÊTRE TRANSPARENT

Le grand jour est le meilleur désinfectant.
Louis Brandeis,
Président de la cour suprême de justice américaine

Pendant des années, la communauté des amateurs de vélo a considéré que les antivols fabriqués par Kryptonite, désormais filiale d'Ingersoll Rand, étaient le summum en matière de sécurité. En 2001, le magazine *Bicycling* a élu le modèle « NewYork 3 000 » meilleur antivol de l'année en déclarant : « La société qui a inventé l'antivol en U, n'a jamais cessé de mettre la barre plus haut en matière de lutte contre le vol... si vous voulez avoir l'esprit en paix quand vous cadenassez votre bijou, c'est ce que vous trouverez de mieux[1]. » Le slogan marketing des antivols en U était : « Un antivol coriace pour un monde coriace. » Puis Chris Brennen est arrivé en 2004.

C'est un fou de vélo de 25 ans qui édite un petit bulletin en ligne, sur lequel il a déposé le 12 septembre une note déclarant que les soi-disant antivols inviolables de Kryptonite pouvaient être ouverts par n'importe qui en quelques secondes, avec un stylo-bille à deux sous[2]. Quatorze heures après, un autre internaute mettait en ligne une vidéo qui montrait comment on pouvait facilement et rapidement ouvrir le produit phare de Kryptonite en employant la méthode décrite par Brennen. L'impact a été dévastateur. En quelques heures la vidéo a fait le tour du monde. En deux jours, plus de 11 000 personnes ont visité le forum de discussion et 40 000 avaient téléchargé la vidéo. Dès le début de cette crise, certains clients ont alerté le directeur des relations publiques pour l'alerter sur ce défaut majeur. Kryptonite a en effet construit une loyauté extraordinaire chez ses clients. Ces derniers ont donc voulu aider Kryptonite à protéger leurs vélos avant que des voleurs avisés n'apprennent la chose. La réaction de Kryptonite n'a pas été immédiate. Après tout il ne s'agissait que de quelques cinglés sur le net. Cependant d'autres forums ont créé des liens avec le blog initial et ont largement diffusé le problème. Une semaine après, c'étaient 340 000 visites et trois millions de téléchargements[3]. Plus grave encore, le *Boston Globe*, le *New York Times* et *Associated Press* se sont emparés de l'histoire et ont transformé instantanément ce qui, quelques années auparavant n'aurait été qu'un petit problème maîtrisable, en une véritable atteinte à la réputation de Kryptonite susceptible de lui coûter plusieurs millions de dollars. Quand la firme a mis au point sa réponse 10 jours plus tard, elle était au centre du premier des problèmes de relations publiques les plus graves de l'histoire, à cause de son retentissement sur internet. La devise de l'entreprise et des années de travail étaient réduites en lambeaux.

Patricia Swann, professeur assistante de relations publiques à l'université d'Utica a étudié ce phénomène, que l'on appelle *contagion d'un problème* et a publié un article à ce sujet. « La décision de Kryptonite de ne pas réagir a motivé encore plus les bloggeurs parce qu'ils pensaient qu'il fallait être nombreux pour que la compagnie se réveille », explique-t-elle. « Internet a complètement changé les règles du jeu. Avant on avait quelques jours, ou au moins 24 heures, pour préparer sa réponse. Maintenant, ça se répand partout instantanément comme un feu de forêt, on ne contrôle plus rien. »

La société de mass media du vingtième siècle s'est construite sur un modèle de communication discursif du haut vers le bas. Les informations passaient à travers des canaux de communication centralisés et pouvaient être facilement guidées et retenues. Comme le précise Swann, on avait le temps de contrôler. Les organisations, entreprises, sociétés et personnes puissantes étaient bâties sur cette structure verticale de communication. Maintenant, voici le monde tel que nous le connaissons, rapporté en mai 2006 par Kevin Kelly dans le *New York Times Magazine* :

> Depuis les tablettes d'argile des Sumériens, on a « publié » au moins 32 millions de livres, 750 millions d'articles et essais, 25 millions de chansons, 500 millions d'images, 500 000 films, 3 millions de vidéos, d'émissions télévisées et de courts-métrages et 100 milliards de pages web… Si on transforme le tout en langage informatique compressé (avec la technologie d'aujourd'hui) cela prendra environ 50 disques durs de 1 péta-octet chacun. À l'heure actuelle il faut un bâtiment de la taille d'un petit immeuble pour accueillir ces disques durs, demain cela tiendra dans votre iPod[4].

Le savoir est le pouvoir. Ce vieil adage est aussi vrai maintenant qu'à l'époque de Francis Bacon. Quand il était contrôlable, ceux qui y avaient accès détenaient le pouvoir et devenaient leaders. Maintenant que les informations sont virtuellement incontrôlables, le pouvoir est passé à ceux qui les partagent. Il faut donc s'adapter pour tirer avantage de cette nouvelle réalité.

Nous avons montré comment les affaires au vingtième siècle se sont modifiées pour bénéficier de l'efficacité d'Internet. Plus de gens collaborent librement en plus d'endroits, développant l'innovation. La disparité fonctionnelle entre le sommet et la base d'une organisation quelle qu'elle soit diminue et les relations professionnelles deviennent des relations horizontales entre égaux. Les savoir-faire et les habitudes de travail utiles dans les hiérarchies verticales sont moins fondamentaux dans les réseaux de collaboration. Le leader fort et silencieux, le flatteur et le commercial à qui on ne la fait pas deviennent vite des reliques d'un monde disparu. On ne peut plus lancer une vague, cette puissante image d'une initiative se répandant comme une traînée de poudre dans une société, en ayant simplement le titre le plus important dans le stade. Il faut maintenant savoir construire des synapses personnelles fortes capables de se développer dans ces réseaux horizontaux et de rassembler autour des idées et des initiatives.

Le monde évolue d'un modèle de fonctionnement vertical à un modèle horizontal où chacun contribue au flot libre des idées. En même temps il s'ouvre et devient plus transparent. La société de l'information est une société biologique, fondée sur le partage interactif des informations entre des individus intéressés. L'égalité de l'accès aux informations permet à plus de gens d'agir parce qu'ils sont informés. Ce que Kryptonite a appris à ses dépens. Même s'il a réussi à redorer son blason avec un rappel et une modification du produit, Kryptonite a découvert qu'il est plus difficile de cacher la vérité. Sa sous-estimation du problème et son délai de réaction ont été étalés sur la place publique. C'est aussi l'exemple des millions de petites interactions qu'on rencontre quotidiennement. Un vendeur dit quelque chose à un client potentiel à Chicago et un autre dit autre chose à Phoenix, pensant que les deux ne seront jamais recoupées. Vous donnez un détail de votre récent voyage d'affaires à votre patronne en oubliant qu'elle peut facilement vérifier sur votre feuille de frais et découvrir tout autre chose. Un candidat à un emploi prétend avoir obtenu un diplôme qu'il n'a jamais eu et son mensonge est facilement découvert.

La transparence – cette nouvelle facilité qui nous permet de lire entre les lignes du message pour voir s'il cache quelque chose – change notre vie de manière fondamentale, en public et en privé, réclamant un nouveau jeu de COMMENT pour réussir. Pour comprendre ça, il faut distinguer les deux types de transparence : technologique et interpersonnelle. La *transparence techno-*

logique représente l'état continuellement changeant d'un monde travaillant en réseau, c'est celle qui nous arrive, c'est un événement – la transparence en tant que substantif. C'est à celle-ci que Kryptonite a payé son dû. La *transparence interpersonnelle,* de son côté, est centrée sur le COMMENT – c'est la transparence en action, une manière d'être, le verbe « être transparent ». C'est celle-ci qui régît nos interactions. Les deux coexistent dans une relation symbiotique, se nourrissant l'une de l'autre. La question à se poser quand on veut s'épanouir dans ce monde est : comment maîtriser notre peur de nous montrer et transformer cette nouvelle réalité en compétences et comportements ? Comment devenir proactifs dans la transparence ?

AU-DELÀ DES SUBSTITUTS

J'ai suivi sur CNN le procès de Scott Peterson, au moment où on lui a annoncé son verdict de peine capitale. Peu après, j'ai interviewé un des jurés qui m'a expliqué que le témoignage d'Amber Frye, sa maîtresse, au sujet de leur relation extra-maritale, n'avait eu aucune influence sur l'accusation d'avoir assassiné sa femme et son enfant à naître ; par contre il a été déterminant pour sa condamnation à mort parce qu'il montrait au grand jour son caractère et ses intentions[5]. Cette déclaration m'a frappé parce que, en termes légaux, ce témoignage faisait apparaître un « crime avec préméditation » et de la « cruauté mentale », qui sont deux notions difficiles à établir. C'était pourtant sur elles que le jury aurait à se prononcer. Quand on a demandé à Steve Cardosi, le président du jury, si l'accusé aurait pu améliorer sa situation s'il avait témoigné, il a eu cette réponse très intéressante : « Vous savez, en fonction de son passé et de son degré d'honnêteté, cela aurait probablement été plus négatif parce qu'on ne l'aurait pas cru, même s'il avait dit la vérité[6]. »

Cela m'a fait penser à quelques cas célèbres dans le monde des affaires. Dans le procès pour fraude et obstruction à la justice de la spécialiste en médias Martha Stewart, la juge Miriam Goldman Cedarbaun a estimé que l'accusée avait d'une part exprimé des regrets pour avoir menti aux enquêteurs et qu'en même temps ses apparitions à des soirées de gala après son interpellation ne jouaient pas en sa faveur[7]. Dans le même style, l'hôtelière Leona Helmsley s'est conduite de manière négative pendant son procès. Sa fameuse réflexion : « Il n'y a que les petites gens qui paient des impôts, » a montré un extrême manque de respect qui a incité les juges à alourdir sa peine[8].

Il est difficile de juger le caractère de quelqu'un et pourtant nous le faisons tous les jours, soit quand il s'agit de nos intérêts, soit de manière plus formelle quand on a à décider de leur sort. C'est une tradition implantée depuis longtemps qui nous dit ce que nous sommes. L'importance du résultat, qu'il soit banal ou terrible, ne change pas nos critères. Que ce soit pour infliger la peine capitale ou pour donner un peu d'argent à un SDF, c'est notre caractère, cette caractéristique subjective de la valeur d'une personne, qui décide.

Puis en 2006, quand la société de prêts immobiliers Fannie Mae s'est vu infliger une amende de 400 millions de dollars pour des irrégularités comptables, la manière dont la nouvelle a été communiquée m'a montré comment le monde avait changé[9]. Reuters a expliqué que l'énormité de l'amende avait été provoquée par le fait que la culture de l'entreprise « arrogante et sans éthique » poussait les employés à « falsifier les revenus » et que « ce qui était reproché à la société ne se limitait pas à la violation des règles comptables et de gouvernance, il y avait aussi des prises de risques excessives et une gestion déficiente des risques[10] ». James B. Lockhart III, directeur de l'office fédéral de vérification des constructeurs de logements, a été très clair quand il a participé à l'émission *NewsHour* de PBS. « La culture de cette entreprise doit être complètement modifiée. Nous exigeons un examen total, de la direction jusqu'à la base[11]. » Ce qui m'a frappé c'est que, trois ans plus tôt, Lockhart aurait simplement dit : « Ils n'avaient pas de contrôle interne efficace ou de procédure de conformité. » Maintenant il expliquait qu'ils avaient examiné le cœur de l'entreprise et qu'il y avait quelque chose de pourri, que ces transgressions provenaient d'une culture d'entreprise « arrogante et sans éthique ». On n'avait pas l'habitude de juger le « caractère » d'une entreprise parce qu'on ne pouvait pas lui en imputer un.

Avant que la transparence ne permette de connaître presque tout, on ne pouvait connaître du « caractère » d'une entreprise que les procédures qui en étaient les substituts. Quand c'était des forteresses, les entreprises avaient un meilleur contrôle sur ce que l'on pouvait voir de l'extérieur. Les murs étaient hauts et on pouvait y installer des substituts, tels des oriflammes qu'on voyait de loin. Un jury enquêtant sur la complicité d'une entreprise lorsqu'un de ses employés avait enfreint la loi, estimait que si l'entreprise avait investi dans une hotline pour le service de conformité, elle était honnête. Cette hotline servait de substitut pour la conformité aux procédures. Comme on ne pouvait pas examiner en profondeur le comportement quotidien de l'entreprise, il fallait un critère servant de mandataire, de substitut, pour indiquer la qualité de l'entreprise. C'était souvent les procédures ou les départements chargés de la conformité ou de la sécurité. Quand une entreprise telle que Fannie Mae était accusée, on pouvait évaluer sa culpabilité éventuelle par ses procédures. La notion de substitution était la suivante : dans toutes les villes il y a quelques criminels, dans toute entreprise quelques fruits pourris ; on juge une ville par ses lois contre le crime et une entreprise par ses procédures et ses guides de bonnes pratiques. On n'arrête pas le maire et on ne pénalise pas une entreprise pour les transgressions de leurs mauvais éléments. En termes légaux on parle de « due diligence » ou de « gestion de bon père de famille ». Juger les actions d'une entreprise consistait à vérifier si elle avait pris les précautions raisonnables et mis en place les mesures préventives pour se protéger contre les malversations.

Dans le chapitre 5, nous avons examiné la fonction des règles comme substituts des valeurs d'une organisation ou d'une société. Le capitalisme de l'âge industriel a développé de nombreux substituts pour toutes sortes de choses. Un CV servait de substitut à votre carrière, des procédures de conformité montraient à Wall Street et aux agences de notation que vous étiez vigilant à propos des lois, le salaire de votre ancien poste indiquait par procuration votre valeur sur le marché du travail. À l'époque pré-transparente, les substituts et procurations fournissaient des indicateurs efficaces et tangibles ; on les présentait au monde comme les meilleurs critères de notre valeur. En suivant ces indicateurs, on pouvait facilement reconstituer l'évolution. Une entreprise désireuse d'améliorer son service clientèle pouvait instaurer un programme de formation pour mettre en place des règles. Parce que suivre la performance de chacun des milliers d'employés qui avaient suivi le programme coûtait du temps et de l'argent, on en mesurait l'efficacité par le taux de réussite à la sortie de la formation. On sait (que l'efficacité était l'opium de l'âge industriel). La majeure partie de la culture du vingtième siècle reposait sur des substituts comme en effet béquilles parce qu'il était trop difficile, ou onéreux, d'obtenir des informations en profondeur et en temps réel.

Ces temps sont révolus. Songez en effet comme il est facile maintenant d'examiner le fonctionnement interne d'une entreprise. Les forums, les discussions en ligne, l'accès immédiat aux rapports financiers et aux transactions, les informations instantanées de tous les coins du monde – plus rien n'arrive sans être indiqué quelque part sur le net. Un avocat travaillant à aider des entreprises à réduire leurs risques dans les domaines des ressources humaines et de la sécurité du travail m'a dit, pour expliquer comment il juge les affaires presque instantanément : « Est-ce que vous imaginez combien de disques durs j'emporte chaque mois ? On les récupère et on examine tout ce qui a été dit à propos du cas. Voir comment ça se passe à l'intérieur d'une société est souvent proche d'une citation à comparaître. » Maintenant, à tous les niveaux de la société, l'accès facile aux informations a complètement modifié la façon dont on juge les organisations. Avoir simplement une hotline ne suffit plus maintenant qu'on peut facilement interroger les employés pour savoir si les gens ont peur d'appeler ou s'ils font ou non confiance à sa confidentialité. De plus en plus, on peut découvrir et imputer un caractère à une organisation pour évaluer ses normes, ses valeurs et ses pratiques.

Les consommateurs, les clients, les régulateurs, les juges et les jurés ont commencé à évaluer les entreprises en fonction de leur caractère et de leur fonctionnement interne. De plus, ils commencent à se demander si l'entreprise est intègre. Dans ces conditions, les substituts et les procédures ne suffisent plus. L'évaluation passe maintenant par un examen approfondi de la culture de l'entreprise et de son comportement, tous les jours et dans toutes les transactions. Le business au niveau global s'intéresse aux méthodes de travail des partenaires potentiels puisque la confiance devient vitale avant de s'ouvrir à une collaboration. Les meilleurs MBA professent maintenant de renoncer à des rémunérations substantielles pour préférer le travail dans une entreprise ayant une réputation d'honnêteté et appliquant une culture valorisant l'individu. Suivant une récente étude de LRN, 94 pour cent des employés déclarent primordial pour eux que l'entreprise pour laquelle ils travaillent s'engage fermement à respecter certaines valeurs. Et 82 pour cent préfèrent être moins payés en travaillant dans une entreprise respectant des valeurs plutôt que l'inverse[12]. Les affaires en général sont devenues plus concrètes sur des points – l'attitude, le caractère, le comportement et la réputation – qui étaient auparavant considérés comme des « faiblesses ».

Bientôt ces jugements seront omniprésents et auront un impact certain sur toutes les démarches commerciales d'une entreprise ainsi que sur sa capacité à réussir. Les prospects vont prendre l'habitude de se demander : « Est-ce que cette entreprise a une culture souple et réactive ou pleine de conflits et de discordances ? Est-ce que le personnel est libre de créer et de réussir ou au contraire est-il freiné par un système qui décourage le moindre de ses efforts ? Est-ce que c'est une entreprise talentueuse partageant des croyances, des comportements et des aspirations ou un amalgame d'individus concurrents se battant pour des promotions internes ?

La due diligence apportera de nouvelles dimensions et les qualités auparavant considérées comme des faiblesses pèseront bientôt aussi lourd que le compte de résultat.

JE VOUS VOIS, VOUS ME VOYEZ

La transparence technologique a levé le voile des substituts et des procurations, exposant encore plus les individus et les organisations. Cette nouvelle vulnérabilité a de profondes ramifications sur notre manière de faire. Pour tenter de quantifier l'impact de la transparence sur le COMMENT des affaires, le professeur James A. Brickley, de l'École d'administration des affaires William E. Simon à l'université de Rochester, a étudié une opération type entre un vendeur et un acheteur. Le vendeur signe un contrat pour la fourniture d'un produit, par exemple un composé chimique de haute qualité qui coûte plus cher qu'un produit de moindre qualité. Si les conditions sont telles que la pureté du composé peut être facilement vérifiée de manière économique avant la transaction, l'acheteur va probablement le faire, ce qui enlève tout intérêt au vendeur de tricher sur la qualité. En effet, sa duperie serait facilement découverte et il perdrait le marché. Si la vérification est difficile ou onéreuse, les choses se compliquent[13]. Le vendeur a intérêt à tricher sur la qualité, puisque dans ce cas le produit lui coûte moins cher. Toutefois, il lui reste à assumer le risque d'être découvert.

Dans cet exemple c'est la vérification qui constitue l'information. Et l'accès facile à l'information change toute la donne. Auparavant un vendeur pouvait traiter chaque transaction comme un cas unique, sans beaucoup de conséquences sur les autres transactions. Pour les acheteurs il était plus difficile d'obtenir des renseignements sur le vendeur ou le produit. Le coût provoqué par la découverte éventuelle de la tricherie était peu élevé et facile à définir. Au contraire, maintenant que les informations sont diffusées rapidement et à bas coût, le prix à long terme de la tricherie sera particulièrement élevé. La tricherie sera, de plus, rapidement découverte et diffusée, ce qui entraînera à long terme des pertes de vente et une détérioration de la réputation. Qui plus est, la culture actuelle de l'information encourage l'attente d'informations sophistiquées. Si le vendeur ne peut pas fournir des assurances tangibles sur la qualité d'un produit, l'acheteur aura tendance à proposer un prix moins élevé pour se protéger de l'incertitude. *La présence sur le marché de renseignements bon marché et faciles à obtenir modifie le prix des transactions, incitant le vendeur à se conduire honnêtement.*

Bien que l'analyse de Brickley emploie la qualité comme variable, en tant que processus c'est une question à part. Les points fondamentaux sont la confiance et la transparence, c'est-à-dire proposer un bon COMMENT. Que ce soit embaucher le meilleur talent, négocier avec un client potentiel ou défendre les indemnités d'accident du travail d'un ouvrier, les entreprises ont maintenant à répondre de leur culture aussi bien devant les tribunaux que vis-à-vis de l'opinion publique. De nos jours une entreprise n'est plus jugée sur la qualité de ses QUOI, elle l'est surtout sur son COMMENT. Cela ne suffit pas de fabriquer de bonnes chaussures de tennis si vous employez des enfants vietnamiens pour ça. Il ne suffit pas de payer un bon salaire si vos méthodes de management entraînent les ouvriers à se sentir dévalués. Il ne suffit plus de tenir ses promesses 80 pour cent du temps quand vos concurrents le font à 100 pour cent.

Si l'on reprend la métaphore de l'entreprise comme un stade et que les employés remplissent les gradins, les portes sont maintenant grandes ouvertes et tout un chacun peut y pénétrer, s'y promener et observer comment vous lancez une vague. On peut voir qui dirige et comment on dirige, qui suit et qui ne suit pas, comment la section 38 communique avec la section 52 et ce que les gens se disent. La façon dont le monde extérieur considère maintenant une entreprise s'est irrévocablement modifiée et cette nouvelle structure de compréhension a de profondes implications sur la manière dont les affaires sont traitées. Maintenant ce qui compte le plus, c'est COMMENT vous faites.

C'EST LE MARCHÉ QUI VOUS DÉFINIT

C'est dans le monde de la publicité que l'on peut le mieux observer le changement de relations avec les substituts. En effet la publicité et le marketing sont aussi des substituts, la face visible des efforts de l'entreprise pour atteindre ses clients. Aux débuts de la radio et de la télévision, quand les annonceurs se sont libérés du papier et ont commencé à employer des images et du son, les publicités étaient surtout des approches discursives, tendant à reproduire la vie quotidienne. Les acteurs discutaient entre eux et ceux qui paraissaient les plus sincères, les plus populaires et avec le meilleur bon sens, avaient les meilleurs résultats. Ronald Reagan, par exemple, qui jouait à l'époque dans des films de série B, expliquait à la radio d'un ton décontracté comment le produit sans eau pour nettoyer les mains de Borax enlevait tout depuis la peinture jusqu'aux traces de graisse : « L'équipe de nettoyage ne jure que par lui, et vous allez en faire autant[14] ! » Les messages étaient simples, informatifs et directs.

Avec le développement de la télévision, les annonceurs ont réalisé le pouvoir de l'image et ont donc commencé à la manipuler. Au cours des 40 ans qui ont suivi, les pubs sont devenues de plus en plus habiles, les images plus travaillées, les spots plus nombreux, pendant que les publicitaires perfectionnaient l'image des produits. Les présentateurs bien connus ont laissé la place à des icônes abstraites : le cow-boy de Marlboro, le colonel Sanders de Kentucky Fried Chicken, Joe Camel la mascotte des cigarettes éponymes. Même des personnages réels comme Michael Jordan pour Nike, sont devenus des symboles extrêmement travaillés pour représenter les sentiments et les envies du consommateur. Le but était d'arriver à une « image de marque » suivie de près par sa « notoriété ». Dans les années 1990, la communication de marque est devenue tellement abstraite et sophistiquée que le produit lui-même disparaissait derrière l'image ou les associations d'idées.

Le monde connecté est en train de changer cette approche. En effet l'accès facile à l'information rend le consommateur plus perspicace. Il peut voir à travers l'image extérieure et savoir réellement ce qu'est le produit. Aux États-Unis, le phénomène s'est d'abord produit dans le domaine du cinéma. Il y a vingt-cinq ans, les films à plus gros budget sortaient d'abord sur quelques écrans à New York et Los Angeles puis, entraînés par le bouche à oreille et les critiques positives (représentant le public), étaient projetés dans tout le pays et enfin dans le monde entier. D'après le *Los Angeles Times*, les films les plus rentables faisaient 12 pour cent de leur recette totale la première semaine[15]. Avec le développement des multiplexes, les studios ont inondé le marché en fournissant des milliers de copies le même jour tout autour du monde. Étant donné que seuls les critiques et quelques publics tests voyaient le film avant sa sortie, les spécialistes du marketing pouvaient contrôler pratiquement toute la campagne publicitaire et étaient les meilleurs pour adapter leur produit au marché. Le pouvoir est passé des réalisateurs aux services marketing. Les films réalisent maintenant 33 pour cent des recettes le premier week-end grâce à la campagne de publicité et avant que le bouche à oreille puisse intervenir.

On assiste pourtant maintenant à l'apparition de sites web tels que aintitcool.com ou Ain'It Cool News, ainsi que des blogs rassemblant tous ceux qui aiment discuter de films. Grâce à eux, les spectateurs de l'avant-première privée en cours de montage peuvent mettre leur avis en ligne. Les films sont largement discutés immédiatement après leur lancement, les services marketing ont perdu le contrôle du message. Nancy Utley, directrice de la communication chez Fox Searchlight Pictures, a récemment déclaré : « Le bouche à oreille fonctionnait autrefois dans les villes, maintenant avec l'avènement du mail et des SMS, il traverse les continents et les océans, c'est une vraie révolution[16]. » Une enquête récente du *Los Angeles Times* confirme cette notion, révélant que près de 40 pour cent des adolescents et des jeunes adultes (la majeure partie du public de cinéma et la génération la plus branchée) partagent leur avis en regardant le film, ou au plus tard le jour même. Ce type de communication instantanée peut créer un consensus national immédiat sur un film ou le condamner à sortir uniquement en DVD avant la fin du week-end de sa sortie sur les écrans. Autrement dit, ce n'est plus vous qui vous positionnez sur le marché, c'est le marché qui vous positionne.

Cette tendance s'étend à d'autres secteurs de la société. Yelp, un site web qui claironne : « De vraies personnes, de vraies critiques », construit une association de critiques non-professionnels qui mettent en ligne et partagent immédiatement leur opinion sur n'importe quoi, depuis des vendeurs de sandwiches jusqu'à des restaurants trois étoiles ou la quincaillerie du coin. Quand il a été lancé à San Francisco en 2004, il a eu un impact immédiat. Contrairement aux critiques anonymes des guides Zagat ou Michelin, ces critiques détaillent leur profil et se rassemblent autour d'intérêts communs. Cette transparence génère une confiance immédiate et un bon « Yelper » peut commencer à gagner de l'argent en 24 heures. « Un achat n'est plus une expérience sans lendemain », a expliqué l'analyste des médias Ken Doctor de Outsell Inc.[17] « Chaque client ayant vécu une très bonne expérience, ou une mauvaise, a maintenant à sa disposition un mégaphone pour la raconter à tout le monde. » Plutôt que de profiter passivement des avantages ou de subir cette nouvelle tendance, les entrepreneurs astucieux tirent parti de ce feed-back pour améliorer instantanément leurs produits ou leurs services. « Cette information immédiate a modifié ma manière de travailler », explique Ola Fendert, chef et propriétaire du restaurant Oola. « Avant, on s'apercevait trop tard que le chiffre d'affaires baissait. Maintenant c'est tout de suite : il se passe quelque chose, on le voit sur Yelp le lendemain et on peut intervenir pour tout arranger. » (Il est intéressant de constater que nous atteignons la masse critique de cette tendance parce que les deux articles du *Los Angeles Times*, au sujet des films et de Yelp, ont été publiés dans la même édition, écrits par deux journalistes différents, dans deux sections différentes.)

L'explication la plus simple de ce développement du bouche à oreille serait de supposer que l'on est submergé de communication sur les différents produits et que l'on en devient cynique. Après tout pourquoi faire plus confiance à Joe de Berkeley plutôt qu'à un critique du *San Franscisco Chronicle* ou à son propre ressenti à partir de la bande-annonce d'un film ? Pourtant, si on creuse un peu, il y a une raison plus profonde. Les substituts jouaient bien leur rôle de messager quand ceux qui en étaient destinataires leur faisaient confiance et n'avaient aucun moyen d'en vérifier la véracité. Maintenant que tout le monde a accès à un flot continu d'informations, on peut les court-circuiter afin de trouver la vérité. Pourquoi accepter d'emblée ce que Hasbro vous explique à propos de votre enfant qui va adorer son nouveau jouet alors que vous pouvez trouver sur le web l'opinion de parents qui l'ont acheté et décrivent comment ça s'est passé en réalité ? Maintenant que le fossé d'incertitude est grand, les gens désirent être certains qu'ils ne se trompent pas en dépensant leurs euros chèrement gagnés.

Les entreprises qui réussissent à l'heure actuelle le savent et investissent leur argent là où se trouvent les oreilles des consommateurs. Ils dépensent de moins en moins en campagnes publicitaires gigantesques et de plus en plus en approche directe grâce aux nouveaux médias. En 2005, les publicitaires ont investi environ 47, 4 milliards de dollars en annonces presse, d'après l'Association américaine de la presse. Dans le même ordre de grandeur, ils ont investi 46,2 milliards à la télévision et 52,2 milliards en envois directs par voie postale. Ces trois canaux ont une croissance annuelle d'environ 5 pour cent. Pendant ce temps, l'investissement en publicité interactive ciblée – le marketing du dialogue – va augmenter de près de 30 pour cent, passant de 9,7 milliards à plus de 12, 5 milliards, d'après les prévisions du secteur[18]. Les entreprises intelligentes dépensent plus d'argent dans leurs efforts pour améliorer leur connexion avec le marché – tels que le marché du bouche à oreille défini par l'Association du marketing du bouche à oreille, comme « Donner aux gens une bonne raison de parler de vos produits et faciliter cette conversation. » Cette association met en place tous les moyens pour perfectionner « l'art de construire une communication active et de type gagnant/gagnant de consommateurs à consommateurs et de consommateurs à marketeur[19]. »

De nouvelles stratégies apparaissent tous les jours pour atteindre le marché. Le *marketing viral* se focalise sur des messages susceptibles d'être échangés par les consommateurs de façon exponentielle par e-mail. Le *marketing évangéliste* enrôle des volontaires pour adopter un rôle de leader dans la dissémination des messages. Le *marketing d'une cause* soutient des causes sociales pour obtenir des soutiens financiers. Le *marketing mobile* emploie le téléphone portable pour atteindre différents objectifs – depuis les jeux de hasard en ligne jusqu'à la gestion de services clients et la construction de l'image de marque – il consiste à créer une interaction avec de nouveaux clients ou même des clients existants « étendant la marque jusque dans la poche[20]. » Ces approches directes et personnalisées sont en fait un retour aux premiers jours des médias, quand les gens acceptaient les messages de ceux auxquels ils faisaient confiance, comme Ronald Reagan.

La publicité par le biais des mass media perd son efficacité parce qu'on ne la croit plus (on a accès à trop de faits objectifs qui en démontent les arguments fallacieux) et aussi parce qu'on n'en n'a plus besoin pour prendre une décision d'achat. Le rapport Gallup de 2005 établit que « (Seule) la moitié des Américains déclare faire confiance aux mass media pour leur apporter des informations exactes » alors qu'en 1976 ils étaient près des trois quarts[21]. Une étude récente d'Intelliseek a montré que 88 pour cent des consommateurs faisaient confiance à la publicité de bouche à oreille alors que 56 pour cent estimaient que l'on pouvait faire confiance aux publicités dans la presse et 47 pour cent à la radio ou la télévision (27 pour cent faisaient confiance aux « spécialistes » et 8 pour cent aux célébrités[22].) « Ce changement s'opère parce que les clients sont devenus cyniques », m'a déclaré récemment Linda Wolf, ancienne PDG du géant de la publicité Leo Burnett Worldwide. Pendant qu'elle dirigeait Burnett, elle en a supervisé les opérations dans plus de 80 pays et 200 groupes de travail. Elle est considérée comme l'une des spécialistes les plus influentes du monde de la publicité. « Les clients sont devenus plus sophistiqués vis-à-vis des marques et des produits. Ils savent maintenant déceler les impostures, parce que ce sont des connaisseurs en authenticité, avec un vrai savoir-faire. »

Le nouveau défi pour les spécialistes du marketing est de trouver comment donner l'*impression de la vérité* à leurs clients potentiels. Cette impression est obtenue par des interactions dans lesquelles le COMMENT est correct, sans chercher une quelconque manipulation. « Le monde est tellement transparent de nos jours, qu'à la seconde où vous n'êtes plus honnête ou authentique avec les idées ou les produits que vous défendez, les ravages sont instantanés », déclare Wolf. « Vos clients sentent que vous les avez trompés et c'est comme si vous les aviez trahis. Quand une entreprise a réussi à établir la confiance dans sa relation et que quelque chose craque, le sentiment de trahison est immense. »

Le marketing d'aujourd'hui consiste à lancer des vagues sur le marché en établissant des relations directes et transparentes avec les clients. C'est le nouveau COMMENT de l'image de marque. Vous pouvez estimer qu'envoyer quelqu'un incognito dans une boîte de nuit pour parler de votre produit est un bon moyen de faire passer votre message. Pourtant, de manière étonnante, une étude récente a montré que les évangélistes qui s'identifiaient comme des représentants de l'entreprise avaient plus de réussite que ceux qui ne se dévoilaient pas. Autrement dit, ceux qui approchent le marché personnellement et de façon *transparente*, ont de meilleurs résultats. Si le message est un substitut, c'est alors celui qui est le plus transparent qui gagne.

L'accès à l'information de masse a fondamentalement modifié la manière dont on perçoit les messages. La transparence a rendu obsolète le fait de vivre, de diriger et de se représenter à travers des substituts. « Gagner de nouveaux clients consiste maintenant à construire des relations authentiques et pertinentes », explique encore Wolf. « La fragmentation extrême du monde des médias permet d'approcher les clients en fonction de leurs intérêts et de leurs désirs et de construire les relations sur ces bases. C'est une période très riche. Vous pouvez établir des relations personnelles plus profondes avec ceux qui croient le plus dans votre marque et travailler avec eux. »

Être en phase avec le marché ne consiste plus à développer votre image de marque ou votre notoriété. Il s'agit maintenant d'une *promesse de la marque*, une relation directe entre les entreprises et le marché. C'est plus profond qu'une image. Cela comprend le tout, les objectifs que vous vous êtes fixés et la manière dont vous allez honorer votre promesse par votre comportement. « Tout est question de confiance », dit Wolf. « C'est la clef. Les marques doivent construire cette confiance, cette crédibilité et cette relation. Quand elles ont réussi, c'est une relation qui défie les éléments, très difficile à briser. »

Tout cela pour en arriver à une conclusion simple : ce que vous dites de vous montre comment créer un vécu fiable et bénéfique pour vos clients. Quelle en est la clef ? « Nous devons tous être très clairs et transparents dans ce que nous représentons, nous-mêmes et notre entreprise », conclut Wolf. « C'est cette clarté qui se communiquera d'elle-même au client, quel qu'il soit. C'est tout simple. »

SACHEZ FAIRE DES EXCUSES

La peur de se montrer à nu est une réalité. La transparence ne concerne pas uniquement le QUOI (un événement qui vous arrive) ; c'est aussi le COMMENT.

Pour examiner comment ça fonctionne, essayez simplement de dire : « Je m'excuse. »

C'est difficile à dire, surtout dans le contexte professionnel. Et pourtant, ça peut faire des miracles. En juin 2005, la banque Wachovia Corporation de Charlotte en Caroline du Nord, la quatrième banque des États-Unis, a présenté ses excuses à tous les Américains et plus spécialement aux Afro-Américains parce qu'une étude a révélé que deux de ses bureaux ont possédé des esclaves avant la guerre de Sécession[23]. « Nous ne pouvons pas réparer nos erreurs du passé, néanmoins nous pouvons promouvoir une meilleure connaissance de l'histoire Afro-Américaine en exposant ses luttes, ses victoires, ses contributions extraordinaires, ainsi que le rôle fondamental des Afro-américains dans le passé et le présent des États-Unis », a-t-elle publiquement déclaré. De la même manière, début 2005, JP Morgan Chase & Co a admis que deux de ses prédécesseurs avaient accepté des milliers d'esclaves en garantie de prêts. Elle a présenté ses excuses pour avoir contribué à « une pratique brutale et injuste[24]. » Quand le scandale des stocks options à effet rétroactif a éclaté au milieu de 2006, la société Apple a conduit une enquête interne et en a publié les conclusions sur son site internet. Elles comprenaient les excuses du PDG et cofondateur Steve Jobs qui a assumé l'entière responsabilité du dérapage. « Je m'excuse auprès des actionnaires et des employés. Ces problèmes ne correspondent pas du tout à l'esprit d'Apple, nous allons les résoudre le plus rapidement possible et mettre en place les mesures adéquates pour éviter qu'ils se reproduisent. »

Dans un geste théâtral montrant sa sensibilité aux valeurs d'une autre culture, Charles Prince, PDG de Citygroup, s'est rendu au Japon, où les excuses publiques sont traditionnelles et s'est incliné en public pour exprimer son regret des infractions commises par sa compagnie[25]. Prenant la parole à la Société Japonaise à New York quelques jours plus tard, il a dit : « Certains de nos employés ont réfléchi à court terme sans penser aux conséquences pour la société… Ce n'est pas la philosophie de Citygroup et ce n'est pas comme cela que nous traitons d'habitude les affaires… La manière dont nous travaillons est, pour nous, au moins aussi importante que le chiffre d'affaires. »

S'excuser est, en soi, potentiellement dangereux, tout en créant un pouvoir latent. C'est accepter de prendre une responsabilité et de concéder du pouvoir à la partie lésée en plaçant entre ses mains la décision de pardonner. Cela demande d'accepter volontairement de devenir vulnérable. C'est l'acte ultime de la transparence, qui permet de la retourner en sa faveur. Les excuses suivent toujours les torts causés ce qui signifie des pertes – de respect, de crédibilité et de confiance. Elles sont curatives, elles cherchent à corriger les dommages déjà commis. Quand on sait qu'admettre un dérapage peut coûter une somme conséquente à une entreprise et son travail à un individu, la tentation de l'éviter est colossale. Une fois le dommage fait, on peut se demander pourquoi s'exposer davantage en l'admettant. On entend le vieux cliché de la CIA : « N'admettez rien, niez tout en bloc et contre attaquez. » (Encore une relique de la mentalité du château fort propagée par une organisation destinée à contrôler les informations.) La loi dans les sociétés très légalistes décourage pourtant les excuses. La rédaction des textes est telle que les deux parties nient leur responsabilité et préfèrent s'expliquer au tribunal où chacune veut prouver qu'elle a raison. C'est la position qu'a prise Jenapharm vis-à-vis des anciens athlètes d'Allemagne de l'Est.

Dans un monde transparent, c'est la vérité qui a le dernier mot. « Nous devons tous admettre qu'il existe maintenant des centaines de milliers de chiens de garde qui ont accès à tout ce que nous disons ou écrivons », a récemment déclaré au *San Diego Union Tribune* Robert Steele de l'institut Poynter, un think tank regroupant des journalistes. « Nous serons tous tenus pour responsables plus vite et plus facilement à cause d'Internet[26]. » Cela donne encore plus de valeur à la capacité d'endiguer le flot de pertes résultant d'un faux pas, d'adopter une attitude proactive face à l'erreur. Au chapitre 5, nous avons vu comment le CHUM, l'un des établissements médicaux les plus respectés aux États-Unis, a décidé de former ses médecins aux excuses et a ainsi diminué le coût des plaintes pour erreur médicale. C'est un moyen dont l'importance est primordiale si vous estimez que la mission principale de votre entreprise est d'en améliorer les résultats financiers. Ce qui est plus fondamental à long terme, c'est la restauration de la confiance vis-à-vis de la communauté. La diminution des coûts est essentiellement un indicateur tangible de l'amélioration de la relation avec la communauté. La transparence améliore sa réputation et son bilan.

En 2002, deux ordinateurs portables ont été dérobés dans les bureaux se TriWest Healthcare Alliance, une compagnie d'assurance destinée au personnel de l'armée américaine. Ils contenaient les données personnelles de

550 000 clients : nom, adresse, date de naissance, numéro de sécurité sociale et même parfois numéro de carte de crédit – tout ce qui peut servir à un vol d'identité – qui sont tombées dans des mains éventuellement malfaisantes. À l'époque ça a été le plus important vol de données aux États-Unis, le coup porté à TriWest étant potentiellement fatal. En effet que vaut une compagnie d'assurance à laquelle on ne peut pas faire confiance[27] ?

Dave McIntyre, le PDG de TriWest, a eu une réaction remarquable : « La première chose à laquelle j'ai pensé a été : 'Quelle est la façon la plus rapide d'expliquer à 550 000 personnes qu'il est arrivé quelque chose de terrible ? » Il a mis en place un plan de 2 millions de dollars pour rectifier l'erreur et a fait contacter les clients concernés, puis installé une hotline pour recueillir les questions. Il est ensuite allé plus loin en expliquant aux clients et au public comment corriger et empêcher à l'avenir des fuites de ce type. Il a ainsi réussi à transformer une erreur monumentale en un prix d'excellence attribué par la Société américaine de relations publiques pour cette campagne[28].

Les excuses publiques de ce type sont une cible facile pour les cyniques qui pensent que les gens n'agissent que dans leur intérêt personnel. Pourtant il ne fait aucun doute qu'une excuse cherche à réparer un tort, idéalement dans le but d'en réduire les conséquences pour celui qui l'a causé. Dans le cas ci-dessus, admettre l'erreur et procéder à la restitution peut passer pour une tentative de créer l'illusion de la due diligence. Pourtant le cynique peut dire : « Où est la due diligence alors que les disques durs ont disparu ? Pourquoi les informations personnelles des clients ont-elles été laissées à un endroit où on pouvait les voler ? » Les excuses répondent à la question : « Comment pouvons-nous nous améliorer et rebâtir la confiance perdue ? » Certaines études montrent, en effet, que les excuses sont la réaction la plus intelligente. Roy Lewicki, professeur de management et de ressources humaines à l'École de management Fisher de l'université d'État de l'Ohio, a mené une étude publiée en 2004 dans le *Journal of Management* qui suggère que « le fait de prendre la responsabilité et d'offrir des excuses… peut aider à rétablir une perte de confiance dans une relation d'affaires[29]. » Le cynisme existe sous toutes les formes. Toutefois ce type de transparence proactive le désarme par son authenticité. *Je m'excuse* a positionné McIntyre en tête de la course. En se demandant : « Qu'est-ce que nous *devrions* faire ? » et non « Qu'est-ce que nous pouvons faire ? », il a réagi immédiatement de manière transparente et a ainsi pu sauver son entreprise.

Bien sûr il y a une part d'intérêt personnel dans toute excuse. Néanmoins, quand elle est présentée sincèrement elle montre aussi que l'on est concerné par l'autre et le transfert de pouvoir qu'elle effectue vers lui (elle) fait pencher la balance. Au chapitre 6, nous avons évoqué l'étude montrant comment le cynisme de certains employés pouvait éteindre l'extraordinaire bonne volonté des nouveaux embauchés. Cette étude a aussi montré que l'entreprise pouvait inverser la tendance négative, concluant sur la nécessité pour les managers d'être honnêtes au sujet des réussites et des échecs vis-à-vis de leurs employés. « Quand un projet échoue, le management doit donner des raisons crédibles et vérifiables aux employés[30] », explique le professeur John Wanous, responsable de l'étude. « Si l'encadrement a fait une erreur, il faut le dire. » Autrement dit, la transparence est *l'antidote* du cynisme. Et comme une excuse développe la confiance, la réaction naturelle est de répondre à la confiance par la confiance, exactement comme l'ont fait les sujets du jeu de la confiance de Paul Zak. Cela ne touchera pas tout le monde – les murs d'enceinte de certains sont tout simplement trop hauts – toutefois ceux qui sont touchés construiront une confiance restaurée qui vous suivra dans l'avenir.

Une excuse dans le monde professionnel montre combien votre réussite tient à votre capacité à rester transparent avec vos relations. La transparence bâtit des synapses fortes en augmentant la confiance et en diminuant les facteurs susceptibles de les affecter. Elle ne sert pas uniquement à améliorer votre capital confiance ou à éteindre des faux pas potentiellement explosifs, elle sert aussi à retourner de nombreuses situations à votre avantage.

LA TRANSPARENCE DANS LA RELATION

Quand j'étais à la faculté de droit de Boston, je faisais de l'aviron avec un gars astucieux que j'avais connu à Oxford, un nommé Sig Berven. Je me souviens qu'il était sympathique et que c'était un intellectuel de haut niveau. Il avait de bons résultats, une très bonne éducation et était toujours premier. Un jour, il m'a raconté l'entretien pour son admission à l'école de médecine de Harvard. « Je suis entré dans le bureau du doyen et je me suis assis. L'enjeu de cet entretien était primordial pour moi et l'air était étouffant dans cette pièce. Le doyen était assis derrière son bureau, mon livret scolaire entre les mains et n'a rien dit pendant un moment. Finalement il m'a regardé droit dans les yeux en montrant mon livret et m'a dit : "Vous savez, j'ai déjà vu de meilleures notes." J'ai pris ma respiration, l'ai regardé en face et répondu : "Moi aussi… moi aussi". Et nous avons continué la conversation. »

Sur le coup, je n'ai pas compris la candeur de Sig. Cela paraissait imprudent, vu son niveau élevé. Plus tard, j'ai pourtant perçu toute la signification de cette réaction. Sig a été accepté et est devenu un professeur assistant reconnu par tous au département de chirurgie orthopédique de l'université de Californie à San Francisco. Il a réussi son entretien en grande partie par son honnêteté alors que la situation lui hurlait de se comporter autrement. Il n'a pas dit : « Vous savez, ma mère était malade alors j'ai pris un semestre de congé, ce qui a fait baisser mes notes. » Il n'a proposé aucune excuse, aucun mensonge, il a simplement reconnu qu'il avait, lui aussi, vu de meilleures notes.

Beaucoup de gens dans la situation de Sig – lors de l'entretien d'embauche pour un nouveau poste dans une école ou une entreprise – enjolivent leur profil. Ils succombent soit à la pression d'être sur la scène et de devoir dire ce que l'autre attend, soit à celle de l'ancien *il faut que je sois pris coûte que coûte*. On peut comprendre ce comportement. On n'est jamais plus vulnérable professionnellement que quand on cherche du travail parce que ça nécessite de créer une relation qui aura un impact significatif sur sa vie tout entière. La majorité des heures d'éveil se passent au travail, un pourcentage significatif des capacités physiques et mentales y est investi, l'argent nécessaire pour vivre en vient et le temps qu'on y passe devient une partie de son cheminement de vie jusqu'au but qu'on s'est fixé. C'est comparable à un mariage avec un éléphant : il faut lui faire suffisamment confiance pour grimper dans la poche de son pantalon, tout en espérant qu'il n'oubliera pas qu'on est là et qu'il ne s'assiéra pas sur nous. Un mauvais choix peut vous faire dévier de la voie vers la réussite. Un environnement qui bride la créativité et le développement personnel peut vous empêcher d'atteindre la totalité de votre potentiel. Une mauvaise relation peut vous couper tous les ponts ou entraîner une tâche sur votre CV (dans les affaires on ne croit pas au divorce sans faute et les éléphants ont beaucoup de mémoire.) C'est un processus à la fois risqué et susceptible de récompense et même les meilleurs candidats se sentent vulnérables à ce moment-là.

Avant l'hyper transparence, l'embauche ressemblait à une danse soigneusement orchestrée entre l'entreprise et le candidat, chacun voulant contrôler et distiller les renseignements à son sujet de manière à obtenir le résultat désiré. Les candidats se construisaient une image sur le papier sous la forme d'un CV, ils se présentaient de la manière la meilleure, mettant en valeur leurs forces en espérant que leurs faiblesses ne transparaîtraient pas. Beaucoup arrangeaient tout simplement leur histoire. Une récente étude de l'équipe de recherche sur le marché du travail au *New York Times*, indiquait qu'une proportion stupéfiante de 89 pour cent de chercheurs d'emploi trichaient sur leur CV. C'étaient le plus souvent des responsabilités embellies, de fausses dates d'embauche ou de sortie et une falsification des raisons pour lesquelles ils avaient quitté un précédent employeur[31]. D'après un récent article dans le *Times* magazine, InfoLink Screening Services, une compagnie qui effectue des vérifications sur les références des candidats, estime que 14 pour cent mentent sur leur niveau de formation. Les entreprises, de leur côté, font de même en présentant leurs plus grandes réussites et en donnant une image susceptible de séduire les candidats[32].

On ne peut plus faire cela dans un monde où presque tout ce que l'on dit peut être contrôlé. 96 pour cent des employeurs en effet font vérifier le parcours des candidats. L'industrie de ce type de vérifications composée d'une poignée de sociétés dans les années 1990, en compte à peu près 700 en 2007, avec un chiffre d'affaires annuel de 2 milliards de dollars. De leur côté, tous les candidats explorent les blogs et les forums, examinent en détail les entreprises pour obtenir des renseignements sur leurs prévisions d'affaires et sur le travail quotidien.

La réussite d'une relation professionnelle vient de l'alignement des deux parties en présence. S'ils partagent des visions proches pour l'avenir, leur relation sera productrice et épanouissante. Dans ce monde nouveau et vulnérable des affaires, où l'innovation et le développement viennent du leadership de chaque partie prenante, atteindre la synchronicité, l'alignement et le partage de buts communs peut cimenter une relation de grande valeur pour les deux. Alors posons-nous une question : Sur quelle vision voulons-nous vraiment nous aligner ? La description de poste ? La rémunération ? Les bénéfices ? Les objectifs de production ? Pouvons-nous vraiment nous aligner de manière à nous motiver pour atteindre nos capacités maximales sur la base de ces critères ?

Paradoxalement, la *réussite* est la pire des réponses. En effet, les personnes qui cherchent un poste uniquement sur la base de ces éléments externes ne restent dans l'entreprise qu'aussi longtemps que leurs buts de carrières sont en phase avec ce qui se passe dans cette entreprise. Ils ne continuent à s'investir que dans la mesure où les missions qui leur sont confiées embellissent leur CV. La réussite, dans ce cas, est un QUOI, et dans tout cheminement de carrière les QUOI changent continuellement. Si, au contraire, vous construisez votre carrière avec le désir de bâtir des valeurs – de réaliser quelque chose *qui ait du sens* – vous améliorez votre alignement sur le

COMMENT. Les personnes et les entreprises s'alignent sur les valeurs, les *manières* d'atteindre un objectif et non sur la réussite personnelle. Les valeurs donnent de l'inspiration et durent bien après la disparition des QUOI à court terme. L'alignement à long terme est atteint quand les individus et l'organisation se mettent en phase et adoptent mutuellement les COMMENT qui guident l'entreprise. D'après une étude de Watson Wyatt Worlwide WorkUSA, les entreprises dont le personnel comprend et adopte la mission, les objectifs et les valeurs, ont un rendement supérieur de 29 pour cent par rapport aux autres.

C'est là que se trouve le paradoxe de la réussite : on ne peut y arriver qu'en recherchant quelque chose de plus élevé : le *sens*.

Étant donné qu'il n'est possible de vous épanouir dans votre travail qu'en étant en phase avec les COMMENT de l'entreprise, vous devez présenter votre véritable personnalité. Lors de son entretien à Harvard, Sig a compris instinctivement ce que la plupart d'entre nous doivent apprendre : c'est que la transparence dans la relation est le meilleur moyen de vous présenter tel que vous êtes. L'honnêteté de Sig a permis à Harvard de le voir en entier, comme une personne de confiance et d'intégrité, en dépit de ses notes moyennes. J'ai moi-même interviewé des douzaines de candidats de haut niveau pour des postes à LRN et je leur demande de me parler d'une de leur faiblesse. Trop souvent, j'entends des réponses toutes faites qui sont en fait des qualités camouflées sous des défauts tels que : « Je suis trop pointilleux » ou « Je suis un fou de travail. » Il m'arrive rarement d'entendre une capacité qui aurait vraiment besoin d'être améliorée. Notre ère de transparence offre l'opportunité de résister à l'envie de prendre des raccourcis et de masquer la vérité parce que, d'une part on sera probablement percé à jour et, d'autre part, parce qu'il est maintenant entendu que la transparence est un gage de fiabilité, de force et de compréhension mutuelle. Il n'est plus nécessaire de se prétendre Maître de l'Univers ni Superman qui ne sont plus désormais considérés comme des signes de puissance. Cacher ses faiblesses, de même que contrôler l'information, va désormais contre le courant naturel des affaires.

La force vient maintenant des vulnérabilités qu'il vaut mieux exposer, comme le montre l'exemple de Sig. Au lieu de vous mettre en valeur dans un entretien en essayant d'être quelqu'un de différent, si vous expliquez : « Je ne suis pas très bon dans ces deux domaines, par contre je réussis bien dans ces deux autres », est-ce que vous pensez que vous aurez moins de chance d'être choisi ? Les employeurs recherchent des compétences, bien sûr, et ils cherchent aussi de plus en plus des personnes pouvant se mettre en phase avec leurs objectifs. Yvon Chouinard, qui a créé Patagonia, une entreprise de pointe construite sur des valeurs, a récemment expliqué dans une interview à l'émission *Marketplace* de NPR : « Quand nous embauchons quelqu'un, nous cherchons en eux une passion, parce que je sais ainsi qu'ils sont vivants et qu'ils ont du potentiel[33]. » Maintenant que les compétences basées sur les informations deviennent de plus en plus transférables d'un domaine d'activité à un autre et d'une description de poste à une autre, les entreprises mettent moins l'accent sur une expertise spécifique – les QUOI du candidat – et beaucoup plus sur ses COMMENT. Un employeur potentiel, remarquant votre sincérité, se dira : « Ce candidat semble bien se connaître et savoir ce qu'il peut apporter à l'entreprise. Je préfère travailler avec quelqu'un qui se connaît bien. »

SOYEZ SINCÈRE

Il n'est plus possible de lancer une vague en promettant de l'argent aux personnes autour de vous, en disant à celles qui sont derrière que vous pensez que ça aidera l'équipe locale à gagner et en disant au petit gars devant vous que vous allez lui mettre votre poing dans la figure s'il ne se lève pas. Le flot continu d'informations rend dangereux le fait de travestir la vérité. Quand les gens sont connectés – qu'ils peuvent comparer leurs informations et qu'ils communiquent entre eux de manière horizontale – il devient impossible de manipuler ces informations. Les collègues, les clients, les fournisseurs et les partenaires stratégiques sont dans le stade avec vous, tous reliés. L'information retrouve son pouvoir quand tout le monde est avec vous et ce pouvoir se renforce encore quand le message est pertinent et que vous le diffusez au plus grand nombre. La seule façon de créer une vague puissante est d'aligner, pour atteindre un but commun, tous ceux que vous pouvez enrôler. La transparence active est le meilleur moyen de mettre tout le monde en phase, sinon c'est presque impossible.

La transparence opère un effet remarquable : elle incite les autres à vous rencontrer dans le domaine de l'ouverture. Elle encourage la confiance et la collaboration et – c'est la partie la plus surprenante – elle est incroyablement désarmante. Ça va plus loin que simplement dire la vérité, il faut la *vivre*. Comme les affaires ne sont plus une guerre, vous devez acquérir les compétences pour ne plus faire la guerre dans ce domaine. C'est ce qui rend la transparence active aussi efficace. Comme nous l'avons vu, la vulnérabilité active envers les autres crée les conditions pour qu'ils deviennent eux-mêmes vulnérable vis-à-vis de vous et par ailleurs, la confiance engendre la confiance. La vulnérabilité se transforme alors en force.

L'année dernière, j'ai eu un « instant Sig ». Je dînais avec Alan Spoon, directeur général de Polaris Venture Partners, une firme de capital-risque investissant dans les entreprises en développement dans le monde entier et ancien président de la Washington Post Company. Il désirait investir dans mon entreprise et j'avais envie qu'il entre dans l'équipe de direction. Il m'a demandé ce que pensait mon conseil d'administration d'un certain aspect de ma performance. Sans hésiter (merci Sig !) je me suis entendu répondre : « Je pense qu'ils me donneraient une mauvaise note, sans doute pas plus de 8 sur 20. »

Il a été clairement très surpris.

Je ne lui ai pas dit ça parce que je savais qu'il l'aurait découvert à plus ou moins long terme. J'ai été honnête parce que je voulais l'inciter à nous rejoindre en lui montrant que j'étais conscient de ce qui ne fonctionnait pas. J'ai employé le pouvoir de la transparence pour établir une collaboration plus intime, pour nous mettre plus vite en phase. Toute vérité que je lui aurais cachée serait devenue une question à traiter plus tard, susceptible de miner la confiance dans nos futures discussions et qui pourrait étouffer tout désir de sa part de faire partie de ce que je voulais faire – à jamais. J'aurais pu le laisser découvrir la vérité au bout de six mois. Par contre lui exposer tout de suite était une invitation puissante. Ça a fonctionné à mon avantage sur le long terme.

Quelques mois plus tard, il était à une réunion à laquelle assistaient quelques membres de mon conseil d'administration. Il m'a appelé peu après, m'a dit les avoir cuisinés sur le point dont j'avais discuté avec lui et qu'il était encore plus impressionné par ma transparence. En fait, le conseil d'administration était beaucoup moins critique à mon égard que je l'étais moi-même. On peut alors imaginer quelqu'un jouant avec ça. Notre partie machiavélique dirait : « Tu vas l'avoir, parle-lui d'un point négatif puisque tu sais qu'il découvrira que c'est positif. » Pourtant croyez-moi : *Il ne faut pas agir bien pour de mauvaises raisons*. Ça se retourne forcément un jour contre vous. Les gens s'aperçoivent que l'on veut les mener en bateau et ça déclenche leur suspicion. Le pouvoir de ce type de sincérité est précisément son ingénuité. On s'imagine facilement le genre de réaction négative de quelqu'un qu'on a rassuré par un subterfuge. Il n'y a plus de retour possible. Le vieux dicton dit : « Tu m'as trompé une fois, tu ne m'y reprendras pas une deuxième. » Dire à un investisseur potentiel « Vous savez, le conseil me donnerait une mauvaise note pour ça », semble être un mauvais point, par contre quand on est conscient du pouvoir de l'honnêteté et de la transparence, on a envie d'être plus honnête.

J'avais une autre raison encore plus forte d'enlever mon costume de Maître de l'Univers et de m'ouvrir à Alan. La vulnérabilité crée de vraies opportunités pour une vraie collaboration, une relation plus profonde qu'un échange financier. Ma transparence lui a clairement montré que je pensais qu'il valait plus que l'argent qu'il pouvait investir. Après tout, je voulais que mon chemin et celui de LRN aient plus de sens que notre résultat financier et qu'Alan désire être plus qu'un investisseur. Mon ouverture lui donnait l'opportunité de continuer son chemin vers sa recherche de sens, de partager son savoir et sa sagesse de manière plus enrichissante. Plutôt que de lui montrer uniquement une roue brillante, je me suis décrit comme un engrenage avec des dents et des espaces où il pourrait s'intégrer. Ma transparence lui a proposé une vision de ce que nous pouvions accomplir ensemble dans une même machine, créer une collaboration étroite avec le potentiel de lancer une spirale vers le haut. Peu après, Alan et Polaris ont investi dans LRN, je lui ai demandé de faire partie de notre conseil d'administration et il fait maintenant partie de qui nous sommes.

Qu'est-ce que ça signifie d'être honnête ? D'être ouvert ? D'agir sur la base de principes plutôt qu'en fonction de ce que l'on veut ? Tout d'abord c'est plus simple, comme l'a écrit Mark Twain : « Si vous dites la vérité, vous n'avez pas à vous souvenir de quoi que ce soit[34]. » Plus important encore, dans ce monde habitué au mensonge et à la tromperie, où nous recevons quotidiennement des centaines de messages publicitaires nous entortillant pour nous pousser à faire ceci ou cela, la transparence et la droiture sont formidablement rafraîchissantes. Personne ne peut copier vos COMMENT et à l'intérieur du large spectre des comportements humains, le COMMENT de la transparence dans les relations devient un facteur différenciant très puissant.

Être transparent

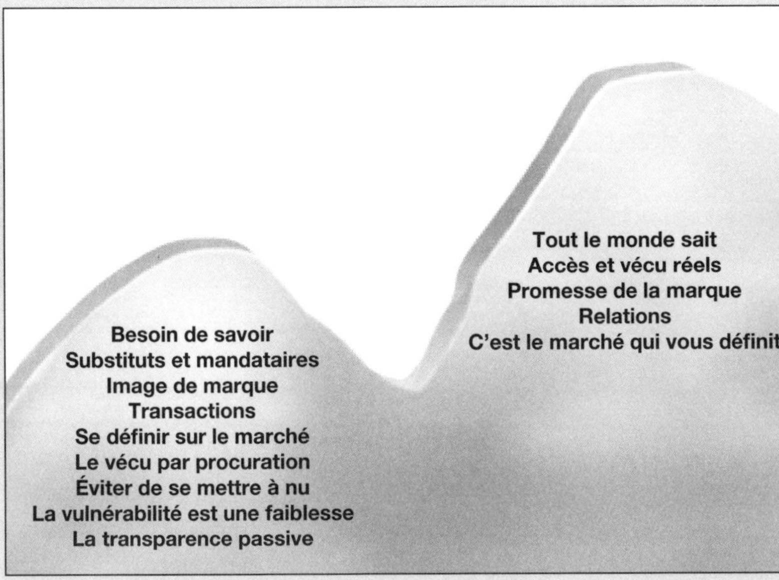

Le fossé *de l'incertitude décrit* la condition du monde ainsi que nos relations professionnelles. Ce fossé il existe aussi entre les personnes. Les relations de travail sont formalisées et de même que les entreprises emploient des procédures et de la communication publicitaire comme des couches entre elles-mêmes et le marché, les personnes s'appuient sur des substituts dans leurs relations. Si un acheteur dit, durant une négociation : « Nous discutons avec vos concurrents », alors que c'est faux, il ment pour obtenir un meilleur prix. Si le patron dit : « Il me faut ça pour seize heures », sans en expliquer les raisons, il s'appuie sur le substitut de sa position de supérieur. Si le monde vous paraît opaque et que vous ne distinguez rien à travers ces substituts, c'est qu'il y a un fossé d'incertitude entre vous. Par contre, quand la transparence active incite les gens à vous montrer ce qu'il y a derrière le rideau, elle élève le niveau, réduit le fossé et vous procure la confiance nécessaire pour le combler. Les conditions actuelles d'incertitude générale dans le monde transforment la transparence – aussi bien technologique si vous la tournez en votre faveur que dans vos relations quand vous l'appliquez – en un des COMMENT les plus puissants qui soient.

Chapitre 8

LA CONFIANCE

C'est la confiance réciproque, plus que l'intérêt mutuel, qui cimente les associations humaines. Nos amis nous profitent rarement, cependant ils nous sécurisent.
H. L. Mencken

Il y a quelques années, au début du développement des blogs, un concepteur de sites web appelé Jason Kottke a raconté une histoire fascinante sur son blog Kottke.org, à propos d'un vendeur qu'il a appelé Ralph.

« J'ai commandé un beignet (75 cents) », écrit-il « et quand il me l'a servi, j'ai tendu un billet de 1 dollar au-dessus du comptoir. Ralph a montré de la main des pièces de monnaie étalées sur ce comptoir, me faisant comprendre de me servir, puis s'est tourné vers le client suivant. J'ai posé mon billet et ai récupéré ma monnaie. » Comme il était intrigué par ce comportement, il a décidé de regarder comment ça se passait. « J'ai fait quelques pas puis me suis retourné. Pendant cinq minutes, tous les clients donnaient l'appoint ou se servaient eux-mêmes pour la monnaie, sans que Ralph n'y prête attention, trop affairé à servir du café ou à récupérer les beignets dans l'huile. »

Tout en observant et en se demandant quel était l'intérêt de cette pratique inhabituelle, Kottke s'aperçut que Ralph servait un nombre incroyable de clients. Pour vérifier il a aussi observé deux vendeurs des environs. En moyenne ceux-ci passaient deux fois plus de temps à servir chaque client et vendaient donc la moitié de ce que vendait Ralph.

Kottke n'est pas un économiste. Pourtant il a rapidement compris que « Ralph fait confiance à ses clients et ses clients lui en sont reconnaissants (Je sais ce que je fais). » Il a aussi remarqué une chose parfois difficile à admettre : « Quand on crée un contexte de confiance, on crée un cercle vertueux : Ralph sert deux fois plus de clients qui ont leur café deux fois plus vite, et comme ils gagnent du temps ils reviennent régulièrement. Cela stabilise le commerce de Ralph, lui donne une bonne réputation et des clients qui ont intérêt à se rendre honnêtement la monnaie (pour faire avancer la queue et ne pas lui faire faire faillite). Plus il y a de clients honnêtes et plus le bénéfice de Ralph augmente… »

Ce que Kottke a observé, c'est une quantification de la confiance. Comme Ralph fait confiance à ses clients, il peut en servir beaucoup plus que ses concurrents. En termes d'économiste, il réduit ses coûts de transaction en remplaçant la tache de rendre la monnaie par la confiance. Une analyse coût/bénéfice montrerait certainement qu'il récupère plus par l'augmentation de son chiffre d'affaires que ce qu'il perd par la malhonnêteté ou par erreur. De plus, on pourrait penser que la diminution du temps consacré à chaque client entraînerait une baisse de la fréquentation de son stand. Or, c'est le contraire : l'introduction de la confiance dans son affaire les fait revenir et les fidélise.

La confiance est une chose bizarre. L'une de ces faiblesses que l'on laisse souvent de côté. Néanmoins, elle se tient au centre de nos défis et de nos opportunités. Warren Buffet a déclaré que : « la confiance est comme l'air que nous respirons. Quand il y en a, personne n'y fait attention. Par contre, quand il en manque, tout le monde s'en rend compte[1]. » C'est parce que la confiance nous permet de fonctionner dans les moments d'incertitude. Quand le fossé de l'incertitude – l'espace entre la nature imprévisible du monde et notre vision d'une stabilité idéale – s'élargit, on cherche à le combler. Et c'est par la confiance qu'on peut le combler. Elle calme les craintes engendrées par l'incertitude et dans les périodes où l'incertitude augmente, on s'intéresse d'autant plus à la source de la confiance qui est le comportement – COMMENT nous faisons ce que nous faisons. Elle devient alors, de manière encore plus vitale, la monnaie de tous les échanges humains.

Cela fait longtemps que l'on connaît, dans le monde des affaires, tous les bienfaits de la confiance. Seulement en l'absence de toute mesure concrète, on ne sait pas comment la traiter. De la même manière, nous recherchons individuellement des contextes et des relations nous mettant en confiance pour enrichir notre vie, même si nous ne savons pas toujours les créer.

LA FAIBLESSE SE TRANSFORME EN FORCE

Il existe deux façons de calculer la valeur de la confiance : subjectivement (comment on la ressent) et objectivement (en argent). *Subjectivement*, presque tout le monde préférerait vivre et travailler dans un monde où le fossé de l'incertitude est comblé par la confiance, où il serait possible de faire des prévisions, et où nous nous sentirions en sécurité. On accepte donc à première vue que la confiance est importante dans nos vies parce qu'elle nous met en sécurité. Elle nous permet de vivre et de nous développer dans un monde incertain. Pour comprendre vraiment sa valeur dans les affaires, il faut la quantifier *objectivement* pour constater un bénéfice incontestable. Elle permet de s'appuyer les uns sur les autres, de partager le travail en formant des équipes et de se faire confiance mutuellement. Sans elle, il est impossible d'envoyer un mail détaillant une stratégie confidentielle à un partenaire, en étant certain qu'elle ne sera pas dévoilée. Dans les affaires, la quantification de la confiance n'a été réalisée que récemment. Les découvertes des chercheurs en ce domaine sont troublantes : la confiance fait gagner de l'argent *et* donne du sens à ce que l'on fait.

Dans une étude révolutionnaire de 2002, les professeurs Jeffrey H. Dyer de l'école Marriott de l'université Brigham Young et Wujin Chu de l'École d'administration des affaires à l'université nationale de Séoul, ont prouvé de manière empirique ce que le bloggeur Jason Kottke a observé dans une rue de New York. Ils ont examiné 350 interactions entre acheteurs et fournisseurs chez huit fabricants de voitures aux États-Unis, au Japon et en Corée du sud. Ils ont trouvé une relation étroite entre la confiance et le coût de la transaction. Les acheteurs qui faisaient le moins confiance entraînaient des coûts d'acquisition six fois plus élevés pour les mêmes pièces et le même type de transaction que ceux qui faisaient confiance. Cela provenait des ressources supplémentaires nécessaires à la sélection, à la négociation et aux coûts de conformité. Les chercheurs ont indiqué, en citant les travaux du prix Nobel d'économie Douglass C. North, que le coût de ce type de transaction représentait plus du tiers de l'ensemble. Ils ont aussi découvert, sans surprise, que les compagnies auxquelles était accordé le moins de confiance, étaient les moins rentables.

Dyer et Chu n'en sont pas restés là. Ils ont aussi étudié la relation entre la confiance et certains comportements créateurs de valeur, plus spécifiquement la volonté de partager des informations stratégiques entre partenaires professionnels. Même si l'origine du comportement n'est pas très claire, dans un raisonnement de type « l'œuf ou la poule », leurs résultats montrent que la confiance accordée par une entreprise à une autre engendre des comportements créateurs de valeurs tels que le partage d'informations qui, à leur tour, élèvent le niveau de confiance. Un dirigeant qu'ils ont interviewé l'explique ainsi :

> Nous aurons plus tendance à présenter le concept d'un nouveau produit à A (donneur d'ordre en qui ils ont toute confiance) plutôt qu'à B (donneur d'ordre en qui leur confiance est limitée). Voici pourquoi : nous savons que B a transmis nos plans originaux à nos concurrents pour leur demander s'ils pourraient fabriquer le produit à moindre coût. Ils ont prétendu avoir simplement voulu maintenir une saine concurrence. Comme nous ne pouvons plus leur faire confiance, nous ne voulons plus leur présenter nos nouveaux concepts. Nous préférons nous adresser à A parce que nous sommes sûrs de leur confidentialité[2].

Comme la réaction de l'oxytocine d'une personne à l'autre, la confiance entre entreprises entraîne plus de confiance. Cela déclenche une spirale montante de coopération et de comportements créant de la valeur. « Ce phénomène rend la confiance irremplaçable en tant que mécanisme de gouvernance », concluent Dyer et Chu, « parce que l'investissement que des partenaires font pour la construire crée souvent une valeur financière (au-delà de la diminution des coûts de transaction) dans la relation. »

J'ai été frappé par ces histoires de transactions et je me suis demandé si les mêmes principes s'appliquaient au plus haut niveau des affaires et des contrats. Cela me faisait penser à une histoire que m'a racontée Mike Fricklas, vice-président, conseil et secrétaire général de Viacom Inc., l'un des plus importants conglomérats de médias au monde. Après une carrière réussie dans les fusions acquisitions, il a rejoint Viacom pour négocier l'achat de Paramount et Blockbuster, deux des plus grosses opérations dans les médias au cours des années 1990. Depuis il joue un rôle central dans la croissance et les acquisitions de Viacom. Nous avons travaillé ensemble pendant plusieurs années et je trouve que c'est un avocat de premier plan et un très bon conseiller à ce niveau de tractations. Je lui ai demandé comment la confiance intervenait dans son travail quotidien. « Les coûts de transaction ne sont pas vraiment importants dans ces grosses opérations. Le point le plus stratégique est de savoir si les gens veulent travailler avec vous. » Il m'a expliqué que Viacom, à ce moment-là, avait une stratégie d'acquisitions plus modestes et qu'elle avait un avantage parce qu'elle était franche en affaires : « Certaines entreprises nous font confiance au point de nous donner l'exclusivité dès que nous les approchons comme cibles potentielles – ce qui constitue un véritable "je vous fais confiance" – et se retirent du marché parce qu'elles veulent continuer avec nous. »

C'est un bon exemple de la manière dont la confiance peut combler le fossé de l'incertitude entre deux entreprises, surtout quand l'une d'entre elles est la cible d'un rachat et qu'elle peut beaucoup y perdre. De toute évidence, avoir l'opportunité d'être le premier à engager une négociation procure un avantage indéniable. Néanmoins, il existe un autre exemple qui donne la valeur de la confiance et je voulais savoir si Mike établissait une relation directe entre confiance et profit dans les tractations les plus importantes. « Tout à fait », a-t-il immédiatement répondu. « En termes économiques, la confiance est en lien avec le coût de l'opération. Quand vous avez besoin de mobiliser des sommes très importantes, vous ne pouvez pas exposer tous les détails du business plan sous peine de perdre votre avantage sur vos concurrents. Le marché s'appuie donc sur la confiance et votre cohérence passée. Si on vous fait confiance, on vous prêtera à un taux inférieur et une transaction portant sur des milliards de dollars pourra se négocier à un prix inférieur plutôt que de faire une offre en bourse où le droit d'entrée sera le même pour tout le monde. »

Cette relation entre la confiance et l'intérêt économique se retrouve à l'échelon macroéconomique. Certaines études montrent que la croissance économique et la prospérité dans une société réclament un certain niveau de confiance générale. Sans elle, les investissements se réduisent et l'activité économique cale. Francis Fukuyama a été le premier à émettre cette hypothèse dans son livre majeur de 1995 intitulé *La confiance*. « La richesse d'un pays..., aussi bien que sa faculté à vaincre la concurrence », écrit-il, « est conditionnée par... le niveau de confiance dans la société[3]. » Le neuroéconomiste Paul Zak a étendu cette théorie à propos de la confiance jusqu'à la prospérité « Notre analyse montre que si la confiance est trop basse », indique Zak dans le *Journal of Financial Transformation*, « le taux d'investissement diminue tellement que le revenu stagne ou peut même se réduire[4]. » Les économistes appellent ça une « trappe à pauvreté » et ils estiment que quand une société est tombée dedans, il en résulte une spirale négative de perte de confiance. « Nous démontrons que la première raison qui crée une trappe pauvreté est la présence de structures légales inefficaces qui provoquent une diminution générale de confiance et donc réduisent l'investissement », explique Zak. « De plus, le seuil de confiance nécessaire à la croissance économique augmente en fonction du revenu par tête. C'est-à-dire que, plus un pays est pauvre, plus il faut de confiance pour générer un investissement suffisant de manière à élever le niveau de vie. Cela rend donc difficile de se libérer de la trappe pauvreté. » En d'autre termes, quand le fossé sociétal de l'incertitude s'élargit trop, il devient pratiquement impossible à combler.

Les lois ont de nombreux avantages, dont celui de créer le niveau de confiance générale nécessaire à la prospérité économique. C'est l'un des « planchers » que j'évoque. Les recherches de Zak montrent que ce niveau est élevé en Scandinavie et dans les pays asiatiques et qu'il est bas en Amérique du Sud, en Afrique et dans les anciennes républiques soviétiques. Dans une enquête mondiale destinée à évaluer la capacité d'une personne à faire confiance à une autre, seuls 3 pour cent au Brésil et 5 pour cent au Pérou ont déclaré qu'on pouvait faire confiance à leurs compatriotes, alors que 65 pour cent de Norvégiens et 60 pour cent de Suédois l'ont dit. Aux États-Unis, le taux ne s'élève plus qu'à 36 pour cent alors qu'il était de 50 pour cent en 1990 ; au Royaume-Uni il est resté stable à 44 pour cent depuis le milieu des années 1990.

Zak a aussi pu établir des relations directes et quantifiables entre la confiance et la prospérité. Le niveau de l'investissement dans une société donnée reflète directement le niveau de confiance. Là où la confiance est élevée, le taux national d'investissement – l'investissement national brut divisé par le produit national brut – est très haut, et vice versa. La même relation existe entre la confiance et la croissance du produit national brut. Le revenu par tête augmente de 1 pour cent pour chaque tranche de 15 pour cent de personnes qui trouvent les autres dignes de confiance. Si la confiance aux États-Unis augmentait de 36 à 51 pour cent par exemple, le revenu moyen de chaque homme, femme et enfant, augmenterait d'environ 400 $ par an. Cela représente à peu près 30 000 $ sur le cours d'une vie.

Il y a un élément paradoxal dans ce lien entre confiance et prospérité. Ceux qui ont mal compris les principes d'Adam Smith sur le capitalisme réciproque réclament souvent un marché dérégulé, entièrement livré au laisser-faire. Ils s'imaginent que, sans aucune règle, ils pourraient tout réussir. Pourtant, ce n'est qu'un autre exemple de réflexion limitée qui définit la capacité à réussir en respectant les règles. En réalité, c'est la certitude et la prévisibilité de systèmes légaux forts, ainsi qu'un appareil de régulation qui soutiennent la réussite. Il suffit de penser à la régulation du trafic automobile comme métaphore : les feux de signalisation nous permettent de nous déplacer le plus rapidement, le plus sûrement et le plus efficacement qu'il soit. Ils créent un contexte dans lequel nous sommes à peu près sûrs que les autres conducteurs et piétons vont se comporter de manière prévisible. Il nous arrive cependant de souhaiter ne pas être soumis aux mêmes règles que les autres. Parfois nous décidons de ne pas nous y plier, nous ne respectons pas un stop ou nous dépassons la limite de vitesse parce que nous sommes pressés. Pourtant on peut remarquer que quand la loi n'est plus appliquée –

par exemple en cas de panne de courant lorsque les feux ne fonctionnent plus – les gens ne se mettent pas à rouler comme des fous, en fait le trafic a plutôt tendance à ralentir. Le manque de prévisibilité rend les conducteurs plus prudents. Ils ont tendance à donner la priorité à la sécurité plutôt qu'à la vitesse. En l'absence de loi, personne n'aime conduire parce que les risques augmentent considérablement sans qu'il y ait une quelconque récompense. La même chose se passe dans la sphère incontrôlable des relations humaines et par extension, sur le marché. Quand on vit un certain degré d'incertitude, chacun ralentit comme l'activité économique. Notre cercle de confiance se rétrécit, de même que notre tendance à prendre des risques, même si ces derniers pourraient entraîner de plus grandes récompenses.

Le docteur Peter Kollock, professeur associé et vice-président du département de sociologie de l'université de Californie à Los Angeles, a effectué une étude dans les années 1990 qui en a fait la démonstration. Il a organisé un jeu de transactions dans lequel les sujets troquaient des marchandises dans deux contextes différents. Dans le premier (incertitude basse), les participants connaissaient la valeur de ce qu'ils échangeaient et dans l'autre (incertitude haute), ce n'était pas le cas. Voici les résultats, plutôt fascinants : (1) les gens ont une tendance plus prononcée à s'impliquer personnellement dans le contexte d'incertitude élevée et (2) ils ont tendance à renoncer à des échanges plus profitables avec des partenaires inconnus pour leur préférer des transactions moins bénéficiaires avec des personnes qui ont déjà montré qu'on pouvait leur faire confiance. En bref, en période de forte incertitude, l'activité économique ralentit et les négociateurs prennent moins de risques[5].

OÙ EST LE PLAFOND ?

Si l'on considère que le fossé de l'incertitude est l'espace situé entre notre état idéal de sécurité, de certitude et de prévisibilité d'un côté et l'état actuel du monde de l'autre et si par ailleurs l'ensemble des facteurs déstabilisants a abaissé le plancher de certitude, comment définir le plafond de ce fossé ? Comment définir un état idéal de certitude ?

C'est une question piège parce que je pense qu'il n'y a pas de plafond. Si nous créons une confiance suffisante pour prendre des risques, innover et progresser dans les conditions habituelles du marché, pourquoi s'arrêter là ? Pourquoi ne pas continuer ? La sécurité et la certitude ne sont pas des sommets à atteindre, ce sont plutôt des éléments qui s'étendent autour de nous de manière horizontale. Imaginez une cible de tir à l'arc et vous en êtes le centre. Autour de vous il y a des cercles s'étendant jusqu'à l'horizon. Chacun représente un fossé de confiance à combler – rouge, bleu, vert, blanc, etc. Plus vous pouvez remplir d'anneaux de confiance et plus vous vous sentirez en sécurité, seul l'horizon limite votre imagination. Maintenant transformez la cible en un stade de football, vous êtes toujours au centre, entouré par toutes les personnes avec lesquelles vous travaillez, vous jouez, vous vivez et que vous aimez. Remplacez les anneaux par des cercles de relation, des synapses interpersonnelles pleines de confiance, s'étendant jusqu'aux limites du stade. Plus votre connexion avec ces gens est forte, plus vous vous sentez en sécurité. Et encore plus primordial pour vous épanouir, plus vous pouvez lancer de vagues autour du stade.

Il est facile de s'imaginer les choses. Il est parfois plus difficile de les mettre en œuvre quotidiennement. Ceux qui ont un vécu important et durable de contextes de confiance peuvent imaginer un niveau de certitude élevé, alors que d'autres ayant perpétuellement souffert de trahisons et d'actes égoïstes ne peuvent imaginer que la défiance. Pourtant tout le monde a la capacité d'imaginer un univers plein de confiance. Comme dans le cheminement de l'apprentissage, il est impossible de sauter directement de la Colline du B à la colline du A ; il faut bâtir cette capacité à imaginer les cercles de confiance de manière croissante, une relation, un groupe à la fois. Parfois on se bat dans la vallée du C, où on a accordé sa confiance à la mauvaise personne et où on a été trahi. Néanmoins on peut évoluer, quelles que soient nos expériences, pour atteindre les limites les plus reculées. Peut-être atteint-on un anneau, peut-être trois. Quand on atteint l'extrémité d'un anneau et uniquement à cet endroit, on aperçoit l'anneau suivant. C'est comme une course en montagne, on doit atteindre un sommet avant de voir le suivant. La confiance n'est pas un interrupteur qu'on actionne à volonté, pourtant on peut la bâtir peu à peu.

PARTIR EN CONFIANCE : LE TRIP

Que savons-nous de la confiance ? Qu'elle génère dans le cerveau des substances chimiques qui renforcent les relations interpersonnelles en faisant diminuer la peur. Qu'elle comble le fossé de l'incertitude en bloquant les émotions d'insécurité et de timidité qui nous ralentissent au moment où – pour nous épanouir – il faudrait aller plus vite. La confiance entraîne la confiance parmi les individus et les entreprises et se renforce dans le temps par son utilisation. Elle stimule une spirale vertueuse de collaboration et de valeur. Elle entretient des vagues qui rapprochent les gens et les organisations. Elle renvoie autant d'énergie qu'elle en demande pour sa création, si ce n'est plus, et permet de prendre des risques. En bref, la confiance est active et entraînante, elle provoque de l'inspiration.

Pour réussir à envisager et apprendre la confiance, il faut effectuer un cheminement. Une fois cette étape franchie, la confiance déclenche à son tour un cheminement d'évolution personnelle. Pour intégrer tout ceci il faut un support mnémotechnique auquel on puisse se référer. Celui-ci résume les idées essentielles de ce livre :

TRIP

Trust (confiance)

Risque

Innovation

Progrès

Trust (confiance)

Accepter de garder le terme anglo-saxon permet de conserver toute sa valeur et sa saveur à l'acronyme original. Il s'agit de la confiance. Si nous venons de nous rencontrer et que je choisis de vous faire confiance, qui de nous deux est le plus vertueux ? Aristote disait que c'est celui qui fait confiance. En effet, si je vous fais confiance (alors que je ne vous connais pas encore) je me mets entre vos mains, je prends tous les risques. La confiance, en un sens, signifie céder une parcelle de pouvoir à l'autre, ce qui est un pas essentiel pour atteindre la nécessaire ouverture vers l'extérieur. La confiance renforce le pouvoir de l'autre et comme c'est une vertu, renforce aussi le pouvoir de celui qui l'accorde. Elle entraîne une prise de risque et constitue le moteur qui propulse le trip.

Risque

On sait que dans les affaires comme dans la vie quotidienne, le risque est directement proportionnel au retour qu'on peut en attendre. « Sans risque, pas de gain », dit l'adage. Dans un contexte d'incertitude élevée, il est très difficile de bâtir des cercles de confiance. Peter Kollack a mené une étude qui le démontre clairement. On recherche des partenaires surtout dans son environnement immédiat et on ne prend des risques qu'avec ceux avec lesquels on a déjà travaillé dans le passé, avec nos proches ou avec ceux à qui on pense pouvoir faire confiance au vu de leur réputation ou de leurs recommandations. Sans la confiance, le fossé de l'incertitude ressemble au Grand Canyon. On conduit plus lentement, on réduit le cercle de ses amis et associés et on se limite à des impulsions plus prudentes. Cependant, toutes ces tendances sont inversées quand apparaît la confiance. On se sent alors plus en sécurité et on agit plus courageusement. On met au point, par exemple, un nouveau processus de fabrication sans avoir peur de la colère du patron pour avoir bousculé le statu quo. On fait plus d'essais, persuadé de toujours apprendre quelque chose même si on se trompe. La vraie nature de la confiance implique le risque et plus il y a de confiance, plus on peut prendre de risques. Des études ont montré que les équipes à qui on fait le plus confiance réussissent mieux que les autres[6]. Si vous faites confiance à la vision de certains pour lancer une vague vous vous lèverez avec eux, sinon vous continuerez à manger votre hot-dog. Il faut donc combler le fossé de l'incertitude pour prendre des risques.

La confiance permet de prendre des risques. Si je vous installe sur une plage de sable et vous demande de sauter aussi haut que vous pouvez, ça n'ira pas très loin. Par contre, si je vous mets sur une surface dure, comme un terrain de basket, vous pouvez sauter plus haut. Il est difficile de sauter sur du sable, c'est pour ça que nous respectons les joueurs de beach-volley parce que nous savons intuitivement qu'ils ont plus de peine à sauter. Quand on construit un gratte-ciel, on calcule les fondations en fonction du nombre d'étages. C'est le même processus dans les affaires : si on part d'un terrain solide, on peut innover beaucoup plus. Les relations fluctuantes entre êtres vivants – les collègues, les partenaires ou les entreprises – sont comme le sable d'une plage. C'est la confiance qui installe la solidité, qui stabilise les relations et constitue le plancher solide à partir duquel on peut sauter plus haut. Cette faiblesse appelée confiance devient la plus solide des forces.

Innovation

On est beaucoup plus exposé dans un monde hyperconnecté. S'ouvrir et laisser les informations circuler librement entraîne plus de risques, moins de contrôle et une augmentation de sa vulnérabilité. Il faut donc désormais se sentir à l'aise dans un contexte à haut risque. Un monde horizontal où les équipes collaborent à travers l'espace et les disciplines, n'a plus de limite et il est plus varié. Pour bien fonctionner – pour prendre des risques et en récolter les fruits – il faut avoir autour de soi suffisamment de cercles de confiance pour travailler latéralement dans plusieurs directions à la fois. Il faut être polyvalent et développer des synapses fortes pour maîtriser des relations plus diverses.

Dans un contexte qui met en confiance, on peut prendre plus de risques et défier davantage le système plutôt que de rester dans son petit coin avec la peur de s'aventurer en terre inconnue pour ne pas risquer de critiques, de la part du patron ou des collègues. L'innovation vient de cet esprit créatif. Dans les affaires on est constamment en train de pousser le bouchon un peu plus loin. Il faut sortir des sentiers battus, prendre plus de risques, sauter plus haut ou courir plus vite, inventer des stratégies, des produits ou des systèmes nouveaux et en fin de compte penser plus loin que les concurrents. Pour récolter ces fruits, il faut créer le contexte dans lequel les autres peuvent fonctionner aussi bien. C'est dans cet esprit que le marketing viral a été conçu par des gens se sentant à l'aise dans leur environnement. Qu'est-ce qui pourrait être plus risqué en effet, ou contraire à l'intuition, que de laisser les consommateurs manipuler une marque ? Ce genre d'idées ne peut s'épanouir que dans un contexte de confiance.

Se cantonner au statu quo conduit inexorablement au déclin. Toutes les grandes innovations ont été le résultat d'une prise de risque, que ce soit d'investissement, d'énergie ou, plus important encore, d'échec. On ne peut pas innover sans croire que l'on va réussir, que les autres seront là pour nous aider et que nous ne serons pas punis si nous n'atteignons pas le but. Un monde qui change très vite a besoin d'innovations pour le long terme. Les leaders qui veulent que leurs employés prennent des risques, doivent créer un environnement basé sur la confiance, où le risque peut se développer. La confiance entraîne le risque qui permet l'innovation.

Progrès

Quand on innove, on crée du progrès dans les biens de consommation, les services, les profits et aussi sur le plan personnel. On travaille tous les jours pour la satisfaction que nous procurent la réussite ainsi que le sentiment d'avoir aidé l'équipe et amélioré la vie des autres. Dans cet esprit-là, le progrès est intimement lié à la recherche du sens. Nous partons en TRIP parce que nous voulons réaliser de grandes choses, résoudre de vrais problèmes et créer une valeur durable. Nous progressons quand nous prenons des risques et réussissons. En nous débattant dans la vallée du C et en gravissant le sommet du A, nous savons que nous avons grandi, que nous sommes plus forts et plus compétents et que nous avons la capacité de nous mettre en route pour notre voyage vers un sommet encore plus haut.

ÉLARGIR LE TRIP

Le TRIP est la formule magique pour se développer dans ce monde des affaires du vingt et unième siècle.

Ce concept peut s'élargir : le « T » signifie aussi la *transparence interpersonnelle* qui est nécessaire pour créer la confiance. J'en ai parlé avec Roger Fine, ancien vice-président et conseil de Johnson & Johnson. J'ai eu l'avantage de travailler avec lui et en ai beaucoup appris. Son idée était la suivante : « La meilleure façon de créer la confiance », disait-il « c'est d'être transparent et honnête. De cette manière, les gens savent instantanément que vous leur dites la vérité, toute la vérité et rien que la vérité. C'est pour ça que nous croyons au système des jurys publics parce que les jurés s'en aperçoivent. Il suffit de beaucoup de bon sens et d'un peu d'intuition pour savoir si quelqu'un vous ment ou non. On en est tous capables. » Quand on est transparent de manière active, les gens sentent qu'on leur a tout dit – le mal et le bien, le négatif et le positif – et que l'on est le genre de personne qui ne ment pas et ne cache rien de ce qui pourrait nous desservir. C'est pour ça que la confiance et la transparence vont de pair.

Le « R » veut aussi dire la *réputation* qui dérive de la confiance et l'engendre. Nous en parlerons plus en détail au chapitre 9.

La confiance libère l'instinct, un autre « I ». En tant qu'humains nous avons perdu la plupart de nos instincts animaux et c'est dommage pour notre processus de choix. Ce que la plupart des gens appellent instinct n'est en fait souvent qu'un entrelacs complexe d'expériences, de jugements et de perceptions qui prennent naissance dans les synapses du cerveau au moment de prendre une décision. Dans une situation de confiance, ces synapses sont fortes, les diverses zones du cerveau communiquent rapidement et en souplesse, ce qui permet de prendre instantanément la bonne décision.

Les athlètes connaissent bien ça. Au golf par exemple, jouer de manière plus agressive peut vous permettre de limiter le nombre de coups en prenant le risque de faire une faute entraînant une pénalité. Quand votre swing est bon et que vous lui faites confiance, vous prenez de l'assurance et vous vous « lâchez ». Quand vous avez moins confiance en vous, vous adoptez une trajectoire plus sûre ou vous visez le centre du green plutôt qu'un fanion derrière un bunker. On applique les mêmes principes dans des sports demandant plus de réflexes comme le tennis ou le basket, où l'action est si rapide que vous n'avez pas le temps de réfléchir. Si vous vous faites confiance au tennis, vous allez plus facilement tenter un passing-shot le long de la ligne. Si la confiance n'y est pas, vous assurerez votre coup pour garder la balle en jeu. Ces décisions instinctives se déroulent en quelques millisecondes parce que la confiance fabrique des synapses fortes. Elles sont par ailleurs souvent plus efficaces que si l'on y réfléchit plus longtemps parce que la confiance crée un contexte dans lequel l'instinct peut se développer.

Et finalement, le « P » indique aussi une *prospérité pérenne*. Notez bien que je n'ai pas indiqué le profit comme but parce que le progrès provient de la volonté de créer quelque chose de valeur pour les autres et non de la recherche du profit.

FAIRE CONFIANCE

Comment lancer ce TRIP ? D'où part-il ? Qu'est-ce qui le déclenche ? Nous avons déjà vu que ce ne sont pas les règles parce qu'elles n'inspirent pas ce type de certitude et de prise de risque. Il faut donc chercher ailleurs.

On trouve bien sûr la réponse dans le domaine du COMMENT. On a tendance à faire confiance aux personnes qui font les choses correctement, qui sont transparentes, droites, ouvertes et honnêtes, qui partagent les honneurs et les opportunités, qui communiquent pleinement, qui bâtissent des synapses interpersonnelles fortes et tiennent leurs promesses. En bref, des personnes intègres. Elles collaborent, s'impliquent et s'engagent. Si vous voulez de la confiance, trouvez des gens et des entreprises créant des cercles de confiance autour d'eux. Comme pour les Jeux Olympiques, plus on trouve de cercles entrelacés dans un stade, plus vous pourrez lancer de vagues. À notre époque, c'est la confiance qui est devenue la monnaie d'échange. Elle a plus de valeur que jamais, donc vous devriez en produire un maximum pour gagner.

Mike Fricklas le sait par expérience : « Fin 1990 je négociais une transaction importante pour Viacom qui comportait l'acquisition d'une société de loisirs en échange d'une participation. Je dirigeais l'équipe et la transaction était complexe. Nos interlocuteurs désiraient absolument arriver au but. Seulement les évaluations financières avaient évolué depuis le début des négociations. À la dernière minute leurs négociateurs m'ont dit : "Nous avons vraiment besoin d'un montant plus élevé parce que les chiffres ont grimpé de manière importante." De notre côté, nous n'avions pas prévu de renégocier le prix à ce stade parce que ce ne serait pas passé auprès de nos actionnaires. »

« Nous avions les moyens financiers et en même temps une forte pression pour conclure, donc la situation était tendue. L'autre partie réclamait une forte concession financière de notre part sans raison valable. On aurait pu facilement taper du poing sur la table et hausser le ton. En effet dans ce genre de situation on évalue plutôt les atouts de l'adversaire à court terme que le contexte général et les conséquences de la négociation. Pourtant la personne en question s'était conduite de façon très franche avec nous et j'avais plutôt envie à dire : "Vous avez été raisonnable avec moi, voyons comment trouver une sortie par le haut." Je lui ai proposé une manière innovante d'augmenter l'effet de levier de l'investissement pour qu'il soit mieux protégé. Ça lui permettait de montrer à son équipe que la modification qu'il avait obtenue les mettait à l'aise. Je n'avais pas à retourner voir mon patron pour lui expliquer que le prix allait changer et en fait, la concession que nous avons acceptée ne nous a rien coûté au final.

Quelques années plus tard », continue Mike, « je négociais la partie fusion-acquisition d'une transaction complexe impliquant un autre actif de Viacom. En face de notre équipe se trouvait la personne avec laquelle j'avais négocié quelques années auparavant. La négociation restait bloquée sur un point que nous ne pouvions pas accepter. J'ai pensé à le contacter directement en fonction de notre expérience passée, puis j'ai décidé de laisser pour l'instant notre équipe se débrouiller seule.

Dans la journée, mon équipe m'a appelé pour m'expliquer qu'ils avaient dit à leur interlocuteur que je pensais que sa position n'était pas raisonnable. Il avait alors immédiatement modifié sa position. "Nous allons faire ça pour Mike" a-t-il dit. Je l'ai rencontré peu de temps après à une réunion de professionnels et je l'ai remercié. »

J'ai dit à Mike que je trouvais que c'était un exemple extraordinaire de la valeur financière de la confiance. Il est resté très modeste sur ce point. « Avoir ce genre de relations de confiance aide vraiment à régler les problèmes », dit-il. « Ma femme et mes enfants parlent de "l'échelle de la confiance" : on monte un échelon à la fois, par contre si l'on dérape on glisse jusqu'en bas. Je pense que c'est vrai dans les négociations : si on découvre que quelqu'un vous ment ou essaie de vous tromper, l'élément de confiance disparaît et il est alors très difficile de le reconstruire. »

Faire confiance à quelqu'un peut être conscient ou inconscient. Vous pouvez faire immédiatement confiance à certaines personnes la première fois que vous les rencontrez, sans y réfléchir consciemment. C'est ce que les neurobiologues appellent le niveau de l'amygdale, cette interface complexe d'oxytocine, de détection des erreurs et de prise de décision. Dans une relation de face à face, on peut se conduire de manière à activer ce que Paul Zak appelle les mécanismes de rapprochement avec l'autre, des comportements qui créent une réponse biologique, sécrètent de l'oxytocine et développent la confiance. Rencontrer la personne en tête à tête quand la situation est importante, l'accueillir avec une poignée de main ferme, la regarder dans les yeux, déjeuner ensemble, montrer de l'intérêt pour ses proches et ses passions personnelles créent un climat de confiance. Même si ça ressemble à un sermon, la science a démontré qu'un comportement attentionné et honnête augmente la capacité à inspirer confiance (notez *et honnête*, en effet l'inconscient repère la fausseté de l'attention aussi rapidement que l'attention véritable.)

Au niveau d'une entreprise, on peut provoquer des réponses inconscientes de confiance par des améliorations de la vie quotidienne des employés. Une crèche dans l'entreprise, des horaires flexibles, des sorties en commun, des installations de sport et des congés familiaux font plus qu'améliorer les relations publiques, cela élève le niveau d'oxytocine dans le sang, augmentant la confiance et la productivité du personnel. Même des installations non-conventionnelles comme des massages sur le lieu de travail (qui ont même été mis en place dans les services du gouvernement des États-Unis) ont une efficacité incroyable. Le massage transmet le message suivant lequel l'organisation prend soin de ses employés et de plus le traduit au niveau du toucher, un moyen puissant pour stimuler la sécrétion d'oxytocine.

Renforcer les liens sociaux est une autre manière de construire des synapses interpersonnelles fortes dans votre stade. Ce genre de comportements fonctionne bien avec ceux qui sont en contact direct. Tous ces principes s'appliquent aussi aux équipes, aux business units et aux entreprises tout entières. Ces actions de plus grande envergure vous permettent de faire suivre votre vague à travers un stade entier et même d'atteindre ceux qui sont à l'extérieur, que vous n'avez pas rencontrés et que vous ne connaissez pas encore.

(Un petit point de clarification : en dépit du fait qu'elles parlent de « confiance entre organisations », les organisations ne peuvent pas véritablement manifester globalement de la confiance entre elles, parce que la confiance est une énergie essentiellement individuelle. Dans leurs recherches, Dyer et Chu montrent qu'une personne peut placer sa confiance dans une autre personne ou un groupe d'individus tel qu'une organisation partenaire. Toutefois, un groupe peut aussi collectivement faire confiance à un groupe d'une autre organisation. En conséquence, la « confiance entre organisations » se réfère à la confiance accordée par un groupe d'individus à un autre groupe. Et même si une entreprise ne peut pas accorder sa confiance automatique à une autre, les deux peuvent agir de manière à développer une confiance réciproque, indépendamment des individus en place[7].

Comme la femme de Mike Fricklas le lui rappelle : si l'on tombe de l'échelle, la chute est longue et dure. La confiance est détruite lorsqu'il se présente la suspicion qu'une personne, qu'un groupe ou qu'une organisation agit en fonction de ses intérêts propres sans porter attention à l'intérêt commun. Les décisions que vous prenez envoient des messages forts au marché qui réagit de toutes les manières possibles, parfois quantifiables ou simplement éphémères. Mike m'a aussi confié qu'il avait fait de la confiance une part fondamentale de son approche professionnelle du conseil aux autres multinationales des médias. « Par ces relations, nous avons à la fois résolu de manière amiable des différences de point de vue entre nos entreprises et réussi à régler des problèmes partagés dans notre secteur professionnel, tels que la lutte contre les pirates et de nouvelles règles de rémunération. »

LA CONFIANCE EST UNE DROGUE

En 2006, Jeffrey B. Kindler a été nommé PDG du géant pharmaceutique Pfizer Inc. après plusieurs années de mauvais résultats dans un marché extrêmement fluctuant. Il a hérité d'une entreprise dans un contexte de confiance limitée, y compris la mauvaise perception du public pour qui « grand laboratoire » pharmaceutique rimait avec « énormes bénéfices ». Jeff m'a raconté qu'il avait vu une pièce de théâtre où une scène avait beaucoup fait rire le public, à propos d'un événement charitable destiné à rassembler des fonds pour lutter contre une maladie mise au point par l'industrie pharmaceutique. Il a ajouté : « Tu vois, quand on en arrive au point où l'humour et la culture populaire pensent que nous inventons des maladies de manière à gagner de l'argent en vendant les médicaments pour les combattre, je trouve que c'est épouvantable. »

Kindler n'est pas seulement bien connu pour sa perspicacité dans les affaires. Il l'est aussi pour son leadership dans les services juridiques bénévoles, la diversité et des responsabilités sociales quand il travaillait à General Electric et McDonald's. Le conseil d'administration avait la conviction qu'il pouvait donner une nouvelle impulsion à l'entreprise en assouplissant son fonctionnement interne et en la rendant plus réactive aux demandes du marché. En un sens, ils cherchaient quelqu'un capable de restaurer la confiance nécessaire pour lancer Pfizer dans un TRIP. Il a immédiatement relevé le défi. Lors de sa première intervention publique, il a promis que Pfizer allait « fondamentalement transformer tous les aspects de sa manière de travailler[8]. »

Je lui ai demandé comment il avait fait pour restaurer la confiance auprès du public et des actionnaires. « La première étape est d'écouter les gens », m'a-t-il dit. « Je passe énormément de temps à écouter les employés, les clients, les investisseurs, les analystes et même les médias. Mon premier objectif est de savoir ce qu'ils pensent, ce qui les préoccupe dans le secteur de la pharmacie, dans l'entreprise, de connaître leurs frustrations et si nos objectifs leur paraissent appropriés. J'analyse la source de leur méfiance pour la comprendre. Puis je conçois avec mon équipe ce qu'il faut faire dans nos programmes, nos activités et nos décisions pour répondre à leurs préoccupations, qu'elles soient grandes ou petites. Comment allons-nous être plus près de nos clients ? Comment allons-nous *démontrer* aux patients de manière crédible que nous prenons soin d'eux et ceci sans nous contenter de le leur *dire* ? »

Le défi de Jeff est de faire virer de bord un énorme navire sur une mer démontée et il est tout à fait comparable à celui de n'importe quelle équipe, même de taille réduite, qui veut lancer un TRIP. Il faut d'abord savoir qui vous êtes et où vous voulez aller. Écouter – la première étape pour gagner la confiance – l'a aidé à renforcer les relations avec ceux qu'il devait diriger. Il a construit des synapses fortes dans toute l'organisation en montrant qu'il comprenait et affrontait le défi qui se présentait. Se mettre véritablement à l'écoute lui a donné le bénéfice du doute, la première étape de fertilisation du sol permettant un changement profond. Il a pu ensuite exposer sa vision d'un nouveau Pfizer, s'impliquant à tous les niveaux et de toutes ses forces dans le service aux autres. « Je suis constamment en train de chercher la meilleure manière de représenter l'entreprise et de me comporter pour rester en phase avec les valeurs fondamentales qui définissent qui nous sommes », explique-t-il.

Je lui ai demandé de me donner un exemple précis de la façon dont il allait restaurer la confiance auprès du marché. « Bien que les patients soient les consommateurs finaux, une majeure partie de nos produits sont pris financièrement en charge par des gouvernements, des compagnies d'assurance ou d'autres entités commerciales », me répondit-il. « Dans le passé, quand nous avions vraiment un médicament de qualité, nous pouvions presque imposer à ces financeurs de le distribuer gratuitement. Ce n'est plus le cas maintenant et nous devons nous adapter, ne plus considérer ces financeurs comme des adversaires avec lesquels il faut discuter âprement pour régler les problèmes, ce sont maintenant des partenaires. Nous devons comprendre ce qui les motive et quels sont leurs problèmes, de manière à trouver une solution gagnant/gagnant. Avec le temps, si nous arrivons à montrer que nous sommes ouverts, que nous écoutons, que nous tenons compte de leurs préoccupations et que nous allons dans leur sens, je pense que nous rebâtirons la confiance.

C'est facile à dire, plus difficile à réaliser concrètement. L'industrie pharmaceutique doit réparer beaucoup d'erreurs. Modifier le jugement des autres et reconstruire la confiance ne se fait pas en un jour. Ça demande une remise en cause sérieuse et beaucoup de travail, de luttes dans la vallée du C pour construire une équipe s'épanouissant dans ce monde hyperconnecté. L'honnêteté de Jeff face à ce défi est une première étape décisive. « C'est un processus long », admet-il. « Cela demande de se battre pour modifier les comportements et si on se lance sérieusement dans cette gymnastique et qu'on se muscle dans cette zone, on augmente sa masse et on va avoir de meilleures performances que ses concurrents. La pierre angulaire de la confiance est la crédibilité. Si les gens pensent que vous n'admettez pas la réalité ou que vous l'admettez sans l'accepter, vont-ils vous croire ? Cela démontre que vous ne vivez pas dans la même réalité. Donc, un élément essentiel de la crédibilité – peut-être même son essence propre – c'est d'être honnête, ouvert et réaliste. »

Tenir ses promesses, agir de manière cohérente, construire et continuer dans la même voie que votre prédécesseur (les changements fréquents de politique créent un climat d'incertitude et sapent la confiance), agir en respectant des principes, penser en termes de valeurs et les mettre en œuvre, rechercher le sens dans ses activités, tout cela inspire la confiance chez les autres. Combler les synapses interpersonnelles par un comportement déclenchant la confiance augmente la rentabilité de ces relations, sur le plan humain aussi bien que financier.

FAIRE CONFIANCE ET VÉRIFIER

On faisait confiance à James Paul Lewis Jr. Il a dirigé pendant une vingtaine d'années Financial Advisory Consultants dans le comté d'Orange en Californie. Il gérait deux fonds de pension proposant un taux d'intérêt élevé puisque sa brochure publicitaire promettait 40 pour cent dans le fonds à risque et 18 pour cent pour le fonds de placement. Lewis acceptait uniquement les investissements de personnes qui lui étaient recommandées par des investisseurs qu'il connaissait déjà, la plupart étant des pratiquants ou le clergé mormon[9]. Son business était basé sur la confiance que les investisseurs lui accordaient malgré le flou extrême des détails de ses investissements promettant des rentabilités aussi spectaculaires. Il faisait de vagues allusions à des entreprises en faillite, à de la location de matériel médical, à du financement de primes d'assurance et d'autres encore plus floues. Les investisseurs recevaient des lettres d'information et des rapports mensuels dont beaucoup mentionnaient les intérêts promis. Il a récolté environ 311 millions de dollars, qui n'ont jamais été réinvestis parce que les fonds n'existaient pas.

Avant d'être arrêté en 2004 et condamné à 30 ans de prison, cet homme, à qui on faisait confiance, a monté la plus importante pyramide de Ponzi aux États-Unis. Il employait l'argent des nouveaux investisseurs pour payer les intérêts des plus anciens, s'attribuant au passage des millions pour son usage personnel, y compris l'assortiment habituel de femmes et de petites amies. Il a soutiré l'argent que 5 000 investisseurs avaient mis de côté pour leur retraite. (Ironiquement, c'est Barry Minkow qui l'a dénoncé, celui qui a passé sept ans en prison pour avoir arnaqué des investisseurs quand il dirigeait ZZZZ « la meilleure entreprise de nettoyage de tapis ». Minkow est devenu depuis enquêteur privé pour les fraudes de ce type[10].)

Faire confiance est un acte de raison qui demande de répondre à différentes questions : à qui vous faites confiance, dans quelles circonstances et dans quel but. Les réponses doivent rassembler la certitude, la prévisibilité, le comportement et l'opportunité. Parfois le choix est conscient, c'est un calcul de type analytique : « Ce gars a été correct avec moi, de plus il est honnête, donc je lui fais confiance. » « La réputation de cette femme est impeccable, je peux sûrement lui faire confiance. » En d'autres occasions, la décision est déclenchée à un niveau plus profond, inconscient, simplement par le sentiment que l'on peut faire confiance. Pourtant, même un début inconscient doit être conforté par des actes dignes de confiance, sous peine de tomber de l'échelle.

Une pyramide de Ponzi, comme toute arnaque, se développe par la confiance, qui est si puissante qu'elle déclenche en nous le pire comme le meilleur. Le monde est dangereux et les affaires, même quand tout se passe bien, peuvent être aussi très rudes. Je ne suis pas un optimiste béat pensant que si nous nous prenons par la main et que nous chantons ensemble, tout ira bien. Je sais bien que ce n'est pas vrai, qu'il y aura toujours des gens pour profiter du système, abuser de votre confiance, agir égoïstement et se montrer opportunistes. Ces gens-là pensent souvent que ceux qui ne font pas comme eux sont naïfs, fous ou les deux. Il faut être vigilant à tout moment et en toute circonstance.

Ralph, le vendeur de beignets, travaillait en confiance et il était quotidiennement présent, ce qui empêchait une tricherie à grande échelle. Dans les grandes organisations, chacun doit se méfier d'abus de confiance ou de cas de fraude parce que, même si vous faites entièrement confiance, il y aura toujours quelques brebis galeuses. « Quelqu'un est en train de faire quelque chose à Berkshire qui ne plaît ni à vous ni à moi », écrivait Warren Buffet aux directeurs du magasin Hathaway de Berkshire dans une note de service en 2006. « C'est inévitable… Cependant nous pouvons réduire ce type d'actes en repérant et en réagissant immédiatement lors du moindre écart. Votre comportement et les mots que vous emploierez sont les facteurs les plus importants dans la façon dont votre activité se développe. La culture, plus que les manuels, détermine la manière de se comporter d'une organisation. » Il est impossible de faire tourner une grande entreprise sans aucun contrôle de conformité, cela déclenche l'anarchie. Ce qui fait la différence, c'est la manière dont vous maintenez un contexte de confiance par le repérage et la punition des dérapages. C'est l'esprit du vieux proverbe russe : *doveryai, no proveryai* (fais confiance **et** vérifie).

À première vue, « fais confiance et vérifie » semble un oxymore. En effet, si on vérifie cela veut dire que l'on ne fait plus confiance. On peut y réfléchir sur un exemple de frais de déplacements d'un employé. (Ce n'est pas le cas qui intéresse tout le monde, néanmoins c'est un bon exemple pour la gestion d'une équipe.) Vous êtes le patron du stade, vous avez invité du monde et dites : « Dans ce stade je vous fais confiance. » Puis vous mettez en place un système complet de compte-rendu des dépenses basé sur des règles (formulaires, approbation du directeur, signatures…). Comme nous l'avons vu, ces règles créent la réaction habituelle de rejet parce que les gens se sentent surveillés. Vous avez dit : « Je vous fais confiance » et vos actes prouvent le contraire.

Pourtant, si vous retirez ces règles, n'allez-vous pas provoquer l'anarchie? En fait non, si vous dites : « Remplissez ces formulaires honnêtement et vous serez remboursés. » Cette expression en référence à une valeur transmet un message très puissant : « Nous sommes embarqués ensemble dans ce voyage et nous y parviendrons plus vite et avec plus de profit si nous travaillons ensemble et si nous nous faisons confiance. » En instillant la confiance, vous déclenchez les réponses qui entraînent l'efficacité et la réduction des coûts : moins de procédures transactionnelles, une conformité plus volontaire et un renforcement du lien social qui engendre plus d'homogénéité. En termes de beignets, vous les laissez faire eux-mêmes la monnaie. Vous augmentez aussi la vigilance interne parce que ceux qui voient les bénéfices de cette approche vont remettre dans le droit chemin ceux qui pourraient compromettre ce fonctionnement convenant à la majorité.

Que faire du tricheur, du tire-au-flanc, de celui qui veut récupérer un peu d'argent sur votre dos ? Vous ne pouvez pas supposer que personne n'essaiera pas de tricher, alors comment vous protéger de la fraude ? Il suffit de vérifier au hasard. Tout le monde sait que vous avez intérêt à savoir où passe votre argent et ils savent bien que vous allez y faire attention. Et tout le monde sait aussi que le seul moyen de trouver ceux qui trahissent votre confiance est de faire attention. L'idée est de le faire de manière à ne pas détériorer la notion de confiance. Des vérifications au hasard atteignent ce but sans réclamer la démonstration constante du bien-fondé de la confiance.

Quand vous découvrez une transgression, c'est votre type de réaction qui fait toute la différence. Dans un système fondé sur des règles, la tricherie est souvent immédiatement suivie par un mail disant : « Dorénavant, tous les justificatifs de dépenses doivent être… » suivi d'un nouvel ensemble de règles. C'est l'exemple flagrant du fait que les règles ne gèrent que le passé : on a pris quelqu'un la main dans le sac et maintenant tout le monde paye à cause d'une complication du système. Ça nous ramène à l'école maternelle où la maîtresse disait : « Comme Jean ne peut pas rester assis, toute la classe va rester assise cinq minutes de plus. » Cette tentative primaire de créer une responsabilité dans le groupe a exactement l'effet contraire : tout le monde se met à détester Jean, brisant la cohésion du groupe. Des réactions similaires se produisent en entreprise quand le patron réagit à la transgression d'un individu par l'alourdissement de la charge pour tout le monde. Plutôt que les faire rentrer dans le rang, ça les incite à réagir individuellement, pour protéger leur espace vital.

Steve Kerr, ancien PDG de GE et de Goldman Sachs, m'a indiqué une meilleure réponse : « Un leader voulant émanciper son personnel *micromanage* la personne qui a triché. La personne en question s'en rend compte et éprouve du ressentiment, qui est cependant mérité. Si on lui demande d'évaluer son supérieur, il répondra probablement que c'est un autocrate constamment sur son dos, néanmoins les autres membres de l'équipe ne sauront pas de quoi il s'agit. Leur sens de la confiance qui leur est accordée ne sera pas ébranlé. » La pénalité pour la trahison de la confiance (sous réserve qu'elle ne soit pas suffisamment grave pour mériter le licenciement) est le retrait de cette dernière. Si Jean, une fois adulte, est pris en train de falsifier ses frais, il doit être traité à part jusqu'à ce qu'on puisse à nouveau lui faire confiance. Ça envoie aussi un message très clair au reste du stade : la confiance n'est pas un cadeau à prendre à la légère, nous grimpons en effet tous la même échelle.

La confiance

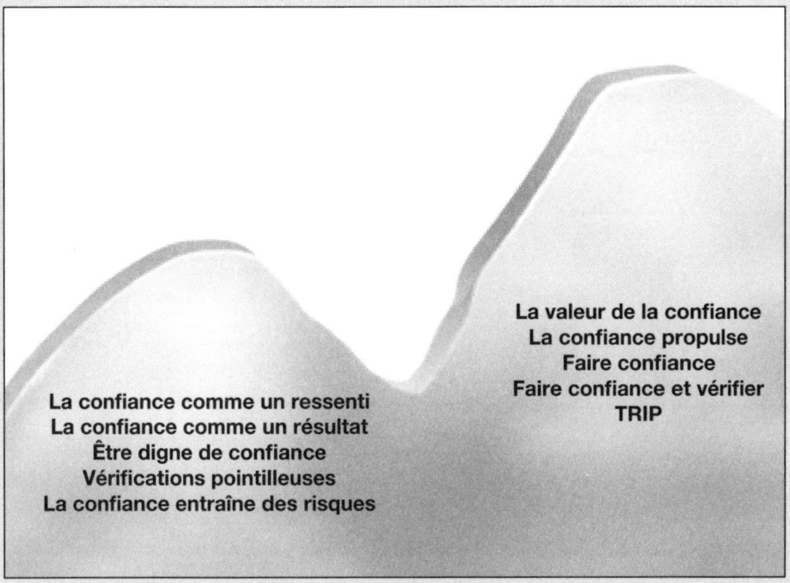

Le COMMENT le plus crucial de notre monde connecté est de comprendre que ses conditions ont changé de manière si importante et *spécifique* que la confiance est devenue la monnaie de notre époque, plus puissante que jamais. Tous les jours, la nouvelle structure horizontale du monde des affaires nous installe dans des relations moins définies par les structures hiérarchiques. Pour que ces relations soient productives et susceptibles de lancer des vagues, il faut se focaliser plus intensément sur la manière de combler les espaces interpersonnels.

La confiance nourrit un nouveau TRIP, le long d'un nouveau chemin, plus fiable, plus capable d'aider à réussir le long terme, que dans le passé. De plus en plus, ceux qui font confiance, qui deviennent véritablement transparents, qui conservent leur intégrité en toutes circonstances et qui comblent les synapses autour d'eux avec de la confiance, verront cette confiance revenir vers eux, propulsant leur nouveau TRIP vers le progrès.

Chapitre 9

LA RÉPUTATION, TOUJOURS ELLE

Réputation, réputation, réputation !
J'ai perdu ma réputation !
J'ai perdu ma part d'immortalité et ce qui reste est bestial.
Ma réputation, Iago, ma réputation !
William Shakespeare, Othello, acte II, scène 3

Dans une rue piétonne d'Anvers, un homme s'enveloppe dans son long manteau noir pour se protéger du froid de l'hiver. Comme le vent se lève, il saisit son chapeau noir pour le maintenir et pénètre dans un bâtiment. Tout en entrant dans une pièce tout en longueur, il ouvre son manteau pour libérer sa longue barbe grise et passe derrière deux douzaines de tables de bois blanc, alignées le long du mur, sous les hautes fenêtres. « Il faut que je me dépêche », pense-t-il, « Sinon je ne serai pas rentré avant la nuit. »

C'est vendredi et pour les juifs pratiquants, le Sabbat commence au crépuscule.

Il salue un homme, assis à une table, vêtu d'une chemise blanche et d'un gilet noir et s'assied en face de lui. La pièce est remplie du murmure de tous les autres qui discutent tranquillement.

L'épouse ? *Der kinder* (les enfants) ? Les nouvelles de la famille sont réduites au strict minimum, puis ils entament une conversation animée entrecoupée d'expressions en yiddish. Il se fait tard, l'homme au gilet ouvre une petite pochette de cuir noir et en sort une petite enveloppe de papier pas plus grande qu'une carte postale. Le visiteur l'ouvre et en extrait un bout de papier tissu blanc plié en quatre qu'il déplie précautionneusement sur la table. Il sort alors sa loupe d'une poche qu'elle ne quitte jamais. Il examine le contenu précieux de l'enveloppe : des diamants, l'une des matières premières les plus précieuses.

Ils continuent à parler pendant que le visiteur fait son choix parmi la douzaine de pierres, chacune valant plus de 20 000 dollars. Son œil expert lui permet d'en choisir huit. L'homme au gilet articule un prix, le premier y réfléchit un moment, estime qu'il est correct et tend à l'autre une enveloppe avec une adresse écrite à la main. Celui-ci place six diamants dans l'enveloppe et la met avec l'autre dans sa pochette en cuir. Il enveloppe les deux restants dans un bout de papier tissu et les tend à l'acheteur qui les met dans sa poche. Pour sceller l'accord, les deux hommes se regardent dans les yeux, se serrent la main et échangent les mots de la fin traditionnellement échangés entre diamantaires : *mazel und brucha* (chance et bénédiction). Les pierres dans la poche et les instructions données, l'acheteur rentre à la maison pour le dîner du sabbat.

Le lundi suivant, le vendeur expédie les six pierres de l'enveloppe à l'adresse indiquée. L'acheteur apportera les deux diamants restants à un autre négociant et réglera le vendeur. Une transaction de 240 000 dollars réglée par une poignée de main et *mazel*, le gage que l'argent et la marchandise seront envoyés comme promis. Ils ont échangé un seul papier : l'enveloppe avec une adresse écrite à la main.

Depuis des siècles, bien avant l'avènement de la régulation des marchés, des économies entières ont fonctionné uniquement sur la base de la confiance et de la réputation. Les relations personnelles, basées sur des liens familiaux, religieux ou sociaux, constituaient la colonne vertébrale du business. À l'intérieur de ces cercles fermés, toute inconduite était instantanément connue de tous. Ceux qui trichaient ou trahissaient la confiance couraient le risque d'être ostracisés à vie de leur famille ou de leur communauté, leur réputation – et donc leur capacité à effectuer des transactions – anéantie. Nous avons tendance à considérer ces communautés professionnelles comme féodales par nature ou n'existant plus que là où les conditions de pauvreté les rendent nécessaires. Néanmoins cette forme d'auto régulation existe dans le négoce du diamant, l'un des marchés les plus riches au monde.

Au fil des siècles, les Juifs Sépharades, qui se sont disséminés dans toute l'Europe après l'Inquisition Espagnole, se sont vus interdire toute forme d'activité économique excepté le prêt d'argent et ils se sont imposés dans le négoce des diamants. Ces marchandises ont trois avantages pour une communauté forcée à se déplacer sans arrêt : ils ont une grande valeur vénale, sont recherchés partout et sont faciles à cacher pour les transporter sur soi. Chaque fois que les Juifs devaient s'exiler, ils pouvaient prendre sur eux des fortunes en diamants et en faire aisément le commerce. Finalement les diamantaires se sont installés à Anvers où ils ont été bien accueillis.

Excepté un récent développement dans les centres-villes de Londres, Tel-Aviv et New York City, Anvers est resté le centre mondial du diamant depuis 500 ans.

Le négoce des diamants a toujours existé en dehors des frontières traditionnelles des affaires. Toutefois la confiance et la réputation ont géré ce qu'il était impossible à traiter par des contrats ou des lois. Dès le début, les transactions ont été uniquement orales et des fortunes ont été échangées sans rien de plus qu'une poignée de main.

Ce négoce existe encore de nos jours sous la forme exacte qu'il avait au quatorzième siècle, la parole est aussi valable qu'un contrat en bonne et due forme. Une fois le prix accepté, on ne peut plus rien changer. Les tailleurs utilisent maintenant des ordinateurs et des lasers pour la taille alors que le négoce s'appuie uniquement sur la réputation et l'honnêteté de chaque négociant. Les négociants conservent leurs diamants dans les coffres d'autres négociants, confiant des sacs de pierres précieuses sans l'ombre d'un contrat, d'inventaire ou d'évaluation et expédient des pierres à des négociants qui commandent simplement un nombre de carats ou une certaine qualité, les achetant sans même les voir.

Traditionnellement, la seule introduction possible dans ce monde fermé se faisait par les relations et la réputation. Pourtant ce négoce a fini par être touché par la globalisation. Récemment, la place d'Anvers – où sont vendus environ 90 pour cent de la production mondiale de diamants bruts et la moitié des diamants taillés – a connu un afflux de diamantaires venant d'une province indienne : le Gujarat[1]. Bien que le mariage et la religion (essentiellement Jain, une ancienne pratique ascétique) limitent ces nouveaux venus, les Indiens se sont vite assimilés. Beaucoup ont appris le yiddish et l'hébreu, ils clôturent leur transaction par le traditionnel « *mazel* » et servent des plats Kasher à leurs réunions.

Deux groupes extrêmement soudés – aussi différents en habitudes, culture et pratique religieuse qu'on peut l'imaginer – négocient des milliards de dollars grâce à des petites choses faciles à transporter, des pierres qui semblent toutes pareilles à un œil non averti. Leur valeur réelle est la confiance et son sous-produit : la réputation.

Songez comme ce serait pratique de conclure chaque accord par une poignée de main. Pendant que vos concurrents et leurs avocats passeraient six semaines à tout mettre noir sur blanc pour se protéger de tout problème, vous iriez de l'avant. Au Japon, une économie moderne, très développée et régulée, le monde des affaires admet son incapacité à prévoir toutes les éventualités et en conséquence le système décide que chaque partie d'un accord commercial se conduira honnêtement et ça fonctionne. Comme les diamantaires, les Japonais ont une culture des affaires reflétant les traditions de leur culture sociale et l'importance de la responsabilité de l'individu vis-à-vis du groupe, conjuguée de façon moderne.

LA RÉPUTATION DANS UN MONDE CÂBLÉ

La réputation est une de ces faiblesses, comme la confiance, que tout le monde réclame alors que peu réfléchissent à la manière de l'obtenir. Pendant la plus grande partie de notre histoire, l'importance de la réputation a été évidente : quand on vivait dans des petites communautés repliées sur elles-mêmes, la proximité imposait de se conduire selon les normes sociales en vigueur. Quand la population s'est déplacée vers des villes de plus en plus grandes, cette communauté fréquentée quotidiennement s'est élargie et nous avons conservé la plupart des structures communautaires plus réduites qui contrôlaient le comportement. Les grandes villes européennes et américaines des dix-huitième, dix-neuvième et début du vingtième siècle ont, en effet, conservé une vie de quartier semblable à celle des temps féodaux. Les générations étaient mélangées dans les habitations et les familles habitaient la même ville pendant des lustres. Les affaires se faisaient au niveau local avec des fournisseurs qu'on connaissait et à qui on savait pouvoir faire confiance. Les grandes entreprises tiraient profit du rythme lent auquel tournait le monde et avaient le temps de nouer des relations de confiance pour se développer.

Tout a changé dans la dernière partie du vingtième siècle. L'augmentation de la richesse, les facilités de transport, le développement des multinationales et l'évolution de l'économie depuis l'industrie et l'agriculture vers les services et l'information ont fait littéralement exploser l'ancienne cohésion des communautés. Les familles se sont dispersées, des quartiers qui n'avaient pas changé depuis une centaine d'années ont assisté à l'afflux de nouvelles personnes, de nouvelles habitudes et d'une nouvelle prospérité. Ironiquement, l'accroissement des relations rendues possible par le progrès de la technologie des communications a eu tendance à éloigner les individus les uns des autres. Même si votre nouveau travail vous entraîne à 2 000 km de l'endroit où votre famille a vécu pendant trois générations, vous pouvez rester en contact assez facilement.

Ces changements ont rompu les liens de proximité et de tradition qui donnaient beaucoup de valeur à la réputation. Dans une nouvelle ville, un nouveau travail, on pouvait se réinventer. L'identité gagnait en fluidité, ouvrant des opportunités au changement et au développement, tout en retirant la pression de la bienséance. On pouvait en faire beaucoup plus jusqu'à il y a une vingtaine d'années, quand il était assez difficile de véritablement vérifier les antécédents et la réputation de quelqu'un. Les informations étaient plus faciles à contrôler et à dissimuler, il était possible de faire disparaître un point noir du passé en déménageant et en repartant à zéro.

Tout a changé, le monde des affaires est plus rapide, plus étendu, plus changeant et plus fluide que jamais. Les informations circulent. Pourtant, paradoxalement, la capacité extraordinaire de la technologie à nous connecter et à transmettre des informations instantanément et à bas prix, nous entrave plus que jamais. Elle crée une interdépendance aussi importante et peut-être même plus importante que la proximité physique. Dans un certain sens, le monde entier est devenu local (ou *glocal*, néologisme voulant dire qu'il est simultanément global et local). Cela signifie, aussi bien pour les individus que pour les entreprises, que du point de vue de la réputation, on fait du neuf avec du vieux. La réputation – ce que les autres pensent de vous – est plus que jamais en relation étroite avec la capacité à réussir et à durer.

C'est la somme de vos COMMENT : ce que vous représentez, ce pour quoi on peut vous faire confiance, vos réussites, l'estime que vous avez gagnée et comment les autres vous ont expérimenté. C'est la réputation qui dirige dans ce monde transparent. Elle vous précède et vous suit, soit embellie soit ternie. Elle colore le passé et crée des attentes pour l'avenir.

La réputation est aussi la continuité dans un monde fracturé. Quand on était embauché jeune avec l'espoir de travailler jusqu'à la retraite dans la même entreprise, la réputation publique n'était pas aussi primordiale pour la carrière, même si elle était nécessaire pour l'avancement. La tradition de l'emploi « à vie » et l'aura de l'entreprise évitaient à l'employé le besoin d'une « représentation » constante à l'extérieur. Le fait de dire que l'on travaillait chez IBM engendrait sa propre réputation pour toute la vie. Ce n'est plus le cas. Les entreprises n'assurant plus de continuité professionnelle à l'individu, seule la réputation peut le faire. On travaille actuellement aux États-Unis, au cours de sa vie professionnelle pour 10,5 entreprises en moyenne[2]. Les travailleurs sont de plus en plus utilisés dans des activités basées sur le savoir, la carrière est donc plus facile à faire évoluer, la spécialité ou le secteur professionnel est moins important. Donc, quand un employeur évalue un candidat à l'embauche, il s'appuie moins sur des compétences spécifiques spécialisées que sur le caractère et la réputation pour juger son potentiel. La réputation et le carnet d'adresses deviennent une part beaucoup plus importante de votre candidature qu'auparavant et les deux se construisent petit à petit grâce à vos COMMENT.

Désormais, la réputation d'une entreprise ne peut plus remplacer celle de son personnel parce que tout le monde peut lire entre les lignes de ce que vous faites et de la manière dont vous le faites. On peut distinguer toutes les nuances et la réputation de l'entreprise est fonction de celle de ses employés et de la manière dont ils présentent ces nuances à l'extérieur. La responsabilité se déplace vers le personnel en relation directe avec le client. Ces personnes deviennent l'image de l'entreprise et exercent une influence notable à travers leur comportement sur la façon dont elle est perçue sur le marché. L'entreprise est donc devenue la somme des réputations de ses employés et sa réputation est plus sensible à leurs actes, positifs et négatifs. Comme dans une chaîne, la rupture d'un seul maillon peut détruire l'entreprise.

Pour acquérir une réputation il faut que les autres vous imputent une qualité : vous êtes un bon leader ou un bon exécutant, vous êtes constamment créatif ou un travailleur sérieux, vous êtes honnête, ou vous êtes correct avec vos subordonnés. Ils ne font ça que s'ils vous font confiance parce que la *réputation est une série de connexions*. C'est la somme des cercles de confiance que vous avez développés autour de vous, à partir de votre entreprise, de votre domaine d'activité ou de vos efforts. Votre réputation est bonne quand les personnes avec lesquelles vous êtes en relation – employés, collègues et clients – vous font confiance.

Souvenez-vous que nous faisons confiance aux gens constants dans le temps, ceux qui paraissent intègres, qui disent ce qu'ils pensent, pensent et font ce qu'ils disent. « La constance est l'une des choses les plus précieuses et consistantes dans la vie », m'a déclaré Steve Wynn, qui a créé plusieurs hôtels à Las Vegas. « Pour accepter quelqu'un comme franchisé, il faut qu'il (elle) montre de la constance, que ce soit pour des hamburgers ou des personnes. » En moins d'une trentaine d'années, il a lancé une série d'opérations à risque – dont les hôtels Mirage, Treasure Island et Bellagio – chacun avec plus de succès que le précédent, uniquement grâce à sa réputation. Son nom est devenu synonyme d'expérience mémorable à tel point qu'il n'a pas hésité à l'utiliser pour baptiser le dernier : Wynn Las Vegas. « J'ai réussi parce que j'ai toujours fourni aux gens l'occasion de vivre une expérience excitante et parfois unique. La constance est une marque de prévisibilité et il faut de l'intégrité pour l'atteindre. » Il explique qu'avec l'intégrité vous générez la confiance avec laquelle vous construisez votre réputation.

Pour que les autres développent votre réputation – en y contribuant par leur soutien et leurs félicitations – ils doivent mettre leur réputation en jeu. Si je téléphone à une directrice de notre bureau de New York pour lui demander son opinion sur quelqu'un à qui je pense confier un projet important, cette opinion aura une influence sur ce que je pense d'elle. Si elle me recommande chaudement quelqu'un qui ne se montre pas à la hauteur, sa propre réputation va baisser dans mon esprit. J'aurai moins confiance dans sa capacité à évaluer les gens. Sa réputation dépend de la solidité des cercles de confiance qu'elle a bâtis autour d'elle.

Vous créez la confiance en agissant en accord avec votre réputation. Les gens avec qui vous négociez commencent leur relation avec vous en se basant sur votre réputation. Ils vous feront d'autant plus confiance que votre relation renforce, développe, ou est en rapport avec votre réputation. La réputation engendre la confiance avec l'aide des expériences qui la démontrent. Par contre, si vous n'êtes pas à la hauteur des attentes provoquées par votre réputation, vous introduisez de la discordance. Nous avons vu que la discordance et la perturbation entraînent le conflit. Des partenaires potentiels, confrontés à des messages contradictoires, vont se méfier et ralentir la négociation pour prendre le temps de réévaluer la situation et de faire éventuellement un meilleur choix.

Dave Chiu et Didier Hilhorst, étudiants en maîtrise à l'Institut de design interactif à Ivréa, une association italienne à but non lucratif, ont étudié un produit de rêve qu'ils ont appelé RentAThing. C'est un petit objet qui ressemble à un iPod, qui est un « outil de négociation avec lequel on peut obtenir des renseignements sur la réputation de deux parties en présence pour faciliter la transaction. » C'est une étape visionnaire vers le « faire du commerce grâce à sa réputation[3]. » Lorsque deux personnes envisagent n'importe quel type de transaction – Chiu et Hilhorst emploient l'exemple de la location d'un râteau – celle qui est propriétaire consulte son RentAThing pour évaluer la réputation de l'autre pour louer ses outils de jardin. Grâce aux renseignements, le propriétaire peut évaluer le prix en fonction du risque estimé : une réputation plus basse conduira à un prix plus élevé et inversement. Il est possible de combiner la note de réputation du locataire avec des notes dans d'autres domaines – par exemple sa propension à retourner à temps un livre emprunté à la bibliothèque ou à répondre rapidement au téléphone – de manière à augmenter le niveau de confiance, ce qui fera baisser le prix de location.

Chiu et Hilhorst attendent le jour, dans un avenir assez proche, où la connectivité sans fil permettra de partager instantanément des notes de réputation, comme un risque de crédit, permettant aux renseignements du RentAThing d'être utilisés pour toute une série de transactions. « Au lieu de réputations isolées, construites par des entreprises ou des individus, RentAThing propose un moyen centralisé de gérer une réputation, de la développer et de la mettre en commun. »

Dans son roman de 2003, *Down and Out in the Magic Kingdom*, Cory Doctorow, auteur Canadien et activiste des droits numériques, envisage un monde « post-pénurie » dans lequel tout serait gratuit et disponible sur la base de la note de réputation de la personne, que Doctorow intitule « Crédit ». Le crédit augmente ou diminue suivant les agissements de la personne et sert de monnaie dans ce monde sans argent. Tout le monde connaît instantanément le crédit de tout le monde (grâce à une puce implantée dans la tête – n'est-ce pas toujours le cas ?) et tout le monde peut accroître ou diminuer le crédit de quelqu'un d'autre immédiatement. Vous dirigez une symphonie ? L'auditoire apprécie et vous obtenez des crédits. Vous bousculez quelqu'un dans la rue ? Le regard noir qu'il vous lance a maintenant un prix. Doctorow pense que le fait d'augmenter son crédit par le jugement des autres va encourager chacun à réaliser des choses utiles et créatives pour rendre service à autrui[4].

Ces visions de rêve trouvent leurs racines dans l'intersection réelle de la technologie de l'information et du comportement personnel. On peut calculer par exemple avec exactitude la réputation dans le monde virtuel de la communication en réseau. Les ingénieurs informaticiens s'appuient sur des systèmes de réputation pour quantifier mathématiquement la confiance dans les communications en ligne. Tout système internet, depuis la sécurité d'un site web jusqu'aux communautés d'échanges comme eBay, utilise des modèles mathématiques basés sur la réputation qui évaluent le comportement et calculent la note de confiance pour ensuite l'appliquer à tout depuis la sécurité de l'accès jusqu'à l'assurabilité. De plus en plus d'informations sur qui nous sommes et ce que nous avons fait migrent depuis les limites de nos relations dans des sociétés semi-fermées vers le vaste réseau ouvert d'Internet. Notre réputation personnelle commence à ressembler petit à petit à une réputation commerciale. Le monde en ligne a une persistance de la mémoire sans égale et donc COMMENT nous faisons ce que nous faisons, chaque jour, devient plus important et essentiel pour notre capacité à grandir.

En ligne, les systèmes mathématiques de calcul de la réputation apportent une manière intéressante de juger la valeur de la réputation dans la vie. Des chercheurs de l'université du Michigan et de Harvard ont conduit une étude sur le sujet Ils ont tout d'abord noté que dans le système de réputation fabriquée par le bouche à oreille – celui qui fonctionne pour ou contre nous tous les jours au bureau – un nombre important d'informations se perd. Les humains, même si nous sommes très expressifs, sont des systèmes de communication imparfaits (il suffit de demander à quiconque a joué au jeu du « téléphone » quand il était enfant). Au contraire les systèmes en ligne, dont l'exemple le plus répandu est sans doute eBay, ne laissent rien passer. Les acheteurs et les vendeurs s'évaluent avec une note et un commentaire qui sont conservés à jamais sur le site et auxquels des millions de visiteurs peuvent avoir accès gratuitement (la réputation sur internet transmet vos agissements simultanément à des commerçants de Pékin et à des ménagères en Suède[5]). Pour quantifier de manière précise la valeur de cette réputation sur eBay, les chercheurs ont vérifié ce qu'elle rapportait financièrement aux vendeurs dans un marché en ligne où les signifiants traditionnels de la réputation d'un vendeur – le coût et l'aspect d'une usine, la longévité dans une communauté et la relation avec d'autres entités connues – n'existent pas. En coopération avec un vendeur bien connu de cartes postales de collection, ils ont vendu des lots identiques de cartes par son intermédiaire puis par l'intermédiaire d'autres négociants plus récents, moins connus et avec des notes de réputation inférieures. Ils ont découvert que, pour le même objet, les acheteurs, en moyenne, étaient disposés à payer 8,1 pour cent plus cher quand ils achetaient à un vendeur doté d'une bonne réputation.

Cela permet de quantifier la valeur de la réputation. Comme la confiance, c'est une « faiblesse » qui paraissait acquise alors que les nouvelles conditions de fonctionnement l'ont transformée en source de profit. Qui, parmi nous, hésiterait devant une augmentation de 8 pour cent ou une prime de 8 pour cent ?

LE CAPITAL RÉPUTATION

La réputation se construit de multiples façons : le bouche-à-oreille, les représentants de votre passé comme votre CV ou votre salaire. Presque tout le monde se souvient d'un moment où, apprenant combien gagne une personne qu'il vient juste de rencontrer, a réagi en pensant « Eh bien, on ne dirait pas quelqu'un qui gagne autant. »

Un de mes amis produisait des publicités télévisuelles, un secteur où la plupart des intervenants sont des indépendants payés à la journée. Il embauchait régulièrement des gens, depuis des assistants de base jusqu'à des directeurs photo, avec un éventail particulièrement large de salaires. Les équipes étaient formées pour des projets à court terme et à budget élevé – une semaine à d'un mois et d'un million de dollars ou plus – puis dissoutes, ce qui créait un microcosme à haut turnover. Dans ce type de contexte, le capital réputation augmente de manière importante. Les contrats étant de courte durée, la réussite repose essentiellement sur la fidélité des clients.

La réussite passée des créatifs de haut niveau tels que les directeurs photo explique leur réputation artistique (leur QUOI) ; leur COMMENT – le tempérament ou leurs qualités personnelles telles que la résistance au stress, l'aptitude à travailler en équipe et à communiquer – même si elles sont importantes, ne le sont jamais autant. Pour les postes à responsabilité créative, c'est le talent qui prime alors que c'est la réputation personnelle qui fait la différence au niveau de base, les abeilles indispensables au bon fonctionnement du tournage d'un film.

« Pénétrer le milieu du cinéma et y réussir une carrière d'indépendant est essentiellement une question de réputation et de bouche-à-oreille. Un producteur vous recommande à un autre, puis à un troisième, dans un réseau informel. Pratiquement personne n'est embauché sans recommandation », m'a dit mon ami. Quand les assistants sont appelés pour un travail, ils ont aussi à gérer une autre composante : leur niveau de rémunération. Celle-ci peut énormément varier suivant le budget, le type de projet, l'expérience personnelle et d'autres facteurs encore, pourtant ils peuvent demander ce qu'ils veulent (dans certaines proportions). « Quand j'ai un budget normal, je peux leur faire confiance, » dit-il. « Néanmoins ce qu'ils demandent entraîne un certain niveau de performance. Quand on me réclame le maximum, je demande à l'intéressé (e) d'être vraiment un crack : motivé, autonome, maîtrisant bien l'équipement et les procédures ainsi que la capacité à résoudre la plupart des problèmes que l'on rencontre sur un tournage. Quand on me demande moins, je sais alors qu'il s'agit de quelqu'un avec moins d'expérience et j'en attends moins. »

Quand le tournage commence c'est le niveau de l'attente qui influe sur tout : « Quelqu'un qui a demandé peu et qui se débrouille bien m'incite à investir plus en formation et en attention. Je lui passe plus de choses si ça se passe mal et je lui propose plus de responsabilités quand c'est possible. Si vous demandez le maximum et que vous n'êtes pas à la hauteur, vous partez dès le lendemain. Ce n'est pas fait de façon brutale – on n'a pas à licencier un indépendant, on lui dit simplement : « Merci, on n'a pas besoin d'autant d'assistants demain » et on lui serre la main. (Dans le contexte très rapide de la production, aucune équipe ne peut se permettre un conflit ou une perturbation qui risque de ralentir le rythme. Si vous n'êtes pas à la hauteur de ce que vous avez demandé comme rémunération, vous ne trouvez plus de travail.)

Bien que l'embauche et le licenciement ne soient habituellement pas aussi expéditifs que dans l'industrie cinématographique, il est difficile de garder quelqu'un qui ralentit la machine. Les liens entre individus sont encore plus ténus qu'avant. Les consultants, les personnes à temps partiel, les indépendants, les partenaires stratégiques et autres engagés à court terme constituent les synapses du monde du travail. Ce monde-là est changeant et les savoir-faire de communication plus adaptables et malléables. On travaille souvent dans des situations où il faut être productif sans pouvoir prendre le temps nécessaire à bâtir la confiance comme c'était possible auparavant. Le fossé entre ce que vous représentez et ce que vous fournissez peut créer une défiance instantanée et se terminer en une poignée de main d'au revoir. Prouver une réputation consistante en donnant aux autres le sentiment qu'ils obtiennent ce qu'ils demandent, crée une acceptation plus rapide, des synapses plus vigoureuses et plus d'opportunités. Et cela renforce votre capital réputation en ajoutant des cercles de confiance, ce qui est le moyen de vous introduire dans les plus belles opérations.

MAL GÉRER SA RÉPUTATION

Fin 1983, dans une salle de conférences de la maison de courtage Drexel Burnham, cinq membres du département des obligations à haut rendement, incluant le directeur Michael Milken, ont mis au point une idée qui a fait l'effet d'une véritable bombe. Il s'agissait de financer des OPA hostiles au moyen d'obligations à haut risque, sous-estimées, assises sur les actifs de la cible[6]. À cette époque-là les OPA hostiles étaient rares. En effet, reprendre une entreprise contre l'avis de ses dirigeants était considéré comme un acte très agressif et provoquait une levée de boucliers et vous faisait de nombreux ennemis. Ce domaine était réservé aux banques d'investissement, les agresseurs étaient généralement de grosses compagnies qui empruntaient pour en racheter des plus petites. Avec cette idée, il était désormais possible à beaucoup plus d'entreprises ou d'investisseurs, quelle que soient leur taille, de lancer une OPA sur une autre en utilisant les actifs de la cible comme nantissement des obligations à haut risque que Drexel vendait pour lever l'investissement.

Quand cette possibilité a été annoncée, au début de 1984, ça a fondamentalement modifié la nature des tractations d'entreprises. Tout à coup, des sociétés financièrement saines depuis longtemps voyaient leurs propres efforts se retourner contre elles. La manière dont se déroulent maintenant les affaires (ainsi que la faillite de nombreuses entreprises), découle de ce système.

Quand ils se sont rendus compte des énormes gains que rapportait ce nouveau jeu d'obligations à risque, beaucoup s'y sont précipités, y compris la plupart des maisons de courtage et de nombreuses entreprises de toute taille. Il y a eu tout de même deux exceptions de taille à cette orgie de bénéfices à court terme : la banque d'investissement Goldman Sachs a annoncé qu'elle ne financerait pas d'OPA hostile et Johnson & Johnson a décidé de ne jamais le faire. Pour quelle raison ?

La réputation.

« Notre PDG Jim Burke a déclaré que J & J ne prendrait jamais le contrôle d'une entreprise de façon hostile », m'a dit un jour Roger Fine de J & J. C'est un leader admiré et quelqu'un avec qui j'ai eu le privilège de travailler depuis les premiers jours de LRN. « Il voulait que nous ayons la réputation de ne jamais annoncer unilatéralement une OPA et de ne jamais faire ce que la direction d'une entreprise que nous convoitions n'aimerait pas. Ne croyez pas que nous soyons des enfants de chœur, J & J est une entreprise qui veut tirer des profits grâce aux opportunités du marché comme toutes les autres. Néanmoins, la théorie de Burke était que si notre réputation était de ne pas nous conduire de manière hostile, les gens préféreraient négocier avec nous plutôt qu'avec d'autres auxquels ils ne feraient pas confiance. »

Pourtant la réputation, de même que la confiance, n'est pas une nouvelle notion dans les affaires. On s'y est beaucoup intéressé depuis le milieu des années 1990. Les entreprises réalisent désormais ce qu'ont compris J & J et Goldman Sachs à l'époque : la réputation est un avantage concurrentiel. Leur réputation de négociateurs honnêtes et de respect pour l'autre comble le fossé d'incertitude entre eux et leurs interlocuteurs et leur permet de conclure les accords plus rapidement et avec moins de frictions. Maintenant tout le monde admet cet avantage. En 1998, Harris Interactive, une firme de recherches sur l'entreprise, en association avec Charles Fombrun, directeur exécutif de l'Institut de la Réputation de l'École des affaires Stern à l'université de New York, ont conçu le Quotient de Réputation, un outil de recherche établissant la perception de la réputation des entreprises. Depuis ils ont publié les résultats de cette évaluation dans la liste des 60 « entreprises les plus connues en Amérique » classées suivant leur réputation. Atteindre et conserver un niveau élevé de réputation pour son entreprise est en train de devenir la préoccupation majeure des leaders. Jeffrey Immelt, PDG de General Electric, l'a clairement exprimé dans la lettre accompagnant le rapport annuel de 2002. « Nous avons investi des milliards chaque année pour améliorer la formation, consolider notre conformité avec des normes éthiques et renforcer nos valeurs », écrit-il, « de manière à préserver notre culture et l'atout le plus important pour nous – notre réputation[7]. » Quand le financier Warren Buffet a repris la firme de courtage Salomon Brothers après que des fraudes aient menacé de couler la compagnie, il s'est excusé auprès du Congrès des États-Unis pour les fraudes de ses employés et a publié un avertissement sévère à quiconque s'aviserait de suivre leur exemple : « Si vous perdez de l'argent, je serai compréhensif, par contre si vous perdez ne serait-ce qu'une miette de réputation, je serai sans pitié[8]. »

Malheureusement, une bonne partie du récent intérêt pour la réputation provient du désir d'améliorer l'image de marque sur le marché, piloté par les services de relations publiques, de communication et les consultants. J'ai récemment googlé « gestion de la réputation » et j'ai obtenu 68 millions d'occurrences ainsi que 26 annonces publicitaires. Les stratèges en communication, les chercheurs, les avocats et les consultants de toute sorte ont surgi pour gérer et restaurer la réputation des entreprises. Les esprits malins et les penseurs de stratégies ont décomposé le concept en « 6 dimensions », « 18 lois intangibles » et les « fossés de communication » qui doivent être appris, maîtrisés et comblés.

Il est évident que le monde hyper médiatisé crée un espace pour la gestion de la réputation et la gestion des crises. Kryptonite a appris cette leçon de la façon la plus rude. N'oublions pas que les entreprises sont le résultat de beaucoup de sang, de sueur et de larmes. Quand les choses vont mal, beaucoup d'efforts et de ressources sont dilapidés : des pertes et des gaspillages réels, ainsi que la dégradation d'une valeur construite sur le dos des personnes. La réputation, telle que les actionnaires la considèrent, est l'extension de la marque et la bâtir est essentiel dans toute stratégie d'entreprise. Pourtant ce n'est pas exactement la marque et elle n'équivaut pas automatiquement à l'image de marque. Il suffit de penser à l'image de marque de compagnies comme Exxon Mobil, J & J, GE ou Microsoft. Elles sont connues de tout le monde, elles ont presque atteint la saturation par leur image de marque et pourtant elles ne partagent pas du tout le même niveau de réputation.

Le problème de l'approche externe de la réputation, comme celle de la confiance, c'est qu'elle considère la réputation comme une histoire à diffuser. La mentalité semble être la suivante : *L'entreprise est assiégée par les forces d'information et de transparence. Chacune doit avoir un plan de défense et un groupe d'experts prêts à se battre avec l'opinion publique, de manière pro active pour développer la marque et de manière réactive en cas de crise. Celui qui contrôle le message est le gagnant.* Cette manière de penser, enracinée dans le capitalisme de forteresse, n'a plus aucun succès de nos jours. Pour véritablement se développer dans le monde d'Internet, les entreprises doivent trouver comment opérer à *l'intérieur* des nouvelles conditions de transparence et d'interconnexion, s'épanouir *grâce à* elles et non *en dépit* d'elles. Même McDonald's, devenu une multinationale dans le monde prétransparent, a dû tenir compte de cette relation. « Nous accueillons la transparence », m'a dit le PDG Jim Skinner. « Cela signifie que tout le monde peut voir exactement tout ce que nous faisons. Les gens peuvent décider eux-mêmes si notre comportement ajoute de la valeur ou participe à notre réussite, et s'il fait partie ou non de l'intégrité et de la culture de notre entreprise. Cela ne veut pas dire que c'est atteint sans conflit ni questions sur ce que nous faisons. On peut toujours décider, pour un certain nombre de raisons, que l'on ne veut rien avoir à faire avec nous ou avec notre marque. Néanmoins, je ne veux pas que l'on puisse penser que notre réussite a été obtenue par des moyens qui ne survivraient pas à la transparence. La seule différence est que nous engageons maintenant tout le monde à le voir. »

Les grandes compagnies et les grands leaders savent désormais que leur réputation compte autant dans leur réussite que leur capital physique. Une récente étude de LRN sur le comportement d'achat a révélé que la moitié des Américains ayant un portefeuille d'actions supérieur à 401 000 dollars, ont déclaré ne plus les acheter dans certaines compagnies parce qu'ils mettaient en doute leur réputation[9]. Une bonne réputation vous rapproche donc de vos actionnaires, de vos clients, de vos employés ou de manière plus critique encore, des recrues.

Joie Gregor est vice-présidente de Heidrick & Struggles, l'un des principaux cabinets américains de recrutement de cadres de haut niveau. Beaucoup la considèrent comme une experte pour former des équipes de leaders. J'ai étroitement travaillé avec elle pour une embauche à LRN. Elle sait que la réputation de ses clients les précède sur le marché du recrutement. « Les candidats qui ont le plus de valeur examinent les entreprises et demandent : “Est-ce que c'est une compagnie valable ?” » dit-elle. « La plupart du temps ça ne concerne pas les résultats, c'est la culture qui les intéresse. Je ne pense pas avoir rencontré quelqu'un de grande valeur qui rejoindrait une entreprise qui n'apporte pas de considération à ses employés et qui hésite entre “c'est bien” ou “c'est mal”. Ils (elles) posent ce genre de questions, ils s'enquièrent de la réputation et s'ils ne se sentent pas en phase, ils ne postulent pas. »

Dans le monde du travail d'aujourd'hui, on se considère pour la plupart comme des indépendants. On ne reste à un poste et dans une entreprise qu'aussi longtemps que ses objectifs – et les bénéfices qu'on peut en tirer – sont vraiment en phase avec les nôtres. On ne peut plus garder les meilleurs uniquement avec une rémunération élevée ou des avantages en nature parce qu'on peut facilement trouver mieux de l'autre côté de la rue. En conséquence les « carottes » telles que les avantages divers deviennent très onéreux. Vous pouvez donner 20 € pour que les gens s'enrôlent dans votre vague et ils n'y resteront que tant qu'ils y trouvent leur compte. Les meilleurs, comme le fait remarquer Gregor, veulent quelque chose de plus, une relation bâtie sur des valeurs plus sûres que l'argent et la réussite.

« La réputation est ce que vous êtes », m'a dit Jeff Kindler, le PDG de Pfizer. « C'est votre caractère, votre marque, votre identité. Pourquoi travailler pour une compagnie plutôt qu'une autre ? Les gens qui ont un réel talent ne sont pas motivés par une différence minime sur leur fiche de paie, ils sont plutôt inspirés par quelques éléments très simples : (1) travailler là où ils trouvent des opportunités et des ressources qui leur permettent de grandir et de se développer sur le plan personnel ; (2) travailler avec des gens qui partagent leur système de croyances, leurs aspirations professionnelles et leurs idées de ce que l'entreprise peut réaliser et (3) travailler dans une entreprise qui améliore le monde suivant leurs idées. C'est ce qui les incite à vous rejoindre. Pour créer ce lieu, il faut avoir une culture spécifique, un caractère spécifique et un jeu de valeurs et d'objectifs qui soient en phase avec leurs motivations. »

Paul Robert est sorti du rang pour devenir conseil général et directeur des contrats et de la conformité chez United Technologies Corporation. À notre époque où les cadres talentueux comme lui sont très recherchés, il y a passé près de 20 ans. Ayant en mémoire ce que Jeff Kindler m'avait dit, j'ai demandé à Paul ce qui lui donnait envie d'aller travailler tous les matins. « Comme tout le monde, il faut que je me force à me lever », m'a-t-il répondu. « Parfois il fait froid, parfois c'est encore la nuit. Ce qui me motive c'est que je travaille pour une entreprise qui fait des prouesses. Elle motorise 50 pour cent des avions de ligne sur terre, qui transporte les gens qui rendent visite à leur Grand-Mère à Noël, au rythme d'un décollage et un atterrissage toutes les 12 secondes. Je travaille pour une compagnie qui a adopté un code d'éthique en 1932, écrit par Willis Carrier, le PDG de l'époque, dont les valeurs sont encore valables aujourd'hui. »

La réputation est aussi importante pour le recrutement à tous les niveaux, y compris à la base. David B. Montgomery de l'École des affaires de Stanford et Catherine A. Ramus de l'Université de Californie à Santa Barbara ont sondé plus de 800 diplômés de MBA de 11 écoles importantes, aussi bien européennes qu'américaines. De manière étonnante, plus de 97 pour cent ont déclaré être prêts à renoncer à des avantages financiers pour travailler dans une organisation ayant la réputation de bien se comporter. Combien étaient-ils prêts à perdre ? En moyenne 14 pour cent de leur rémunération. Bien faire les choses et s'intéresser aux employés viennent en 2e et 3e position de 14 critères que ces titulaires de MBA attendent d'un employeur potentiel, les plaçant pour 77 pour cent à la hauteur des critères de défi intellectuel et juste légèrement en dessous de la rémunération financière. « Nous avons été stupéfaits de ces résultats », a déclaré Montgomery, professeur de marketing stratégique doyen de l'École de commerce à l'université de management de Singapour. « Il n'y avait aucune étude empirique précédente qui montrait l'importance de ces facteurs de choix pour un travail[10]. »

Goran Lindah, l'ancien PDG du géant suisse ABB, l'exprime tout simplement : « Au bout du compte », dit-il, « les managers ne sont pas fidèles à un patron ou une entreprise en particulier. Ils le sont plutôt à un ensemble de valeurs en lesquelles ils croient et qui leur conviennent[11]. » Ces valeurs, que l'on voit dans le comportement et les performances, dans toutes les facettes du fonctionnement d'une entreprise, fournissent les briques et le mortier pour construire une réputation. C'est *l'ingrédient* invisible qui relie les gens ensemble plus puissamment qu'un gain à court terme. Au lieu de considérer que la réputation et la confiance font briller les murs de la forteresse, il faut maintenant penser que ce sont les moteurs du succès.

« La réputation n'est pas du vent, c'est le mélange de la réalité avec ce que les gens pensent de vous », explique Charles Fombrun de l'Institut de la Réputation[12]. Nous savons que le cerveau reconnaît exceptionnellement bien les messages contradictoires. Donc, l'intégrité est la composante nécessaire de toutes les représentations qu'on peut se faire d'une entreprise ou d'un individu. Si vos interlocuteurs repèrent une discordance ou un conflit apparent entre votre message soigneusement travaillé et la réalité de votre comportement, ils vont vous tourner le dos rapidement. La réputation est holistique et authentique. Elle comble les synapses interpersonnelles entre deux personnes ou deux entreprises aussi bien qu'entre une entreprise et ses actionnaires. Ça commence au niveau de l'individu et, ça s'étend jusqu'à l'organisation tout entière.

Les valeurs, la continuité, la réputation. Pour réussir il faut faire évoluer sa manière de penser et passer de la *gestion* de la réputation à son *obtention.* On ne peut pas tisser la réputation comme l'araignée tisse sa toile pour attraper des insectes. Il faut la construire, brique à brique – une communication et une interaction à la fois – pour former une structure capable d'abriter les aspirations de ceux qui veulent vivre dans l'entreprise. On ne peut pas prendre de raccourcis pour l'obtenir. Une réputation, on a une entière, ou pas du tout.

UNE SECONDE CHANCE

Alors qu'il est plus facile maintenant de faire évoluer sa carrière, on ne peut pas faire grand-chose pour améliorer sa réputation. En effet on la construit jour après jour et elle se construit avec le temps. Ce n'est pas une épitaphe, mais plutôt comme la moyenne de points marqués par un joueur de basket – très difficile à faire monter de plus de quelques points quand approche la fin de la saison. Il faut du temps pour devenir un meilleur joueur et améliorer son score au cours de sa carrière. La réputation prend maintenant de l'importance plus tôt dans la vie. Dans le temps on considérait qu'il fallait s'en préoccuper dans la deuxième partie de sa carrière, une fois qu'on avait réussi. Désormais les employeurs examinent les pages MySpace de candidats fraîchement diplômés. Elle se bâtit pas à pas à partir de chaque interaction, chaque acte et chaque événement tout au long de sa vie. Même Steve Wynn, dont la réputation s'est faite sur des réussites importantes, dit qu'elle concerne toutes les petites choses dans l'impression d'authenticité et de simplicité que l'on donne à chaque interaction. À l'époque où la réputation se construit sur l'honnêteté, il faut agir correctement du premier coup.

Quand Drexel Burnham a fait faillite et que le marché boursier des années 1980 s'est effondré le Lundi Noir en 1987, Michael Milken est devenu l'homme de la décennie en matière de cupidité professionnelle. Il a payé un lourd tribut à cause de son idée qui avait paru géniale. Pourtant ce génie de la finance n'était pas tout à fait le conspirateur machiavélique que la presse, la Commission de Vérification des Affaires en Bourse et les procureurs ont voulu faire de lui. (L'ancien maire de New York Rudolf Guliani, procureur général de l'époque, a exprimé son soutien pour sa demande de réduction de peine[13].) Des années en prison, l'amende la plus importante de toute l'histoire de la bourse américaine et l'interdiction pour toute sa vie de faire ce qu'il faisait le mieux, ont ruiné sa vie professionnelle et sa réputation[14]. Aujourd'hui, des années plus tard, ses efforts philanthropiques dans la recherche contre le cancer et l'éducation à travers la Fondation de la Famille Milken, l'aident à restaurer sa réputation[15]. Il semblerait que Milken ait évolué : d'homme motivé par le succès, il s'est transformé en quelqu'un recherchant un sens à sa vie. En transférant son attention de sa propre personne vers les autres, il a trouvé lui-même sa rédemption.

La réputation, toujours elle !

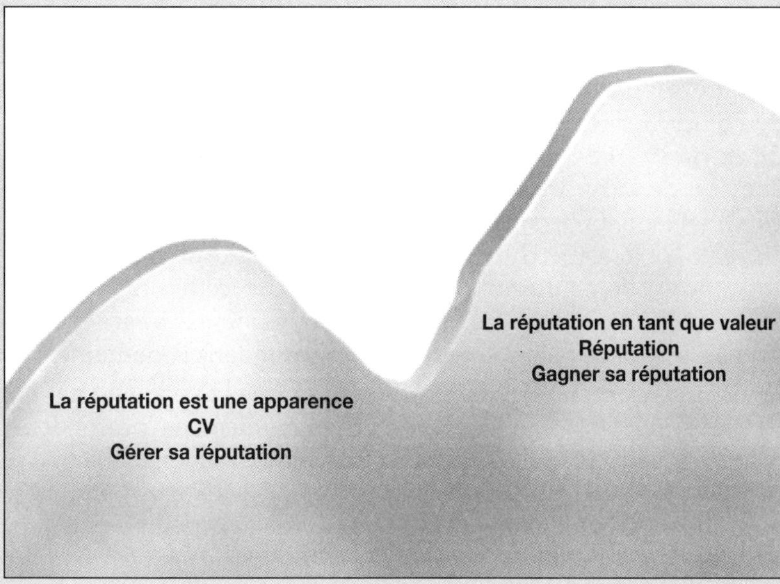

Il est difficile d'avoir une deuxième chance dans un monde transparent. Il est plus facile à n'importe qui de vous faire trébucher et dans ces temps d'incertitudes, difficile d'accorder sa confiance une fois qu'elle est brisée. La chute de l'échelle de la confiance est souvent longue et l'atterrissage particulièrement dur. La réputation est le seul antidote connu. Elle peut vous vacciner, à un certain degré, contre le malaise des autres lorsque la suspicion s'introduit dans une relation, en vous procurant le bénéfice du doute.

Dans un *monde connecté et* transparent, bien se conduire signifie évoluer depuis la gestion de sa réputation vers sa construction dans tous ses actes. Une bonne réputation est semblable à une corde et un piton pour un grimpeur. Même s'il connaît bien la montagne, il peut glisser et parfois tomber. De toute façon, quand les conditions deviennent difficiles, seule une corde solide et bien accrochée permet de ne pas tomber trop brutalement.

Mes relations avec Marlboro

- En 2001, David Greenberg est devenu vice-président et directeur de la conformité de Altria Group, Inc., la société mère de Kraft Foods et de Philip Morris, entre autres[16]. « Quand j'ai commencé », m'a-t-il dit en riant, « ce que je savais de la conformité et de l'éthique tenait dans un dé à coudre. À l'époque, la seule formation dispensée par Altria en la matière consistait en l'intervention d'avocats présentant les règles et les procédures. » David a été chargé de créer un processus efficace de conformité et d'éthique pour cette organisation de plus de 190 000 employés en plein développement et s'est alors dirigé vers les solutions technologiques émergeant dans le domaine.
- Nous nous sommes revus récemment et nous avons évoqué notre relation qui s'est révélée être un cheminement en profondeur et chargé de sens. Je tiens à relater cette histoire parce qu'elle m'a permis de vérifier la plupart des principes et des valeurs importants pour moi et parce qu'elle projette un bon éclairage sur beaucoup de notions déjà présentées.
- David a contacté LRN et nous avons engagé des discussions. Altria, en tant que société mère de Philip Morris, le fabricant de cigarettes, doit relever sa réputation parce que, aux yeux de beaucoup de gens, elle a trompé de nombreux clients au sujet de ses produits et trahi leur confiance. Cependant LRN ne s'occupe pas du QUOI, elle s'intéresse au COMMENT, en aidant nos clients dans leur cheminement vers la correction de leurs COMMENT. Quand David nous a contactés, j'y ai vu une véritable opportunité pour un engagement constructif avec sa compagnie de manière à reconstruire la confiance en améliorant leurs COMMENT.
- Après une évaluation générale, David a lancé une procédure très formelle, contactant différentes entreprises pour qu'elles présentent leurs compétences. LRN n'avait alors que sept ans d'existence, pourtant nous étions leader dans notre activité et en plein développement. David était un leader dans son domaine et avait mis au point un processus très rigoureux de comparaison pour décider ce que désirait Altria et avec qui elle voulait travailler. Il a rassemblé un comité de sélection et formulé des exigences à tous les candidats potentiels. À cette époque, la plupart de nos contrats avec des compagnies importantes n'avaient pas été conquis de haute lutte sur des appels d'offres aussi stricts, nous les obtenions plutôt de gré à gré. De toute façon Altria était pour nous un Goliath et travailler avec eux aurait été très bénéfique pour notre développement.

➤

– Sans que nous le sachions, six mois plus tôt, David avait engagé un petit cabinet de consultants pour obtenir des conseils dans le domaine de la conformité et plus spécifiquement pour affûter ce processus de choix. C'est alors qu'un membre de notre service commercial m'a indiqué que les directeurs de ce cabinet de consultants avaient une part importante d'actions dans l'une des sociétés en concurrence avec nous pour le e-learning. « Ils ont été clairs à ce sujet », m'a dit David, « et j'ai pensé que c'était un avantage pour nous. Altria est une entreprise gérant des centaines de milliards de dollars et va toujours dans le sens de son intérêt. Ces partenaires connaissaient bien le secteur et pouvaient nous aider à atteindre rapidement notre vitesse de croisière, de plus je m'estimais capable d'évaluer tout éventuel conflit d'intérêts. Le formalisme que j'avais mis en place me confortait encore. Nous avions un comité, un processus très élaboré, des standards et des critères de sélection et beaucoup de personnes dans la prise de décision qui n'avaient aucune relation professionnelle ou d'intérêt financier avec le cabinet consultant. »

– LRN avait investi beaucoup pour bien connaître David et son équipe. Nous pensions que notre proposition était bonne, que nous serions un bon partenaire pour Altria et nous étions très excités à l'idée de le devenir. Pourtant la présence de ce cabinet de conseil nous paraissait être vraiment un conflit d'intérêts et, quand nous l'avons découvert, nous nous sommes posés de nombreuses questions sur ce qu'il convenait de faire. En situation de concurrence, on n'a évidemment pas envie de dévoiler ses secrets, ni de voir quoi que ce soit que l'on considère comme étant sa propriété passer entre les mains d'un concurrent. S'il obtenait les mots de passe et les identifiants, il aurait ainsi accès à nos cours de formation et pourrait découvrir nos outils et notre approche de la formation des adultes ainsi que la conception de nos manuels. Il aurait donc en main des éléments qu'une entreprise fait tout son possible pour protéger. Nous étions d'autant plus troublés qu'Altria ne nous en avait pas fait part au début du processus de choix et que nous l'ayons découvert nous-mêmes.

– J'ai donc contacté David, pour qui j'avais acquis du respect et je lui ai fait part de notre gêne. Je lui ai expliqué que nous pensions que la situation ressemblait à un conflit d'intérêts et que, même si le conflit n'était pas avéré, nous nous sentions en position de faiblesse. Nous avons beaucoup discuté. David trouvait que ça ressemblait à faire appel à un avocat de niveau national pour choisir un conseil local et personnellement, je pensais que c'était comme si on employait un producteur de tabac pour choisir son fournisseur de tabac. Finalement David a proposé un compromis qui consistait à exclure le conseil quand nous parlerions de prix et quand nous donnerions nos mots de passe. C'était raisonnable et j'ai accepté.

– Un peu plus tard, nous avons reçu un e-mail demandant nos mots de passe et le cabinet de conseil d'Altria était sur la liste de distribution. La discordance avec les règles de base que David avait élaborées était une entorse à la procédure. Nous n'étions plus certains que notre vulnérabilité soit protégée, même si c'était uniquement une question administrative. « Je pensais pouvoir contrôler les informations et ce n'était pas vrai », a dit David, « Quelqu'un a dû appuyer sur la touche « Répondre à tous » pour un e-mail qui a atterri dans les mains d'une personne qui ne connaissait pas notre accord et qui l'a renvoyé innocemment. » Nous nous sommes demandés pourquoi ces conseils cherchaient cette situation potentiellement conflictuelle, ils ne devraient pas *vouloir* nos mots de passe. Ces problèmes nous perturbaient et diminuaient notre motivation ainsi que notre confiance en Altria : pouvions-nous vraiment leur faire confiance ?

– J'ai passé beaucoup de nuits blanches à cause de la situation. D'un côté il est difficile de dire à une multinationale classée dans les 10 premières par *Fortune* d'aller se faire cuire un œuf. On préfère l'avoir comme client et surtout ne pas laisser un concurrent l'obtenir. Nous étions une compagnie leader et nous pensions avoir la solution qui leur convenait. Est-ce que je pouvais sacrifier un gros contrat et tout ce que ça signifiait pour LRN, sur l'autel des principes ? De l'autre côté, quelque chose s'attaquait profondément à mon système de croyances. Même si les gens d'Altria ne voyaient pas la situation comme un conflit, David et son équipe ne semblaient pas pouvoir admettre le fait que c'en était un pour nous.

– Finalement, je suis arrivé à la conclusion que les conseils ne pouvaient pas participer au choix. Il y avait un conflit et pour pouvoir avancer il fallait qu'ils se retirent. J'ai alors téléphoné à David pour lui exposer mon point de vue. Je lui ai expliqué que, même si Altria avait une autre opinion, nous considérions que c'était un conflit qui nous mettait dans l'incapacité de travailler. Que nous serions incapables, lors d'une réunion, d'être ouverts et transparents, de discuter de nos forces et de nos faiblesses et des actions futures, ou de dire à Altria tout ce qu'il fallait qu'ils sachent pour comprendre qui nous étions.

– David m'a écouté et m'a cependant répondu qu'il en avait parlé à d'autres personnes autour de lui et que son groupe estimait que ça pouvait très bien fonctionner. « Je n'étais pas le seul à décider, néanmoins j'étais le leader du groupe », m'a dit David, « j'étais vraiment convaincu que c'était le meilleur qui gagnerait, bien que tout ce que tu me disais soit théoriquement la réalité. » Je pense que nous étions en train de négocier dans deux réalités différentes, dans la mienne – probablement arrogante – je ne pensais pas que quelqu'un se retirerait de cet appel d'offres pour nous. L'affaire était trop attractive et notre réputation de qualité et de performance devraient normalement convaincre que, en dépit des relations et des participations, nous allions choisir le meilleur pour Altria. »

– J'en ai parlé avec l'équipe dirigeante de LRN. L'enjeu était important, aussi bien pour l'entreprise elle-même que pour les individus qui la composaient. J'ai pris la décision de prévenir formellement David et Altria de notre retrait. C'était une décision difficile et pénible. J'ai envoyé une lettre dans laquelle j'ai pris la peine de ne pas mettre en cause leur intégrité ni leur leadership. J'ai simplement expliqué que je pensais qu'il y avait un conflit, que nous y avions beaucoup réfléchi et qu'en fonction de nos valeurs, de nos croyances et de la culture de notre entreprise, nous estimions que la seule chose à faire était de nous retirer.

– « Sur le coup, j'ai été choqué », a dit David. « Je ne comprenais pas. Je pensais que mon honnêteté et ma capacité à mener une sélection équitable et à faire la meilleure chose pour la compagnie étaient mises en cause. Je ne pouvais pas accepter que les termes du courrier voulaient simplement dire ce qu'ils disaient. Je trouvais cela irrationnel parce que je pensais que LRN allait gagner. Je ne comprenais pas ce qu'il y avait réellement derrière. Puis j'ai pensé que c'était peut-être une tactique et qu'en attirant notre attention sur ce problème, LRN essayait de contrôler le processus, de nous mettre sur la défensive et d'en tirer avantage, de se différencier en étant *intelligent*. Il ne m'est pas un instant venu à l'idée que c'était simplement une question de principe. »

– David m'a appelé à la suite du courrier. « J'ai pensé qu'il était du devoir d'Altria de ne pas laisser une entreprise de qualité se retirer du processus », m'a-t-il dit. L'appel m'a surpris, le courrier n'appelait pas de réponse et il n'était pas obligé de le faire puisque j'avais écrit : « Nous nous retirons. » et non : « Appelez-moi si vous voulez en discuter. » David, toutefois s'est mis en colère pendant la conversation téléphonique et m'a demandé si je mettais en doute son intégrité. Peut-être parce qu'il pensait que nous voulions jouer au plus fin, il a trouvé ma position insultante. J'ai eu beaucoup de mal à lui expliquer que ce n'était pas une attaque personnelle, qu'il s'agissait simplement du système de valeurs de LRN et non de sa propre intégrité. « C'était difficile de ne pas prendre la chose personnellement », a dit David : « Je réalisais que j'étais le responsable de l'éthique et que quelqu'un me faisait remarquer qu'une de mes actions ressemblait à un sérieux conflit d'intérêts. J'étais mal à l'aise, sur la défensive… » Nous avons terminé la conversation en étant d'accord sur notre désaccord et nous en sommes restés là.

– En y repensant je crois que nous n'avons pas été suffisamment humains ni l'un ni l'autre. C'est habituel dans les affaires, on se considère comme des acteurs et non comme des êtres humains. Je voyais David en tant qu'homme d'affaires, le genre de personne qui était tout de suite passé à une autre tâche à la fin du coup de téléphone ; je n'aurais jamais pensé que je pouvais le heurter ou qu'il pourrait se sentir insulté. De l'autre côté il ne me considérait probablement pas comme quelqu'un d'angoissé capable de passer des nuits blanches pour une question de principe. « Pour moi, vous étiez un bilan sur pieds », m'a dit David, « ou un compte de résultats. Je n'arrivais pas à croire que nous avions réellement transgressé une valeur importante de LRN. »

– Quelques années ont passé, Altria a choisi une autre entreprise. Nous y avons beaucoup perdu, eux autant que nous. J'estimais que l'entreprise choisie aurait dû se retirer comme nous et je me disais quand ça allait mal qu'ils se méritaient peut-être. « Je me suis dit que la vie était longue et qu'on avançait », m'a dit David, « Aucun de nous n'avait franchi de ligne ou n'avait dit quoi que ce soit qu'il pourrait regretter par la suite, nous sommes restés professionnels. » David est devenu un leader et même une sorte de gourou dans son secteur. Il était souvent invité dans des conférences à exposer ses progrès à Altria (ce qui, bien sûr, augmentait mon regret de ne pas avoir conclu avec lui). C'était bizarre, nous prenions la parole lors de conférences et de réunions, lui et moi et nous ne discutions pas ensemble. Nos réputations respectives croissaient et j'étais impressionné par son implication et sa passion, il paraissait être quelqu'un de bien.

– Un jour j'ai reçu un appel de David proposant de nous rencontrer. « Quand je l'ai appelé », a expliqué David, « LRN développait un produit nouveau, différent et que personne d'autre ne proposait. Je ne suis pas dogmatique et je ne pense pas être infaillible, m'intégrant de plus en plus à Altria, j'ai commencé à comprendre beaucoup de choses que je ne savais pas au début. Je voulais qu'Altria se procure les meilleurs outils, donc je l'ai contacté en dépit de ce qui s'était passé. Pour moi c'était *la* chose à faire. »

- Bien que je n'avais pas encore digéré l'affaire, j'avais pensé qu'après tout il ne s'était rien passé de grave et tourné la page. Nous avons donc mis au point une présentation adaptée aux besoins d'Altria et organisé des réunions entre nos équipes. David a vérifié en détail notre approche et la solution spécifique que nous proposions. Nous avons travaillé ensemble et David m'a même fait l'honneur de me faire intervenir à l'une des conférences sur le leadership global à Altria. « Nous avions alors mis le passé de côté », a dit David, « et nous travaillions uniquement de manière professionnelle. Pour mon équipe c'était un événement d'inviter Dov à prendre la parole à une de nos réunions. Pour deux raisons : d'abord et c'était l'essentiel, je pensais que ça serait instructif. Ensuite je trouvais qu'il était bon de dire à tout le monde : « Je suis personnellement capable d'évoluer et il ne faut pas rester bloqués sur des questions de personnes ou d'histoire ancienne quand il s'agit de faire ce qu'il faut pour l'entreprise. Nous avons eu une expérience malencontreuse avec LRN qui a pu laisser quelques traces. Cependant c'était il y a quelques années et maintenant nous allons faire ce qu'il faut faire. »
- Nos deux équipes ont ensuite dîné ensemble. David a partagé ses vues sur le leadership et ce qu'il attendait des jeunes cadres supérieurs chez Altria qui étaient envoyés à l'étranger puis revenaient. C'était un véritable échange au sujet des perspectives des affaires importantes, des multinationales et du leadership en général. Nous avons pu approfondir notre connaissance mutuelle ce soir-là. David a démontré sa capacité à être vulnérable, à réfléchir en face de ses collègues et sa grande humilité.
- Peu de temps après, nous avons dîné en tête à tête et j'en ai profité pour lui montrer « le modèle du leadership » de LRN, autour de laquelle nous avons bâti l'entreprise et je me suis enflammé. Je lui ai expliqué nos idées sur le leadership basé sur les valeurs, notre engagement sur nos croyances et comment ce schéma gouverne notre manière de faire. C'était une soirée riche au cours de laquelle nous nous sommes véritablement ouverts l'un à l'autre. « Au moment où nous sommes sortis du restaurant », a commencé David, « J'ai eu une révélation, j'ai arrêté Dov dans la rue et je lui ai dit : "Tu sais, je viens juste de découvrir que tu crois réellement ce que tu dis et que tu as vraiment agi en fonction de principes à l'époque. Je n'y avais jamais cru jusqu'à maintenant." » C'est à cet instant que j'ai senti que nous nous comprenions, nous n'étions plus des acteurs, nous commencions à nous considérer comme des êtres humains. Altria et LRN ont cessé d'être des compagnies engagées dans une transaction commerciale et ont lancé une vague ensemble.

➤

– Nous avons alors commencé une relation tous azimuts de collaboration et d'innovation. À cette époque, le contrat initial d'Altria expirait et ils ont lancé un nouvel appel d'offres formel. « Il était devenu clair », a dit David, « qu'en fonction de la façon dont LRN se considérait et travaillait, ils avaient plus de chance de savoir comment traiter les affaires en respectant des valeurs et de faire ce qu'il fallait. » J'ai alors compris que David et moi avions réussi à nous redécouvrir et à nous connecter, même si c'était par inadvertance et que cela avait créé une atmosphère permettant à nos équipes respectives de travailler de façon efficace – avec confiance et compréhension – et de construire un partenariat susceptible d'apporter des solutions basées sur les valeurs aux opérations à l'export d'Altria.
– David et moi avons construit notre relation petit à petit dans le temps, en apprenant à nous connaître et en comblant le fossé qui nous avait séparés sur le plan professionnel. Nous nous étions débattus tous les deux dans la vallée du C et ce à quoi nous tenions le plus – nos principes, notre intégrité, notre réputation, notre honnêteté – avaient été sévèrement éprouvé. Pourtant, malgré ces défis durant le voyage, aucun de nous n'a renié ce à quoi il croyait le plus ; nous avons conservé nos bons COMMENT. Des années après, nous avons pu nous reconnecter parce que, bien qu'éprouvées, nos synapses n'ont jamais été réellement brisées. Chacun sentait quelque chose de fort et authentique en l'autre et donc, avec le temps et la réflexion, nous avons pu reconstruire ces connexions. Bien que la vague soit tombée à l'eau lors de la 3e période (référence au base-ball, Ndt), à la 7e (le base-ball en compte 9, Ndt), nous étions tous debout en train de crier nos encouragements.

PARTIE IV

COMMENT NOUS DEVRIONS GOUVERNER

INTRODUCTION : INNOVER DANS LE COMMENT

Les affaires ressemblent à un récipient contenant les résultats des efforts de l'être humain. On y trouve toutes nos aspirations : le sens, la réussite, l'excellence et la contribution à l'amélioration de notre situation. Il y a aussi la cupidité, l'égoïsme, la convoitise, la consommation, l'exploitation et quantité d'autres aspects moins appétissants. Par ailleurs, une entreprise est constituée pour obtenir un objectif impossible à atteindre par un individu seul – un meilleur service aux autres, un produit plus complexe ou une avancée significative du savoir. Pour que les affaires atteignent leur expression la plus grande et atteignent leurs buts les plus élevés, elles doivent s'organiser de manière à libérer le plus possible de forces chez les individus. Chaque groupe organisé doit relever le défi d'accomplir son but en attirant les meilleurs et en les incitant à donner le meilleur d'eux-mêmes en leur proposant une récompense suffisante – financière ou non.

Dans la partie I, nous avons montré les facteurs qui ont fondamentalement modifié le monde des affaires, portant l'attention sur la manière dont nous faisons ce que nous faisons. Dans les parties II et III, nous avons examiné en détail ces nouveaux COMMENT et exploré les manières, en tant qu'individus et groupes, de maîtriser nos agissements et de réfléchir à un monde pouvant s'aligner sur ces nouvelles réalités. Ces trois parties forment donc une nouvelle façon de voir et de réagir aux défis quotidiens. Il reste une question fondamentale : si le COMMENT est le nouveau carburant de la connexion et de la réussite, pouvons-nous concevoir un nouveau principe d'organisation, un nouveau lien afin de constituer des groupes, des équipes et des organisations à même de lancer des vagues ? En d'autres mots, pouvons-nous intégrer le COMMENT de façon horizontale dans tous les aspects de nos organisations et étendre son influence à tout ce que nous faisons ?

Pour illustrer mon propos, revenons au concept qui a eu un effet similaire dans la transformation des modes de travail au vingtième siècle, que je considère comme les COMMENT du QUOI. Depuis la moitié des années 1980, le management a intégré les concepts de démarche qualité et de réingénierie de processus. Cette évolution a été lancée par le succès des techniques japonaises de production. Auparavant le reste du monde restait bloqué dans le marécage du triangle de la production (voir la figure IV.1)

Figure IV.1 – Le triangle de la production

Chaque point du triangle représente un critère : la qualité (de préférence bonne), le délai (court) et le coût (bas). L'idée principale était que l'on ne pouvait en obtenir simultanément que deux : si la qualité est bonne et le délai court, ce sera cher, si c'est bien et économique, ce ne sera pas rapide et si c'est rapide et économique, ce ne sera pas de bonne qualité. Le piège était que la qualité était prise en compte uniquement en fin de fabrication où on inspectait les produits en rejetant ceux qui étaient défectueux. S'il y avait 20 étapes de fabrication, la qualité était la 21e. L'amélioration de la qualité augmentait le coût du produit parce qu'on en rejetait un plus grand nombre en bout de chaîne. On considérait la qualité uniquement sur le plan esthétique, comme une caractéristique sans forme, impossible à quantifier ou à mesurer. On pensait : « Je sais reconnaître la bonne qualité quand je la vois et pourtant c'est tout à fait subjectif. » Il n'existait aucun terme spécifique pour la qualifier.

Les Japonais ont réfléchi à ces concepts et se sont aperçus que les défauts de qualité étaient provoqués par un manque d'efficacité. Ils ont alors décidé de privilégier la qualité dans la production et ont conçu pour ça un nouveau mode opératoire qui fabriquait des produits de grande qualité plus efficacement et plus économiquement. Ils ont obtenu ce résultat en décentralisant la responsabilité de la qualité depuis le sommet de la pyramide de production, comme les assembleurs de voitures Toyota et Mitsubishi, vers les fabricants de composants. Ils ont alors investi les économies réalisées dans la collaboration étroite avec leurs sous-traitants pour améliorer la qualité sur les lignes d'assemblage. Ils ont, tout à coup, étés capables de produire plus vite à un coût moindre, au grand étonnement du reste du monde. Et ont commencé à gagner des marchés en utilisant la qualité comme argument de vente[1].

Le reste de l'industrie a immédiatement suivi. Ford a proclamé la qualité : « 1re préoccupation[2]. » Des titans comme General Electric ont adopté les concepts de qualité totale pour modifier de fond en comble leur culture de fabrication[3]. La qualité n'était plus le domaine réservé du service assurance/contrôle qualité, elle est devenue la responsabilité de tout le personnel à tous les niveaux. Le pouvoir est descendu du haut de la pyramide jusqu'à sa base : tout le monde, à n'importe quelle étape du processus, pouvait arrêter la chaîne s'il estimait qu'il pouvait y avoir un problème de qualité. En *intégrant* la qualité à toutes les étapes, les entreprises de tous types se sont débarrassées des ratés d'efficacité et ont donc fortement augmenté leur productivité.

L'intégration de la qualité a libéré l'Occident de la tyrannie du triangle de la production en modifiant les relations entre délai, coût et qualité. Les entreprises pouvaient désormais répondre aux trois critères simultanément. Aujourd'hui c'est devenu le seul moyen d'être compétitif et de gagner. Un ordinateur Dell n'est pas seulement moins cher. Sa qualité est la même que ceux que fabrique IBM à un coût nettement plus élevé. Southwest Airlines propose les mêmes vols que les grandes compagnies, avec les mêmes contraintes réglementaires et de coût, tout en ayant trouvé une meilleure méthode pour rester rentable dans un marché difficile. Elle a augmenté la rotation de ses avions, a amélioré leur fiabilité et propose un service de grande qualité à un prix inférieur.

Comment cela s'est-il passé. Comment cette qualité esthétique a-t-elle été transformée en un processus mesurable ? D'abord les industriels ont cherché à comprendre en détaillant les modes opératoires. En étudiant les différents facteurs agissant sur la qualité, ils ont déterminé leurs incidences respectives et les ont intégrées dans un processus de fabrication. Ils ont démoli les murs du service assurance/contrôle de qualité et injecté la qualité dans la totalité du système. L'industrie a pu, dans ce processus, s'approprier cette chose immatérielle et amorphe puis la quantifier en différents niveaux. Elle a donné des récompenses pour la qualité, en a fait prendre conscience au monde entier et l'a monnayée. Les consommateurs ont commencé à s'intéresser aux statistiques de fiabilité et à la réputation d'une entreprise pour la qualité de ses produits. Le marché a immédiatement réagi au flot de renseignements sur la fiabilité des produits. Les entreprises ont gagné ou perdu des contrats sur ces bases. La croissance économique fantastique depuis cette époque repose largement sur la révolution dans les COMMENT des QUOI de l'industrie.

Cette approche de la qualité – reposant sur la quantification, l'information en temps réel et une vigilance permanente, qui apporte aux entreprises un contrôle complet sur le personnel, les procédés et les informations, qui a un impact sur la fabrication, les ventes et toutes les autres composantes de l'activité – peut être appliquée aussi aux COMMENT du comportement humain. Pour nous épanouir dans le monde à venir, nous devons avoir une approche de la manière dont les COMMENT interpersonnels fonctionnent dans nos organisations, semblable à celle que nous avons eue vis-à-vis de la qualité. Il faut construire des synapses vigoureuses entre les personnes, aligner le personnel dans un même TRIP, créer un contexte dans lequel on peut lancer plus de vagues et développer des approches intégrant ces valeurs aux efforts du groupe. Pour cela il est nécessaire de comprendre en détail le mode de fonctionnement d'un groupe, c'est-à-dire sa *culture*.

Il existe à peu près autant de cultures organisationnelles que de groupes de travail ; même si certaines se ressemblent, elles ont toutes des particularités. Une culture spécifique se crée dans chaque groupe de travail : que ce soit un conseil d'administration, une business unit ou n'importe quelle équipe de travail. Traditionnellement ce sujet – ce qui constitue la culture d'entreprise, comment elle se crée, comment elle agit sur les performances du groupe et comment on peut la faire évoluer – a été longtemps considéré comme un autre élément sans forme tangible et chasse réservée d'un petit nombre de dirigeants au sommet de l'organigramme.

Pourtant, dans le monde du COMMENT, on ne peut plus les cacher. Chacun doit apprendre à innover dans le COMMENT nous faisons ce que nous faisons et non seulement dans celui du processus. Nous travaillons de plus en plus en équipes. Nous avons la possibilité de diriger et de lancer des vagues et nous influençons la culture du groupe quotidiennement. Les possibilités du monde relié par Internet rendent la compréhension de ces points de la plus grande importance à quiconque veut se développer. Dans cette partie nous allons montrer ce qui motive les groupes. Pour réussir, chacun doit élargir sa manière de considérer ceux avec lesquels il travaille pour intégrer les questions de gouvernance et de culture.

Chapitre 10

LA CULTURE

Je me suis rendu compte, à IBM, que la culture n'est pas seulement un aspect du jeu, c'est l'essence même du jeu.
Lou Gerstner, ancien PDG d'IBM

L'usine de montage de moteurs d'avions de General Electric, à Durham en Caroline du Nord, produit certains des moteurs les plus puissants et les plus complexes sur le plan technique. L'usine n'a rien de remarquable vue de l'extérieur : elle comprend deux hangars d'environ 15 000 m^2 au sol sur 250 hectares de terrain. Avant l'installation de GE, c'était une centrale de production de vapeur et les murs de tôle ondulée aussi bien que les planchers en béton ne laissent rien paraître de sa technologie d'avant-garde. Il n'y a pas de bureaux, pas de lieu de détente, ni de restaurant raffiné. Chaque année, plus de 400 moteurs y sont fabriqués, destinés à la motorisation de gros porteurs tels que le Boeing 777 et l'Airbus 320 ou encore qu'Air Force One. Chaque moteur pèse plus de 4 tonnes et comprend plus de 10 000 pièces, toutes assemblées avec une précision extraordinaire[1]. Des boulons de quelques grammes doivent être serrés à un couple précis avec une clé dynamométrique, des joints d'étanchéité d'un mètre de diamètre ne doivent pas avoir un défaut de plus d'un centième de millimètre sous peine de fuite, pouvant entraîner une catastrophe. La vie de centaines de passagers repose sur leur perfection.

La nature spécifique de GE/Durham tient à ses COMMENT et non à ses produits eux-mêmes, comme le montre un article remarquable dans le magazine *Fast Company*[2]. Plus de 200 personnes y travaillent, dont l'immense majorité sont des mécaniciens agréés par l'Administration Fédérale de l'Aviation. Ils travaillent en équipes de moins de 20 personnes, avec pour seule instruction de la direction la date à laquelle leur moteur doit être terminé. L'équipe décide tout le reste, depuis la réception du premier composant jusqu'à l'expédition du moteur terminé. Chaque équipe désigne un de ses membres pour participer à neuf conseils traitant des questions de ressources humaines, des matériaux et de la formation. Les participants tournent et chaque réunion de conseil traite des principes de sécurité, de qualité, de personnel et des processus de fabrication.

Beaucoup de choses n'existent pas à Durham : pas d'horloge par exemple. En dehors de la réunion quotidienne permettant aux deux équipes de synchroniser leur travail, ils vont et viennent comme bon leur semble. Il n'y a pas d'équipe de nettoyage, chacun nettoie et l'endroit est impeccable. Il n'y a pas d'armoires fermées à clef pour les outils. Si on fait confiance à des gens pour construire des moteurs d'avion, on peut leur faire confiance pour qu'ils ne volent pas une clé dynamométrique. Le seul patron est le responsable de l'usine à qui chacun fait son rapport, ou plutôt, ne fait *pas* de rapport.

Pour fabriquer les machines les plus sophistiquées au monde dans un contexte de confiance et de communication élevées, il n'y a qu'un patron. Que fait-il (elle) ? Paula Smith, qui a tenu le poste pendant quatre des six années de fonctionnement de l'unité, indique qu'elle s'est focalisée sur les points fondamentaux que sont la croissance et l'amélioration. Elle se préoccupait aussi de la spécificité de Durham, c'est-à-dire la confiance. Elle a appris sa leçon de façon rude. « Peu après mon arrivée », dit-elle, « un employé est venu me dire : "Paula, il ne sert à rien de vérifier que nous faisons ce que nous avons décidé de faire. Si on dit qu'on va faire quelque chose, on le fera." J'ai alors compris qu'en vérifiant l'avancement, j'envoyais le message que je ne leur faisais pas confiance. »

Cette culture, qui paraît ne pas être gouvernée, a obtenu des résultats remarquables dans sa courte vie. En cinq ans, à la fin des années 1990, GE/Durham a réduit de 50 pour cent le coût d'assemblage d'un moteur et de 75 pour cent les défauts de qualité. Un moteur sur quatre est expédié avec un défaut minuscule – généralement cosmétique – comme une rayure ou un câble mal aligné. Le reste est *parfait*. En 1999 ils ont ajouté un nouveau moteur à leur fabrication, le CFM 56, utilisé par 40 pour cent des avions transportant plus de 100 passagers, qui était produit dans d'autres usines de GE depuis des années. En neuf semaines, ils ont livré leur premier moteur, 12 à 13 pour cent moins cher que les usines qui la fabriquait depuis longtemps. Bob McEwan, directeur de l'usine d'Evendale où ils fabriquaient le même moteur, a été stupéfait. « On n'entend pas parler de notices d'amélioration des modes de fabrication à Durham », a-t-il déclaré à *Fast Company* dans le rapport d'activité de 1999, « ils sont constamment en train d'améliorer… Ils rangent leurs joints dans des supports comme des jetons de poker dans des plateaux, ce qui fait qu'on trouve facilement le joint dont on a besoin. Ce sont des détails comme ça. Ils ne demandent d'autorisation à personne – ils le font. On peut en faire plus là-bas en une semaine qu'ici en un an. » Ils ont encore une qualité : en 2002, Evendale a rejeté 1 tonne de substances chimiques toxiques dans l'air alors que Durham n'en rejetait que 10 kg[3]. En octobre 2005, ils en étaient à huit ans sans un accident du travail. Ils travaillent bien, proprement et en toute sécurité.

À la vue de ces performances incroyables, on suppose que GE/Durham propose un système de récompenses très motivant, ou tout au moins de participation aux gains qui incite à réduire les coûts et améliorer la qualité. Pourtant ce n'est pas le cas. La grille de rémunération est réduite à 3 échelons basés sur le savoir-faire technique et la formation. La seule incitation financière est la diversification vers ce qu'ils appellent la « multidisciplinarité » qui permet d'assurer la continuité technique lorsqu'ils partent en congé. De plus, personne ne cherche à passer à un stade d'encadrement intermédiaire, parce qu'il n'y en a pas. Les mécaniciens sont responsables de toute la programmation, des commandes, de la gestion de la fabrication et des expéditions. Et ils se sentent responsables. « C'est important », explique Bill Lane, « J'ai une gamine de trois ans et je pense que chacun des avions pour lesquels nous fabriquons des moteurs, transporte certainement quelqu'un qui a une fillette de trois ans. »

À l'intérieur du monument bureaucratique qu'est GE, l'usine de Durham fait figure de poste avancé d'autogestion orientée vers l'équipe et fonctionnant sur la base du consensus. Une culture en elle-même, inspirée par des valeurs et un objectif partagés. « Ici nous avons des gens qui sont des as de la clé à molette », dit Bob McEwan à Evendale. « Alors qu'à Durham, nous avons des gens qui réfléchissent. Je pense qu'ils ont découvert la valeur de l'être humain. »

LA SOMME DE TOUS LES COMMENT

Le succès de GE/Durham tient dans la manière unique dont les employés ont établi les relations entre eux, comment ils s'organisent et comment ils se gèrent – en bref, leur culture. On peut comparer la culture à l'ADN de l'entreprise, qui rassemble son histoire, ses valeurs, ses aspirations, ses croyances et ses objectifs. Donc le système d'exploitation qui définit et influence tout ce qui se passe dans les synapses. Cependant, contrairement à un système d'exploitation, ce n'est pas en rajoutant une ligne de code – un programme de conformité ou une équipe d'innovation – que l'on peut changer une culture, parce que c'est un phénomène vivant susceptible d'évoluer. Une culture organisationnelle est plus qu'un écosystème, c'est un univers indépendant et sophistiqué, composé d'organismes en constant changement, ayant entre eux une profusion de relations. C'est la façon dont les choses fonctionnent *réellement*, comment les décisions sont prises, les e-mails rédigés, les promotions obtenues et les gens traités.

Cela compte parce que la culture est le caractère spécifique de l'entreprise, le sang qui circule dans ses artères. On la retrouve dans tous les succès de l'entreprise, le combat des personnes contre l'adversité, la gestion de la croissance et de la récession, les choix difficiles et la célébration des victoires. On peut la considérer comme la destinée de l'entreprise, de la même manière que certains estiment que le caractère d'une personne fait partie de son destin. La culture est unique et ne peut pas être copiée ; on peut imiter vos COMMENT en général, néanmoins l'essence de ce qu'ils expriment vous est spécifique.

Même si elles se ressemblent par plusieurs points communs, les cultures sont propres à chaque organisation. Une multinationale importante, qui a grossi par diverses acquisitions, intervient sur des marchés très régulés et est confrontée à des risques, des lois et des normes internationales, a une culture différente de celle d'une entreprise familiale qui est beaucoup plus transparente par nature puisque constituée d'un petit groupe de personnes se retrouvant au repas du soir, pour partager la vie de l'entreprise et affiner leur culture. Il est plus difficile de faire évoluer la culture d'une organisation plus complexe.

La meilleure réaction des individus aux nouvelles conditions de l'hyper transparence et de l'hyper connectivité réside dans la maîtrise de leurs COMMENT personnels. De la même manière pour se développer, une entreprise doit maîtriser sa culture. « Les dirigeants, ainsi que les analystes financiers et industriels qui les suivent ont compris qu'élaborer et entretenir la bonne culture d'entreprise n'est pas seulement le moyen de ne pas avoir de problèmes », dit Lou Gerstner d'IBM, « c'est aussi le moteur principal d'une différenciation durable pour gagner sur le marché. »

La maîtrise de la culture n'est plus réservée aux plus hauts niveaux de la hiérarchie, c'est maintenant une action collective de tous. Pour s'adapter au mieux aux conditions actuelles, il est primordial de comprendre les arcanes de la culture. Il faut modifier les synapses interpersonnelles dans toute votre équipe aussi bien qu'entre vous et votre partenaire le plus proche. Quand il y a de la pression pour atteindre les chiffres du trimestre, réussir le lancement d'un produit stratégique ou préparer une présentation importante, il faut que ce soit comme dans un stade – qu'il comprenne une douzaine de personnes, ou un millier – pour lancer facilement une vague. De plus, les facilités du monde hyperconnecté permettent à tout le monde de le faire, ce n'est plus réservé aux cadres supérieurs. Vous pouvez apprendre à lancer une vague de façon délibérée, dans un système de COMMENT que vous pouvez façonner à votre guise, chaque élément renforçant les autres dans une vague puissante, vous aidant à maîtriser la culture.

Comment ça, maîtriser la culture ? Est-ce qu'elle ne se crée pas d'elle-même ?

C'est vrai, elle est organique. Toutefois elle ne grandit pas n'importe comment. Afin de voir comment tous ses composants fonctionnent en se renforçant, commençons par étudier ceux qui sont en mouvement et font avancer l'ensemble. Nous allons commencer par les modèles les plus courants dans le monde professionnel. Cela paraîtra peut-être un peu scolaire, toutefois le modèle proposé vous permettra de comprendre en profondeur les chapitres qui suivent, pour les appliquer dans votre cheminement.

L'ÉVENTAIL DES CULTURES

Une myriade de détails forment et influencent la formation d'une culture. Certains sont spécifiques à l'entreprise et on ne peut pas les modifier. Dans un entrepôt où on communique en face à face, par walkie-talkie ou en criant, la culture sera différente de celle de bureaux individuels où on communique lors de réunions ou par e-mails. Ce sera encore différent pour une entreprise où les employés travaillent loin de leurs bases, chez eux ou dans des succursales. Le secteur d'activité – ce que l'entreprise fabrique, vend ou le service qu'elle propose – exerce une forte influence sur la culture. Elle sera différente dans une entreprise fabriquant des boîtes de vitesse comparée à celle d'un groupe de statistiques et de recherche professionnelle. Une entreprise jeune et ambitieuse dans un secteur en plein développement créera une culture différente de celle d'une entreprise plus ancienne dans une activité traditionnelle. Des facteurs tels que l'âge du personnel, la manière dont les gens s'habillent, leur attitude vis-à-vis du népotisme, c'est-à-dire de l'inclusion ou de l'exclusion des membres de la famille dans les rouages de l'entreprise, exercent aussi une influence notable. Ces facteurs sont des *signes* de la culture qui influencent les questions de base pour lesquelles la culture cherche des réponses : Comment les décisions sont-elles prises ? Comment le pouvoir s'exerce-t-il ? Comment l'information circule-t-elle ? Comment se créent les vagues ?

On peut classer les cultures en quatre *familles* de base, qui rappellent le développement historique des organisations et de la maturité sociale. J'ai évoqué pour la première fois cet éventail des cultures dans mon témoignage à la Commission fédérale des États-Unis en 2004[4]. Même si ces types sont abstraits, on en trouve des éléments dans chaque culture.

Pour saisir les grandes tendances, supposons que nous décidions de visiter quatre usines utilisant des machines potentiellement dangereuses, pour examiner la manière dont elles fonctionnent.

Dans la première usine, le chef d'atelier nous fait visiter un énorme local où nous sommes entourés d'engrenages et de poutres métalliques qui tournent en permanence au-dessus de nos têtes. La première chose que nous remarquons est que certaines personnes portent un casque, d'autres des équipements de protection individuelle, pourtant la plupart ne portent rien. En nous penchant pour nous faufiler sous une poutre basse, nous demandons à notre hôte s'il ne faudrait pas porter quelque chose. « Faites comme vous voulez », répond-il, « après tout c'est votre vie. » Au moment où une gerbe d'étincelles passe au-dessus de nos têtes, nous décidons que notre vie est plus importante que les informations que nous pourrions récolter ici et nous battons en retraite.

Dans l'usine n° 2, nous remarquons immédiatement que presque tout le monde porte un casque. Pourtant personne ne nous en propose un. D'ailleurs il ne semble pas y en avoir pour les visiteurs. Quand on lui pose la question, le contremaître répond : « Oui, le patron nous oblige à en porter un. Je déteste ça, toutefois s'il aperçoit quelqu'un sans casque, il le licencie. Et j'ai besoin de ce travail, donc je le porte. Il nous oblige aussi à porter un badge avec notre nom et un pantalon bleu, parce qu'il ne se souvient jamais de nos noms et que sa couleur favorite est le bleu. Alors vous voyez… »

L'usine n° 3 est propre, claire et bien rangée. Au mur sont accrochés des casques portant la mention « Visiteurs », ainsi que de nombreuses affiches décrivant les procédures et les règles de sécurité. « Le port du casque est obligatoire pour tous ceux qui pénètrent dans cet atelier ! » « Défense de toucher aux machines que vous n'utilisez pas ! » etc. Nous prenons tous un casque jaune et nous le mettons – excepté notre commerciale qui se tourne vers le contremaître et lui dit : « J'ai cet après-midi un rendez-vous avec un client important et je ne veux pas déranger ma coiffure. Est-ce que je peux ne pas en porter pas ? » Il regarde autour de lui pour voir si quelqu'un observe la scène et se demande : « Je dois vraiment l'obliger à porter un casque ? Elle a l'air de quelqu'un de haut placé et je suis sûr que le patron ne serait pas content que je l'ennuie. » Nous avons l'air de gens importants et il ne veut pas nous gêner. Cependant le responsable de la sécurité se promène dans le coin et il décide d'être strict. « J'aimerais dire oui, pourtant il y a une règle et je ne veux pas me faire virer. Si ça ne tenait qu'à moi, je n'y verrais aucun inconvénient. Je vais demander à un responsable. » Il disparaît près d'un quart d'heure et revient, visiblement mal à l'aise. « Je n'ai trouvé personne pour me donner l'autorisation », dit-il avec l'air de quelqu'un qui ne veut pas nous déranger. « Alors, c'est OK pour ne pas en mettre un ».

Dès que nous pénétrons dans l'atelier de l'usine n° 4, un ouvrier interrompt immédiatement ce qu'il est en train de faire pour nous tendre des casques et des lunettes de protection. Le contremaître arrive alors et nous accueille. Notre commerciale, préoccupée par son brushing, demande la même faveur. Le contremaître répond sans aucune hésitation : « Dans cette entreprise nous sommes focalisés sur la sécurité et si vous ne portez pas les équipements de protection, vous ne pouvez pas aller plus loin. » La commerciale fait semblant de piquer une colère et se prétend tout haut bien connaître le propriétaire de l'usine. « Je suis désolé Madame », répond le contremaître, « Votre sécurité est sous ma responsabilité personnelle. Je ne veux pas vous manquer de respect et vous pouvez appeler mon patron ou le propriétaire si vous voulez. J'estime de toute façon que votre sécurité comme celle de tout le monde est primordiale. »

LES QUATRE FAMILLES DE CULTURE

La culture de l'usine n° 1 considère la sécurité du point de vue *de l'anarchie* où chacun agit en fonction de son intérêt personnel sans aucun égard pour la dynamique du groupe ou la philosophie de l'organisation. Les marchés de village, les commerçants du désert et les artisans locaux fonctionnaient ainsi il y a longtemps, ils agissaient indépendante ne se sentant liés par aucun principe d'organisation. Il est inutile de préciser que le taux de turnover y est particulièrement élevé (tout comme l'incidence des accidents du travail). Pourtant personne ne paraît s'en préoccuper parce qu'il n'y a aucun règlement de sécurité et qu'il y a tout un tas de travailleurs prêts à prendre la place des blessés. Ce type de culture engendre peu de la prévisibilité et de la certitude dont une entreprise a besoin pour s'épanouir (on ne peut pas lancer des gens dans un TRIP s'ils partent chacun de leur côté). Il n'en existe plus tellement de culture de ce type, bien que certains de leurs comportements puissent encore se retrouver.

Dans l'usine n° 2, la culture envisage la sécurité avec une *obéissance aveugle*, qui rappelle la plupart des traits caractéristiques de l'âge industriel, c'est-à-dire les manufactures du dix-neuvième siècle en Europe où le travail à la chaîne du début du vingtième siècle en Amérique, comme que la culture des sociétés féodales. Il y avait beaucoup de travail et les ouvriers étaient en grande partie non spécialisés. Les requins de l'industrie et les grands industriels à la tête de monopoles se battaient pour garder le pouvoir dans leur sphère d'influence et gouvernaient d'une main de fer. Dans cette usine, personne ne remet le patron en question et tous font ce qu'on leur dit, sinon ils en éprouvent durement les conséquences. Ils ne comprennent pas pourquoi on leur fait porter un casque et un pantalon bleu, néanmoins ils ne s'en préoccupent pas forcément. Ils font leur travail et n'en demandent pas plus.

Dans l'usine n° 3, aussi propre et efficace qu'elle soit, c'est la culture de *l'acceptation éclairée*, qui est basée sur des règles auxquelles se conforment ceux qui veulent y travailler. Elles sont clairement exprimées et soit on les accepte telles qu'elles sont, soit on passe son temps à les contourner. Ces cultures ont dominé le capitalisme du vingtième siècle pour de bonnes raisons : elles sont efficaces et on peut les appliquer à des effectifs importants. Dans une hiérarchie de type top-down, la direction peut édicter des directives puis les faire appliquer jusqu'en bas de l'échelle de manière sûre et contrôlable. Quand l'entreprise grandit, il est possible de les adapter et de les faire appliquer facilement. On minimise les comportements individuels. En identifiant des structures organisationelles on peut facilement trouver le personnel adapté qui comprend facilement son rôle, les règles du jeu et la manière de s'élever dans l'organisation. Ce type de culture tend à être orienté vers le management avec un encadrement bien établi et une bureaucratie à toute épreuve.

L'acceptation éclairée est une avancée innovante depuis l'obéissance aveugle. La plupart des entreprises réussissent en appliquant ces principes. Le personnel peut partager plus d'informations (de façon contrôlée bien sûr), travaille dans un contexte plus prévisible et stable, peut mieux collaborer et pour la plupart, connaît sa position. Ce type de culture exprime la quintessence du rationalisme en traitant le personnel comme des individus préférant la carotte au bâton et appréciant la motivation parce qu'elle entraîne des résultats concrets. Le rationalisme a une approche impersonnelle de la grande complexité du comportement humain. Il tend vers une vision du monde en noir et blanc sans nuances. Il est donc plus facile à diriger et plus simple à contrôler. On informe de façon rationnelle les travailleurs de ce que l'on attend d'eux, leur récompense est clairement fixée et en retour, ils acceptent ces règles et ces attentes. Des milliards ont été gagnés grâce à cette culture, de grandes entreprises ont été construites, l'humanité a avancé et de nombreuses personnes ont progressé et amélioré leur niveau de vie.

C'est cependant l'usine n° 4 qui nous intéresse le plus. Ici, chacun prend spontanément en charge la sécurité, parce que tous estiment que c'est dans l'intérêt de tout le monde. En un mot c'est précieux, cela a de la *valeur*. C'est le quatrième type de culture, *l'autogestion basée sur les valeurs*. Il existe en effet une différence énorme entre les employés qui appliquent des règles et ceux qui croient à une valeur. Ces derniers sont inspirés par le *je devrais* : « La sécurité des personnes est une valeur importante pour moi, donc tout le monde doit porter un casque. » Ils y croient, ils agissent en accord avec leur valeur et s'auto gèrent en fonction d'elle : en face d'une décision à prendre, c'est cette valeur qui les guide. De leur côté, les employés de l'acceptation éclairée, uniquement préoccupés par le respect des règles, vivent dans le monde du *je peux*. Et comme les règles ont une origine externe, ils ont un rapport aux règles *plein de lacunes*. En face d'une personne importante qui ne veut pas appliquer la règle (ou toute autre situation non prévue par les règles), ils ne peuvent décider qu'en pensant à leur intérêt personnel ou bien s'adressent à un supérieur et remontent la pyramide jusqu'à ce que quelqu'un prenne la décision. Ce fossé entre l'individu et les règles est une source de temps perdu, d'inefficacité et aussi de danger.

L'acceptation éclairée, avec sa division hiérarchique des fonctions, renforce ce fossé. Un département – par exemple celui de la conformité – peut édicter des règles stipulant ce qu'on peut dire ou non à l'extérieur au sujet des produits et de la concurrence et un autre – par exemple le commercial – peut donner des informations sur les avancées du produit. Perdu entre les deux, un commercial doit faire le tri. « Il ne faut pas que je *dise* ça », pense-t-il, « pourtant c'est la raison pour laquelle on a créé ce produit, peut-être puis-je la *suggérer*. » Alors qu'au contraire, quand on exprime une chose en tant que valeur d'autogestion, il n'y a pas d'équivoque. La valeur – dans le cas du commercial, l'honnêteté – fournit un *je devrais* sans aucune ambiguïté. De plus, il n'est pas nécessaire d'aller vérifier auprès d'un supérieur, on peut agir immédiatement à partir de sa propre croyance en la valeur. Il n'y a plus de fossé, qu'il soit personnel ou institutionnel, entre l'individu et le meilleur comportement (voir figure 10.1).

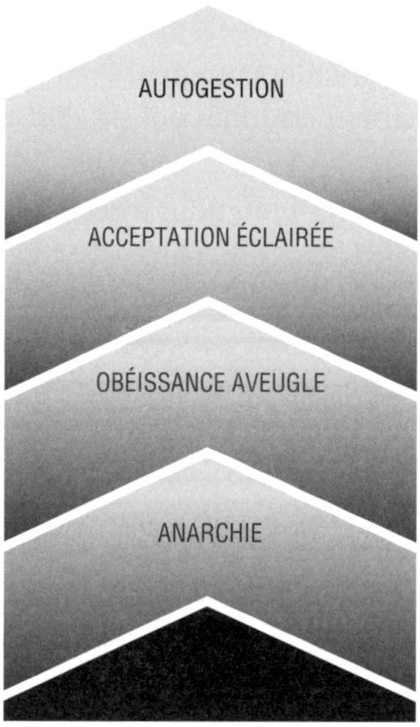

Figure 10.1 – *L'éventail des cultures*

Les valeurs parlent au moi supérieur : elles ne se contentent pas de motiver, elles inspirent et créent des croyances. L'autogestion basée sur les valeurs présente deux avantages : elle contrôle tout comportement indésirable et en même temps elle élève le niveau du comportement. C'est pour cela que les valeurs sont plus efficaces pour définir COMMENT faire que les règles elles-mêmes. Quand on adopte une valeur dans son comportement, on croit en ce que l'on fait. Le travail défini en termes de valeurs poursuit un but plus élevé. Quelqu'un en phase avec une valeur de l'entreprise sera moins enclin à trahir cette valeur, parce que ce n'est pas uniquement désobéir à la politique de l'entreprise, c'est aussi se trahir soi-même. La racine de cette culture est constituée par des valeurs partagées, les COMMENT qui guident toutes les interactions.

Le monde professionnel a mis véritablement en œuvre des consignes de sécurité depuis le début des années 1990 parce qu'il a, peut-être sans le réaliser vraiment, évolué dans la manière dont il considérait la sécurité, passée d'un ensemble de règles jusqu'à une partie de son système de valeurs de base et a ensuite trouvé le moyen de transmettre ces valeurs à l'ensemble du personnel. Autrement dit, il a transformé la sécurité, qui était une série de QUOI appliqués verticalement, en une force de COMMENT agissant dans tous les domaines, faisant évoluer une réglementation en une culture. Le résultat est là : de 1992 à 2002, la mortalité due aux accidents du travail aux États-Unis a diminué de 11 pour cent et les invalidités dans l'industrie privée ont été réduites de 34 pour cent grâce au respect d'une valeur sécurité et non par l'augmentation du nombre d'inspecteurs de sécurité[5].

L'anarchie, l'obéissance aveugle, l'acceptation éclairée et l'autogestion basée sur les valeurs sont les quatre familles de culture. Toutefois aucune entreprise n'en applique qu'une à la lettre. C'est toujours un mix des différents éléments. Quand un commercial de haut niveau décide qu'il n'est pas concerné par la limitation des frais de représentation et commande la bouteille de vin la plus chère de la carte, il se laisse aller à une impulsion d'anarchie. « Les règles ne sont pas faites pour moi, je fais ce dont j'ai envie. » (Quand la plupart des gens s'organisent pour atteindre un objectif élevé, ils ont tendance à respecter des systèmes de régulation. Nous ne nous focaliserons pas sur les comportements anarchiques.) Si le patron écrit dans un e-mail : « Il me faut ça pour 16 h 00 », il s'appuie sur son pouvoir et la menace de représailles est typique de la culture de l'obéissance aveugle.

Il n'existe pas de cloison étanche entre les quatre cultures, les entreprises utilisent des éléments de chacune. Elles ont besoin d'un peu de coercition (la faute grave entraînant le licenciement par exemple), de quelques règles (pas les plus stupides), d'un zeste d'anarchie ici et là pour lier la sauce et d'un peu d'autogestion. Les groupes les plus grands ont souvent un mélange de cultures suivant leurs départements. Un conseil d'administration a une culture différente de celle de l'équipe de direction générale qui est différente de celle des équipes plus réduites. GE/Durham est une unité distincte de l'énorme masse de GE, aussi différente que MTV Networks par rapport aux autres unités de Viacom.

La culture est éphémère. C'est une chose malléable difficile à définir avec précision. Maintenant que nous avons donné un aperçu des *familles* essentielles, penchons-nous sur les diverses *dimensions* de la culture, les COMMENT au travail. Examinons comment transformer quelque chose *d'informe* en quelque chose de *concret* afin de travailler avec.

Les cinq comment de la culture

	LES DIMENSIONS DE LA CULTURE	L'ANARCHIE	L'OBÉISSANCE AVEUGLE
Comment nous savons	► *L'information*		Thésaurisation
Comment nous nous comportons	► *Structure de l'organisation*		Forteresses et propriétés terriennes
	► *Source du comportement* ► *Raison du comportement* ► *Responsabilité dans le comportement*		Leadership autocratique Coercition Autorité centralisée
	► *Origine de l'autorité* ► *Importance de l'autorité*		Figure d'autorité arbitraire Pas de recours possible
	► *Origine de la réglementation*		Externe
Comment nous gérons nos relations	► *Rôles et compétences* ► *Développement personnel*		Suiveur et ouvrier Apprentissage par la répétition
	► *Niveau de confiance* ► *Règles et valeurs*		Vérification lourde, peu de délégation Adhésion limitée, failles
	► *Relations avec les employés* ► *Relations avec les clients* ► *Relations avec les fournisseurs*		Suspicion et punitions Suspicion et contrôle Proximité, transactions
Comment nous gérons la reconnaissance	► *Récompenses et reconnaissance* ► *Punitions et discipline*		Conformité et obéissance Le responsable décide, peur
Comment nous poursuivons nos buts	► *Orientation dans le temps*		Court terme
	► *Mission et but dans la vie* ► *Définition du sens*		Survie, participation forcée Non concerné par le sens, actif
	► *Respect de la réglementation* ► *Suivi du marché*		Accent mis sur l'application Suivi superficiel, contourner le système

Figure 10.2 – Les dimensions de la culture

	ACCEPTATION ÉCLAIRÉE	AUTOGESTION
	Basé sur la nécessité de savoir	Transparence
	Séparation entre expertise et fonctions	Intégration en pleine confiance
	Basé sur les règles Motivé par l'intérêt personnel Unités opérationnelles individuelles	Basé sur les principes Inspiré par le bien général Vigilance de chacun
	Figure d'autorité, respect des règles Décisions top-down	Individuel, guidé par les valeurs Autonomie et responsabilité
	Adhésion volontaire	Application de croyances partagées
	Directeur Apprentissage	Leader Éducation
	Délégation avec vérification constante Conformité aux exigences	Faire confiance, vérifier aléatoirement Guidé par ce qu'il faut faire
	Travail, paie et récompense Proposer le bon prix et être payé Contractuel, juste, stable	Contrat social vers la croissance Valeur supérieure aux espérances Collaboration et aide mutuelles
	Récompense de la réussite Procédures bien établies	Satisfaction de la mission accomplie Auto régulation, pression des pairs
	Objectifs à court et long terme	Stabilité de l'entreprise à long terme
	Vers la réussite et la récompense Chemin de la réussite	Mission, promesse et sens Chemin du sens
	Récompenses et punitions Réaction immédiate	Proactif et préventif Diriger et transcender les marchés

LES CINQ COMMENT DE LA CULTURE

La culture est le résultat de ce qui intervient dans les synapses lors des interactions. Comme nous l'avons vu, les synapses sont susceptibles de recevoir simultanément des signaux depuis différentes sources, de la même manière qu'un diamant réfracte dans plusieurs directions la lumière qu'il reçoit sous différents angles. Imaginons la culture pénétrant ces synapses. Sa nature et son caractère vont déterminer quelles fréquences lumineuses vont passer à travers et dans quelles directions. Certaines tendances ont une influence plus importante que d'autres. La figure 10.2 montre les 22 dimensions les plus influentes de la culture, à travers lesquelles se déplace l'énergie de l'être humain. Chaque dimension se définit par ses manifestations dans les trois types de culture qui nous concernent. Pour les analyser plus facilement, je les ai regroupées en cinq COMMENT : COMMENT nous savons, COMMENT nous nous comportons, COMMENT nous gérons nos relations, COMMENT nous reconnaissons et COMMENT nous poursuivons nos buts (voir la figure 10.2). J'ai indiqué l'anarchie pour spécifier sa place mais je l'ai laissée en blanc parce qu'elle ne s'applique pratiquement pas au monde actuel.

Comment nous savons

La première caractéristique d'une culture, c'est la manière dont elle crée, transmet et utilise les informations.

- L'obéissance aveugle thésaurise les informations dans les mains d'une élite réduite. Les travailleurs ne font qu'exécuter, les patrons décrètent sans aucune explication et estiment qu'on n'obtient aucune information stratégique si on expose ses secrets.
- Quand les organisations se développent et gagnent en complexité, l'acceptation éclairée implique de nouvelles méthodes de transmission des informations. Cela implique de pousser très loin la communication – les employés sont bien au courant des règles de conduite, par exemple – et le management contrôle encore de façon stricte les autres informations en ne les délivrant qu'à ceux qui ont vraiment besoin de les connaître. Le vieil adage « Il est dangereux d'en savoir trop » rode sous la surface de toutes les décisions opérationnelles.
- L'autogestion, au contraire, a besoin de transparence pour s'épanouir. Si l'on veut vraiment faire confiance aux individus, il faut qu'ils aient un accès libre à l'information pour juger de manière juste et raisonnable.

À Nordstrom, par exemple, on donne aux nouveaux embauchés une brochure de présentation expliquant tout ce qu'ils doivent savoir de la culture de l'entreprise. Elle expose d'abord l'engagement fondamental : « Fournir au client un service d'exception », puis en détaille les règles : « Soyez perspicaces, nous faisons confiance à votre intégrité et à vos capacités. La seule règle c'est d'utiliser votre bon sens en toutes occasions[6]. » C'est peut-être la meilleure formulation de l'autogestion. Pourtant, la clef de la culture de Nordstrom se trouve dans la déclaration suivante : « Vous êtes invité à poser à tous vos supérieurs toute question à tout moment. » C'est enfouie profondément dans la culture autogestionnaire de Nordstrom que l'on trouve l'idée que toute information est accessible à tout le monde, quel que soit son statut ou son ancienneté.

Comment nous nous comportons

On peut inciter quelqu'un d'autre à agir de trois manières différentes : (1) la *coercition* en le rudoyant, en le menaçant ou en le cajolant à faire quelque chose contre sa volonté, (2) la *motivation* en promettant une récompense ou en le menaçant pour qu'il comprenne que l'action en question est dans son intérêt, ou encore (3) en l'*inspirant* de manière à ce que l'action devienne un but commun. Le second COMMENT de la culture rassemble la source et la raison du comportement personnel ou de groupe. Pourquoi les gens font-ils ce qu'ils font ? Pourquoi font-ils une chose plutôt qu'une autre ?

- Dans les cultures d'*obéissance aveugle*, les gens obéissent. Des leaders autocratiques les obligent à s'exécuter. « Il faut porter un pantalon bleu, sinon je vous licencie », marque clairement la coercition. C'est un contrôle tout à fait extérieur du comportement. La source de l'autorité (c'est-à-dire celui (celle) qui décide) devient une figure d'autorité sans recours pour les subordonnés. C'est pour cette raison que ces cultures ont des systèmes de direction très verticaux avec l'autorité concentrée dans les mains de quelques-uns. L'encadrement dirige son propre domaine comme un royaume indépendant. Le patron ne veut voir dépasser aucune tête, décide ce qui est bien ou mal et donne des ordres sans appel.

C'est un fonctionnement militaire. Les cultures militaires modernes, issues de la deuxième guerre mondiale, ont développé l'obéissance aveugle pour en faire un art véritable qui fonctionne. Cette soumission sans remise en cause apporte la certitude, la prévisibilité et la cohérence nécessaires pour que les soldats acceptent de mettre leur vie en jeu pour sauver un de leurs compagnons. On peut penser que ce n'est pas la culture d'entreprise la plus alléchante, néanmoins l'industrie du cinéma s'est développée sur ce modèle. Elle a pris son essor juste après la première guerre mondiale. Les anciens combattants cherchant du travail se sont précipités sur la côte Ouest pour travailler dans ce nouveau marché en plein développement. Les équipes de cinéma sont comparables aux armées. Ce sont de grosses machines devant déplacer rapidement des gens et des équipements lourds d'un endroit à un autre. Il était donc tout à fait logique pour eux de s'organiser de la manière qu'ils connaissaient le mieux. Chaque département – le son, la prise de vues, l'éclairage, les décors, la production, etc. – a créé son fief autonome avec une structure rigide de type commande et contrôle. Malgré l'évolution, la plupart des équipes de cinéma fonctionnent encore de cette façon tout autour du monde.

- Dans l'*acceptation éclairée*, on se réfère aux règles, contrairement à l'obéissance aveugle où tout le monde s'en remet au patron. Les règles représentent un guide objectif et juste pour tous les comportements. Ces familles de culture favorisent la création de hiérarchies basées sur l'expertise et la fonction ainsi que la promotion des plus qualifiés vers des rôles de management où les décisions sont prises de manière top-down. Les managers agissent constamment (et rationnellement) en respectant les règles. Le contrôle de l'application de ces règles est effectué par une unité au rôle discret, souvent un conseil juridique ou un responsable de la conformité. L'acceptation éclairée s'appuie sur un système de récompenses et de punitions pour motiver le personnel qui accepte parce qu'il pense que ce système fonctionne dans son intérêt. C'est ce qui place cette culture au milieu de l'éventail des comportements entre le contrôle interne et le contrôle externe. Les employés font ce qu'on leur demande parce qu'ils sont motivés par leur réussite personnelle et ils considèrent ce qui leur est demandé comme une étape importante vers leur objectif. Les leaders et managers emploient la carotte et le bâton pour obtenir le comportement désiré.
- Les cultures *autogestionnaires* fonctionnent sur la base des valeurs et des principes qui constituent la source de l'inspiration. Quand on agit en fonction d'eux, on croit en ce que l'on fait et on trouve un sens profond à l'effort. Cette famille de cultures s'appuie sur les ressources individuelles et l'autorité de chacun est fonction de son alignement avec les valeurs fondamentales du groupe. Le groupe amplifie l'implication personnelle

et la responsabilité individuelle. Ces groupes créent entre leurs membres des liens particulièrement forts d'inspiration commune qui les lient de manière inconditionnelle, contrairement aux liens plus légers des cultures de la carotte et du bâton. Une structure autogestionnaire est extrêmement intégrée – plus aplanie, si l'on veut – et les synapses fonctionnent dans un contexte de confiance élevée. L'autogestion demande une vigilance constante parce que la responsabilité du comportement de tout le monde est l'affaire de tous. (C'est Thomas Jefferson lui-même, l'un des rédacteurs de la Constitution des États-Unis, qui connaissait bien le concept de liberté individuelle, qui a déclaré : « Le prix de la liberté est une vigilance permanente[7]. ») Le fait d'agir en fonction de croyances partagées entraîne une auto régulation par rapport aux priorités de l'entreprise et à tout contrôle externe. À GE/Durham par exemple, personne n'a de « patron », tout le monde en est un. « J'ai 15 patrons », explique Keith McKee, l'un des mécaniciens, « tous mes équipiers sont mes patrons. » Quand chacun est responsable de la réussite de l'équipe, personne ne tolère les tire-au-flanc : la culture se met en œuvre par elle-même.

Comment nous gérons nos relations

Le troisième COMMENT expose les dimensions gouvernant et influençant les synapses interpersonnelles : le rôle et les compétences, l'approche du groupe pour développer ces compétences, le niveau de confiance des prises de décision, les relations pour faire la chose à faire et la nature des relations entre employés, clients et fournisseurs, c'est-à-dire comment nous nous entendons avec les autres.

- L'*obéissance aveugle* délègue peu. La force de travail est constituée d'ouvriers dont le travail est contrôlé par les supérieurs. On utilise des punitions pour les mettre au pli de façon à faire le travail demandé. Les relations entre employés sont souvent entachées de suspicion et le leadership autocratique entraîne pour beaucoup un ressenti d'insécurité. La même suspicion s'exerce vis-à-vis de l'extérieur : les clients et fournisseurs sont tenus à distance et surveillés. Un partenariat est considéré comme un anathème. Les employés ont donc tendance à rester dans des relations de type transactionnel et à ne se préoccuper que du court terme.

- L'acceptation éclairée transforme les gens en managers de leur fonction, en cohérence avec sa structure stricte et hiérarchique. La formation du personnel est orientée vers les stricts besoins de la fonction. L'accent est mis sur la performance et son management. Le développement personnel ne peut se faire qu'en lisant un livre de type *Les 14 étapes de ceci* ou *Les 50 règles de cela*. La confiance pouvant s'établir entre individus est souvent restreinte par un système de vérifications rendant les managers responsables de leurs subordonnés. Les cultures carotte et bâton récompensent le travail correspondant aux directives de la direction. C'est le capitalisme tel que nous le connaissons avec les clients et fournisseurs considérés en tant que tels et non comme des partenaires. Ce sont des contrats qui régentent les relations avec l'extérieur, comportant des exigences pour les propositions et la sélection des fournisseurs même lorsque des relations éprouvées existent déjà. Ces approches sont utilisées pour assurer l'impartialité et l'atteignent souvent à l'intérieur d'un cadre strictement contrôlé.
- En autogestion, le rôle de chacun est d'être un leader. On demande à chacun de prendre des décisions basées sur les valeurs, ce qui implique que tous aient un niveau de formation élevé et qu'ils aient l'expérience de la confrontation avec des problèmes pour trouver eux-mêmes les solutions. L'apprentissage par la répétition ne suffit plus pour qu'ils soient capables de générer leurs propres solutions. Ce livre, sous plusieurs aspects, présente une approche éducative du COMMENT. Il fournit peu de règles ou d'exercices d'acquisition du savoir-faire et propose plutôt de présenter les grandes lignes des questions, ainsi que des exemples montrant l'application de ces concepts dans la vie courante. Il ne vous offre pas des réponses toutes faites, il vous permet de personnaliser votre approche de tous les événements du quotidien. En autogestion il n'existe pas une seule façon de faire un TRIP. S'autogérer est une évolution continue, spécifique à chacun. Quelqu'un peut vous montrer la voie. Cependant c'est à vous de cheminer vers le sommet, en passant un peu de temps dans la vallée du C.

La culture autogestionnaire demande beaucoup de confiance. L'expérience de Paula Sims à GE/Durham le montre : les comportements qui envoient des signaux de méfiance sapent l'adhésion de l'individu. La confiance engendre la confiance et l'inverse est aussi vrai. En retour de la confiance et de l'autonomie, les relations admettent un contrat social implicite et tendent vers le mieux pour tous. Fournisseurs et clients sont considérés comme des partenaires. La collaboration et l'amélioration deviennent la règle pour les fournisseurs et la valeur ajoutée, l'objectif vis-à-vis des clients. Le langage des valeurs régissant ce type de cultures inspire un comportement au-dessus du plancher des contrats, ajoutant la capacité de totalement satisfaire les clients et d'aller au-delà de leurs attentes.

Comment nous gérons la reconnaissance

Le quatrième COMMENT est tout simplement la manière dont la culture tend à récompenser les réussites et à punir les transgressions.

- Les cultures d'obéissance aveugle, évidemment, récompensent la conformité et/ou l'obéissance. Les superviseurs punissent à leur gré et la nature arbitraire de la discipline crée l'angoisse qui maintient la force de travail dans le rang.
- Les cultures d'acceptation éclairée ont une approche plus rationnelle et cherchent à élaborer des règles et des normes de référence, des récompenses et des punitions. Ceux qui réussissent sur un plan individuel ou en équipe sont récompensés.
- L'autogestion récompense ceux qui développent la mission et le sens profond de l'entreprise, même au prix d'une perte financière à court terme. Parce que l'alignement interpersonnel fait réussir cette culture, qu'il apporte plus de valeur sur le long terme que des opportunités à court terme. Le fait de conserver cette vibration en phase permet à cette culture d'être vraiment auto policée, puisque toute déviation des valeurs partagées déclenche la réaction négative des pairs et le sens de se trahir soi-même de l'intéressé(e).

Les COMMENT de la célébration des réussites – qui obtient un prix, qui a droit à un article dans la newsletter, qui est fêté par l'équipe au séminaire annuel – sont souvent oubliés dans les cultures de groupe. Pourtant ils sont primordiaux. Il est à noter que les entreprises qui veulent A récompensent souvent B. Mon ami Steve Kerr, ancien directeur de la formation à GE et Goldman Sachs, a écrit un article intitulé « *On the Folly of Rewarding A, While Hoping for B,* » il y a plus de 30 ans dans *l'Academy of Management Journal*[8]. « J'ai élaboré un joli petit modèle qui illustre l'impact d'un système de récompense sur une culture », m'a-t-il dit un jour. « Si on prend un risque basé sur la meilleure information et que l'on obtient un résultat positif, on gagne une *petite* récompense. Par contre si ça ne marche pas, on reçoit une punition *moyenne*. Et si l'on ne prend *aucun* risque et qu'on suive l'avis du patron ou de la majorité, on obtient une petite récompense. Alors, que faire ? »

J'ai réfléchi un moment, puis la réponse a été claire : Prendre un risque et obtenir un résultat positif procure la même récompense que ne pas prendre de risque du tout. Ne pas prendre de risque élimine la possibilité de se tromper. « Dans un tel système », conclut Steve, « on obtient des comportements particulièrement opposés à la prise de risque. Les leaders ne prennent pas conscience de leur responsabilité dans la création de cette situation et se plaignent de leurs collègues parce qu'ils ne prennent pas de risques. Cependant la culture s'articule autour du système en place de récompenses et de punitions. »

Une étude récente des tendances dans les affaires de Gantz Wiley Research a révélé ce schisme dans beaucoup de cultures. Six personnes interrogées sur dix ont répondu qu'elles croyaient que « La direction de mon entreprise soutient et pratique un comportement vraiment éthique », alors que seulement un tiers pense « Là où je travaille, personne n'est promu tant que son comportement ne démontre pas clairement les valeurs de l'entreprise[9]. » Une étude datant de 2000 a montré que, bien que les salariés désirent que leur travail fasse une différence, 75 pour cent d'entre eux estiment que leur entreprise ne respecte la formulation officielle de leur mission[10].

Charles Hampden-Turner, travaillant dans le monde entier sur les questions de culture d'entreprise, m'a raconté une histoire sur Hewlett-Packard, une entreprise qui, jusqu'au scandale de son conseil d'administration, était réputée pour la qualité de ses COMMENT. « Mon ami Carl Hodges a reçu un jour la médaille d'or de la provocation des mains de Dave Packard, le directeur. HP faisait de la recherche et développement pour le module d'atterrissage lunaire d'Apollo et voulait arrêter cette activité. "Je ne veux plus en entendre parler" Dave a-t-il dit à Carl qui l'a donc retiré du département recherche pour le mettre en production, ce qui a rendu Dave furieux. Plus tard il a néanmoins soutenu le projet qui a permis l'atterrissage sur la lune et fait gagner beaucoup d'argent à HP. En conséquence Dave Packard a donné à Carl Hodges la médaille d'or de la provocation devant toute l'entreprise pour montrer à tout le monde qu'il avait eu tort et que Carl avait vu juste. »

Comment nous poursuivons nos buts

Les groupes se créent pour atteindre un but impossible à atteindre par un individu isolé. Le COMMENT final, peut-être le plus important, traite du *pourquoi* nous faisons les choses, c'est-à-dire de la nature et du but de nos efforts. C'est essentiellement notre relation au temps.

- Les individus travaillant dans une culture d'obéissance aveugle réussissent en entretenant une relation à court terme avec leur travail. Ils sont orientés vers les tâches à accomplir et ne passent que peu de temps à penser aux conséquences. Quand l'attention se porte surtout sur la conquête et le contrôle, on ne perçoit pas les effets à long terme qu'ils soient physiques ou psychiques. Cette culture ne se préoccupe que très peu du marché en tant que tel ni de la dynamique de ses interactions. Les travailleurs suivent l'encadrement et vont là où on leur dit d'aller. Les leaders considèrent que l'on acquiert le pouvoir et que l'on réussit par le contrôle. Donc tout ce qui se met en travers – une réglementation ou l'opinion publique – n'est qu'un obstacle à surmonter. Cela engendre toute sorte d'arrangements et d'approches hostiles de la concurrence.

  Le seul but de cette famille de cultures est la survie et les employés sont forcés à s'embarquer dans le voyage. Il n'y a aucune considération de transcendance ni de recherche de sens au quotidien. Il ne s'agit que de réaliser grâce au savoir-faire sans se préoccuper du savoir être. On peut noter que cette orientation à court terme n'est pas l'apanage de l'ère industrielle. Ce peut être aussi le cas d'une start-up dans le domaine d'Internet, cherchant à s'intégrer le plus rapidement possible. La lutte pour obtenir les financements nécessaires entraîne la même dimension culturelle, favorisant ce qui peut être réalisé immédiatement, au détriment des implications à long terme. Si on ne prend pas en compte les buts à long terme, il est très facile de basculer dans l'emprise de l'obéissance aveugle.

- La culture d'acceptation éclairée tend vers l'équilibre entre le court et le long terme. Les buts à long terme la rapprochent du marché et de l'écoute de la clientèle, ce qui la rend immédiatement réactive aux besoins et évolutions du marché. L'approche carotte et bâton motive le personnel de l'intérieur et la culture réagit de la même façon aux exigences réglementaires, en cherchant à tourner autour des règles pour obtenir le maximum de carottes. C'est une culture de conformité avec des responsables gérant les comportements par un système de récompenses et de punitions. La poursuite des objectifs est sujette à un regard extérieur et à la nature limitante des règles. Ce type de culture est basé sur le cheminement vers la réussite dont la mesure est donnée par le résultat financier.

- L'autogestion, pour obtenir l'alignement avec les valeurs nécessaires à la cohésion des personnes, réfléchit sur le long terme. Elle est définie par la durabilité de l'entreprise et sa quête d'objectifs ayant un sens. Il faut toujours être en avance d'un pas pour inspirer un cheminement commun à ses membres. Cette orientation vers l'avenir la place en avant de son temps dans de nombreux domaines, parce qu'elle crée la condition pour guider et transcender les marchés. De plus, grâce à la nature du *je devrais*, de ses comportements basés sur les valeurs, elle crée une relation proactive et préventive avec les exigences réglementaires. L'autogestion s'articule autour de la mission, de la promesse et de la poursuite d'un sens. C'est un cheminement qui apporte en lui-même sa propre récompense.

La culture

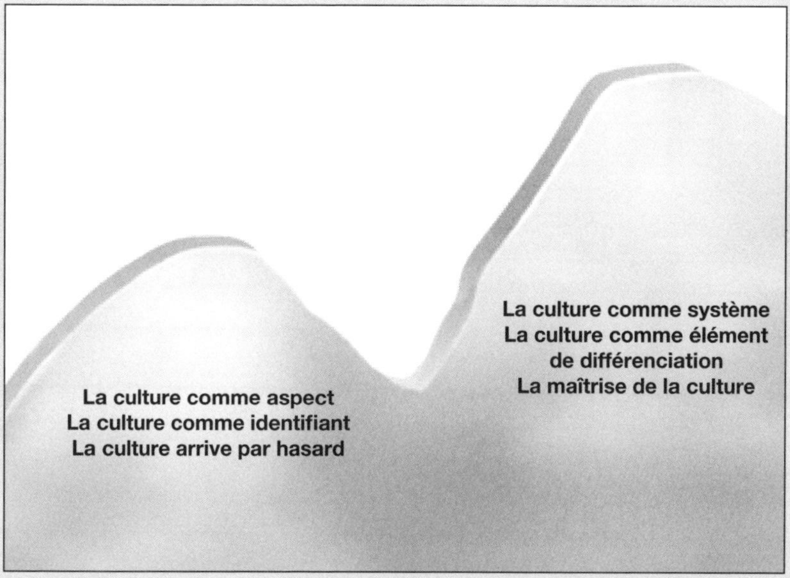

Dans ce chapitre nous avons décomposé la culture en ses différents constituants et développé un vocabulaire pour comprendre le fonctionnement des groupes dans une entreprise. Ces dimensions se combinent de manière infinie pour créer des cultures spécifiques, aussi impossibles à reproduire qu'un flocon de neige. Cette variété fantastique permet à la culture de devenir un facteur primordial de différenciation à long terme.

Nous avons aussi approché l'importance de la culture pour notre épanouissement et le fait que nous pouvons la créer de manière active. Elle est composée des petites interactions de tous les jours. Si on les rassemble, ces COMMENT forment un véritable écosystème organique que l'on peut arroser, fertiliser, nettoyer et encourager pour qu'il se développe. Comprendre comment fonctionne la culture fournit les outils permettant d'en créer une qui soit capable de dépasser la concurrence.

Dans le chapitre suivant, nous allons tracer un chemin vers un nouveau modèle de culture de groupe qui est le plus à même de réussir à l'avenir : l'autogestion basée sur les valeurs.

Chapitre 11

L'AUTOGESTION

Si par goût de l'anarchie ou de l'inconstance, par folie ou par complaisance envers soi-même, on refuse de se gouverner soi-même, on finira par se faire gouverner par quelqu'un d'autre.

Théodore Roosevelt, 1907

La culture se loge dans les synapses entre les unités d'un système, que ce soit les neurones dans le cerveau, les individus dans un groupe ou les diverses sociétés d'une holding. Comment utiliser ce que nous avons découvert au chapitre précédent ? En quoi cela va-t-il nous aider à lancer des vagues, à partir en TRIP et à nous épanouir dans les nouvelles conditions du vingt et unième siècle ?

Les trois familles de culture décrites précédemment décrivent aussi une approche de gouvernance – comment les organisations élaborent les règles, les structures, les politiques et les procédures qui façonnent la manière dont on se comporte et dont on travaille. L'obéissance aveugle et l'acceptation éclairée placent la gouvernance en dehors de l'individu, entre les mains d'un patron ou d'une réglementation. Elles exercent un contrôle comparable à celui des rails le long d'une allée de bowling, qui empêchent les boules de tomber dans la gouttière et qui les guident dans la bonne direction. La transparence et la connectivité pourtant, ont créé des cultures basées sur une certaine forme de contrôle externe : il n'est plus suffisant de faire tomber quelques quilles, maintenant que tout le monde regarde, il faut toutes les faire tomber à chaque lancer. Pour cela, le contexte de travail doit relier les personnes de façon plus proche, transmettre les informations de manière plus fluide et inciter les individus à agir rapidement et en toute autonomie aux nouvelles opportunités.

Malgré les évolutions rapides de technologie depuis le milieu des années 1990, il y a eu peu de modifications dans notre façon de nous organiser pour réellement profiter de cette nouvelle réalité. Les rails de guidage sont encore présents. Il faut maintenant placer les structures de gouvernance entre les mains de chacun. Au cœur de ce processus, il y a une relation fondamentalement différente entre la gouvernance – la manière dont on cherche à contrôler ce qui se passe – et la façon dont les choses se déroulent. Plutôt que d'atteindre la culture par la gouvernance, les entreprises doivent maintenant apprendre à gouverner *par* la culture en plaçant les garde-fous à l'intérieur de la culture.

Gouverner par la culture signifie le faire par les COMMENT, à travers les structures internes agissant sur toutes les actions et les relations. C'est un changement total depuis l'obéissance aveugle ou l'acceptation éclairée. Cela fait remonter la gouvernance dans la chaîne d'alimentation du système, tout en la redistribuant à tous les niveaux. Plutôt que de gouverner à travers une matrice de règles et de niveaux de pouvoir répartis dans toute l'entreprise, il s'agit de le faire depuis chaque individu. Quand on gouverne par la culture, les règles ne fonctionnent pas, alors que les valeurs fonctionnent, la motivation ne rassemble pas alors que les croyances le font. Les contrôles externes sont moins efficaces, contrairement à l'autogouvernance. La culture du COMMENT, seule capable de transformer les nouvelles contraintes en nouvelles opportunités, se nomme l'autogestion basée sur les valeurs.

L'AUTOGESTION À L'ATELIER

Il y a trois principales raisons de gouverner par la culture : nous le pouvons, nous le devons, nous le devrions.

Nous pouvons

L'augmentation de la transparence et de la communication, le démantèlement de la forteresse médiévale et les autres évolutions du vingt et unième siècle nous permettent de revoir tous les niveaux de la culture. Il est désormais possible de les identifier, de les quantifier et de les systématiser de manière à libérer le pouvoir et l'efficacité de la culture.

Nous devons

Quand on m'a demandé de m'exprimer devant la Commission fédérale américaine pour la modification des directives concernant la répression des fraudes et des mauvaises pratiques dans les affaires, je me suis lancé dans un discours passionné présentant la culture comme point focal de la philosophie des affaires[1]. Les nouvelles directives demandent aux juges de déterminer la culpabilité des entreprises à travers l'évaluation de leur engagement à « développer une culture encourageant un comportement éthique et le respect de la loi[2]. » Le Ministère américain de la justice a encore amplifié les conclusions du comité en déclarant : « La *direction d'une société est responsable de sa culture*, dans laquelle tout comportement criminel est soit découragé soit tacitement encouragé[3-4]. »

« Notre travail à la Commission n'était rien de moins qu'une lutte en faveur des personnes qui travaillent dans les entreprises », m'a expliqué le juge Ruben Castillo. Il est vice-président de ladite Commission et occupe le poste de juge du District du Nord en Illinois depuis 1994. « Les directives vont plus loin que la simple diminution des infractions méritant des amendes et punitions ; elles tendent à insuffler des valeurs plus élevées et de meilleurs comportements. » Comme nous nous dirigeons vers un monde encore plus transparent, la culture – la caractéristique d'une organisation – relève maintenant de la responsabilité de tout le monde.

Nous devrions

On ne peut pas reproduire une culture. En effet le vécu collectif d'un groupe forme une histoire unique qui vit dans les bureaux et les ateliers de toute entreprise. La manière dont les personnes entrent en relation et discutent entre elles pour créer de nouvelles idées ou mettre à jour d'anciennes, résolvent les problèmes et surmontent l'adversité, construit les synapses épanouissant ou faisant mourir une organisation. Chaque vécu est aussi spécifique qu'une famille : le nombre d'enfants peut être le même, pourtant les liens qu'ils ont tissés entre eux sont tous différents. C'est cette singularité, la culture en tant qu'expression des COMMENT collectifs, qui apporte la différenciation la plus importante. Charles Hampden-Turner m'a dit un jour : « La culture est un avantage compétitif vraiment très difficile à imiter. Un concurrent peut vous voler un brevet pour imiter un de vos produits. Par contre votre culture est un fait tangible pour votre personnel et devient de ce fait pratiquement impossible à reproduire. On ne peut pas “l'améliorer” parce que c'est un processus et non un produit. »

J'ai posé la question à Massimo Ferragamo, président de Ferragamo USA Inc., filiale de Salvatore Ferragamo Italia, contrôlant la distribution des produits de mode de la marque dans toute l'Amérique du Nord. « Les familles ne peuvent pas se copier entre elles, il en est de même pour les entreprises », m'a-t-il répondu. Massimo est le plus jeune des six enfants de Salvatore et Wanda Ferragamo[5]. C'est Salvatore qui s'est lancé dans la fabrication de chaussures en Italie à l'âge de 15 ans. Massimo a suivi les traces de son père et a commencé à travailler à l'emballage quand il avait 12 ans. Maintenant avec sa mère, ses frères et sœurs ainsi que leurs enfants, il dirige un véritable empire de la mode qui comprend plus de 200 boutiques dans le monde entier. Envisageant de faire coter son entreprise en bourse, Massimo a beaucoup réfléchi à la manière de s'adapter au vingt et unième siècle et pour lui, tout tourne autour de la culture. « C'est la culture qui est impossible à copier grâce aux valeurs et aux éléments profondément intégrés, difficiles à dupliquer. Ces valeurs se mettent en place naturellement dans la vie d'une entreprise et s'imbriquent dans la mentalité de tous, souvent sans que personne ne s'en rendre compte. Je peux dire que nos filiales des États-Unis, du Japon et d'Italie, dans trois endroits différents du globe, ont certainement des cultures plus proches que deux entreprises sans aucune relation situées dans le même bâtiment à Florence. »

Les sociétés, à travers leur culture, peuvent élaborer les bons COMMENT et lancer des vagues de créativité et de motivation parmi leur personnel. Pour gagner aujourd'hui il faut, comme les meilleurs, ne pas se contenter de satisfaire les obligations contractuelles, il faut aller plus loin en se comportant mieux que les concurrents. « Cela veut dire provoquer un vécu que personne d'autre n'est capable de fournir », m'a dit Ferragamo, « et c'est un véritable défi, cela demande de l'excellence au n^{e} degré. »

Je lui ai demandé de m'en donner un exemple. « Une personne qui travaille chez nous est passée, un jour où elle était en congé, devant une de nos boutiques bondée de clients. Elle est rentrée et a demandé si elle pouvait donner un coup de main. Il était 10 h 30 et elle n'en n'est ressortie qu'à 17 h 30, alors qu'elle *était en vacances*. Un client lui a demandé de l'aider à faire ses courses de Noël car il était très pressé. Elle lui a demandé s'il avait une liste et en bref, il a attendu en buvant un verre pendant qu'elle lui a fait toutes ses courses. Il est reparti après avoir laissé six à sept mille dollars à la boutique et je suis sûr que, grâce à elle, il a été content de sa journée. Le défi pour moi est d'arriver à rendre cette implication ordinaire plutôt qu'aléatoire. Comment créer une culture où l'on peut bien jouer et continuer à marquer de façon à ce que tout le monde soit content ? C'est comme ça qu'on peut dépasser sur la concurrence, par son comportement. »

Dans une culture d'acceptation éclairée, on peut utiliser la carotte et le bâton, suivre les règles sans jamais *surprendre* ou *faire plaisir* à quelqu'un. L'autogestion, au contraire, permet aux gens d'agir de manière individuelle et créative, de donner libre cours à leur capacité de surprendre. Dans ce monde où c'est le COMMENT qui compte le plus, la direction par la culture donne la possibilité à ceux qui peuvent faire la différence d'aller au-delà des attentes.

LA LIBERTÉ N'EST QU'UN MOT

Au premier abord, quand on pense à l'autogestion ça paraît très bien. Pourtant dès qu'on y réfléchit de manière plus concrète on commence à prendre peur. Comment une organisation peut-elle fonctionner si les travailleurs sont libres de faire ce qu'ils veulent ?

Qu'est-ce que la liberté ? Certains pensent que c'est l'absence de contraintes. « Si je pouvais faire exactement ce que je veux », disent-ils : « J'y arriverais certainement. » Le philosophe danois Soren Kierkegaard pensait différemment : « L'anxiété est le vertige de la liberté[6] », disait-il.

Des chercheurs de l'université d'Erfurt en Allemagne ont mis au point un jeu d'investissement pour savoir ce que représente financièrement la liberté. Ils ont recruté 84 joueurs et leur ont donné à chacun 20 jetons. Pour donner de l'intérêt au jeu, ils ont précisé qu'il serait possible d'échanger ces jetons contre de l'argent à la fin du jeu. À chaque tour, les joueurs choisissaient d'investir ou non leurs jetons dans un fonds. Ce dernier proposait un intérêt garanti et le gain devait être distribué de façon égale à tous les joueurs du groupe, y compris ceux qui n'avaient pas voulu investir[7]. Le jeu était totalement transparent : tout le monde voyait ce que faisaient les autres.

Puis (et c'est là que ça devient intéressant), ils ont fait deux types de groupes : les groupes qui permettaient à leurs membres d'en pénaliser d'autres et ceux qui ne le permettaient pas en d'autres termes un groupe avec un système de gouvernement interne et d'autres dont les membres étaient totalement libres. Les joueurs choisissaient un groupe et pouvaient changer de groupe à leur guise à chaque tour.

Au début, de manière peu surprenante (en fonction de l'idée erronée suivant laquelle la liberté serait l'absence de contraintes) environ 65 pour cent des joueurs ont choisi un groupe sans procédures. Toutefois, au cinquième tour, les choses ont changé, environ la moitié migrant vers un groupe s'autogouvernant. Seul un petit nombre a effectué la migration inverse. Au tour n° 20, presque tous étaient dans un groupe s'autogouvernant et les groupes « libres » étaient pratiquement vides. On obtenait les meilleurs gains dans les groupes avec une culture auto régulée. Il semble que les groupes sans mécanisme régulateur attiraient plutôt des personnes voulant exploiter les autres et ayant tendance à saper la coopération. Au début les gens voulant gagner sans risque se dirigeaient vers ces groupes libres, puis ils ont compris que la menace d'une pénalité venant du groupe poussait tout le monde à coopérer. En conséquence plus de gens investissaient et le bénéfice global était supérieur.

Il s'est donc avéré que les gens, face au choix entre une culture de liberté totale et une autre dotée d'un mécanisme d'auto régulation, finissaient par choisir la dernière. « Nous avons découvert que le type de société qui fonctionne le mieux est celui dont les membres partagent les mêmes valeurs et où certains ont le courage moral d'appliquer les sanctions », a déclaré Bettina Rockenbach, la directrice de l'étude au *New York Times*[8].

Liberté ne signifie pas forcément anarchie. La liberté de l'autogestion lie les personnes autour de valeurs définies et du désir d'atteindre des buts communs. « Un analyste financier m'a demandé un jour si je n'avais pas peur de perdre le contrôle de notre organisation », a écrit Herb Kelleher, ancien PDG de Southwest Airlines, une compagnie où les employés s'épanouissent dans l'autonomie. « Je lui ai répondu que je n'en n'avais jamais eu le contrôle et que je ne l'avais jamais voulu. » Si on crée un contexte dans lequel les gens participent vraiment, on n'a pas besoin de contrôler. Ils savent ce qu'il faut faire et ils le font. Et plus les gens se dévouent à votre cause sur une base de volontariat, moins vous avez besoin de hiérarchie ou de systèmes de contrôle. On ne recherche pas une obéissance aveugle, on veut des gens qui ont envie de faire ce qu'ils font parce qu'ils pensent que c'est un objectif qui en vaut la peine. J'ai toujours pensé que le meilleur leader est le meilleur serveur et, dans ce cas-là, par définition, on ne contrôle pas[9].

Les raisons d'un système centralisé de décision – contrôle, direction et conformité – disparaissent quand les individus sont étroitement alignés avec les valeurs et les buts de la compagnie, qu'ils sont responsables de leurs actes et en autogestion. Parce que l'autogestion basée sur les valeurs est positive, orientée vers ce qui est à faire, plutôt que contre ce qui est défendu. C'est une réponse proactive pour atteindre les objectifs de l'entreprise. À l'opposé du système très lourd de l'obéissance aveugle ou du système uniquement réactif par création d'une règle supplémentaire de l'acceptation éclairée, l'autogestion par les valeurs propose des principes constitutionnels qui s'adaptent à toutes les situations. Elle englobe exhaustivement le large éventail des comportements humains et positionne les valeurs de l'entreprise comme guide de la conduite de chacun.

UN GALOP D'ESSAI AVEC LA CULTURE

Joe Stallard est directeur des ressources humaines chez Sewell Automotive Companies, devenue l'une des entreprises familiales de vente de voitures les plus importantes aux États-Unis, parce qu'elle a développé sa propre culture. Les 1 500 personnes qui y travaillent, vendent et entretiennent des voitures neuves et d'occasion et leur succès dépend autant des bonnes relations qu'ils créent avec leurs clients que de la qualité de leurs produits. Depuis 1911, l'entreprise propose un service aux clients bien au-delà de ce que l'on attend généralement d'un marchand de voitures. « Nous avons bien sûr des éléments d'autogestion dans notre culture », m'a déclaré Joe, « et nous avons aussi des éléments d'acceptation éclairée. Je dis toujours que c'est efficace, quand on a besoin de faire quelque chose très vite, il suffit de forcer les gens à le faire. Le seul problème c'est que ça ne va pas durer longtemps. Il est beaucoup plus efficace de prendre le temps d'expliquer les *pourquoi* et les *comment* faire les choses – et encore plus important, de les amener à y croire. »

Il n'y a que peu de règles chez Sewell. « Je pense qu'un tas de règles montre la défiance », dit Joe. « Quand vous ne faites pas confiance, il faut avoir constamment des règles et un bâton sous la main – "Si tu fais ceci, je te ferais ça." Nous avons trois principes directeurs et, quand ils sont respectés, on n'a pas besoin d'avoir toute une règlementation. » Ces « principes directeurs » sont les valeurs au cœur de l'entreprise qui rassemblent tout le monde : *Agir professionnellement en tout, S'intéresser sincèrement aux autres et Appliquer constamment une éthique élevée*. « Si tout le monde a des principes forts comme guides », dit Joe, « cela leur permet d'être créatifs, innovants, flexibles et de faire véritablement les choses de manière différente. »

Ce sont uniquement trois valeurs pour Sewell. Mais elles impliquent énormément de choses. Quand on apporte une voiture chez eux, une équipe de mécaniciens chevronnés fait tout ce qu'il y a à faire. Chaque équipe élit un responsable qui gère les opérations, tout le reste fonctionne en autogestion. Les ouvriers prennent toutes les décisions pour respecter les trois valeurs, y compris les dépenses nécessaires. « Supposons que vous apportez votre Lexus alors que la garantie a expiré, le lève-vitres électrique ne fonctionne plus et vous estimez que nous aurions dû nous en rendre compte », me propose Joe comme exemple. « Dans une autre entreprise le mécanicien doit en parler au chef d'atelier qui sera peut-être obligé d'en parler au patron avant de pouvoir décider. Dans notre atelier, la première personne avec qui vous êtes en contact peut prendre la décision de réparer. Alors vous pouvez vous demander pourquoi nous fonctionnons ainsi et si notre personnel ne va pas dépenser tout notre argent. En fait ce n'est pas le cas, ils dépensent moins que ce que l'on pourrait craindre. »

Cela paraît curieux : le personnel en contact avec le client, sans responsabilité sur le bilan et sans commission fait très attention alors qu'il est autorisé à dépenser l'argent de la compagnie ?

« Oui, réfléchissez-y. Si on donne à beaucoup de personnes la possibilité de dépenser librement, quelle est leur préoccupation ? "J'espère que je n'en fais pas trop, j'espère qu'ils ne vont pas vérifier mon compte et trouver qu'il est énorme." En fait ils s'en préoccupent plus que nous n'aimerions qu'ils le fassent. Parfois les nouveaux embauchés viennent voir le chef d'atelier en lui disant qu'ils ont remarqué que les feux arrières ne fonctionnent plus et qu'ils craignent que le client soit mécontent. Nous leur demandons alors : "si c'était la voiture de ta mère, qu'est-ce que tu voudrais qu'on fasse ? Qu'est-ce que tu penses qu'on *devrait* faire ?" Ils veulent être rassurés la première fois. Puis avec le temps, ils prennent la décision eux-mêmes. Si on leur donne le chéquier, ils sont beaucoup plus économes que quand on leur retire.

Est-ce qu'on est plus vulnérable parce qu'on a moins de règles ? » Continue Joe : « Bien sûr. Pourtant, je vais vous donner un exemple. Nous fournissons à tous nos commerciaux une voiture avec le carburant et l'assurance payés. Dès le jour de l'embauche dans un magasin Lexus vous allez conduire une Lexus neuve. Un employé pourrait se saouler, prendre la voiture, avoir un accident où elle serait complètement détruite ou encore tuer quelqu'un, ce qui nous exposerait à d'énormes frais en matière d'assurance. Cela pourrait arriver et pourtant ça ne s'est jamais produit. La plupart des autres revendeurs nous disent : "Vous êtes fous, pourquoi faire ça ? Comment faites-vous pour les empêcher ?" Et nous répondons : « Nous choisissons des gens de valeur qui respectent notre confiance. »

Dans la culture de Sewell, tout renforce ces trois « principes » de base et Joe m'a expliqué qu'il avait de nombreux exemples de leur mise en application. L'un d'eux concerne un mécanicien venant de la concurrence. « Il a fait payer à un client un travail qu'il n'avait pas réalisé. Alors un de ses collègues lui a fait remarquer : "Qu'est-ce que tu fais ? Tu ne peux pas faire ça ici !" Il a répondu "C'est comme ça qu'on se faisait un peu de gratte au garage où je travaillais avant." Le mécanicien lui a dit que ça ne se faisait pas chez nous.

Alors il s'est excusé et a dit qu'il ne le savait pas. L'équipe l'a surveillé et il a récidivé le lendemain. Cette fois-là un petit groupe lui a dit qu'on lui avait expliqué que ça ne se faisait pas ici. Il a encore recommencé le surlendemain, alors l'équipe l'a plaqué contre une voiture à la manière des policiers, ils lui ont dit de reprendre ses outils et sa voiture et de partir. Sans l'intervention d'un chef d'atelier ou d'un cadre, ils lui ont juste dit : “Nous n'allons pas laisser un gars comme toi gâcher notre travail” et ils l'ont licencié. »

Ça paraît un peu rude si on travaille dans un bureau. En revanche dans un garage, la culture tolère ce genre de comportement. Joe admet que le mécanicien licencié aurait pu faire toute une histoire. Pourtant il est parti sans demander son reste, il s'est rendu compte qu'il n'était pas à sa place.

« S'intéresser sincèrement aux autres » peut être rude. Pourtant ça peut être aussi source d'inspiration. Quand un mécanicien est tombé malade, a dû s'arrêter et s'est rendu compte que son assurance ne le prenait financièrement en charge qu'au bout d'un mois, toute son équipe lui a donné le montant d'une heure de travail. Quand le cyclone Katrina a détruit la succursale Sewell de la Nouvelle Orléans, plus de 40 des 114 employés ont perdu leur logement et tous leurs biens. Ceux de Dallas/Fort Worth, bien que ne les connaissant pas personnellement, ont investi leur participation et leurs primes de l'année dans une donation de 168 000 dollars, ont ouvert leurs maisons d'été, trouvé des logements pour les familles et les ont aidées à rebâtir leur vie. Ils ne les connaissaient pas, néanmoins ils les considéraient comme faisant partie de la famille Sewell.

L'autogestion inspire l'alignement sur les valeurs communes et éjecte les éléments qui ne s'adaptent pas. C'est l'une des nombreuses raisons pour lesquelles Sewell n'a que 22 pour cent de turnover dans un secteur qui en compte 184 pour cent en moyenne tous les ans. « Nous renforçons les comportements en en parlant et en les récompensant », m'a expliqué Joe. « L'un des critères essentiel dans l'automobile est l'indice de satisfaction du client. La rémunération de tout le personnel – du balayeur et de la standardiste jusqu'aux vendeurs – est basée sur la valeur de cet indice, parce que nous pensons que tout le monde a une influence sur lui. On le décompose par services et on l'affiche dans les différentes zones de travail. Tout le monde sait, par exemple, quand la satisfaction des clients baisse dans un service en particulier et les membres d'autres services demandent comment ils peuvent aider à la faire remonter.

L'autogestion par les valeurs n'est pas une fin en soi. C'est le moyen de créer des cultures gagnantes dans le vingt et unième siècle. À travers la culture, en effet, les entreprises peuvent se développer et s'adapter, tout en restant strictement alignées vers un but commun. Il n'y a pas de cloisons étanches dans une culture : elle évolue, mûrit et s'adapte constamment. La culture de Sewell, par exemple, n'est pas uniquement fondée sur l'autogestion ; Joe Stallard lui-même reconnaît qu'il existe des éléments de coercition et que, parfois, ce sont des règles qui prévalent. Toutefois, en ayant bâti sa culture autour de principes d'autogestion, Sewell peut limiter ces contrôles externes à la marge, tout le monde étant inspiré par les valeurs situées au cœur de ce qu'ils font. Par exemple quand la direction générale a été obligée de mettre en place certains garde-fous, tout le monde a pensé que ces protections externes étaient cohérentes avec les valeurs de base de l'entreprise.

COMBLER LES FOSSÉS

Dégraisser les niveaux hiérarchiques et confier les informations et la prise de décisions à ceux qui sont sur le terrain donne de l'agilité et de la réactivité à une équipe, deux qualités fondamentales dans un marché rapide et fluctuant. De plus, l'autogestion permet un fantastique pas en avant dans l'efficacité d'une entreprise : *elle comble le fossé entre l'individu et l'entreprise.*

Dans les affaires, on est constamment en train *d'analyser le fossé* entre les résultats attendus, les résultats standards et la concurrence. Examinons les coûts de mise en conformité pour répondre à la nouvelle réglementation américaine sur le comportement des entreprises, intitulée Sarbanes-Oxley. « Avant même que cette réglementation extrêmement onéreuse soit mise en place », indique le *Wall Street Journal*, « les entreprises déclarent que le coût des audits a augmenté de 30 pour cent cette année à cause de leur durcissement et des règles comptables… Les entreprises doivent aussi payer les honoraires d'un nouveau comité de supervision des comptes – jusqu'à 2 millions de dollars pour les grandes entreprises[10]. » Une étude de Financial Executives International a estimé le travail provoqué par ces nouvelles procédures de conformité à environ 2 000 hommes/heures pour les entreprises ayant un chiffre d'affaires de moins de 25 millions de dollars et à 41 000 hommes/heures pour les CA de 5 milliards de dollars[11]. Pour quel résultat ? PricewaterhouseCoopers a découvert que, sur les 85 pour cent de multinationales qui ont mis en place ces nouvelles procédures de contrôle, seuls 4 pour cent ont noté un changement significatif dans les comportements[12]. Le milieu des affaires a massivement investi pour combler le fossé entre la réglementation mais les comportements mais le nombre de procès pour infraction à la loi n'a que peu diminué[13].

« Nous avons une formation de pointe, des systèmes sophistiqués, une politique et des contrôles parfaitement au point », m'a dit Douglas Lankler, responsable de la conformité, vice-président et conseil général de Pfizer, « et nous avons encore des problèmes de conformité. » Lankler est le fils d'un procureur et a grandi en suivant avec passion les histoires de son père mettant des malfaiteurs en prison. Il a tellement été impressionné qu'il est devenu assistant procureur. Pfizer, l'une des entreprises les plus importantes dans le domaine de la santé, a mis au point un ensemble de règles pour atteindre les standards les plus hauts de conformité et de comportement et Lankler admet le défi posé par le respect des règles. « En 2007, on se préoccupe plus des problèmes de conformité qu'en 2001 et pourtant la hotline sonne encore au même rythme. Et les gens posent les mêmes questions alors que nous pensions avoir évolué. Je suis sûr par ailleurs que toutes les autres entreprises en sont au même point. »

On a souvent écrit que cette folie donnait partout des résultats identiques ; c'est le piège dans lequel sont tombées les entreprises pour assurer leur conformité. Elles sont prises entre le comportement du personnel et les règles. Les entreprises dépensent 98 pour cent de leur temps en contrôle sur 2 pour cent de leurs employés responsables des manquements à la conformité et n'ont aucun résultat probant. C'est le point faible de la culture de l'acceptation éclairée : le fossé entre les gens et ce que l'on attend d'eux, les gens et les règles, ainsi qu'entre les gens et ce que désire leur patron. « C'est comme la course à l'armement », explique Lankler. « On peut resserrer les contrôles, les affaires deviendront plus difficiles et le personnel trouvera le moyen de les contourner ; on les resserre encore en embauchant du monde pour ça et le cercle vicieux continue sans fin. »

L'autogestion comble ce fossé en mettant 100 pour cent de vos ressources dans 98 pour cent de votre organisation, en lui apportant de l'inspiration, de la confiance et la possibilité de fonctionner au niveau le plus élevé. Pourquoi les employés font-ils ce qu'il faut ? Parce que dans une culture d'autogestion, ne pas le faire trahit les propres valeurs de l'individu et pas seulement celles de l'entreprise. Les règles contrôlent et limitent la manière dont on fait ce que l'on fait. Seule l'autogestion par les valeurs peut simultanément contrôler le comportement et inspirer à en faire plus. Quand les entreprises et les travailleurs sont en phase sur leurs valeurs, les travailleurs agissent en fonction de leurs croyances propres et rien n'est plus puissant que ça. Se trahir soi-même engendre la perturbation, ces petites voix désagréables dans la tête qui causent des conflits et diminuent la productivité et l'efficacité. (Nous parlerons du coût de la non-conformité dans quelques pages.) L'autogestion par les valeurs apporte avec elle une culture de l'accord.

Réfléchissez au gain obtenu en éliminant le désaccord au cœur de la gouvernance de l'entreprise et en créant une culture d'accord. Le temps, l'énergie et les dépenses utilisés auparavant à combler le fossé entre l'individu et l'entreprise disparaissent. « Pour moi », dit Lankler, « je veux dire à nos commerciaux que je ne m'intéresse plus ni aux règles ni aux procédures, ni même aux restrictions. Je ne m'intéresse pas non plus aux limites, à ce que l'on peut faire ou non. Vous connaissez tout ça, vous êtes adultes, intègres et vous avez compris que l'on attend de vous que vous fassiez ce qu'il faut faire. Nous n'avons plus besoin de ces limites artificielles, nous vous faisons confiance. Si nous appliquons quotidiennement cette culture à Pfizer, nous en recevons la récompense tous les jours et c'est ce à quoi nous accordons le plus de valeur. Parce que nous pouvons travailler avec plus de liberté et être plus agressifs. Pour moi c'est le saint Graal. »

Par l'augmentation de l'autogestion, on diminue le besoin de règles, de procédures et de politiques dans une entreprise. On réduit aussi les carottes et les bâtons pour obtenir la conformité, ce qui augmente la rentabilité (parce que ces moyens sont onéreux). À leur place, on génère la mise en phase avec les valeurs, on obtient plus d'inspiration et on perd moins de temps à vouloir respecter les règles. C'est aussi la manière la plus efficace d'aligner tout le monde sur les valeurs et les buts de l'organisation et de faire ce qu'il faut pour les atteindre. La conformité concerne la survie, l'autogestion l'épanouissement.

Michael Monts est vice-président de United Technologies Corporation et leader respecté de l'industrie de la défense. UTC a été l'une des premières entreprises à mettre en place une culture d'autogestion par les valeurs et Michael a montré les limites des solutions basées sur la conformité pour améliorer le comportement du personnel. Il me l'a expliqué d'un ton passionné : « Mettre en place un programme de conformité – la structure externe, les règles et tout ce qu'il faut – améliore les résultats globaux et on atteint rapidement un palier. Pour aller plus loin il faut instaurer des programmes basés sur les valeurs qui, tout d'abord incitent les gens à ne plus chercher les failles du système. De plus, du point de vue du leadership, ces approches entraînent les gens à se dépasser. La motivation principale ne vient pas de la peur, c'est l'aspiration à accomplir quelque chose de merveilleux. Quand on combine sa propre vision, les valeurs, la mission de l'entreprise et le leadership, on libère l'imagination des employés et on canalise leurs efforts dans le même sens. C'est ce que l'on cherche et c'est aussi ce qu'ils désirent. Au bout du compte ce n'est pas uniquement l'équation coût-bénéfice, ils veulent sentir en plus qu'ils font partie de quelque chose d'important. »

LES VALEURS À L'ŒUVRE

L'autogestion par les valeurs commence, bien sûr, par les valeurs, c'est-à-dire un jeu cohérent de principes définissant la nature et le but d'une organisation humaine. À GE/Durham ils utilisent le terme de « principes directeurs », pour nommer leur constitution[14]. Ce document détaille les valeurs de diversité et de respect, l'engagement à apprendre et à enseigner la culture maison ainsi qu'à tenir ses promesses, la prise en compte de l'environnement et le comportement dans la résolution des conflits apte à corriger les attitudes inacceptables sans les punir. Chez Sewell, ce sont les principes directeurs : Agir professionnellement en tout, S'intéresser sincèrement aux autres et Appliquer constamment une éthique élevée. Ces valeurs sont les fondements des cultures de ces deux entreprises : leurs structures de fonctionnement, leurs procédures et les décisions dépendent de leur engagement à un ensemble de COMMENT.

Sewell et GE/Durham sont des entreprises relativement petites et on peut donc se poser la question du fonctionnement de l'autogestion dans une multinationale. Nous avons heureusement des exemples autour de nous. Johnson & Johnson a depuis longtemps intégré les valeurs dans sa culture d'entreprise. Robert Wood Johnson, fils du fondateur, devenu Général Johnson pendant la deuxième guerre mondiale, en a pris la direction en 1932 et a écrit, 10 ans plus tard, un document d'une page auquel le personnel a donné le nom de Credo. Il codifiait la manière de mener les affaires de façon responsable sur le plan social[15]. Il déclarait que l'entreprise est d'abord responsable vis-à-vis des personnes utilisant ses produits et ses services, deuxièmement envers ses employés, troisièmement envers la communauté aussi bien que l'environnement et enfin vis-à-vis de ses actionnaires. Ce document révolutionnaire bouleversait complètement le point de vue traditionnel selon lequel la première responsabilité d'une entreprise s'adressait à ses actionnaires. Robert Wood Johnson et ses successeurs estimaient que si les trois premières responsabilités étaient tenues, les actionnaires seraient bien traités.

Depuis sa rédaction, le Credo est devenu une partie intégrante de tout ce que fait J & J, parce qu'il est encadré au mur de tous les bureaux et surtout parce qu'il sous-tend les relations de tout le personnel. « Nous ne parlons pas spécifiquement du Credo à chaque réunion », m'a expliqué Roger Fine, « La première fois que j'en ai entendu parler quand je suis arrivé en 1974, c'était dans une réunion avec une dizaine de cadres et quelqu'un a dit, tout à coup : "Ca relève du Credo." Ça marche à tous les coups, dès que quelqu'un dit cette phrase magique, la discussion s'arrête et on se met à discuter de ce point. Quel est le problème ? Quels sont les pour et les contre ? S'il y a un problème, on fait tout pour le résoudre. »

Quand Roger m'a expliqué ça, j'ai eu l'impression que ce Credo était plutôt un fardeau qui ralentissait le travail. Je lui ai fait remarquer que les affaires demandent de la rapidité et que personne n'a envie d'être obligé d'arrêter une réunion pour discuter d'un problème supplémentaire. « Je me déplace dans le monde entier tous les ans pour en parler », m'a-t-il expliqué. « Et j'évoque les notions erronées que l'on peut avoir à son sujet, dont celle-ci qui est la plus fausse. Nous avons une concurrence très rude et nous voulons réussir. Tout le monde chez J & J doit faire de même. Seulement, il faut le faire en restant fidèle au Credo. Sa dernière phrase est la plus importante, celle qui dit : "Quand on agit en respectant ces principes, les actionnaires *doivent* obtenir des dividendes corrects." Cela veut dire que ce n'est pas un frein, c'est le moteur de la réussite et tout le prouve dans l'histoire de J & J. »

Plus récemment, Xerox Corporation a fait de « Vivre nos valeurs » un de ses cinq objectifs principaux de performance. Le PDG Anne Mulcahy estime que c'est l'une des raisons du revirement remarquable de l'entreprise. « Les valeurs de l'entreprise nous ont aidés à la sauver pendant la pire crise de notre histoire », a-t-elle indiqué, en 2004, à la Conférence annuelle sur la responsabilité sociale des entreprises. Xerox est allé beaucoup plus loin qu'une vague déclaration d'intention et a intégré ses valeurs fondamentales à tous les niveaux de l'organisation. « Au-delà de mots sur un morceau de papier, nos valeurs s'accompagnent d'objectifs spécifiques et de mesures concrètes[16]. »

Quand les valeurs sont clairement exprimées, elles rassemblent tout le monde vers un but commun. *Les valeurs placent la gouvernance à l'intérieur de chacun plutôt que chez des personnes ou dans des règles extérieures. Cela génère un type de culture très différent.*

UN VOYAGE DANS LA CULTURE

Comment une culture se transforme-t-elle en autogestion ? Le Centre Hospitalier Méthodiste de Houston a répondu à ce défi. En 1998, le comité de direction est arrivé à la conclusion que l'association à but non lucratif était devenue une entreprise commerciale et avait donc perdu ses racines basées sur les valeurs. Pour rattraper la dérive, ils se sont embarqués dans une opération de modification de la nature de COMMENT ils fonctionnaient. Plutôt que d'établir de nouvelles règles, des procédures ou tout simplement mettre des affiches inspirant des idées élevées, ils sont partis de l'intérieur, vers une gouvernance par la culture. Début 2005, le magazine *Worforce Management* a raconté cette histoire[17].

Ils ont démarré le processus alors qu'ils avaient un effectif de 8 600 personnes. Ils ont élaboré trois déclarations : leur vision, leurs croyances et leur nouvelle mission, toutes trois basées sur l'idée d'intégrer des valeurs spirituelles – décrites en détail et exhaustivement – dans toute l'organisation. Ces valeurs fondamentales forment (en anglais) un acronyme approprié à un hôpital : ICARE, c'est-à-dire Intégrité, Compassion, Accountability (responsabilité), Respect et Excellence. (Jeu de mots sur *I care* : je m'occupe de, Ndt).

Nous avons vu que l'autogestion demande de l'apprentissage et de la vigilance. Ainsi l'étape suivante a été de développer la compréhension de ces valeurs. Ils ont beaucoup discuté avec le personnel et développé une matrice claire pour évaluer l'avancement de l'intégration des valeurs. Cette matrice est ensuite devenue l'outil de formation de l'ensemble du personnel.

Le plus important a été de traduire ICARE dans la vie quotidienne, aussi bien dans le comportement que pour la prise de décisions, en proposant des COMMENT pour chaque QUOI. Ils ont demandé à chaque groupe de travail d'interpréter et d'appliquer chaque valeur à leur discipline respective. À quoi ressemble la compassion ? Comment exprimer quotidiennement le respect ? Chaque discipline a apporté sa propre réponse : les infirmières ont internalisé la responsabilité en : « Au lieu de demander pourquoi, demande pourquoi pas. Surveille ce qui se passe et corrige les erreurs. » Le département de technologie de l'information a proposé : « Si je ne comprends pas, je pose des questions. » Les employés de la pharmacie ont rendu tangible l'intégrité en disant : « Nous ferons toujours de notre mieux, que le patron soit présent ou non », et les directeurs de ce centre hospitalier cinq étoiles se sont engagés à « échanger respectueusement leurs points de vue. » Ce processus a transformé les valeurs en comportements concrets pouvant être suivis par tout le monde, tous les jours.

Quand on connaît les difficultés de quantifier les résultats d'un changement culturel dans la direction d'une organisation, on peut penser que cette initiative était comparable à un acte de foi. Même Tom Daugherty, qui a dirigé le mouvement, a admis son scepticisme : « On ne peut pas toujours identifier la frontière entre un changement culturel et une performance opérationnelle », dit-il. Pourtant, dans ce cas, les résultats parlent d'eux-mêmes : le turnover des employés a baissé de 38 pour cent, diminuant de 24 à 15 pour cent en moins de deux ans. L'absentéisme a baissé de moitié, le niveau de satisfaction des patients, des médecins et du personnel soignant a atteint des sommets. Le rapport *US News $ World Report* a classé le Centre Hospitalier Méthodiste dans les cent premiers hôpitaux américains et en 2007, le magazine *Fortune* l'a classé numéro neuf de la liste des 100 meilleures entreprises pour lesquelles travailler[18].

C'est l'exemple d'une entreprise relativement petite, proposant ses services dans une seule ville. J'ai donc demandé à Douglas Lankler de Pfizer comment il poursuivait sa quête du « Saint Graal » dans une multinationale. « C'est assez facile », a-t-il immédiatement répondu. « Il suffit de le faire en douceur. Par exemple nous avons établi un plafond de 100 000 dollars à la somme que nous allouons à une région commerciale pour des interventions de formation auprès des médecins. La loi ne nous l'impose pas, c'est nous qui avons décidé ce plafond parce, que sans lui, ce pourrait être l'anarchie et le personnel pourrait tout simplement donner de l'argent aux médecins sans contrepartie. Ça voudrait dire que nous payons pour que ces médecins prescrivent nos produits et ce n'est pas possible. Nous pouvons simplement, sur le plan légal, investir dans des formations sous forme de conférences, destinées à fournir des informations médicales aux médecins et aux patients. On peut dire à la région en question : "Nous allons faire passer ce plafond à 200 000 dollars à la condition que vous nous aidiez à trouver la *meilleure* façon d'employer cet argent et nous vous faisons confiance pour que ce soit en accord avec nos valeurs." C'est donner plus d'autonomie à la région, s'ils le font ils vont augmenter leurs ventes parce qu'il y aura plus d'informations vers les médecins et leurs patients. La conformité va aussi s'élever parce que les commerciaux savent qu'on leur fait confiance et nous les récompensons quand ils font ce qu'il faut. »

Le leadership est la clé du processus. « Nous avons beaucoup de leaders qui ont inversé des marchés difficiles », dit Lankler. « Par exemple le directeur de la région Asie, pourrie par la corruption, a renversé une situation où, entre 2000 et 2003, il y avait environ 90 problèmes de non-conformité par an. Il a réussi à les faire tomber à un ou deux en faisant intégrer à son équipe les notions de valeurs et d'intégrité ainsi que la nécessité de faire bien. "On peut vendre comme si demain n'existait pas et dépasser les chiffres", a-t-il déclaré à son équipe, "par contre si on le fait de manière illégale ou non éthique, nous n'aurons pas atteint notre but." Il a renforcé ses paroles en montrant son intégrité personnelle. »

Développer l'autogestion signifie placer les valeurs au centre des efforts et expliquer clairement – dans la manière de récompenser, de féliciter, de communiquer et de se conduire – que ces valeurs forment les principes de base de l'entreprise. Il ne s'agit pas uniquement d'un effort de la part des leaders ou managers désignés. Tout le monde a l'opportunité de faire avancer la culture, de l'améliorer et de l'adapter aux besoins du moment. Après tout, la culture d'entreprise n'est pas monolithique. Tous les départements ont la leur. GE/Durham a une culture bien spécifique. Néanmoins comme elle contient les éléments de la société mère, elle est congruente avec celle des autres filiales.

Les leaders fonctionnant avec le COMMENT engendrent d'autres leaders identiques, de la même manière que Ook, notre homme des cavernes fictif, engendre un tas de petits bébés Ook prêts à collaborer. Les cultures d'autogestion grandissent quand les gens commencent à voir, modéliser puis adopter les COMMENT qui bâtissent des synapses vigoureuses. Pour avancer dans l'autogestion, il faut réaliser que *la culture est quelque chose que l'on fait et non pas une chose qui est imposée*. Tout le monde doit s'impliquer dans la dimension culturelle de ce qu'il fait. Comme des rameurs sur un bateau, nous devons tirer tous ensemble de manière à créer la culture. Nous avons besoin d'une masse critique de leaders pour lancer des vagues et en autogestion, le leadership commence par vous.

L'AUTOGESTION EST L'AVENIR DES AFFAIRES

Voici les raisons supplémentaires d'introduire l'autogestion par les valeurs :

Un monde horizontal a besoin d'une gouvernance horizontale

L'autogestion par les valeurs diminue les étages de la hiérarchie. À GE/Durham, la prise de décision n'échoit pas à l'encadrement intermédiaire parce qu'il n'y en a pas. Tout le management est assuré par chacun de manière individuelle. Chacun a la possibilité de participer à toutes les décisions, ce qui fait que toutes les initiatives sont l'expression du groupe. Chez Sewell, chaque équipe prend la responsabilité de tous les aspects d'un véhicule, ce qui leur permet d'offrir un meilleur service à leurs clients de manière plus efficace et réactive.

L'autogestion s'épanouit dans la libre circulation de l'information

Contrairement à la thésaurisation de l'information ou à la circulation de celle-ci limitée à ceux qui ont en ont besoin, caractéristiques de l'obéissance aveugle ou de l'acceptation éclairée, l'autogestion a besoin de mettre l'information à la disposition de tous. L'information libère les compétences. Pour développer la créativité et l'inspiration de leaders, il faut créer un environnement leur apportant toutes les informations nécessaires. La transparence à tous les niveaux rend la culture plus efficace et la libre circulation de l'information développe l'autogestion en amplifiant la confiance.

Une entreprise de premier plan doit être une entreprise de leaders

Pour repousser les frontières de la créativité et de l'innovation, il faut des personnes qui donnent leur maximum chaque jour. Les cultures basées sur les règles provoquent une tension inhérente entre la réflexion en dehors du cadre et la conformité aux règles internes. L'autogestion demande à chaque individu de se prendre en main et de se diriger, de prendre la responsabilité de ses propres actions et des performances des autres. Le personnel vit donc en dehors du cadre parce qu'il n'existe pas de cadre. Il est donc uniquement guidé par ses valeurs. À GE/Durham, par exemple, chacun travaille dans son équipe, en est responsable et, en même temps, fait partie de différents comités s'occupant des problèmes des autres équipes. La participation à ces comités tourne de manière à ce que tout le monde soit responsable à un moment donné de chacune des fonctions de l'usine. Cette rotation incite les personnes à se diriger vers le leadership.

L'autogestion encourage le développement du personnel

L'obéissance aveugle et l'acceptation éclairée développent les compétences du personnel au moyen de l'apprentissage par la répétition ou par la formation. Ces approches sont une façon efficace de diffuser des informations en noir et blanc, faciles à quantifier, telles que les niveaux maximums de pollution à ne pas dépasser ou les gestes de sécurité. Elles ne vont pas assez loin dans la préparation du personnel à gérer toutes les nuances des situations quotidiennes. En effet on ne peut pas dresser quelqu'un à se débrouiller dans la vallée du C. Par contre, on peut développer sa capacité à le faire. On *dresse* un chien, on *développe* les leaders.

Thomas R. McCormick, directeur de l'éthique et de la conformité chez Dow Chemical, l'un des leaders de la relation entre valeurs et performance au travail, m'a exposé la manière dont Dow investit dans l'éducation de son équipe : « Nous demandons à chaque superviseur – il y en a environ 2 000 – d'effectuer une session éducative individuelle avec leurs employés pour les mettre en face de trois ou quatre scénarios (tels que le conflit d'intérêts) portant sur des questions délicates et pleines de nuances qui soient pertinentes pour leur groupe, qu'elles soient professionnelles ou de tout autre aspect », dit-il. « Le but est que les gens s'expriment sur ces questions où les réponses ne sont jamais en noir et blanc afin qu'ils explorent ensemble comment aborder ces situations. C'est éducatif bien sûr et, en même temps, ça donne le ton. Ils en parlent avec leur leader, ce qui renforce les attentes du leadership. Le tout est conçu pour aider les gens à gérer les nuances, ce qui n'est possible qu'en prenant des décisions basées sur les valeurs. »

Le monde d'Internet propose des sommes considérables d'informations aux travailleurs et il doit s'accompagner d'un engagement à l'évolution personnelle. Chez GE/Durham, cela signifie la pluridisciplinarité. Chez Sewell, ce sont les hauts faits du personnel, régulièrement cités et transposés dans le comportement quotidien.

L'autogestion entraîne une vigilance universelle

Certains embauchés n'acceptent pas les objectifs de l'entreprise. Dans la culture de l'acceptation éclairée, ils peuvent s'en sortir en biaisant, en passant sans se faire remarquer par le faisceau du radar, ce qui ralentit le système. Ils peuvent aussi faire partie des 2 pour cent que les efforts de conformité cherchent à réduire. En autogestion, au contraire, ils ne trompent personne. La vigilance du groupe les repère, les met mal à l'aise et finit par les éjecter. Le mécanicien qui facturait trop chez Sewell l'a appris par la manière forte. On constate donc que les 98 pour cent se chargent des 2 pour cent avant qu'ils créent les problèmes de conformité susceptibles de faire tomber l'entreprise.

De plus cette vigilance conserve l'alignement du personnel dans le temps. Si la performance de quelqu'un baisse, la question se pose à tous et la responsabilité du groupe est de résoudre le problème, en s'occupant de le régler et non de blâmer la personne. Tout le monde étant responsable de la réussite de l'équipe, il n'est plus possible de traîner les pieds.

McDonald's le géant de la restauration rapide, est plus organisé comme un écosystème que comme une organisation fortement centralisée. Le PDG Jim Skinner compare sa culture à un tabouret à trois pieds constitués par les franchisés, les clients et les employés. C'est un engagement fort vis-à-vis des valeurs qui maintient alignés sur un objectif commun les associés dispersés dans le monde entier. De plus sa culture exerce une influence régulatrice sur tous les niveaux de l'organisation. « On parle de la possibilité d'une réaction de rejet », m'a dit Skinner. « Elle peut se produire, quand on nous rejoint à un niveau trop élevé sans avoir fait ses classes au sein de l'organisation, par la difficulté à comprendre notre culture. En effet ce rejet n'est pas dû au travail, plutôt à la culture. Les gens disent : “Je ne m'occupe pas de votre intelligence ou de vos compétences, vous devez simplement comprendre tout ce à quoi nous croyons.” »

Une culture de ce type s'exerce toute seule et réduit le besoin de contrôles externes. Le tout se règle par un feedback honnête et c'est l'intelligence collective du groupe qui régule la culture dans son ensemble.

L'autogestion transfère la prise de décisions du le pragmatisme vers les principes

La réputation, la cohérence et la tenue de ses promesses – tous les facteurs nécessaires pour maintenir une continuité personnelle aussi bien que professionnelle dans un monde transparent – viennent de la capacité à prendre des décisions basées sur des principes plutôt que sur un pragmatisme à court terme. Les cultures d'autogestion sont inspirées par une mission et dirigées par des valeurs. Elles entraînent chaque décideur à respecter ces principes à tout moment. Les décisions prises ainsi constituent un solide gouvernail quand les eaux deviennent tumultueuses.

L'autogestion est un concept élevé

Comme la confiance, les croyances et les valeurs sur lesquelles elle repose, l'autogestion par les valeurs s'adresse au moi le plus élevé. Elle gouverne au nom des principes et des valeurs et non des règles. Seuls les principes et les valeurs ont la capacité de donner de l'inspiration. En effet, il est plus motivant de penser que l'on élabore ses propres lois et que l'on se dirige soi-même que d'accepter l'autorité de quelqu'un.

Il y a une touche d'inspiration dans tous ces concepts. L'autogestion par les valeurs s'appuie sur les structures et la rhétorique qui *parlent* aux gens. Elle parle le langage du *je devrais* plutôt que celui du *je peux*. L'inspiration provient d'un ensemble de croyances et nous avons tous envie de croire en ce que nous faisons. C'est pour cela que l'autogestion par les valeurs est un modèle de gouvernance remarquable pour l'avenir. Il nous propose de combiner nos buts les plus élevés et nos aspirations à la manière de nous comporter chaque jour.

L'autogestion

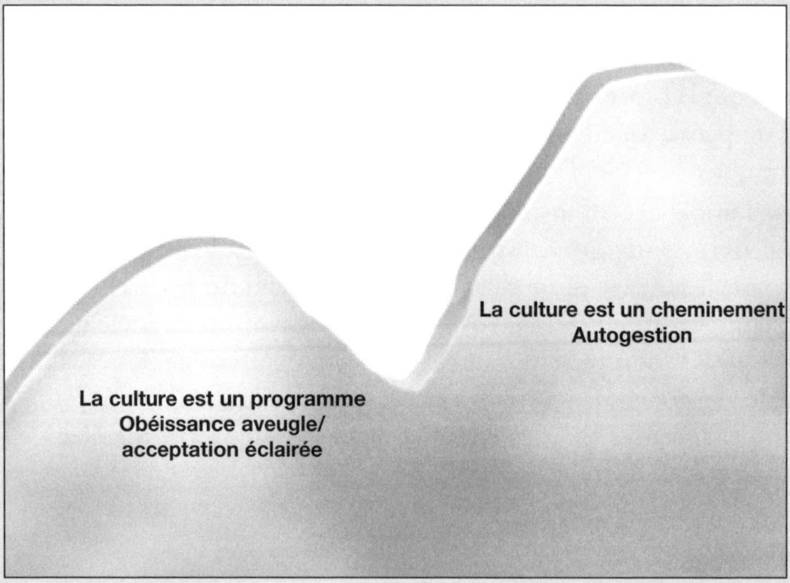

Quand les *valeurs deviennent le* moteur de la culture, l'autogestion apporte l'échafaudage permettant à toute la hiérarchie de pratiquer ces valeurs quotidiennement dans tout ce qui est fait. Les différentes unités, telles que les diverses spécialités de l'hôpital Méthodiste, peuvent internaliser ces valeurs en les transposant concrètement ; les multinationales s'étendent horizontalement au-delà des frontières, collaborent avec de nouveaux partenaires et se diversifient dans une myriade de voies tout en assurant l'intégrité de leur mission ; et les innombrables indépendants, personnel à plein-temps, télétravailleurs et autres personnes travaillant à l'extérieur peuvent s'aligner encore plus étroitement autour de valeurs communes. Comme les valeurs apportent un système de navigation plus puissant et plus adaptable que les règles ou les procédures, l'autogestion par les valeurs présente un système permettant à toute organisation de grandir, de s'adapter, de muter et d'évoluer sur le marché sans perdre de vue sa mission de base ou s'écarter de sa feuille de route.

Une culture *ne reste en* bonne santé que lorsqu'elle suit fidèlement sa mission au-delà d'elle-même. Culture signifie cheminement. Parce que les cultures sont vivantes – elles grandissent et évoluent en s'adaptant aux défis et fêtent les réussites – elles sont constamment en état de *devenir*. Gouverner par la culture veut donc dire que l'on accepte d'être sur la voie, quotidiennement,

>>

>> de la construction de connexions plus étroites avec son entourage. La première étape est d'accepter l'importance de l'autogestion – le COMMENT avec lequel le groupe interagit commence en effet avec soi et COMMENT on fait ce que l'on fait est la première étape du chemin.

Ce n'est *pas en envoyant* une note de service de la direction générale indiquant : « Vous êtes maintenant une entreprise en autogestion » que l'on modifie la culture. On débute en faisant ce qu'il faut, en étendant sa confiance et en la provoquant, en s'alignant plus étroitement avec les valeurs du groupe, en les respectant dans tous ses actes et en définissant son cheminement – que ce soit monter des briques ou diriger une équipe – comme ayant une mission au-delà de sa réussite. Poursuivre une mission noble peut vous emmener – avec votre organisation – sur le chemin depuis le QUOI jusqu'au COMMENT, des règles aux valeurs, de la défensive à l'offensive, de l'acceptation éclairée à l'autogestion, de la conscience de la marque à la promesse de la marque, d'un chemin vers la réussite à un chemin vers le sens qui, à son tour (dans l'esprit du Credo de J & J), engendre la réussite.

Chapitre 12

LE MODÈLE DU LEADERSHIP

Nous sommes ce que nous faisons de manière répétée. L'excellence n'est donc pas une action, c'est une habitude.
Aristote

Nous avons exploré en détail ce qui comble les espaces entre nous. Nous avons vu COMMENT nous pensons, COMMENT nous nous comportons, COMMENT nous nous gouvernons en tant que groupes et l'importance qui est accordée désormais à ces idées. Si vous êtes d'accord avec moi, vous avez certainement considéré les COMMENT autour de vous d'un autre point de vue (sauf si vous lisez ce livre d'une seule traite). Vous avez peut-être constaté COMMENT ce que vous dit votre patron déclenche en vous des voix que vous avez reconnues comme perturbantes. Ou bien vous avez noté des messages discordants de la part de votre équipe. Vous avez peut-être aussi relu attentivement un e-mail en prenant le temps de penser à la manière dont il vous a affecté et comment il peut affecter son destinataire si c'est vous qui l'envoyez. Dans un magasin, vous avez été traité d'une façon qui vous a fait vous sentir plus riche ou plus pauvre et vous commencez à réfléchir à la cause qui a provoqué votre réaction. Ces perceptions sont la première étape de votre chemin sur la colline du A vers une compréhension plus profonde et pleine de sens des COMMENT avec lesquels nous remplissons toutes nos synapses interpersonnelles.

Je reconnais aussi que vous vous demandez peut-être comment faire ces COMMENT ? Après tout, vous avez lu plus de 200 pages et je ne vous ai pas encore dit comment *faire* quoi que ce soit. Je ne vous ai pas indiqué une seule étape ou action pour appliquer les concepts présentés. Si je ne l'ai pas fait c'est parce que je n'en suis pas capable ou, plus précisément, parce que la nature même de ce que j'ai évoqué rend impossible la rédaction d'un manuel d'instructions. Souvenez-vous de ce que j'ai écrit, expliquant que ce livre n'était pas un « Manuel du COMMENT » avec les *Six règles pour ceci* ou les *24 étapes pour cela*. Je cherche à vous apporter à la place une manière de voir le monde différemment en lui donnant un sens nouveau. Ces concepts ne peuvent pas être résumés dans une liste de choses à faire.

Toutefois, pour qu'un système soit vraiment utile, il faut trouver le moyen de l'intégrer concrètement à tous les instants de la vie, de transformer les idées en actes, en un mot, de savoir COMMENT faire. Je vous propose donc un cadre, une manière de focaliser vos efforts, votre temps, vos pensées et votre passion sur les comportements et les approches qui vous aideront à faire les choix susceptibles de lancer des vagues autour de vous. À LRN nous l'appelons le modèle du Leadership et nous l'employons quotidiennement pour guider nos COMMENT. Je l'ai conçu au début de notre activité et l'ai affiné depuis. Il comprend maintenant tous les concepts présentés dans ce livre et propose une manière de les mettre en œuvre dans tout ce que vous faites[1].

Pourquoi ce choix du leadership ? Parce que pour devenir autogestionnaire vous devez vous diriger vous-même et considérer tout ce que vous faites du point de vue d'un leader, que ce soit écrire un e-mail, assister à une réunion ou écrire un rapport. Vous dirigez votre propre cheminement vers le sens profond des choses, vers le COMMENT vous agissez traitez les autres et percevez le monde. La mentalité de leader vous met en relation étroite avec les courants et les événements de votre sphère d'influence. Cela vous aide à vous connecter avec les autres, à créer des synapses vigoureuses pour vous épanouir dans ce monde hyperconnecté, enfin, à donner l'inspiration aux autres d'en faire de même.

LE LEADERSHIP

Le 25 mai 1961, John F. Kennedy, alors Président des États-Unis, s'est adressé au Congrès pour faire quelques propositions répondant à des « besoins nationaux urgents. » Il a parlé environ 45 minutes et peu se souviennent de tout ce qu'il a dit. Par contre tout le monde se souvient que pendant huit minutes et avec environ mille mots il a exposé ses vues sur la nécessité de mettre le pied sur la lune, en lançant une opération qui a impliqué des centaines de milliers de personnes travaillant ensemble pendant plusieurs décades. Il n'a pas dit que ce serait facile. « Cela va être une charge énorme », a-t-il dit, « et ça ne sert à rien de vouloir que les États-Unis se lancent dans l'aventure si nous ne sommes pas prêts à travailler pour réussir… Cette décision appelle un consensus et une implication nationale pour le personnel scientifique et technique, la mise à disposition de matériel et d'usines ainsi que leur retrait d'autres activités. Cela signifie en bref un niveau d'implication, d'organisation et de discipline qui n'ont pas toujours caractérisé nos efforts de recherche et de développement. » JFK ne s'adressait pas uniquement aux scientifiques, aux entrepreneurs et aux astronautes qui partiraient, il s'adressait à la nation tout entière. « Il ne s'agit pas d'un seul homme allant sur la lune – si nous répondons par l'affirmative, ce sera la nation entière, parce que tout le monde participera à mettre le pied sur la lune[2]. » En huit minutes seulement, il a changé le monde.

Voilà ce qu'est le leadership : en plus d'avoir l'idée d'atterrir sur la lune, c'est de faire tout ce qui est nécessaire pour qu'environ un million de personnes s'impliquent dans cet effort, parlent le même langage, partagent le même but et poursuivent une mission plus grande que tout individu isolé. L'Amérique n'aurait jamais réussi à mettre le pied sur la lune si la majorité avait dit : « Je veux bien faire des efforts pour aller sur la lune *à la condition* d'être assis au premier rang dans le vaisseau spatial. La position de mon siège est plus importante pour moi que le fait d'atteindre la lune. » Si ça avait été le cas, nous n'aurions même pas atteint le New Jersey ! Il a fallu qu'un million de personnes se rassemblent et partagent la même aspiration pour transformer la vision en réalité.

Nous avons vu qu'une organisation est simplement cela : un groupe de personnes se rassemblant pour accomplir un objectif impossible à atteindre individuellement. Le leadership n'est pas nécessaire aux gens qui ont le titre de « président » sur leur carte de visite. C'est une attitude, une manière d'appréhender les défis de tous les jours. Bien que beaucoup de personnes soient investies du pouvoir d'en diriger d'autres, un nombre encore plus grand – qui augmente régulièrement dans notre monde de plus en plus horizontal – travaille en équipe sans hiérarchie formelle. La tendance s'accentue avec l'augmentation du nombre de groupes de personnes qui réussissent ensemble. L'autogestion est aussi une orientation vers le leadership, qui commence par savoir se diriger soi-même. Pour ce faire et participer encore plus aux cultures d'autogestion, il faut accepter le défi de devenir son propre législateur, de trouver les réponses en soi et de se guider par son alignement sur les valeurs qu'on y trouve. Le modèle du leadership vous aidera à le faire.

Souvenez-vous que les grands leaders le sont devenus précisément parce qu'ils ont intégré, consciemment ou par leur nature profonde, ces comportements qui lancent les vagues, qui incitent les autres à réaliser de grandes choses et qui les font évoluer.

J'ai commencé ce livre en racontant l'histoire de celui que je considère comme l'un des plus grands leaders, George Henderson le Foldingue, celui qui a inventé la vague. Pour s'épanouir aujourd'hui il n'est pas nécessaire de lancer une vague énorme. Il suffit d'en lancer de plus réduites chaque jour, ce qui est tout à fait possible. Cela peut être une question pertinente lors d'une réunion municipale qui fera avancer les choses ou un e-mail qui incitera vos interlocuteurs à s'impliquer. Le leadership concerne la manière de faire correctement les choses et on peut concevoir toutes ses actions à travers ces lunettes. On peut se brosser les dents parce que nos parents nous l'ont imposé quand on était enfant ou parce qu'on veut conserver ses dents en bon état et qu'on veut avoir un beau sourire. Le leadership consiste à lancer des vagues réussies dans tout ce que l'on fait.

Le modèle du leadership n'est pas un ensemble de règles à mémoriser et auxquelles il faut se conformer, des *je peux* et *je ne peux pas* externes ; c'est le monde des *je devrais*. Elle s'appuie sur des valeurs fondamentales, qui constituent la base à partir de laquelle on peut prendre chaque jour des décisions et les concrétiser en comportements. Ces comportements se renforcent l'un l'autre pour créer un cercle vertueux d'énergie nourrissant les efforts. Le modèle du leadership décrit l'approche des COMMENT : pour communiquer, travailler, se comporter avec les autres, prendre des décisions, interagir sur le marché et agir de façon cohérente. Il gouverne, guide et inspire la manière dont on fait les choses. C'est une autre façon de décrire un système dont chaque élément renforce les autres. Comme les piliers et les poutres d'une toiture ou les pièces d'un échiquier, la capacité de chacun est multipliée par dix quand ils sont réunis.

Même si je l'appelle le modèle du leadership, vous pouvez aussi bien le considérer comme une paire de lunettes, celles du COMMENT ou de la manière. Si on voit le monde à travers elles, on engendre plus de confiance, on se bâtit une réputation plus solide et durable, on agit de manière plus transparente, on réfléchit de façon plus claire, on est plus spontané et on lance plus de vagues autour de soi. On n'a plus à se préoccuper de toutes ces choses les unes après les autres parce qu'on les comprend toutes quand on les voit ensemble. On fait évoluer la culture, on dirige et on façonne un standard de comportement qui s'adresse aux identités les plus élevées des personnes autour de soi et qui élève aussi leurs efforts. Les lunettes du COMMENT éclaircissent le chemin à escalader pour atteindre la colline du A, ainsi que beaucoup d'autres collines au-delà.

Ce cadre n'est pas le seul qui existe. Il a été spécifiquement conçu pour notre activité quotidienne à LRN, faite de flots d'informations et de relations interpersonnelles à haut niveau. C'est l'amalgame des nombreux concepts et idées que j'ai récoltés ou développés au cours des années, qui s'appliquent parfaitement à notre activité[3]. Si vous travaillez dans un atelier ou un autre contexte spécifique, certaines idées sont peut-être superflues. Pourtant quel que soit votre travail cependant, comprendre les comportements décrits dans ce livre vous donne une expérience viscérale de ce que signifie la manière correcte d'agir.

LA PUISSANCE DU LANGAGE

Le modèle du leadership puise sa puissance dans le langage. On a vu au chapitre 5 que le langage exerce une influence considérable sur la manière dont on pense. Il y a, par exemple, une différence fondamentale entre *enrôler* et *vendre*. Quand on vend l'objet en jeu est le produit, par définition extérieur au vendeur aussi bien qu'à l'acheteur, alors que quand on enrôle, on crée une relation dans laquelle le produit est une étape dans le cheminement vers demain. Les comportements, pensées et prises de conscience générés par *enrôler* sont complètement différents de ceux créés par *vendre*. C'est la même différence entre *client* et *partenaire*. Que signifie le terme *partenaire* et quelle différence avec *client* ou *fournisseur* ? Dans quelle mesure cela vous affecte-t-il lors d'une négociation ? Et comment définir la réussite de cette négociation ? (Chez LRN, il n'y a pas de commerciaux mais des « enrôleurs ». Il n'y a pas de clients mais des partenaires. Ndt)

De la même manière qu'entre *je peux* et *je devrais*, le langage limite ou inspire ; il peut vous bloquer dans une relation rigide ou vous fournir de nouvelles possibilités de connexion. Autrement dit, en élargissant son vocabulaire, on accède à un monde plus riche contenant plus d'options. Je pense aussi que les gens qui seront les leaders de demain – ceux qui vont se développer et exceller dans notre monde hyper transparent et hyper connecté – seront ceux (celles) qui maîtriseront le langage et libéreront son pouvoir de transformation.

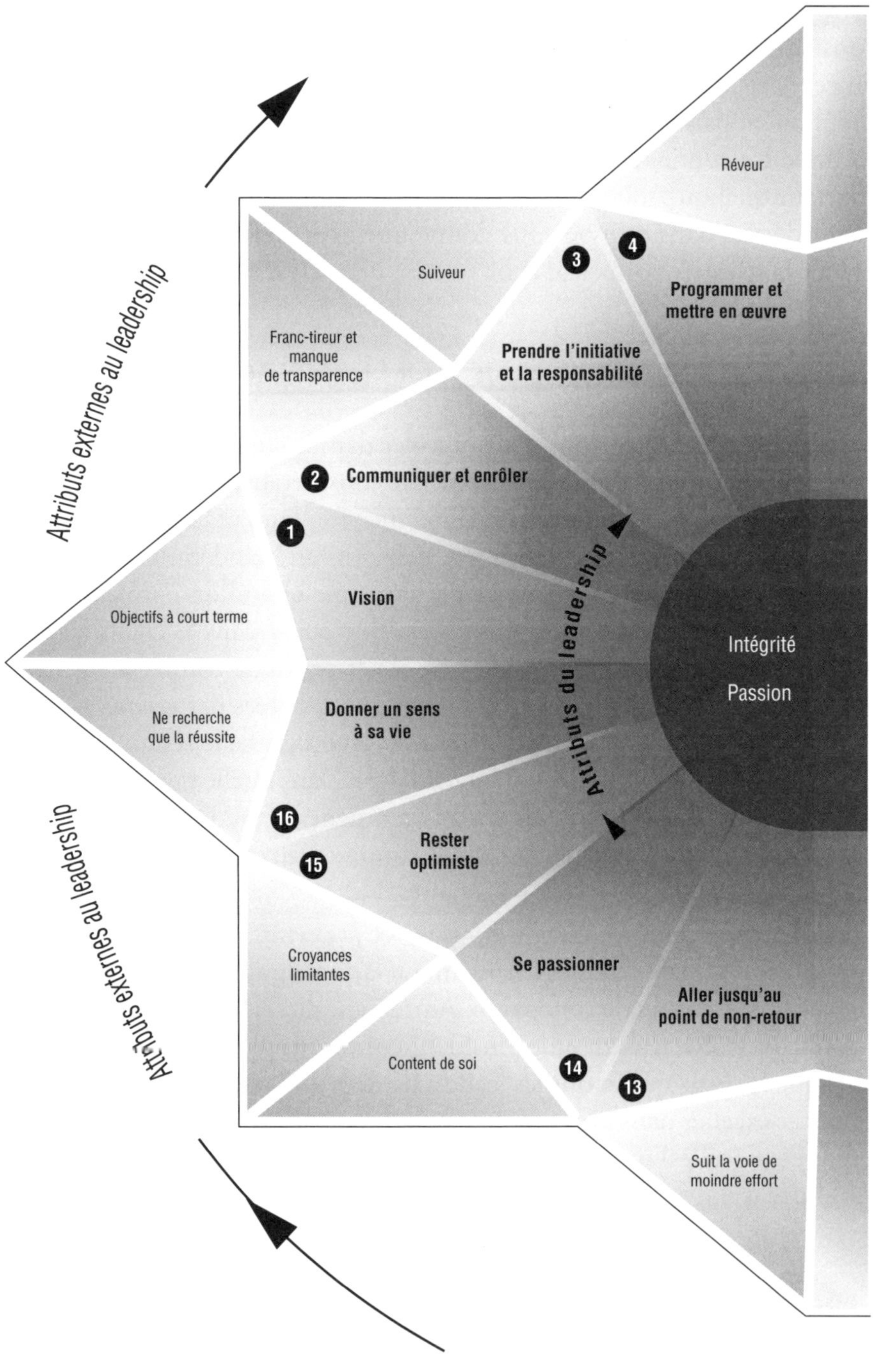

Figure 12.1 – Le modèle du leadership

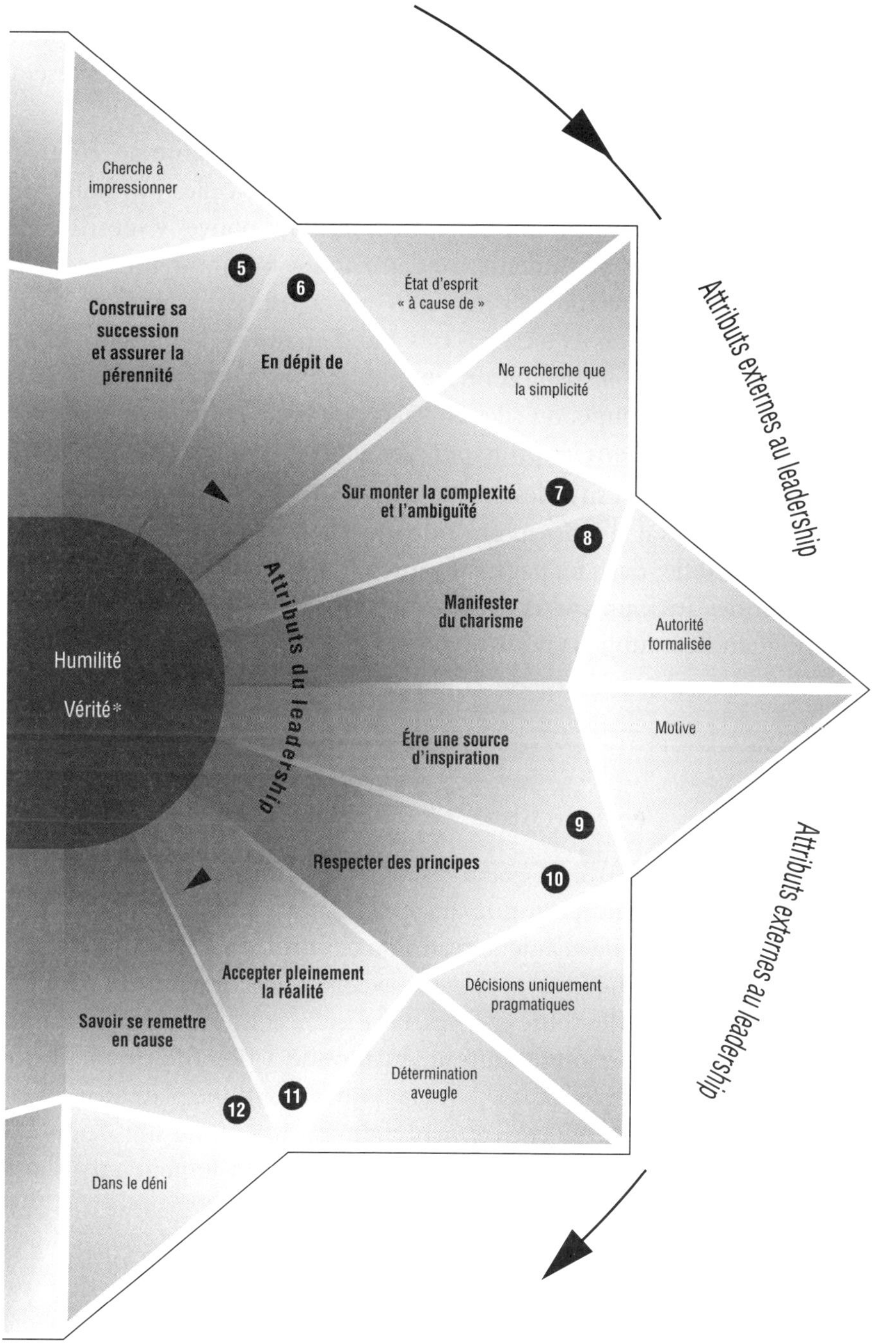

*Ce sont les valeurs fondamentales de LRN. Vous pouvez les remplacer par les vôtres.

LES CINQ PREMIERS COMMENT DU LEADERSHIP

Pour bien montrer les relations entre les différents concepts, je les présente sous forme graphique dans la figure 12.1.

Il y a trois espaces concentriques. Au centre, c'est-à-dire au cœur du modèle, sont situées les valeurs de base. J'ai indiqué celles qui nous sont propres à LRN, qui soutiennent notre mission. Vous pouvez y substituer les vôtres en choisissant des valeurs fondamentales inspirant un niveau de comportement et de relation élevés, telles que la justice, l'honnêteté, l'intégrité et l'honneur. Le choix n'est pas très grand en réalité. Le plus important est qu'elles expriment les aspirations les plus élevées et les croyances fondamentales de votre groupe, qu'elles en soient les bases et que tout le monde s'aligne sur elles. Ce sont les principes directeurs qui vous unissent.

Autour du cœur j'ai situé les attributs du leadership, les comportements, les attitudes et l'état d'esprit d'un individu en autogestion. C'est eux que nous allons étudier dans les pages suivantes. Dans un cercle extérieur enfin, sont situés des attributs externes au leadership, ces comportements se produisant quand on oublie la poursuite du COMMENT.

J'ai arbitrairement choisi de commencer à partir d'un point situé à 9 heures sur le modèle (à gauche de la figure).

Vision

C'est le premier des attributs essentiels, des fondations sur lesquelles repose toute la structure. Une personne autogestionnaire passe son temps dans l'avenir, avec une vision d'amélioration de ce futur, de ce qu'il faut faire à tout instant pour l'améliorer et de ceux avec lesquels œuvrer. Ce peut être de grandes choses ou des toutes petites, faire avancer une réunion ou entraîner des milliers de personnes autour du monde à prendre de meilleures décisions. On peut envisager un système innovant sur une plateforme technologique ou un produit entièrement nouveau, ou tout simplement la manière d'améliorer un peu la journée de quelqu'un. On peut aussi s'intégrer à la vision de quelqu'un d'autre.

Envisager le futur est une action proactive vers l'accomplissement, c'est un comportement et un pas vers son objectif. Sans aucune vision du futur, on sort du processus du COMMENT et on se contente d'être un manager à courte vue : orienté sur les tâches, obéissant aux ordres et ne voyant pas plus loin que le bout de son nez. On n'est plus que réactif et on étouffe les initiatives plutôt que d'en prendre soi-même pour faire avancer le système. C'est une posture défensive qui se préoccupe plus de calmer les autres que de s'engager soi-même. Pour que ses COMMENT soient bons, il faut se focaliser sur les autres et pour cela envisager l'avenir.

Communiquer et enrôler

La plupart des visions qui valent la peine d'être suivies sont plus élevées que n'importe qui d'entre nous. Donc si vous avez une vision et que vous pensez qu'elle peut améliorer le futur, il faut la *partager* avec quelqu'un. COMMENT faire ? Si vous l'imposez de manière autoritaire, ça ne fonctionnera pas. Partager consiste à réussir à faire approprier votre idée par l'autre, à lancer une vague. Créer l'unité d'un groupe derrière la poursuite d'un objectif commun est le plus grand défi pour un leader et atteindre cet alignement est sa réussite la plus importante.

Pour l'atteindre, il faut *enrôler* les gens autour de vous et les aider à voir comme vous. Il faut donc être ouvert sur votre motivation, être transparent dans votre communication et être relié avec eux de sorte qu'ils soient persuadés de la justesse de votre vision.

Examinez les 50 derniers e-mails que vous avez reçus. Lequel vous incite à vous enrôler ? Lequel vous fait dire : « Oui, je comprends, je veux l'aider. » Lesquels au contraire, vous font penser : « Qu'est-ce que c'est que ça ? Ce n'est pas ce que nous avons convenu. Pourquoi avoir envoyé une copie à mon patron ? Qu'est-ce que tu cherches ? » Ceux qui enrôlent créent des connexions en construisant des synapses vigoureuses. Ils vous donnent envie de participer et d'aider.

Vous pouvez communiquer pour enrôler et partager dans tout e-mail, message, appel téléphonique, téléconférence ou entretien privé ou au contraire, vous pouvez aussi faire tout autre chose. Quand vous rédigez un e-mail, avez-vous une vision ? Une idée de la réponse ? Les leaders abordent les autres avec une qualité de communication qui incite à partager, à participer et à s'approprier leur vision. Prendre un instant avant d'appuyer sur le bouton d'envoi n'est pas inutile. Au contraire, cela rend plus efficace tout ce que vous faites. En effet, on en fait plus si les autres suivent ses objectifs. Réfléchissez-y : vous vous mettez au régime pour perdre 2 kg, ce n'est pas une astreinte supplémentaire, cela ne vous prend pas plus de temps pour manger. C'est uniquement la décision de manger une chose plutôt qu'une autre. Un bon régime vous guide – sur la base d'une série de croyances sur la santé, sur le fait de prendre de l'exercice et sur la nutrition – de manière à vous aider à faire ces choix et à atteindre votre but. Quand on contacte les autres, on peut choisir soit de les enrôler, soit de ne faire que vider sa boîte mail. Le premier comportement lance une vague, le deuxième la tue.

Si vous ne partagez pas votre vision avec les autres, vous agissez comme un *franc-tireur* et votre vision reste uniquement la vôtre. Il n'y a aucun mal à ça (en fait nous en admirons beaucoup), de la même manière que la plupart des comportements du cercle extérieur n'ont rien de répréhensible. De temps en temps c'est même le comportement le plus adapté. Toutefois ce ne sont pas des comportements d'autogestion, de *leadership*, susceptibles de démarrer un TRIP ou de déclencher les choses. Les conditions ont maintenant changé et comme elles imposent des valeurs plus élevées lors des connexions et des relations, ce sont les comportements les plus efficaces à long terme qui nous intéressent. C'est-à-dire ceux qui sont codifiés dans le modèle du leadership.

Prendre l'initiative et la responsabilité

Les leaders autogestionnaires vont constamment vers l'avant. Ce sont eux qui lèvent la main lors des réunions pour dire : « J'ai une idée » « J'aimerais diriger ce groupe de travail » « J'aimerais travailler sur ce projet » ou « Je pense qu'il faudrait aller sur Mars plutôt que sur Vénus. » Ils s'impliquent dans ce qu'ils envisagent et n'ont pas peur de monter sur scène. Ils prennent l'initiative et la responsabilité qui viennent avec le leadership. *Carpe diem* est leur devise. Si on ne se met jamais en avant, on se restreint à toujours rester un suiveur.

Avoir un tempérament de leader ne veut pas forcément dire être en première ligne en toute occasion. On peut avoir cette disposition et suivre le leadership d'autres personnes de temps à autres. Dans tous les groupes, certains ont tendance à diriger globalement, toutefois des opportunités peuvent se présenter à tout un chacun. Vous pouvez envisager de répartir des mesures de performance de manière à enrôler chacun dans les objectifs communs ou à leur fournir des données essentielles pour faire de meilleurs choix. Même si vous travaillez dans un groupe avec des supérieurs au-dessus de vous, une disposition au leadership vous incite à fournir un niveau supérieur de contribution et de succès. Une culture de leadership autogestionnaire permet à chaque personne du groupe de trouver des opportunités pour diriger.

Programmer et mettre en œuvre

Walt Disney était un visionnaire. Il a imaginé une souris anthropomorphique et l'a mise en scène. Il a complètement modifié la face de l'animation, de la réalisation des films, des produits dérivés, des parcs d'attractions et de l'industrie du loisir familial. Il n'a pourtant pas créé l'une des entreprises de loisirs la plus importante au monde en se contentant de rêver. « Pour démarrer, » disait-il, « il faut s'arrêter de parler et agir[4]. » Le leadership consiste à transformer ses idées en actes.

Quand on a une vision que l'on a partagée et pour laquelle on a enrôlé des gens, l'étape suivante est de la programmer puis de la mettre en œuvre. Les poubelles sont pleines de grandes idées qui n'ont jamais été mises en œuvre, celles des rêveurs qui parlent beaucoup et n'arrivent pas à avancer quand le temps est venu de foncer. Beaucoup ont imaginé un projet professionnel pour améliorer leur vie, ou un meilleur moyen d'atteindre un but, en quelque sorte de poser le pied sur la lune. Il y en a d'autres qui travaillent en équipe pour concrétiser leur vision. Dans le monde du COMMENT, ce sont eux les vainqueurs.

Les autogestionnaires se lèvent, saisissent l'opportunité et trouvent les moyens de concrétiser leurs idées. À première vue, on peut penser que c'est le meilleur moyen d'alourdir encore sa charge de travail. Pourtant c'est généralement l'inverse. Cet empressement à programmer et à concrétiser sa vision ou celles des autres est, en fait, un exemple frappant pour ceux qui les entourent. Quand les autres constatent ces types de COMMENT, ils se sentent inspirés et les rejoignent. On en fait plus avec moins d'efforts parce que toute l'équipe tire dans le même sens. Au rugby quand un joueur se démarque, ses coéquipiers l'aident en bloquant les adversaires et en lui faisant de meilleures passes, ce qui permet à toute l'équipe de fournir l'effort supplémentaire pour marquer l'essai.

Construire sa succession et assurer la pérennité

Je collectionne les montres anciennes parce que je les trouve très belles. Pour moi elles représentent notre désir d'ordonnancer le monde autour de nous. De plus, elles prouvent que l'homme tend vers la perfection en concevant toutes ces pièces minuscules qui fonctionnent ensemble pour atteindre un but commun. Pourtant, quand je veux savoir l'heure, je regarde mon téléphone portable qui se met en relation avec une horloge atomique. C'est lui qui me fournit l'information la plus précise. Je suis le PDG de mon entreprise, le leader ultime. Néanmoins si j'arrive en retard à une réunion, les personnes qui m'attendent peuvent savoir l'heure qu'il est, même en mon absence.

Métaphoriquement, on n'attend pas des leaders qu'ils donnent l'heure exacte. Comme l'ont brillamment expliqué C. Collins et Jerry I. Porras dans *Built to last*, les leaders fabriquent des horloges donnant l'heure qu'ils soient présents ou non[5]. Si atterrir sur la lune n'avait dépendu que de JFK, que serait-il arrivé quand il a été assassiné ? Les leaders ne sont pas des super-héros, ils assurent la pérennité dans tout ce qu'ils font. Ils ne construisent rien qui reposerait sur une seule personne devant donner l'heure exacte.

Ce concept, le plus central et puissant du modèle du leadership, est souvent le plus sous-estimé. Je pense que la raison en est que le fait de dire que le monde n'a pas besoin de super héros contredit la majeure partie de nos expériences. Les affaires nous demandent souvent d'être héroïques, de mettre les bouchées doubles et d'en faire toujours plus pour atteindre nos objectifs. Le paradoxe est néanmoins que, même si on a parfois besoin d'héroïsme, pour s'épanouir vraiment il faut avoir une approche qui s'auto alimente. Comprendre la nécessité de systèmes qui génèrent de l'énergie plutôt que de systèmes qui en dépensent, conduit à des approches ne reposant pas sur des actes héroïques. En effet on ne peut pas construire une entreprise importante et pérenne grâce à des super-héros parce que, quelle que soit leur force, ils finissent par s'effondrer sous la charge. Pour bâtir un gratte-ciel, des centaines de planchers les uns sur les autres à partir d'une idée, il faut que les fondations soient suffisamment durables.

En 1964, Disney a acquis des vergers d'orangers improductifs près d'Orlando, en Floride, pour ce qu'il a appelé le « Projet Floride. » C'était l'un de ses plus grands projets. Malheureusement pendant le projet, il a développé un cancer du poumon et en est mort. Son frère Roy a repris le flambeau jusqu'à l'ouverture de Walt Disney World en 1971, le parc d'attractions le plus grand au monde. Walt Disney avait enrôlé tous les membres de son équipe, leur avait fait partager sa vision, qu'ils se sont appropriée. Roy est mort trois mois après l'inauguration, ayant mis en place sa succession avec Donn Tatum qui a été le premier PDG de la compagnie Walt Disney à ne pas être un membre de la famille Disney. Le rêve a continué[6].

Posez-vous une question très concrète : Avez-vous envie d'une promotion ? Maintenant mettez-vous dans la situation de votre supérieur. Peut-il vous faire évoluer si vous êtes la seule personne capable de faire ce que vous faites ? Si votre travail ne peut être assuré qu'à la condition que vous restiez à votre poste, il n'a aucune raison de vous donner une promotion. S'il faut être héroïque pour tenir ce poste, vous y resterez. Par contre, si vous avez construit une approche de votre poste qui se maintient d'elle-même, une horloge qui donne l'heure sans que vous soyez présent, il y a de fortes chances pour que vous ayez cette promotion. Parce que, non seulement vous avez très correctement délégué et qu'en plus, vous avez construit un système qui démultiplie votre fonction et apporte sa contribution à toute l'entreprise.

Par exemple, beaucoup d'entreprises moyennes et grandes imposent à leurs équipes de vente et de services au client d'employer une application de CRM, telle que Saleforce.com. C'est en fait une base de données qui fournit à tous les commerciaux des informations détaillées sur les contacts et les négociations en cours. Je pense que pour beaucoup de personnes, un outil de ce type représente une surcharge de travail, un surcroît administratif pour le commercial exténué qui, après une longue semaine passée dans les avions, les trains, les voitures, au téléphone et sur son mail, doit encore passer des heures à saisir ses données dans le système. Pourtant si on le voit avec les lunettes du COMMENT c'est une opportunité de leadership, la possibilité de créer la continuité, d'informer et d'enrôler l'équipe. Si par exemple on attrape la grippe la veille du jour du rapport mensuel, la continuité bâtie dans l'application en question permet à quiconque dans l'équipe de récupérer les éléments et de terminer le rapport.

Toutefois, quand vous mettez au point un système qui peut être employé par d'autres, formez-les à ce système pour qu'ils puissent l'utiliser de manière à ce que votre supérieur dise : « L'entreprise n'a pas besoin de toi pour cette tâche, on va mieux t'utiliser dans une nouvelle fonction. » L'ingrédient clé du progrès est de laisser une fondation derrière soi.

UNE RÉFLEXION SUR DES CERCLES DANS DES CERCLES

Ces cinq comportements – avoir une vision, communiquer et enrôler, prendre l'initiative et la responsabilité, programmer et mettre en œuvre ainsi que construire sa succession et assurer la pérennité – constituent les fondations de l'attitude d'autogestion. Le reste du modèle du leadership amplifie, affine et renforce ces concepts de base, créant le cercle des attributs du leadership.

Une réflexion au sujet des cercles : on sait que les vagues *tournent*. Des études ont montré qu'elles se forment plus facilement dans des stades de forme circulaire où tout le monde peut voir tout le monde et moins facilement sur des circuits automobiles où les spectateurs ne sont que d'un côté. D'une certaine façon le leadership reflète ce phénomène. Le modèle crée une sorte de cercle perpétuel d'énergie comme une vague dans un stade. Si deux enfants se tiennent par les mains et se penchent en arrière (en se faisant mutuellement confiance) et qu'ils tournent en rond, ils accélèrent sans beaucoup d'efforts et l'énergie continue à augmenter entre eux aussi longtemps qu'ils se tiennent. Quand ils se lâchent, toute l'énergie disparaît. Il en est de même dans le modèle du leadership. On peut remarquer que pour toute caractéristique d'un leader il lui en manque une autre. Quand vos actions vous entraînent en dehors du cadre vous sacrifiez son énergie auto propulsive et comme les enfants ayant le tournis, vous finissez le nez dans le gazon.

Un autre caractère remarquable du modèle est qu'il nous permet d'être vraiment agressifs dans l'atteinte de nos buts. Sa nature imbriquée libère notre créativité, notre prise de risques et notre spontanéité sans perdre de vue nos valeurs fondamentales, le centre autour duquel nous tournons. Puisqu'il nous permet de voir les choses à travers notre centre, nous pouvons discerner le chemin le plus court vers le succès. Même si les incertitudes du travail quotidien nous emmènent sur un terrain inconnu, le modèle du leadership nous indique toujours où est le centre et nous aide à trouver les chemins les plus sûrs pour le rejoindre. En s'agrippant à son caractère circulaire, on peut générer plus de vitesse et donc plus d'énergie sur le chemin.

LE MODÈLE DU LEADERSHIP, SUITE

En dépit de

Tout ce qui a de la valeur oppose une certaine résistance quand on veut l'atteindre. Pour déplacer un énorme rocher, il faut se battre contre la gravité et l'inertie. Pour gravir une montagne, il faut combattre le manque d'oxygène. Prenons un exemple concret : vous venez de présenter une proposition à un partenaire potentiel (les clients sont appelés partenaires chez LRN, Ndt). La discussion s'est bien passée et vous avez l'impression qu'il va vous choisir plutôt que vos concurrents. Toutefois, pendant la réunion quelqu'un déclare que l'entreprise n'avait pas provisionné cette dépense dans le budget de l'année. Quelle est alors votre réaction, comment vous comportez-vous face à un obstacle ?

En 1905, Madame C. J. Walker s'est mise à vendre un shampoing traitant, le « merveilleux shampoing de Madame Walker » aux Afro-Américaines, en faisant du porte à porte. Elle était fille d'esclaves, orpheline à 7 ans, mariée à 14 et veuve avec un enfant à 19. Elle a survécu en faisant des lessives afin de mettre sa fille à l'école avant de rêver une nouvelle vie. « J'ai démarré en me donnant un coup de pied aux fesses », dit-elle. En dépit d'obstacles bien plus importants que ce que l'on peut imaginer, elle a fait prospérer son entreprise jusqu'à atteindre 3 000 employés. Elle est devenue la première millionnaire Afro-Américaine. « Je viens des champs de coton du Sud », aimait-elle raconter. « De là, j'ai été promue à la lessiveuse, puis à la cuisine. Et je me suis promue toute seule préparatrice et vendeuse de produits pour les cheveux. J'ai construit mon usine sur mon propre terrain[7]. »

Il est difficile d'imaginer quelqu'un qui ait aussi bien réussi face à des obstacles aussi importants. Elle a continué vers son objectif *en dépit* des obstacles et c'est ainsi qu'elle a pu s'épanouir. Si vous voulez lancer une vague et que la personne assise à votre droite ne se lève pas, que faites-vous ? Est-ce que vous restez assis sans rien faire ? Nous avons tous vu des vagues se lancer alors que les gens ne se levaient pas au début, qu'ils attendaient d'être pris dans le mouvement. Cela peut se transformer en une vague puissante si les leaders persévèrent en dépit de la résistance initiale. Une disposition de leader autogestionnaire vous aide à vous poser la question : « Comment aider notre client/partenaire à trouver le budget dont il a besoin pour notre intervention ? »

Tous les bons marins ont connu des mers difficiles. Je n'ai jamais vu une vision, eu un entretien ou lu la biographie de quelqu'un qui a obtenu une réussite notable sans avoir auparavant des passages à vide, des obstacles à surmonter, avant d'atteindre son but *en dépit de* tout ce qui s'est mis en travers de son chemin. Il y a toujours des obstacles, c'est une constante dans la vie. Ce qui compte, en fait, ce n'est pas tellement l'obstacle en lui-même, c'est la manière dont on y réfléchit, dont on l'appréhende et dont on se comporte en face lui. Les leaders sont persuadés qu'ils vont trouver leur chemin *en dépit de* ce qui cherche à les bloquer. Ils ne font pas demi-tour à cause d'un problème. Il vous arrivera parfois de ne pas réussir malgré tous les efforts que vous aurez déployés. Néanmoins si vous n'avez pas cet état d'esprit *en dépit de*, vous gagnerez rarement.

Surmonter la complexité et l'ambiguïté

Le monde est infiniment complexe. Si nos ressources étaient infinies, on pourrait tout accepter sans avoir à faire des choix délicats. On n'aurait peut-être pas besoin du modèle du leadership. En réalité, le monde est plein de conflits, de désirs, d'intérêts, d'objectifs, d'ordres du jour et de possibilités. Il faut donc surmonter la complexité et l'ambiguïté comme il faut une solution adaptative aux résistances. Même les planifications les mieux faites peuvent s'effondrer et n'envisager qu'une mer calme et des vents favorables vous mettra en difficulté quand il faudra combattre l'adversité. Un jour, le spécialiste de placements à risque Alan Spoon m'a dit : « Il y aura toujours des bonnes et mauvaises nouvelles. Les bonnes ne posent aucun problème, c'est des mauvaises dont il faut s'occuper et c'est là que vous passez du temps. » Les leaders savent ça. Ils savent que le conflit est naturel et anticipent la nécessité de guider en son sein.

Ce qui nous ramène encore une fois aux adaptations nécessaires. Les leaders regardent en face les désirs conflictuels et les intérêts individuels, ainsi que les budgets limités. Ils ouvrent certaines portes et en ferment d'autres, ils prennent des décisions en respectant des principes, pour garder un cap ferme dans une mer démontée. Ils recherchent la vérité. Par définition, leur vision de l'avenir est en conflit avec le présent. Il faut qu'ils fassent évoluer les choses pour atteindre leur objectif. L'opportunité de s'épanouir est enfouie dans cette tension, réservée à ceux qui sont décidés à l'affronter.

De même, les leaders ont une approche globale de leurs objectifs. Un objectif ne se réduit jamais à une seule chose, comme le bénéfice, la productivité ou la qualité. Les leaders en connaissent la complexité inhérente, comme celle de tous les cheminements. Ils équilibrent les différentes voix et objectifs et tiennent à répondre aux besoins parties prenantes dans chacune de leur action. Face à la multitude des choix, la personne autogestionnaire sait identifier les valeurs fondamentales qu'elle a placées au centre de son modèle et prendre des décisions qui les respectent.

Manifester du charisme

Quelle sorte d'autorité faut-il manifester ? Lève-toi ou je te donne un coup-de-poing ? Fais ça parce que je suis ton père ou ta mère, ou ton patron ? Vers la fin de la deuxième guerre mondiale, les Japonais ont envoyé leurs pilotes dans des missions suicides appelées *tokko*. Beaucoup d'entre eux sont morts, cependant quelques-uns ont survécu et raconté comment ça se passait.

Shigeyoshi Hamazono était pilote de la Marine Japonaise et a décrit dans ses mémoires intitulés *L'horizon* comment les kamikazes se préparaient à mourir pour leur pays. Le 6 avril 1945, il se préparait à partir en mission depuis la base aérienne n° 1 de Kokubu et le vice-amiral *Ugaki* a fait un discours d'adieu aux pilotes, au cours duquel il leur a serré la main et leur a dit : « S'il vous plaît, mourrez pour votre pays. » Il a ensuite demandé si quelqu'un avait une question. Un ancien lui a déclaré : « Je suis sûr de pouvoir couler deux navires de transport avec les deux bombes de l'avion. Si je réussis, est-ce que je peux revenir ? » Ugaki aurait répondu : « S'il vous plaît, mourrez[8] ! »

On trouve deux formes d'autorité : charismatique et formalisée[9]. Cette dernière est issue du pouvoir, habituellement hiérarchique : « Je suis ton père, à la maison j'ai raison même si je me trompe. » C'est pour cette raison que la plupart d'entre nous avons quitté la maison familiale.

De nombreux jeunes gens sont morts dans chaque camp lors de cette guerre brutale et Ugaki en est un exemple extrême. On trouve néanmoins des exemples de type « S'il vous plaît, mourrez parce que je vous l'ai ordonné » dans les nombreuses tâches du travail quotidien. Quand vous recevez un e-mail d'une seule phrase : « Il faut que ce soit terminé à 16 heures », cela veut dire : « parce que c'est moi le patron. » Êtes-vous convaincus ou, au contraire, est-ce que cette autorité brutale diminue votre motivation ? Vous pouvez accepter de le faire pour tout un tas de raisons – vous êtes nouveau, votre patron est bien placé dans la hiérarchie et peut vous aider à progresser – seulement, êtes-vous enrôlé ? Est-ce que ça vous motive ? L'autorité brutale et formalisée ne motive pas et ne convainc pas non plus. Au mieux elle sera obéie en grinçant des dents et en plus, elle diminue l'autorité de celui qui l'utilise. C'est comme un compte en banque : plus on tire dessus et moins il y d'argent. Au bout du compte elle provoque un subtil effet de sape qui peut même évoluer en rébellion. Les subordonnés soumis à cette autorité vont être perturbés et travailler moins vite, ce qui va faire baisser leur productivité et leur réactivité.

L'autorité charismatique, au contraire, s'autoalimente. Si, par exemple, l'e-mail pour 16 heures est libellé de la manière suivante : « Si vous pouvez le faire pour 16 heures, ça aidera l'équipe à gagner sur ces trois points. » De cette manière l'e-mail vous convainc en vous montrant le contexte de la tâche et ce qui paraissait auparavant un délai arbitraire devient maintenant une partie d'un tout plus important pour réussir. La vision et l'engagement engendrent l'autorité charismatique. Elle n'est pas le produit du pouvoir, elle est provoquée par une attitude vis-à-vis des autres qui respecte des principes et des croyances, d'un comportement correct et du désir de lancer une vague. Elle se gagne quotidiennement, dans la qualité de chaque COMMENT. C'est pour cela qu'elle ne diminue pas. Au contraire, elle augmente à chaque action. Parfois cela prend un peu de temps. Néanmoins il est récupéré avec intérêt ; c'est un investissement à court terme pour un retour à plus long terme. Ce type d'autorité devient une vague s'autoalimentant, tournant jusqu'à ce que personne ne se souvienne d'où elle est partie et que tout le monde soit content d'y participer[10].

On peut penser ce que l'on veut de George Henderson le Foldingue. Personne ne peut nier qu'il soit le parangon du leadership charismatique. Personne ne participe à ses vagues parce qu'il est payé par l'équipe ou parce qu'il frappe très fort sur son tambourin. Ils suivent parce qu'il les atteint, fait partager sa vision, les enrôle dans un système global et persévère malgré ceux qui le prennent pour un fêlé ou qui préféreraient manger tranquillement leur hot-dog. Et il y arrive : les gens se lèvent et hurlent.

Être une source d'inspiration

On sait que les gens rationnels, pour la plupart, évitent la douleur et recherchent le plaisir et donc qu'on peut les motiver par plus d'argent et moins de censure. Donc, si on est dans une situation d'autorité et que l'on veut obtenir quelque chose, il faut donner plus de carottes et moins de coups de bâton. Les cultures d'acceptation éclairée fonctionnent sur cette idée très simple. On ne peut pas nier le fait que personne ne travaille uniquement parce qu'il aime ça ou parce que ça le satisfait (sinon ça s'appellerait un « jeu » plutôt qu'un « travail »). Toutefois la *motivation* ne se suffit pas à elle-même comme principe de direction. Celui qui vous donne un billet de 20 € pour lancer une vague finit par être à court d'argent ou perd la participation de ceux qui estiment que ce n'est pas suffisant. La motivation nécessite une carotte ou un bâton, un objet externe pour provoquer l'action. Elle a sa place. Pourtant, nous savons que dans le monde du COMMENT, elle ne suffit pas. Il faut une méthode qui génère l'action d'elle-même. Il faut fournir une *inspiration*.

Ce que j'appelle une inspiration est en fait un engagement aux croyances et aux valeurs. C'est la recherche de grandes idées et d'une contribution au bien commun, complètement différent de la simple motivation. Tout le monde sait ce que c'est : on se sent inspiré par un livre, un film ou une expérience vécue, par ce que l'on veut accomplir, ou par les actions des autres.

Les valeurs sont source d'inspiration, comme la poursuite d'un objectif plus grand que soi. L'inspiration fait appel aux efforts les plus productifs et aux pensées les plus créatives. Si on se sent inspiré par le désir de mettre le pied sur la lune ou de participer (ou lancer) à une vague, on ne se soucie pas de carottes et de bâtons, on répond à un appel venant de plus haut. De la même manière que la confiance engendre la confiance, l'inspiration engendre la croyance. La croyance éclairée – mariage du questionnement et de la croyance – est une force puissante qui s'autoalimente. Comme tous les autres éléments du modèle du leadership, l'inspiration revient vers vous. Voir d'autres personnes inspirées vous inspire à votre tour et le leadership s'appuie sur l'inspiration. Le leader inspire et fait tout pour garder vivante chez les autres cette atmosphère d'inspiration, c'est-à-dire l'appel vers le sens. Il n'est pas nécessaire d'être le patron pour y arriver, tout le monde le peut et dans un monde de COMMENT, où la qualité de l'effort est aussi importante que son résultat, tout le monde le devrait.

Respecter des principes

À la suite de la destruction de la Nouvelle Orléans par le cyclone Katrina, l'Agence fédérale de gestion des urgences a distribué des subsides de manière désordonnée, sans aucun système de prévention des fraudes. Cet argent a pu être utilisé pour acheter des abonnements à l'année pour les matchs de football de l'équipe des Saints de la Nouvelle Orléans, un dîner somptueux au restaurant Hooters à San Antonio, une bouteille à 200 dollars de Dom Pérignon, des vacances d'une semaine tout compris aux Caraïbes ou plusieurs vidéos pornos. Des milliers de criminels ou prisonniers ont reçu un dédommagement pour leur logement[11]. « Nous avons décidé volontairement d'aider autant de gens que nous le pourrons », a déclaré Donna Dannels, la directrice opérationnelle de l'agence, à un comité de supervision un an plus tard, « puis de vérifier ultérieurement les erreurs et les profiteurs éventuels[12]. » Elle a fait cette déclaration après qu'une étude d'un office comptable du gouvernement ait révélé qu'environ 1,4 milliard de dollars – un quart de la somme totale distribuée – avaient été détournés.

En général, une décision est prise de manière pragmatique ou en suivant des principes. Celles qui sont pragmatiques sont prises pour résoudre un problème urgent, comme dans le cas de Katrina. Leur but est de récolter des bénéfices à court terme et d'alléger immédiatement la souffrance. Toutefois elles ont des conséquences inattendues sur le long terme. Si l'agence fédérale de gestion des urgences était une entreprise à but commercial, ses pertes financières auraient été éclipsées par l'écroulement de sa crédibilité et de sa réputation. En effet, qui déciderait d'investir dans une compagnie d'assurance remboursant l'achat de vidéos pornos ? Aucune explication ne peut faire disparaître l'impact de cette erreur de jugement sur le marché.

On est amené à prendre quotidiennement un tas de décisions. Si de plus, on est de tempérament autogestionnaire avec une disposition au leadership, on en prend encore plus. Que construisons-nous comme vaisseau de l'espace ? À quoi ressemble son concept ? Quels types de personnes recrutons-nous ? Qu'est-ce que je dois répondre à ce coup de téléphone ? Le nombre de décisions à prendre peut s'élever à des centaines, voire des milliers par jour. Si chacun prend des décisions basées sur des considérations pragmatiques et à court terme – ce qui paraît bien, ce qui fait disparaître le problème, ce qui permet de conclure la discussion – les erreurs dues aux conséquences inattendues – comme les vidéos pornos – explosent en dehors de tout contrôle. On ne peut ni contrôler ni imaginer toutes les ramifications possibles de ces décisions à court terme.

Qu'arriverait-il, par exemple si, après un trimestre réussi où vous avez atteint vos chiffres, vous rassembliez tous vos clients dans une pièce et que vous en sortiez, les laissant seuls ? Quelles seraient leurs réactions s'ils commençaient à comparer leurs expériences ?

« Tiens, ils vous ont commandé un test de six mois ? Ils m'ont dit qu'ils n'en faisaient jamais. »

« Vous avez obtenu un contrat de trois ans ? Ils m'ont dit qu'ils ne passaient que des contrats de cinq ans. »

Ça arrive tous les jours, que ce soit virtuellement ou physiquement, dans votre comportement individuel quotidien aussi bien que professionnel. Faire des comparaisons est simple et peu onéreux. On le fait tous les jours avec toutes les informations à sa portée. C'est une incitation très forte à la cohérence. Le monde du COMMENT réclame un comportement comportant une continuité à long terme, de manière à bâtir la confiance à alignement sur le monde. Je vous propose un corollaire à la fameuse phrase de Mark Twain sur la vérité (bien qu'il ne soit pas aussi bien tourné) : « Agissez toujours en respectant des principes. Ainsi vous n'aurez jamais à suivre la trace des conséquences attendues et inattendues de vos actions. »

Observer le monde à travers les lunettes du COMMENT vous incite à décider en fonction de principes – un noyau dur et central de croyances exprimant des valeurs. Dans ce monde transparent, où l'on sait tout ce qui peut être su, seul ce type de prise de décisions peut vous fournir la constance d'attitude nécessaire pour construire la confiance et votre réputation. C'est plus efficace et plus souple qu'agir de façon pragmatique. Comme vous passerez moins de temps à jongler avec les règles ou à comparer des gains à court terme, vous agirez plus intuitivement et plus clairement que si vous devez prendre le temps de calculer le moindre de vos gestes. La meilleure décision vous apparaîtra immédiatement, parce qu'elle jaillira de vos valeurs les plus profondes. Vous agirez avec plus de certitude et de confiance en vous.

Si vous voulez durer, il faut focaliser votre réflexion sur vos valeurs dans tout ce que vous faites.

Accepter vraiment la réalité

Steve Wynn avait à peine inauguré en fanfare son fameux hôtel éponyme à Las Vegas en 2005 qu'il s'est rendu compte qu'il avait un problème[13]. Les croupiers et le personnel de salle dans ses casinos étaient les mieux payés dans ce secteur d'activité, parce que la plus grande partie de leur rémunération vient des pourboires qui sont mis en commun et redistribués au personnel animant les tables de jeu. « J'ai fait une erreur », m'a-t-il expliqué depuis Macao où il travaillait sur un futur projet. « Il s'est avéré, inopportunément, que ce sont les croupiers qui touchent la grande majorité des pourboires et le personnel de salle ou les superviseurs travaillant à leurs côtés, ne reçoivent pratiquement rien. Cela veut dire que les croupiers gagnent plus que ceux qui les supervisent et ça a entraîné le mécontentement du personnel de salle. De plus, à cause de cette inversion de rémunérations, j'avais des difficultés à promouvoir les croupiers pour qu'ils deviennent superviseurs. En conséquence, le casino en pâtissait. »

On ne peut prendre de risques, on l'a vu, que lorsque la confiance est solidement établie. La confiance permet le risque qui, à son tour, permet l'innovation et mène au progrès : TRIP. Cependant, quand il se rend compte d'une erreur, un leader n'a que deux solutions : ne rien faire et en supporter le coût, ou bien investir les ressources nécessaires pour la corriger. Dans ce cas, Wynn devait choisir entre une grille de rémunération à l'envers qui obérait le développement de son casino ou mettre en péril le moral de ses croupiers en modifiant leur rémunération et de ce fait, en perdant leur confiance. « C'était terrible », m'a dit Wynn. « J'y ai pensé pendant des mois, pourtant ça ne pouvait plus durer. C'était la première fois dans ma carrière que j'ai dû faire marche arrière et réduire la rémunération de mes employés. C'était comme si je devais me couper un doigt. »

Les leaders doivent se confronter à la réalité, même si c'est extrêmement douloureux ou embarrassant sur un plan personnel. Lors de nombreux entretiens en tête-à-tête, il a expliqué à ses croupiers qu'il revenait sur la manière dont les pourboires étaient redistribués pour récompenser ceux qui acceptaient de prendre plus de responsabilités. « Je leur ai dit que je m'étais trompé, que je devais traiter tout le monde de manière juste, qu'un groupe d'entre eux était lésé et que j'allais arranger ça. J'ai ajouté : "Écoutez, je vais rencontrer tous les employés parce que je dois expliquer pourquoi j'ai pris cette décision, d'autant plus qu'elle a un impact important sur votre vie." »

Malgré cette transparence, les croupiers ont été contrariés (c'était prévisible et compréhensible). Même après de nombreuses discussions, certains l'ont attaqué en justice et ont été déboutés. Après ces procès il a fait une chose remarquable. « J'ai invité ceux qui m'avaient attaqué à prendre un café et je leur ai dit combien je les respectais de s'être battus pour ce qu'ils pensaient être juste. Je leur ai dit que je ne leur en voulais pas et que je les admirais de se rebeller au lieu de rester à grommeler dans leur coin. Et j'ai aussi dit à tous les employés que j'étais très fier d'eux parce que, même s'ils n'étaient pas d'accord avec ma décision, ils n'ont jamais évoqué ce point devant les clients. »

Wynn, comme beaucoup d'autres dans sa position, aurait pu ne pas réagir directement à ce problème. Nous sommes nombreux dans l'encadrement intermédiaire à avoir reçu des notes, des e-mails ou des mémos de la direction générale expliquant qu'il était nécessaire de réduire les rémunérations. Cependant Wynn a décidé de traiter le problème en face à face. Je lui ai demandé pourquoi. « Quand on prend une décision que l'on pense être la meilleure à long terme pour l'entreprise, il y a toujours un risque qu'elle soit mauvaise », me répondit-il. « Elle peut vous exploser à la figure, devenir embarrassante, humiliante ou même catastrophique. Pourtant ce n'est pas une excuse pour ne pas la prendre ni ne pas la défendre en face des autres. C'est probablement ça l'essence du leadership. »

On ne peut pas construire un gratte-ciel comme le Wynn Las Vegas sur une fondation mouvante, ou pire, « que l'on pense » solide. On ne peut pas lancer un engin spatial dans la Mer de la Tranquillité si l'on ne connaît pas la consistance du sol. Un leader doit savoir, donc il doit accepter la réalité dans son entier. Plus on est rigoureux sur la réalité du présent – ce qui est solide et ce qui ne l'est pas, ce qui fonctionne et ce qui ne marche pas – et plus on peut avancer vers son but. Un leader décortique la réalité pour en découvrir la vérité, même si elle est contraignante ou évanescente. Les leaders estiment qu'il est sain de poser les questions délicates, en évaluer le pour et le contre, confronter les problèmes dès qu'ils se présentent et aller jusqu'au cœur de la vérité. Écouter les mauvaises nouvelles, comprendre ce qui est cassé, comprendre ce qui est ébranlé, où est le château de cartes et où se cachent les dangers de l'avenir. Pour transformer sa vision en réalité, il ne faut pas avoir peur de voir tout ce qu'il y a à voir.

Le contraire de l'acceptation rigoureuse de la vérité consiste à accepter des zones d'ombre ou à vivre dans le déni et une approche superficielle, une habitude que les leaders doivent bannir de leur attitude et de leur mode de pensée. Ils doivent connaître la résistance du sol avant de prendre leur élan, construire des gratte-ciel et innover, puis rester rigoureux dans leur cheminement.

Savoir se remettre en cause

Même si la plupart d'entre nous apprécions l'harmonie, la simplicité, la synthèse et la cohérence, on ne les rencontre pas constamment. Même les moines vivant dans les montagnes doivent se battre pour obtenir quelque chose à manger (bien qu'ils apportent le calme spirituel, leur bilan financier n'est pas toujours positif). Le plus souvent, en effet, le monde est plein de conflits, de complexité et d'ambiguïté. Pour devenir capable d'avoir des COMMENT corrects, de ne pas se focaliser uniquement sur les POURQUOI de l'objectif et de le faire aussi sur le COMMENT vous faites, il faut apprendre à se sentir bien dans ces situations. Être autogestionnaire signifie se remettre en cause et bien connaître sa véritable nature.

Nos vertus sont nos vices. Les avocats sont formés à argumenter pour vaincre. Toutefois les gens entraînés à vaincre par leur argumentation sont placés face à un défi quand il s'agit des relations interpersonnelles parce que ces dernières ne sont que rarement concernées par des cas de victoire ou de défaite sans appel. Donc, pour voir par les lunettes du COMMENT, un avocat doit renforcer ses synapses avec d'autres réflexes : Est-ce que je parle trop ? Est-ce que j'écoute ? À quel moment suis-je en train de trop argumenter ? Est-ce que je suis en train d'enrôler ? Ou non ? Est-ce que ces gens se sont levés parce que je les ai inspirés ou parce que je les ai simplement motivés ? Il est bon de réfléchir à nos vertus et à nos vices pour rester rigoureux au sujet de nos propres vérités.

« Peu de temps après que je sois devenu directeur général de Pfizer », m'a dit Jeff Kindler, « j'ai été interviewé par la chaîne de télévision maison pour une retransmission à nos 100 000 employés. On m'a posé des questions sur les changements dans l'entreprise et j'ai commencé à répondre quelque chose comme : "Il faut faire des modifications importantes dans de nombreux domaines", et ainsi de suite, en parfaite langue de bois. Puis je me suis tout à coup rendu compte que j'étais en train de les manipuler. Alors je me suis interrompu et j'ai dit : "Attendez un instant, je me reprends. Je vais être clair dans mes propos, il y aura des réductions de coûts et du chômage technique et même des licenciements." » C'était sa première intervention officielle dans l'entreprise et la première opportunité pour lui de montrer quel type de leader il était. Même si cela signifiait montrer sa vulnérabilité face à 100 000 personnes, sa capacité de réflexion lui a permis d'initier un véritable changement. « C'était des mots durs », a-t-il admis, « pourtant c'était la vérité et je pense que les gens m'ont respecté parce que je ne leur racontais pas de sornettes. Depuis, on m'a dit que les gens de Pfizer appréciaient que quelqu'un leur dise la vérité, que je reconnaissais que les défis allaient être sérieux et que nous avions à surmonter de nombreux problèmes. »

La remise en cause personnelle ouvre la voie au développement personnel, vous guidant vers les bons moments de la colline du A à travers les luttes de la vallée du C. Se gouverner soi-même signifie travailler sur soi, s'améliorer d'année en année et même de semaine en semaine. Comme les moines on n'arrive pas à la perfection, néanmoins on s'améliore et on développe ce type de conscience simultanée que montre Jeff Kindler, la capacité de voir les COMMENT dans tout ce que l'on fait, au moment où on le fait.

Le manque de réflexion sur soi et de remise en cause laisse superficiel. On peut vaincre par un tas d'arguments, motiver beaucoup, montrer les caractéristiques superficielles du leadership langue de bois et même réussir dans certains cas. Toutefois, il faudra plus de travail pour y arriver et les gens verront très vite vos limites en tant que leader.

Aller jusqu'au point de non-retour

Souvenez-vous de la première fois où vous êtes monté sur le plongeoir le plus haut de la piscine. Poussé par vos amis qui, contrairement au bon sens, vous hurlaient de sauter, vous vous êtes approché du bord, vous avez jeté un coup d'œil en bas et avez instantanément souhaité être ailleurs. Pour la première fois de votre vie, vous vous êtes aperçu que vous aviez consciemment atteint le point de non-retour. Vous avez alors compris que si vous redescendiez sans sauter, vos amis allaient vous traiter de tout un tas de noms qui ne vous plairaient pas. D'un autre côté si vous sautiez, vous étiez certain de mourir. Avec l'estomac qui se retournait, vous vous sentiez très mal, rien ne vous avait terrifié à ce point.

Certains d'entre nous ont sauté, d'autres ont reculé, sont revenus plus tard et ont fini par réussir. D'autres encore n'ont toujours pas sauté. Avoir une vision, par définition, veut dire explorer l'inconnu, aller dans des endroits nouveaux, plein de risques et potentiellement effrayants. On ne peut pas atterrir sur la lune si on ne va pas plus loin que la colline derrière la maison. Si on veut préparer un avenir meilleur, il faut aller tous les jours dans des endroits que l'on ne connaît pas, jusqu'au point de non-retour. Que se passe-t-il alors ? On repousse chaque fois ces limites et on ouvre de nouvelles possibilités. Chaque défi accepté développe la capacité à surmonter le suivant. Faire le premier pas sur la colline du B, abandonner le savoir confortable pour se lancer dans la recherche de la maîtrise sur la colline du A constitue un point de non-retour. Arriver cette semaine à poser la question que vous étiez trop timide pour poser la semaine dernière est un point de non-retour. Avec ce premier pas, vous savez que la vallée du C va présenter des obstacles. Ceux qui n'arrivent pas à le faire se confinent dans le chemin de moindre résistance. Une disposition au leadership vous incite à vous lancer sur le chemin de la résistance la plus forte, pour le transformer en chemin de moindre résistance.

Se passionner et rester optimiste

Le siège de LRN est situé à proximité de l'océan Pacifique et depuis que j'ai lancé l'entreprise en 1994, j'ai recruté les gens les plus doués que j'ai pu trouver. Inévitablement, si la personne vit ailleurs, ça se termine par une discussion sur les avantages et les inconvénients respectifs de leur lieu de vie et de Los Angeles. La discussion est chaque fois la même parce qu'il y a égalité sur de nombreux plans : la culture, les restaurants, etc. Je ne sors ma carte maîtresse que lorsqu'on a fait le tour. « Les deux villes sont géniales », dis-je, « pourtant, toutes choses égales par ailleurs, Los Angeles a un atout, c'est le soleil, cette chose qui fait briller toutes les qualités et les met en valeur. » Dans les affaires c'est la passion, qui comme le soleil, met tout en valeur.

La passion fait la différence entre un matin où l'on a besoin de se faire réveiller et une multinationale. Howard Schultz, le président de Starbucks, sait faire un bon café, de plus il est passionné par le désir de créer un lieu de travail offrant la dignité et le respect à ses employés, à ses clients et ses fournisseurs. Son enthousiasme se répand dans l'entreprise et ses nombreuses implantations comme le parfum du café que l'on grille et qui se communique à tous dès qu'on en hume une bouffée. C'est cela qui fait toute la différence.

« Soit vous êtes passionné par ce que vous faites, soit ce n'est pas le cas », a-t-il expliqué à *Business Week*. « Que je parle à une serveuse, un client ou un investisseur, j'explique tout sur l'entreprise, notre mission et nos valeurs. C'est notre passion collective qui nous donne un avantage concurrentiel parce que nous aimons ce que nous faisons et que nous voulons toujours faire mieux. Quand on est entouré de personnes qui partagent la même passion pour atteindre un objectif commun, on peut tout faire[14]. »

Il faut être passionné pour lancer une vague parce qu'il faut se tourner vers la personne à côté de soi en étant certain que cela aidera son équipe à gagner. Si on n'en n'est pas convaincu, il ne se passe rien. Sans passion, on est content de son sort et on n'obtient rien. « La passion est partout », m'a dit Steve Wynn. « Elle surgit d'endroits étranges de la psyché humaine, d'un regard profond et pénétrant sur ce que l'on fait, qui libère une énergie phénoménale engendrant un niveau de réflexion plus élevé et une compréhension plus profonde de vos clients et de vos employés. Elle touche en vous une corde sensible et profonde. Quand elle résonne vous êtes en piste, la fatigue n'existe plus. Vous ressentez au fond de vous-même que si vous y arrivez, ce sera merveilleux et vous foncez. Voilà ce que j'appelle la passion. »

On peut exprimer sa passion de n'importe quelle manière. Écrire un mail avec passion, parler ou créer une grille de calcul avec passion. C'est l'épice qui relève le plat. Certains l'expriment uniquement en se montrant, chaque jour à l'heure, solides comme un roc. La passion nourrit l'engagement, l'alignement et la communication. Avez-vous jamais été convaincu par une argumentation soutenue sans passion ? La passion est le soleil et les leaders sont passionnés. « Prenez deux coureurs », m'a dit Massimo Ferragamo, « l'un avec une musculature étonnante et l'autre qui court avec passion. C'est le second qui va gagner même s'il en meurt. Travailler avec passion donne des capacités incroyables. Quelqu'un de dynamique et passionné abat trois fois le travail d'une autre personne. Cependant, il ne s'agit pas uniquement de la quantité de travail. Le secret c'est que ces personnes font résonner une corde sensible chez les autres, elles sont suivies, font avancer les choses et dirigent. C'est pour ça qu'elles en font plus. »

L'optimisme va main dans la main avec la passion. Les États-Unis n'auraient jamais passé 10 ans à chercher à atterrir sur la lune si nous n'avions pas pensé qu'il était possible d'y arriver. « Je suis optimiste », a dit Winston Churchill. « Cela ne sert à rien d'être autrement[15]. » Les personnes autogestionnaires ne se permettent pas de penser qu'elles pourraient ne pas atterrir sur la lune. Elles n'hésitent pas, elles choisissent le succès plutôt que l'échec et imaginent la manière dont elles vont atterrir sur la lune. Elles développent une énergie positive et passionnée.

Cette dernière idée peut paraître optimiste en elle-même. Néanmoins l'optimisme engendre un pouvoir fantastique, celui d'une croyance sans limite. Au contraire le pessimiste n'a que des croyances limitées (et limitantes). Le doute et la crainte de l'échec, naturels pour quiconque voulant réaliser une grande chose, se glissent dans son esprit et s'y calcifient, créant des conflits et des discordances pour finir par refouler l'incroyable pouvoir de l'esprit quand il s'appuie sur une croyance. Le seul moyen de passer au niveau suivant, d'atteindre le point de non-retour et de le dépasser, est de ne pas envisager l'éventualité du contraire. « L'éternel optimisme multiplie les forces », a dit Colin Powell, ancien ministre américain de la défense[16]. Helen Keller, qui était visionnaire et connaissait bien le point de non-retour, a dit : « Aucun pessimiste n'a jamais découvert l'astronomie et ses secrets, ni navigué jusqu'à un pays encore inexploré, ni ouvert de nouveaux horizons à l'esprit humain[17]. »

Donner un sens à sa vie

Quand Bill Gates était encore à l'école, il rêvait avec ses copains à ce qui leur paraissait un avenir incontestable. « On n'arrivait pas à croire que tout le monde ne voyait pas ce qu'on voyait », a-t-il déclaré dans une interview récente, « que les micro-ordinateurs allaient bouleverser le monde. » C'était bien avant la fameuse rencontre avec IBM où Gates et Paul Allen ont compris qu'il leur suffisait d'avoir un système d'exploitation pour changer le monde. (Ils en ont donc acheté un, qu'ils ont revendu à IBM et ont ainsi créé Microsoft.)

Il est virtuellement impossible d'être inspiré et de générer de la passion sans une mission importante. En effet le chemin vers l'autogestion trouve son inspiration dans la recherche d'un sens à donner à sa vie. Les leaders croient qu'atterrir sur la lune va apporter un plus à l'humanité et non uniquement un bénéfice pour l'entreprise. Ils croient aux idées. J'ai créé LRN sur l'idée que le monde serait meilleur si plus de gens faisaient « la » chose à faire. Les leaders se considèrent comme des bâtisseurs de cathédrales et non comme des poseurs de briques. Une mission, qu'elle soit individuelle ou pour l'entreprise, doit être importante, tendre vers un but capable de vous inspirer ou de vous passionner. C'est peut-être le deuxième ou troisième sur votre liste de choses à faire, toutefois il faut que votre mission sur cette liste. On ne trouve jamais un pouvoir qui dure et s'autoalimente en recherchant seulement le banal. La passion et l'optimisme obligent tous ceux qui ont une disposition au leadership à s'impliquer dans un cheminement transcendental.

Le sens se concrétise différemment aux différents stades de la vie. Par exemple quand on est jeune, on a souvent moins de temps et de moyens à investir dans sa communauté que lorsqu'on est plus âgé, avec des moyens plus stables. Ceux d'entre nous qui pensent avoir réussi peuvent estimer que leurs succès suffisent pour donner un sens à leur vie. Toutefois le sens que j'évoque concerne la notion de service aux autres afin d'améliorer leur vie en vous investissant aux différents stades de votre vie. C'est ainsi que l'on peut évaluer son véritable succès. Effectuer ce changement, envisager ses efforts au service d'un monde meilleur, vous guide au-delà du banal vers l'exceptionnel et l'extraordinaire. Vous n'atteindrez la réussite véritable que quand vous aurez donné un sens à votre vie dans cette direction.

UNE RÉFLEXION SUR DES CERCLES DANS DES CERCLES

Nous avons fait le tour du modèle en portant les lunettes du COMMENT, en envisageant un avenir meilleur à travers la quête du sens.

Comme un sextant, ces lunettes – le modèle du leadership – vous aident à trouver votre voie dans le monde du COMMENT. En développant votre disposition au leadership et en focalisant vos efforts sur les zones que nous avons évoquées, vous allez combler les synapses autour de vous avec de la confiance, de l'alignement, de la transparence, de l'inspiration et de la passion. Vous allez lancer des vagues, sans doute petites au début, qui auront toutefois des effets immédiats et durables. Ce modèle est plus qu'une façon de voir, elle offre toutes les qualités présentées dans ce livre : c'est un système dont les divers éléments se renforcent mutuellement, c'est un cadre d'idées permettant la construction de structures de compréhension, c'est une constitution avec une approche du monde basée sur les valeurs, qui s'enracine profondément dans la notion d'autogestion, l'idée que la réussite ultime ne vient jamais de l'extérieur, elle vient des ressources que l'on porte en soi.

De même que l'étoile du leadership tourne sur elle-même, ce livre revient à son début. Nous avons entamé le chemin avec l'histoire de George Henderson le Foldingue et de sa première vague et si vous la relisez, vous verrez que, sans le savoir, il a appliqué tous les concepts du monde du COMMENT et de l'étoile du leadership, comme vous savez maintenant le faire. Il comprenait qu'il y avait un moyen d'atteindre son objectif – un ensemble de COMMENT – plus puissant, efficace, durable et contenant plus de sens que les autres. Je pourrais reproduire cette histoire ici, toutefois il est plus pratique pour vous de relire le prologue.

De toute façon, il faut bien terminer quelque part.

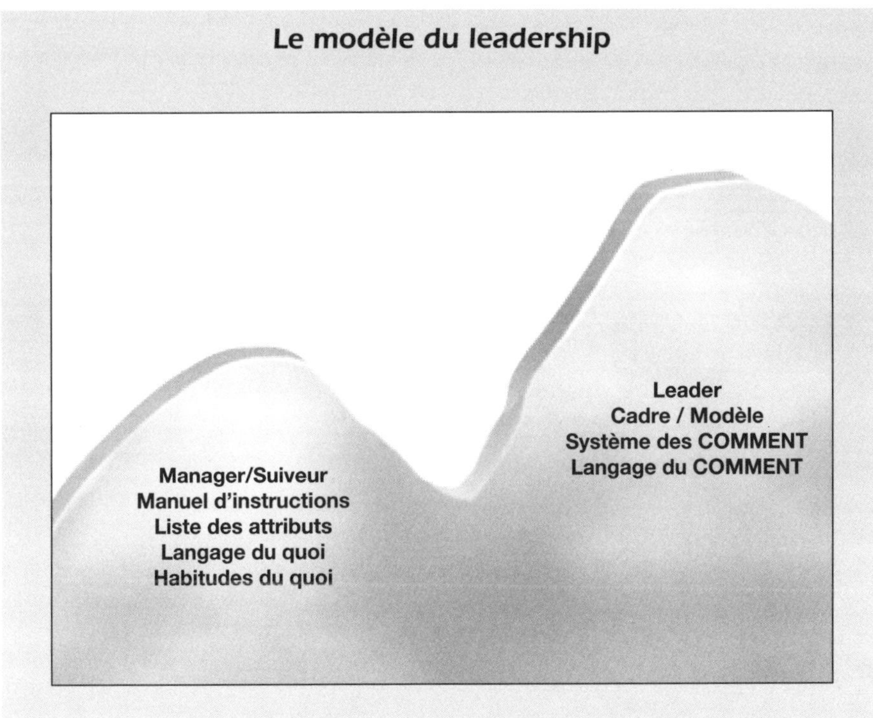

ÉPILOGUE

Quand bien même pourrions-nous être savants du savoir d'autrui, nous ne pouvons être sage que de notre propre sagesse.
Michel Eyquem de Montaigne, Essais 1,25

Un restaurateur sait d'ordinaire ce qu'est le service au client et Danny Meyer, créateur du New York City's Square Cafe, l'un des restaurants gastronomiques les plus fréquentés d'Amérique va plus loin. « Le concept de restauration a changé du tout au tout », écrit-il dans son livre, *Setting the table.* « Je suis convaincu que nous sommes maintenant entrés dans l'époque de l'hospitalité, celle du service est terminée. Vous ne pouvez plus vous différencier par la qualité de votre cuisine parce qu'il y aura toujours quelqu'un capable de l'égaler. Vous ferez la différence par la manière dont vous recevrez vos clients... Le service en lui-même est un monologue parce qu'on en décide soi-même le niveau. L'hospitalité est un dialogue : elle consiste à écouter les envies du client et à les satisfaire. Pour être au sommet, il faut un service impeccable et le sens de l'hospitalité[1]. »

L'hospitalité, c'est la manière dont vous *recevez* vos clients (et donc *le ressenti qu'ils éprouvent* chez vous). Ces concepts transcendent la restauration et s'appliquent à toute la conception du business dans le monde du COMMENT. Ici, Meyer parle du *vécu.* Dans une société du dialogue, répondre au téléphone à la seconde sonnerie ou toujours avoir le sourire ne suffit plus. Le monde transparent veut voir au-delà des substituts du service, pour se pencher sur la façon dont les entreprises et donc les individus avec lesquels elles sont en affaires, se mettent en relation. Le vécu est primordial dans un monde où les relations sont fondamentales. Cela va plus loin que les simples relations avec les clients pour s'étendre à celles qui se nouent avec les fournisseurs, les employés, entre collègues, avec les concurrents, les régulateurs et autres types de contrôleurs, ainsi qu'avec les médias ; c'est-à-dire toutes les relations que vous avez durant votre travail. Le vécu est en train de devenir le critère ultime qui fait la différence.

Comment *faire* le vécu ? Est-il possible de rédiger un manuel de bonnes pratiques pour offrir un vécu de qualité à toutes les relations interpersonnelles dans votre organisation ? Est-ce que l'on peut fabriquer le *vécu*, ou bien est-ce quelque chose de plus subtil, dépendant de la capacité de chacun(e) à agir de façon indépendante et cohérente dans le meilleur intérêt du groupe ?

Je vais poser la question de manière différente : dans leur étude majeure des habitudes et des pratiques des compagnies visionnaires, *Built to last*, Jim Collins et Jerry Porras ont listé ce qu'ils appellent les « idéologies fondamentales des entreprises visionnaires[2]. » Ces concepts apportent, d'après eux, soutien et inspiration au personnel de l'entreprise. En voici quelques-uns :

- 3M : innovation et tolérance.
- American Express : service au client de très haute qualité.
- Citicorp : développement, se mettre toujours en avant, agressivité, confiance en soi.
- Philip Morris : gagner.
- Procter & Gamble : développement personnel permanent.
- Merck : excellence.

Ce sont toutes des entreprises étonnantes, avec un long passé de réussites. Pourtant je me demande : est-ce que l'on peut *fabriquer* de l'innovation, du développement, de la gagne ? Peut-on *fabriquer* de l'excellence ? Est-ce qu'un service gagnant ou de très haute qualité vous apporte de l'inspiration ? Peut-on être guidé dans son travail quotidien par l'agressivité ou la confiance en soi ? Bien qu'en son temps le livre de Collins et Porras ait été révolutionnaire (j'ai conçu LRN sur la plupart de ses préceptes), le monde a considérablement évolué depuis. Cela reste une approche visionnaire et fondamentalement saine. Toutefois on peut maintenant explorer plus loin le véritable cœur des entreprises qui réussissent. Les nouvelles lunettes du COMMENT montrent que ce qu'ils appellent les « idéologies fondamentales » ne sont pas suffisamment *fondamentales* pour le chemin à venir. Je ne crois pas que nous puissions *fabriquer*, *être guidés* ou, plus important, *être inspirés* par ces concepts. En effet ce ne sont que des résultats que vous *obtenez* quand vous innovez dans le COMMENT.

On ne peut pas *fabriquer* le développement personnel. Pourtant, si dans chaque e-mail, conversation, réunion ou tâche, vous réfléchissez comme un leader, vous vous améliorez. On ne peut pas *fabriquer* la tolérance. Cependant, si dans toute interaction, vous vous efforcez de combler l'espace avec de la confiance, vous *obtiendrez* de la tolérance et beaucoup plus. On ne peut pas *fabriquer* de l'excellence ou de la gagne. Néanmoins si vous croyez en un ensemble de valeurs fondamentales et que vous les appliquez dans tous vos actes, vous apporterez plus d'excellence aux autres et vous vaincrez dans le monde du COMMENT. Nous l'avons vu dans d'autres secteurs d'activités. Les ressources humaines nous ont appris depuis longtemps qu'on ne peut pas retenir les employés. Ils restent ou s'en vont en fonction de leur inspiration, de leurs récompenses ou de l'épanouissement qu'ils trouvent dans leur travail. La démarche qualité a montré qu'on ne peut pas *fabriquer* la qualité. Vous l'obtenez par l'élimination des défauts dans le processus de production. Les lunettes du COMMENT nous font pénétrer plus profondément dans le cœur véritable de ce qui apporte la réussite pérenne, au-delà du *faire*.

Revenons à la première question ; peut-on *fabriquer* le vécu ? Bien sûr que non. Le vécu de qualité est le résultat d'interactions de qualité qui se déroulent quand vos COMMENT sont les bons, en créant des synapses vigoureuses avec ceux qui vous entourent et en les incitant à faire de même. Examinons quelques-uns des changements fondamentaux dans les affaires d'aujourd'hui :

- De la conscience de marque à la promesse de marque.
- De le service au client vers le vécu du client.
- De la gestion de sa réputation vers la valeur de sa réputation.

On obtient ces évolutions avec les bons COMMENT, en se connectant à quelque chose de plus profond que les idées, aux choses qui libèrent le pouvoir de lancer des vagues dans tout ce que l'on fait, c'est-à-dire aux valeurs. Toutes ces évolutions sont indispensables pour réussir, parce que le changement fondamental dans la connectivité et la transparence depuis le début du vingt et unième siècle les a déposées sur le rivage.

Le philosophe Henry Sidgwick a présenté le paradoxe de l'Hédonisme. Le concept suivant lequel la recherche directe du bonheur tend à le faire s'éloigner. En revanche il pense qu'on peut l'obtenir en poursuivant un but plus élevé, chargé d'un sens plus profond[3]. Le problème des idéologies de Collins et Porras est qu'elles sont dirigées directement vers le bénéfice, se limitant au « IP » (Innovation et Progrès) du TRIP en négligeant ce qu'il faut faire pour y arriver. De même que pour le bonheur, si l'on ne recherche que l'innovation, le progrès et le fait de gagner, il est préférable, pour y arriver, de cultiver les valeurs qui y mènent : la confiance, l'honnêteté, l'intégrité, la cohérence et la transparence. Les valeurs apportent l'inspiration et sont plus profondes et plus puissantes que les idéologies.

Comment mesurer la réussite ? Par votre rémunération ? Par le nombre de récompenses que vous avez obtenues ? Par le respect de vos pairs ? Par ce que vous avez apporté au monde ? Par l'amour de votre famille et de vos proches ? Par les biens que vous possédez ? Par le nombre de vies que vous avez sauvées ? Pour la plupart des gens, c'est un mélange de tout ça, à plusieurs degrés et en proportion variable. Toutefois, comment cela s'assemble-t-il pour arriver à la réussite ? Nous avons évoqué le paradoxe du cheminement de la manière dont il faut se battre avec de nouveaux concepts et de nouvelles façons de voir jusqu'à ce qu'on les internalise et qu'on les intègre en un « art sans art ». On a vu aussi que cette période de lutte signifie souvent des efforts importants au-delà du savoir et de la compétence faciles. Quand vous reposerez ce livre, vous vivrez avec tous les concepts qu'il renferme, parce que bien qu'il touche à sa fin, votre cheminement dans le monde du COMMENT ne fait que commencer.

Avant de terminer, je vais vous proposer encore un paradoxe, celui de la réussite, qui est un corollaire de celui du bonheur. On ne la *fabrique* pas, on ne l'atteint pas en la recherchant directement. C'est une chose qu'on obtient en poursuivant une chose plus élevée que soi-même, c'est ce que j'appelle le *sens*. Tous les indicateurs de réussite partagent un point commun : ils signifient la valeur de votre passage à travers la vie. Vous pouvez vous lancer dans un cheminement vers le sens – un cheminement pour faire, fabriquer, développer, créer et soutenir les valeurs dans le monde, et je crois, dans l'esprit du Credo de Johnson & Johnson, que c'est un voyage qui *devrait* vous mener à la réussite, quelle que soit la façon dont vous la mesuriez.

Parce que la recherche du sens à donner à votre vie est l'ultime COMMENT.

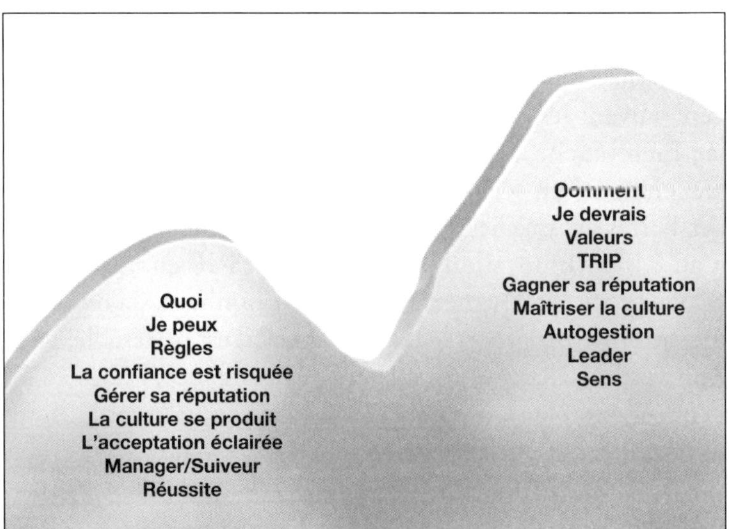

COMMENT POURSUIVRE

Le monde évolue plus vite que les livres. Au moment de la mise sous presse, j'ai mis dans ces pages mes meilleures idées et les informations à ma disposition. Néanmoins à tous les stades de la réalisation – brouillon, relecture, mise au point, ultime vérification pour le bon à tirer et publication – notre monde hyper connecté et transparent a généré de nouveaux points et de nouvelles dynamiques à prendre en compte.

C'est très bien ainsi. COMMENT est une paire de lunettes, un moyen d'examiner et de comprendre ces évolutions au moment où elles apparaissent. Donc le voyage continue.

Je vous remercie de me rejoindre, ainsi que les nombreux leaders de pensée qui y ont apporté leur contribution, pour continuer la discussion en ligne sur le site :

www.howsmatter.com

Nous poursuivrons ainsi en temps réel la conversation pluridisciplinaire engagée dans ce livre. Nous chercherons aussi à fournir des outils utiles – une version téléchargeable en couleurs du modèle du leadership, des entretiens, etc. – pour approfondir votre compréhension du COMMENT.

J'espère vous y retrouver.

DOV SEIDMAN

REMERCIEMENTS

Écrire un livre est un voyage qui ne ressemble à rien de ceux que j'ai pu entreprendre jusqu'alors et qui, comme la plupart des voyages, n'aurait pas été possible sans l'amour, le soutien, l'encouragement, le feed-back et les efforts inlassables des nombreuses personnes qui m'ont accompagné. J'aurai le plaisir de leur exprimer à chacune ma profonde gratitude de manière individuelle et en attendant, j'en profite pour les remercier ici.

Joni Evans, d'abord mon représentant chez William Morris, devenu maintenant un ami cher. C'est toi qui m'as donné l'idée que j'avais un livre en moi et qu'il serait utile aux autres. Tu as agi comme un mentor et un guide, tu m'as beaucoup aidé, ton enthousiasme et ton inspiration ont été un encouragement formidable. Tu m'as assisté à toutes les étapes, je t'en suis profondément reconnaissant. Le monde a besoin de plus de personnes de ta trempe.

Jennifer Rudolf Walsh et Jay Mandel. Vous vous êtes intégrés dans le projet et l'avez embrassé avec passion et engagement, vous m'avez guidé jusqu'à la dernière ligne. J'ai de la chance de vous avoir eu à mes côtés.

Pamela van Giessen, mon éditrice chez John Wiley & Sons. Tu as cru en moi et tu as eu une vision de ce livre encore plus pénétrée de sens que la mienne. Tu as compris que COMMENT s'adresse aussi aux personnes et pas uniquement aux institutions pour lesquelles elles travaillent. Tu as su percevoir toute la résonance du texte, le mettre en forme à chaque étape de son écriture, tout en m'empêchant de m'écarter du bon chemin. Et, c'est peut-être encore plus important, tu m'as promis de barrer en rouge le mot « éthique » chaque fois que tu l'apercevrais, m'obligeant ainsi à réfléchir plus profondément et de manière plus universelle. Tu as été véritablement visionnaire. Merci aussi à toute l'équipe de John Wiley & Sons, plus particulièrement à Jennifer MacDonald, Nancy Rothschild, Allison Bamberger et l'extraordinaire Mary Daniello, pour leurs soins et leurs efforts afin que ce livre atteigne les rayons des libraires.

Nelson Handel a apporté des contributions rédactionnelles uniques. Tu m'as aidé à mieux raconter cette histoire et à présenter les idées. Notre collaboration – aussi bien intellectuelle que littéraire – fut intense et le livre est bien mieux grâce à toi. Personne ne discute avec moi comme tu le fais, merci.

Aucun livre tentant de couvrir un domaine aussi large n'est possible sans une équipe de chercheurs enthousiastes et efficaces. Votre passion pour le message et vos recherches incessantes ont mis en lumière de nombreux éléments qui l'ont mis en valeur. Liza Foreman, Lisa Derrick, Maureen Brackey, Brian Hong et surtout Diane Wright pour ses efforts méticuleux, je vous remercie tous pour votre contribution. Je tiens aussi à remercier Catherine Fredman et Mark Ebner pour vos contributions rédactionnelles ; Adam Turteltaub pour tes recherches et ton soutien ; Caroline Heald, merci pour ton assistance attentionnée et Dave Lambertson pour tes illustrations.

J'ai eu la chance de profiter de l'érudition et de l'intelligence hors du commun d'Eric Pinckert. Ton aide a été inestimable depuis le début quand le livre commençait à prendre forme jusqu'à la fin où il ne devait pas déraper. Mark Detelich, merci pour tes améliorations inestimables. Rob Shavell, merci pour tes diverses collaborations, surtout pour le sous-titre du livre.

Les idées n'arrivent pas dans le vide et j'ai eu la chance de côtoyer plusieurs brillants penseurs. Steve Kerr tu es le premier, tu t'es lancé dans un cheminement intellectuel depuis des années et tu as toujours exercé une profonde influence sur moi. Si n'importe quoi multiplié par zéro fait toujours zéro, alors n'importe quoi multiplié par toi se rapproche de l'infini. Tu es l'une de ces rares personnes avec qui naissent et s'épanouissent naturellement les idées. Tu as pris une participation active à ce livre, m'aidant à affiner et développer mes idées, les préciser et ancrer profondément chaque principe. Je suis fier de pouvoir t'appeler mon ami.

Mes remerciements aussi à Marcus Buckingham pour ton point de vue avisé quand j'ai démarré et ton feed-back particulièrement utile vers la fin. Comme tu avais l'expérience de l'écriture, tu m'as aidé à garder le cap sur les promesses du livre et tu es intervenu aux moments clé pour y arriver.

Mon ami Tom Friedman, tu m'as expliqué un jour à Aspen, de manière particulièrement compréhensible, tout ce qu'un écrivain en herbe doit savoir et nos conversations ont été sans prix, c'était un privilège extraordinaire pour moi. Depuis nos « jours Aristotéliciens » sur les télésièges et sur les pistes, Aspen ne sera jamais plus la même.

Murray Hidary, merci pour ton amitié proche, surtout pendant le voyage de découverte du livre qui était en moi. Nos nombreuses conversations sur les questions de la vie avec les lunettes du COMMENT m'ont éclairé.

Ben Sherwood, mon ami de 20 ans, ton exemple m'a montré comment on peut écrire un livre tout en travaillant tous les jours. Et tu m'as aussi présenté Joni. Que peut-on demander de plus à un ami ? Merci pour ta sensibilité rare, tes avis éclairés et pour m'avoir poussé jusqu'au point de non-retour.

Parmi les nombreuses choses que j'ai apprises d'un de mes professeurs, le rabbin David Ellenson, il y a la phrase de la Misnah : « Fais de toi un rabbin, tu te feras un ami. » David je suis fier de vous appeler mon rabbin et heureux de vous appeler mon ami. Toutes nos discussions constructives sur le COMMENT sont pour moi sans prix.

Je suis reconnaissant à toutes les personnes avec lesquelles j'ai parlé des concepts de ce livre, depuis les managers et les leaders d'opinion, jusqu'à l'encadrement supérieur et moyen, certains ont lu ou commenté les brouillons, certains ont été interviewés, et ils m'ont tous aidé à affiner ma pensée par leurs expériences et leurs intuitions. Je pense à Keven Bellows, William Broyles Jr, le juge Ruben Castillo, Jack Daly, Keith Darcy, Paula Desio, David Ellen, Patti Ellis, Massimo Ferrugamo, Roger Fine, Mike Fricklas, Pat Gnazzo, David Greenberg, Joie Gregor, Charles Hampden-Turner, Patricia Harned, George Henderson, Dr. Michael Hoffman, Dr. Richard Joyce, Jeff Kingler, Rich Korn, Mats Lederhausen, Doug Lankler, Tom McCormick, Michael Monts, Paul Robert, Adam Rosman, Timothy Schultz, Jim Skinner, Joe Stallard, Robert Steele, Patricia Swann, Dr. Kerry Sulkowicz, David Toms, Chris Weiss, Marianne Williamson, Linda Wolf, Steve Wynn and Paul Zak. Je ne peux pas me souvenir et remercier correctement tous les autres qui, au cours de conversations, de débats animés ou autour d'un verre de bon vin, m'ont aussi aide à éclaircir mes idées. Si je vous ai oubliés, je vous remercie néanmoins pour ce que vous m'avez apporté.

Je veux remercier la philosophie, sans qui je n'aurais jamais pu lire un livre de bout en bout ou apprendre les concepts qui changent le monde. Merci à mes enseignants et mes mentors, patients et pleins d'attention, qui m'ont aidé à découvrir les idées cachées derrière les mots. Merci tout spécialement à mon cher ami, le professeur Herb Morris de UCLA, qui m'a toujours servi de mentor dans la vie et m'aide encore.

Les concepts de ce livre sont directement tirés de mes expériences avec mes collègues de LRN. À un certain niveau, tout le personnel qui en a fait partie depuis 17 ans a contribué à la façon dont je pense et considère l'être humain aussi bien professionnellement que dans la vie privée. Ce livre n'aurait pas vu le jour sans les interactions quotidiennes qui sont notre chemin commun. Je veux vous remercier tous et toutes pour m'avoir fourni la possibilité de travailler avec vous, de grandir et d'apprendre en le faisant, pour votre transparence, votre confiance et m'avoir permis de me joindre à vous pour transformer ces concepts en divers COMMENT du quotidien. Ce que je suis aujourd'hui est le résultat de notre cheminement ensemble. Je veux aussi remercier les anciens et actuels membres du conseil d'administration de LRN : le sénateur Bill Bradley, Rex Golding, Alan Silverman, Alan Spoon, Sheli Rosemberg, Joe Mandel et Lee Feldman pour avoir cru à ce livre et à sa cohérence avec notre mission.

Je veux aussi remercier tous les clients de LRN. Grâce à mes interactions avec vous au fil des années et à la collaboration avec vos esprits les plus subtiles, vous m'avez permis de régler de vrais problèmes d'éthique, de conformité, de leadership et de culture – qui sont les véritables COMMENT du monde réel. Vous pourrez voir les fruits de notre collaboration tout au long de ce livre.

La famille vous marque plus que tout. Ma mère, Sydelle Seidman, a étayé ma vie avec des valeurs. Tu m'as donné un point d'ancrage et le courage de m'aventurer au loin sans jamais l'oublier. Tu m'as aidé à distinguer le pouvoir de l'instinct et de l'intuition et tu as cru en moi alors que d'autres n'y croyaient pas. Je t'aime.

Mon frère Ari et ma sœur Goldee, merci de votre solidarité et de votre amour à l'époque où il fallait s'adapter à la vie. Je vous aime tous les deux. Étant pris en sandwich entre vous deux, j'ai reçu ma première et la plus durable leçon de COMMENT. Alex et Gabi, ma nièce et mon neveu, votre résilience et votre esprit montrent que la prochaine génération saura COMMENT faire. J'adore être votre oncle.

Mon père, Alex Seidman, tu vis dans ma mémoire, tu m'as donné l'amour du savoir et tu m'as connecté aux leçons de l'histoire, celle des autres aussi bien que la nôtre. Ce que tu as sacrifié pour nous me donne de l'inspiration encore maintenant.

Yuri et Vicki Parad, mes beaux-parents, qui, si j'avais un choix à faire, seraient les favoris parmi tous les beaux-parents. Je suis touché par votre sens de la famille. Merci pour toutes vos attentions, les remèdes russes et

Yuri, la lecture attentive et la carte mentale que tu as fait du livre. Merci aussi à ma sympathique belle-sœur, Michèle, merveilleux exemple de personne qui réussit.

À la fin de ces remerciements mais première dans le livre de ma vie, Maria Seidman, mon épouse ma satisfaction permanente. Pendant tout le voyage, du début à la fin, tu as été l'autre voix dans ma tête, lisant, réfléchissant, poussant et m'aidant à le faire bien. Tu as toujours été une source d'énergie et un soutien aimant et constant. Par-dessus tout, c'est grâce à toi que les concepts de ce livre s'étendent au-delà de l'univers professionnel vers la vie tout entière. Je ne connais pas de meilleur partenaire, je t'aime.

En pensant à tout ce qui s'est passé, un coup d'œil final à tous ces obstacles qui se sont finalement révélés être des points forts masqués.

Et à tous ceux qui m'ont demandé comment vivre avec la philosophie : voici COMMENT.

D.S.

NOTES

AVANT-PROPOS

1. Norimitsu Onishi, "Making Honesty a Policy in Indonesia Cafes," *New York Times*, 15 juin 2009.
2. Stephen Linaweaver, Michael Keating, and Brad Bate, "Conspicious, but Not Consuming," *Good*, 20 juin 2009.
3. AFP profile of Vicente de Bosque, 2010.
4. Michael Eisen, "A New Look : Head Coach Tom Coughlin has Changed His Ways in 2008," Giants.com, 30 janvier 2008.
5. John Tierney, "How Happy Are You ? In a Boston Suburb, It's a Census Question," *New York Times*, 2 mai 2011.

PROLOGUE: La Vague

1. I. Farkas et al., "Mexican Waves in an Excitable Medium," *Nature* 419, 12 septembre 2002.
2. Ibid.

PARTIE 1 Comment nous avons évolué

1. J. Madeleine Nash, "Fertile Minds," *Time*, 3 février, 1997.

Chapitre 1 De la propriété terrienne à l'information

1. "The Queen at 80," CBC News, 20 avril 2006.
2. Adam Smith, *The Wealth of Nations*, Bantam Classics, 2003.
3. Daniel Gross, "In Praise of Bubbles," *Wired*, février 2006.
4. "Google Company Overview," www.google.com/corporate/.
5. Thomas L. Friedman, *The World Is Flat: A Brief History of the Twenty-First Century*, Farrar Straus and Giroux, 2006.

6. Pour que les choses soient claires, je tiens à préciser que j'entretiens d'excellentes relations commerciales avec certaines des companies citées dans ce livre. J'ai fait le maximum pour rester impartial dans l'analyse de leurs activités et pour rapporter avec exactitude les citations et anecdotes. C'est grace à ces relations que j'ai pu me pencher sur un éventail très large de pratiques des affaires, que je partage maintenant avec le lecteur. Ces companies sont : 3M; Altria Group, Inc./Kraft Foods; Citigroup Inc./Citicorp; Computer Associates (CA); The Dow Chemical Company; eBay Inc.; Ford Motor Company; Fox Entertainment Group/Fox Searchlight Pictures/MySpace; Harris Interactive Inc./Wirthlin Worldwide; Johnson & Johnson; JPMorgan Chase & Co.; MCI/WorldCom; Mitsubishi Motors Corp.; The New York Times Company; The Paramount Motion Picture Group/Paramount Studios; Pfizer Inc.; Philip Morris USA; Procter & Gamble; Toshiba America Inc.; Toyota Motor Sales, U.S.A., Inc.; Tribune Company/Los Angeles Times; Tyco International Ltd.; United Technologies Corporation; Viacom International Inc.; The Walt Disney Company; Wynn Las Vegas.
7. Matthew Hamblen, "CA's Swainson Outlines Customer Advocate Cuts," *Computerworld*, 16 novembre 2005.

Chapitre 2 L'intrusion de la technologie

1. David Hume, *A Treatise of Human Nature*, new ed., Oxford University Press, 2000; orig. pub. 1739–1740.
2. Terence H. Hull, *People, Population, and Policy in Indonesia*, Equinox Publishing, 2005.
3. Charles Hampden-Turner and Fons Trompenaars, *Building Cross-Culture Competence*, John Wiley & Sons, 2001.
4. Peg McDonald, "Globalization—Business Opportunity and KM Challenge," *KM World*, 1er février 2001.
5. Jack M. Germain, "Online Consumers Window Shop More Than Impulse Buy," www.ecommercetimes.com/story/42761.html.
6. Lev Grossman and Hannah Beech, "Google under the Gun," *Time*, 5 février 2006.
7. Heather Landy, "RadioShack CEO Admits 'Misstatements,' " *Forth Worth Star-Telegram*, 16 février 2006.
8. "Veritas CFO Resigns over Falsified Resume," TheStreet.com.
9. "Academic, Athletic Irregularities Force Resignation," ESPN, 14 décembre 2001.

10. Rob Wright, "A Monster.com of a Problem," *VARBusiness*, 13 février 2003.
11. Madlen Read, "Should I Worry about Prospective Employers 'Googling' Me?," *Pittsburgh Post-Gazette*, 5 mars 2005.
12. Lizette Alvarez, "(Name Here) Is a Liar and a Cheat," *New York Times*, 16 février 2006.
13. Peter Wallsten and Tom Hamburger, "Two Parties Far Apart in Turnout Tactics Too," *Los Angeles Times*, 6 novembre 2006.
14. "Anger Over Big Brother 'Racism,' " *BBC News*, 16 janvier 2007.
15. Andrew Ross Sorkin, "An E-Mail Boast to Friends Puts Executive out of Work," *New York Times*, sec. C, 22 mai 2001.
16. "The Wayback Machine," The Internet Archive, www.archive.org/web/web.php.
17. D'après les « Citations de Mark Twain, Newspaper Collections & Related Ressources » (www.twainquotes.com/Lies.html), « cette citation a été attribuée à Mark Twain sans veritable verification. L'expression vient peut-être de Charles Haddon Spurgeon (1834-92) qui l'a employée dans un sermon qu'il a prononcé le 1er avril 1855, en l'attribuant à un proverbe ancien. C'était un prêcheur Baptiste fondamentaliste Anglais. La formulation originale était : "Un mensonge fait le tour de la terre pendant que la vérité est juste en train de mettre ses chaussures." »
18. Eulynn Shiu and Amanda Lenhart, "How Americans Use Instant Messaging", Pew Internet & American Life Project, Washington, D.C., 2004.

Chapitre 3 Le voyage vers le comment

1. "All-Time Worldwide Boxoffice," Internet Movie Database, www.imdb.com/boxoffice/alltimegross?region=world-wide.
2. Harvey Araton, "Athletes Toe the Nike Line, but Students Apply Pressure," *New York Times*, 22 novembre 1997; Steven Greenhouse, "Nike Shoe Plant in Vietnam Is Called Unsafe for Workers," *New York Times*, 8 novembre 1997.
3. Claudia H. Deutsch, "Take Your Best Shot: New Surveys Show That Big Business Has a P.R. Problem," *New York Times*, 9 décembre 2005.
4. LRN/Wirthlin Worldwide, "Attitudes toward Ethical Behavior in Corporate America Still Suffer from a Gaping Divide among Executives and Rank-and-File Employees," 18 novembre 2003.
5. "The Joy of Postal Service Dress Regulations," *Morning Edition*, National Public Radio, 13 novembre 2006.
6. Jyoti Thottam, "Thank God It's Monday!," *Time*, 17 janvier 2005.

7. "Occupational Outlook Handbook—Engineers," United States Department of Labor, Bureau of Labor Statistics, 4 août 2006.
8. "The Story of Xerography," Xerox Corporation, www.xerox.com/downloads/usa/en/s/Storyofxerography.pdf.
9. "Playmakers Part II: Play-Doh," Parents' Choice Foundation, www.parentschoice.org/full_abstract.cfm?art_id=236&the_page=editorials.
10. Henry Petroski, "Painful Design," *American Scientist* 93, n° 2, 2005, p. 113.
11. Brad Stone and Robert Stein, "Is TiVo's Time Up?," *Newsweek*, 20 mars 2006.
12. Mary J. Benner and Michael Tushman, "Process Management and Technological Innovation: A Longitudinal Study of the Photography and Paint Industries," Johnson Graduate School, Cornell University, Ithaca, New York, 2002.
13. Barbara Ross et al., "The Great Tyco Robbery," *New York Daily News*, 12 septembre 2002.
14. "Merriam-Webster's Words of the Year 2005," Merriam-Webster, www.m-w.com/info/05words.htm.

PARTIE 2 Comment nous pensons

1. Daisetz T. Suzuki, in *Zen in the Art of Archery*, Vintage Books, 1981.
2. David Crystal and Nuala O'Sullivan, "First Steps on a Journey with Words," *Guardian Weekly*, 26 mai 2006.

Chapitre 4 Utiliser toutes ses capacités

1. William Broyles Jr., *Cast Away*, Newmarket Press, 2000.
2. For further reading on the subject, consult such texts as: Michael S. Gazzaniga, *The Ethical Brain*, Washington, DC : Dana Press, 2005 ; Brain Research Bulletin 67, 2005 ; "Scientists Create 'Trust Potion,' " *BBC News*, 2 juin 2005.
3. Felix Warneken and Michael Tomasello, "Altruistic Helping in Human Infants and Young Chimpanzees," *Science* 311, 2006, pp. 1301–1303.
4. Erika Tyner Allen, "The Kennedy-Nixon Presidential Debates, 1960," Museum of Broadcast Communications, www.museum.tv/archives/etv/K/htmlK/kennedy-nixon/kennedy-nixon.htm.
5. Earl Mazzo, "The Great Debates," *The Great Debate and Beyond: The History of Televised Presidential Debates*, www.museum.tv/debateweb/html/greatdebate/e_mazzo.htm.

6. Peter Kirsch et al., "Oxytocin Modulates Neural Circuitry for Social Cognition and Fear in Humans," *Journal of Neuroscience* 25, no. 49, 2005, pp. 11489–11493.
7. Joyce Berg et al., "Trust, Reciprocity, and Social History," *Games and Economic Behavior* 10, no. 1, 1995, pp. 122–142.
8. "Nash Equilibrium," Wolfram MathWorld, http://mathworld.wolfram.com/NashEquilibrium.html.
9. Paul J. Zak, "Trust," *Journal of Financial Transformation,* 7 avril 2003, 20.
10. Joseph Shepher, "Mate Selection among Second Generation Kibbutz Adolescents and Adults: Incest Avoidance and Negative Imprinting," *Archives of Sexual Behavior* 1, n° 4, 1971, pp. 293–307.
11. Richard Joyce, *The Evolution of Morality*, MIT Press, 2006.
12. Matthew D. Lieberman et al., "The Neural Correlates of Placebo Effects: A Disruption Account," *NeuroImage* 22, 2004, pp. 447–455.
13. Melanie Thernstrom, "My Pain, My Brain," *New York Times Magazine*, 14 mai 2006.

Chapitre 5 De « je peux » à « je devrais »

1. Jim Saxton, "Individuals and the Compliance Costs of Taxation: A Joint Economic Committee Study," Joint Economic Committee, United States Congress, novembre 2005.
2. Daniel Gross, "Hummer vs. Prius," *Slate*, 26 février 2004.
3. "Young Canadians and the Voting Age: Should It Be Lowered?," Canadian Policy Research Networks, www.cprn.com/en/diversity-voting.cfm.
4. Jeffrey Hart, *The Making of the American Conservative Mind: National Review and Its Times*, Wilmington, DE, ISI Books, 2005.
5. "Organizational Guidelines," United States Sentencing Commission, www.ussc.gov/orgguide.htm.
6. Laurie Sullivan, "Compliance Spending to Reach $28 Billion by 2007," *Information Week*, 2 mars 2006.
7. Michael Parsons and Jo Best, "EU Slaps Record Fine on Microsoft," *ZDNet*, 24 mars 2004.
8. Leo Durocher and Ed Linn, *Nice Guys Finish Last*, New York, Simon & Schuster, 1975.
9. Jim Puzzanghera, "HP's Dunn Details Role in Scandal," *Los Angeles Times*, September 28, 2006.

10. "Bhartrihari," *The Internet Encyclopedia of Philosophy*, www.iep.utm.edu/b/bhartrihari.htm.
11. Edward Sapir, "The Status of Linguistics as a Science," in *Culture, Language and Personality*, ed. David G. Mandelbaum, University of California Press, 1986.
12. Michael Janosfsky, "Olympics Coaches Concede That Steroids Fueled East Germany's Success in Swimming," *New York Times*, 3 décembre 1991.
13. Craig Lord, "Drug Claim Could Be a Bitter Pill," *Times Online*, 3 mars 2005.
14. Daniel Eisenberg, "When Doctors Say, 'We're Sorry,' " *Time*, 14 août 2005.
15. "Drug Company to Pay for E. German Doping," *Science Daily*, 21 décembre 2006; "East German Doping Victims to Get Money," *MSN Money*, 13 décembre 2006; "Drug Firm Jenapharm Compensates Doped Athletes," *Deutsche Welle*, 12 décembre 2006.
16. "Strategic Principles," University of Michigan Hospitals and Health System,www.med.umich.edu/strategic/princ.htm.
17. University of Michigan Hospitals and Health System, "University of Michigan Hospitals and Health Centers Recognized as Top Performer in the 2006 UHC Quality and Accountability Ranking," 24 octobre 2006.
18. "Levi Strauss & Co," www.levistrauss.com/Company/ValuesAndVision.aspx.

Chapitre 6 Rester dans la course

1. Mark Nessmith, "David Toms Bails on British Open," TravelGolf .com,www.travelgolf.com/blogs/mark.nessmith/2005/07/15/david_toms_bails_on_british_open_reeling.
2. "Google Taps into Search Patterns," *BBC News*, 22 décembre 2005.
3. "Deja Two: Vinatieri, Patriots Do It Again," NFL.com, 1er février 2004.
4. "CBS Dealt Record Fine over Janet," *CBS News*, 22 Septembre 2004.
5. Julie Rawe, "Why Your Boss May Start Sweating the Small Stuff," *Time*, 20 mars 2006.
6. P. C. Burns et al., "How Dangerous Is Driving with a Mobile Phone? Benchmarking the Impairment to Alcohol", Transport Research Laboratory, Crowthorne, Berkshire, Septembre 2002.
7. Em Griffin, "Cognitive Dissonance Theory of Leon Festinger," in *A First Look at Communication Theory*, McGraw-Hill, 1997.
8. "Emory Study Lights Up the Political Brain," *Science Daily*, 31 janvier 2006.

9. "Jean Piaget," GSI Teaching & Resource Center, University of California, Berkeley, http://gsi.berkeley.edu/textonly/resources/learning/piaget.html#top.
10. "Emory Study Lights Up the Political Brain," *Science Daily*, 31 janvier, 2006.
11. James Atherton, "Resistance to Learning," www.learningandteaching.info/learning/resistan.htm.
12. David Sirota et al., "Why Your Employees Are Losing Motivation," Harvard Management Update, http://hbswk.hbs.edu/archive/5289.html.
13. John K. Borchardt, "Who Puts Bad Apples in the Barrel?," *Today's Chemist at Work* 10, no 4, 2001, pp. 33–34, 36.
14. Ibid.
15. Aaron J. Louis, "The Role of Cognitive Dissonance in Decision Making," www.yetiarts.com/aaron/science/cogdiss.shtml.

PARTIE 3 Comment nous nous comportons

Chapitre 7 Être transparent

1. "*Bicycling* Magazine's Editor's Choice—New York 3000," Bicycling.com as quoted on Kryptonite.com.
2. Patricia Swann, "Internet Postings and Blogger Videos: Bic This!", Association for Education in Journalism and Mass Communication, 10 août 2005.
3. Ibid.
4. Kevin Kelly, "Scan This Book!," *New York Times Magazine*, sec. 6, 14 mai 2006.
5. "CNN Live Today," CNN, 14 décembre 2004.
6. Ibid.
7. Constance L. Hays, "Jurors Discuss the Verdict against Stewart," *New York Times*, 7 mars 2004; Constance L. Hays and David Carr, "Before Facing Judge, Stewart Is Out and About," *New York Times*, 15 juillet 2004; "Stewart Convicted on All Charges," *CNN Money*, 5 mars 2004.
8. "Hotel Queen Gets 4 Years: Judge Tells Leona Helmsley No One Is Above Law," *Orlando Sentinel*, 13 décembre 1989.
9. Marcy Gordon, "Fannie Mae Fined $400M for Bad Accounting," *Washington Post*, 24 mai 2006.
10. Reuters, "US Blames Fannie Management," news release, 23 mai 2006.
11. "The Mortgage Giant Fannie Mae Accused of Deception and Mismanagement," PBS, www.pbs.org/newshour/bb/business/jan-june06/fanniemae_05-23.html.

12. "LRN Ethics Study: The Effect of Ethics on Ability to Attract, Retain and Engage Employees," LRN, 26 juin 2006.
13. James A. Brickley et al., "Business Ethics and Organizational Architecture", Working Paper, University of Rochester, William E. Simon Graduate School of Business Administration, 2000.
14. Robin Johnson, "American Food Century, 1900–2000; Non-Food Product Jingles," www.geocities.com/foodedge/jingles6.html.
15. John Horn, "Spreading the Word," Entertainment News, *Los Angeles Times*, 25 août 2006.
16. Ibid.
17. Chris Gaither, "Where Everyone Is a Critic," *Los Angeles Times*, 25 août 2006.
18. Dave Scott, "Digital Revolution Changes News Business," *Akron Beacon Journal*, 26 avril 2006.
19. "Word of Mouth 101: An Introduction to Word of Mouth Marketing," WOMMA, www.womma.org.
20. Ibid.
21. Ibid.
22. Pete Blackshaw et al., "Measuring Word of Mouth", Ad-Tech NY, 8 novembre 2004.
23. "Wachovia Apologizes for Slavery Ties," *CNN Money*, 2 juin 2005.
24. David Teather, "Bank Admits It Owned Slaves," *Guardian*, 22 janvier 2005.
25. Chris Penttila, "My Bad!," *Entrepreneur*, mars 2005.
26. Keith Darcé, "Media Ethicist Cites Power of Cyberspace," *San Diego Union-Tribune*, 14 mai 2006.
27. Dave McIntyre, interviewed by Sean Cole, *Marketplace*, American Public Media, 11 mai 2006.
28. Ibid.
29. Edward C. Tomlinson et al., "The Road to Reconciliation: Antecedents of Victim Willingness to Reconcile Following a Broken Promise," *Journal of Management* 30, no. 2, 2004, pp. 165–187.
30. John K. Borchardt, "Who Puts Bad Apples in the Barrel?," *Today's Chemist at Work* 10, no. 4, 2001, pp. 33–34, 36.
31. "Resume 'Padding,' " HRM Guide USA, www.hrmguide.net/usa/recruitment/resume_padding.htm.
32. Lisa Takeuchi Cullen, "Getting Wise to Lies," *Time*, 24 avril 2006.

33. Yvon Chouinard, interviewed by Cheryl Glaser, *Marketplace*, American Public Media, 31 octobre 2005.
34. Mark Twain, "Mark Twain Quotations, Newspaper Collections, & Related Resources," www.twainquotes.com/Truth.html.

Chapitre 8 La confiance

1. Jason Kottke, "Business Lessons from the Donut and Coffee Guy," www.kottke.org/03/07/business-lessons-donut-guy.
2. Jeffrey H. Dyer and Wujin Chu, "The Role of Trustworthiness in Reducing Transaction Costs and Improving Performance: Empirical Evidence from the United States, Japan, and Korea," *Organization Science* 14, no. 1, 2002, 57.
3. Francis Fukuyama, *Trust: The Social Virtues and the Creation of Prosperity*, Free Press Paperbacks, 1995.
4. Paul J. Zak, "Trust," *Journal of Financial Transformation* 7, avril 2003.
5. Dr. Peter Kollock, "The Emergence of Exchange Structures: An Experimental Study of Uncertainty, Commitment, and Trust," *American Journal of Sociology* 100, 1994, pp. 313–345.
6. Ana Cristina Costa, "Work Team Trust and Effectiveness," *Personnel Review* 32, no. 5, octobre 2003.
7. Jeffrey H. Dyer and Wujin Chu, "The Determinants of Trust in Supplier-Automaker Relationships in the U.S., Japan, and Korea," *Journal of International Business Studies* 31, no. 2, 2000, p. 259.
8. "Tufts Graduate Named CEO of Pfizer," Tufts e-news, www.tufts.edu/
9. Federal Bureau of Investigation, Los Angeles Division, "James Paul Lewis, Doing Business as Financial Advisory Consultants in Orange County, California, Arrested by Agents in Houston, Texas, for Operating 20 Year 'Ponzi' Scheme with Losses in Excess of 800 Million Dollars," news release, 22 janvier 2004.
10. Don Thompson, "Investors Fear They'll Lose Millions in Alleged Ponzi Scam," Fraud Discovery Institute, www.frauddiscovery.net/fac.html.

Chapitre 9 La reputation, toujours elle

1. Dan Bilefsky, "Indians Unseat Antwerp's Jews as the Biggest Diamond Traders," *Wall Street Journal*, 27 mai 2003.
2. "Number of Jobs Held, Labor Market Activity, and Earnings Growth among the Youngest Baby Boomers: Results from a Longitudinal Survey" (United

States Department of Labor, Bureau of Labor Statistics, Washington, D.C., 25 août 2006).

3. "RentAThing," www.rentathing.org.
4. Cory Doctorow, *Down and Out in the Magic Kingdom*, Tor Books, 2003.
5. Chrysanthos Dellarocas and Paul Resnick, "Online Reputation Mechanisms: A Roadmap for Future Research" (First Interdisciplinary Symposium on Online Reputation Mechanisms, Cambridge, Massachusetts, 26–27 avril 2003).
6. James B. Stewart, *Den of Thieves*, Touchstone, 1992.
7. General Electric Company, "GE 2002 Annual Report," news release, 2002.
8. Paul B. Farrell, "Warren Buffett, America's Greatest Story-Teller," *Market-Watch*, 21 mars 2006.
9. "LRN Ethics Study: Purchasing Behavior" (Opinion Research Corporation, Princeton, New Jersey, 30 janvier 2006.
10. Alice LaPlante, "MBAs Seek Caring, Ethical Employers," *Stanford Business*, mai 2004.
11. Goran Lindahl as quoted in *Purpose: The Starting Point of Great Companies* by Nikos Mourkogiannis, Palgrave Macmillan, 2006.
12. Scott Westcott, "The Importance of Reputation," ProfitGuide.com, 24 février 2005.
13. Dorothy Rabinowitz, "Mr. Giuliani and Mr. Milken," *Wall Street Journal*, 17 avril 2001.
14. Stewart, *Den of Thieves*.
15. "Michael Milken Biography," www.mikemilken.com.
16. "Our Management," Altria, www.altria.com.

PARTIE 4 Comment gouverner

1. James M. Hagen and Soonkyoo Choe, "Trust in Japanese Interfirm Relations: Institutional Sanctions Matter," *Academy of Management Review* 23, no. 3, 1998, p. 589.
2. "Ford Sustainability Report 2004/5: Policy Letters and Directives," Ford Motor Company, décembre 2005.
3. "Quality," General Electric Company (2006), www.ge.com/en/company/companyinfo/quality/whatis.htm.

Chapitre 10 La culture

1. Chuck Williams, “GE Aircraft Engines, Durham Engine Facility”, WorldBlu Forum, Washington, D.C., octobre 2005.
2. Charles Fishman, “Engines of Democracy,” *Fast Company* 28, septembre 1999, 174.
3. “The Toxic 100: Top Corporate Air Polluters in the United States,” Political Economy Research Institute, University of Massachusetts, Amherst, 2002.
4. “Testimony of Dov L. Seidman to the U.S. Sentencing Commission”, Washington, D.C., 17 mars 2004.
5. “1992–2002 Census of Fatal Occupational Injuries”, U.S. Department of Labor, Bureau of Labor Statistics, 7 janvier 2005.
6. “Our Culture,” Nordstrom, http://careers.nordstrom.com/company/culture/index.asp.
7. United States. 2004. “America after 9/11 freedom preserved or freedom lost?” the Committee on the Judiciary, United States Senate, One Hundred Eighth Congress, first session, 18 novembre 2003.
8. Steve Kerr, “On the Folly of Rewarding A, While Hoping for B,” *Academy of Management Journal* 18, no. 4, 1975, updated for *Academy of Management Executive* 9, no. 1, 1995, pp. 7–14.
9. Jonathan Pont, “Doing the Right Thing to Instill Business Ethics,” *Workforce Management*, 1er avril 2005.
10. Tom Terez, “Workplace 2000 Employee Insight Survey,” Meaningful Workplace.com, 29 août 2000.

Chapitre 11 L’autogestion

1. “Testimony of Dov L. Seidman to the U.S. Sentencing Commission”, 17 mars 2004.
2. Richard Bednar et al., “Report of the Ad Hoc Advisory Group on the Organizational Sentencing Guidelines,” United States Sentencing Commission, 7 octobre 2003.
3. “Chapter Eight—Sentencing of Organizations—Federal Sentencing Guidelines Manual and Appendices (2005),” United States Sentencing Commission, 1er novembre 2004.
4. Larry D. Thompson, “Principles of Federal Prosecution of Business Organizations,” United States Department of Justice, 20 janvier 2003.

5. Joy Sewing, “Style and Feeling Guide Massimo Ferragamo,” *Houston Chronicle*, 29 avril 2004.
6. Hannay, Alastair, *Kierkegaard: A Biography*, ed. and trans. Reidar Thomte with Albert B. Anderson, Cambridge University Press, 2001.
7. Benedict Carey, “Study Links Punishment to an Ability to Profit,” *New York Times*, 7 avril 2006.
8. Ibid.
9. Herb Kelleher, “A Culture of Commitment,” *Leader to Leader* 4, printemps 1997, pp. 20–24.
10. Deborah Solomon and Cassell Bryan-Low, “Companies Complain about Cost of Corporate-Governance Rules,” *Wall Street Journal*, 10 février 2004, Eastern edition.
11. “Size Matters: Larger Companies Will Spend More for Sarbanes-Oxley Compliance Requirements”, Financial Executives International, 10 février 2004.
12. “Management Barometer,” PricewaterhouseCoopers, mars 2003.
13. “Annual Reports and Statistical Sourcebooks,” United States Sentencing Commission (2000–2005).
14. Chuck Williams, “GE Aircraft Engines, Durham Engine Facility”, WorldBlu Forum, Washington, D.C., octobre 2005.
15. “Our Company: Growth & Expansion,” Johnson & Johnson, www.jnj.com/our_company/history/history_section_2.htm.
16. Reggie Van Lee et al., “The Value of Corporate Values,” *Strategy + Business*, été 2005.
17. Matthew Gilbert, “True Believers at Methodist Hospital,” *Workforce Management*, février 2005, pp. 67–69.
18. “Top 10 Best Companies to Work for,” *CNN Money*, 2007.

Chapitre 12 L’étoile du leadership

1. La version de l’étoile du leadership qui est présentée a été adaptée de la version originale créée par LRN dans le but de mieux servir ce livre.
2. John F. Kennedy, “Special Message to the Congress on Urgent National Needs,” John F. Kennedy Presidential Library & Museum, www.jfklibrary.org/Historical+Resources/Archives/Reference+Desk/Speeches/JFK/003POF03NationalNeeds05251961.htm.

3. Les idées sur les dispositions au leadership et ses attributes ne sont pas toutes originales, j'en ai adapté certaines à partir de discussions avec d'autres personnes ou de mes lectures. Pendant mes études à la foundation Wexner, j'ai par exemple appris du rabbin Nathan Laufer l'efficacité de la description des attributes aussi bien négatifs que positives. Parmi les nombreux livres que j'ai lus sur le leadership, *The corporate mystic* de Hendricks et Ludeman m'a incite à y réfléchir de manière plus rigoureuse. Même si je n'ai pas inventé tous ces concepts, je les ai rassemblées avec mes collègues de LRN dans un ensemble coherent susceptible d'aider à s'épanouir dans le monde du comment.

4. Roxy Sass, "Roxy Boldly Takes On 'The Happiest Place on Earth,' " *Stanford Daily*, 5 août 2004.

5 James C. Collins and Jerry I. Porras, *Built to Last : Successful Habits of Visionary Companies*, HarperCollins, 1994, p. 88.

6. "Company History," Walt Disney Company, http://corporate.disney.go.com/corporate/complete_history_1.html.

7. A'Lelia Bundles, "Madam C. J. Walker—A Short Biography," Madam C. J. Walker: The Official Website, www.madamecjwalker.com.

8. Bill Gordon, "Kamikaze Images," http://wgordon.web.wesleyan.edu/

9. "Max Weber," Department of Sociology, University of Chicago.

10. Ibid.

11. "FEMA Assistance Paid for Saints Tickets, Vacation, Divorce Lawyer," KTBS, www.ktbs.com/news/local/3053051.html.

12. *Paula Zahn Now*, CNN, 14 juin 2006.

13. Wynn Resorts, "Steve Wynn's Newest Resort, Wynn Las Vegas, Now Taking Room Reservations," news release, 14 janvier 2005.

14. Carmine Gallo, "Starbucks' Secret Ingredient," *BusinessWeek*, 5 mai 2006.

15. Winston S. Churchill, Never Give In : The Best of Winston Churchill's Speeches, Hyperion Books, 2003.

16. Brian Duffy, "The Kid of No Promise," *U.S. News & World Report*, 31 octobre 2005.

17. Helen Keller, Helen Keller Foundation for Research & Education, www.helenkellerfoundation.org/research.asp.

Épilogue

1. Lisa McLaughlin, "The Business of Hospitality (Your Time; Money)," *Time*, 2 octobre 2006.
2. James C. Collins and Jerry I. Porras, *Built to Last : Successful Habits of Visionary Companies*, HarperCollins, 1994, 88.
3. Barton Schultz, "Henry Sidgwick," *Stanford Encyclopedia of Philosophy*, http://plato.stanford.edu/entries/sidgwick/.

BIBLIOGRAPHIE

ARATON Harvey, "Athletes Toe the Nike Line, but Students Apply Pressure.", *New York Times*, 22 novembre 1997.

ATHERTON James, "Resistance to Learning.", www.learningandteaching.info/learning/resistan.htm.

"Athletes to Go to Court over Doping Programme.", *Yahoo! UK & Ireland Sports.* http://uk.sports.yahoo.com/060406/2/immn.html.

BAGLI Charles V, "Developer's High-Rise Plan Stirs Concern in the Diamond District.", *Wired New York.* www.wirednewyork.com/forum/showthread.php?t=8727.

BERLIN Isaiah, *The Crooked Timber of Humanity*, Princeton University Press, 1990.

BLASS Thomas, StanleyMilgram.com. www.stanleymilgram.com.

BRANDEIS Justice Louis, "Sunlight Is the Best Disinfectant.", *Brandeis Institute for Investigative Journalism.* www.brandeis.edu/investigate/sunlight/.

BRIN David, "A Dangerous World: Transparency, Security and Privacy." www.davidbrin.com/privacyarticles.html.

BRIN David, "Three Cheers for the Surveillance Society!", *Salon*, 4 août 2004.

BRIN David, *The Transparent Society: Will Technology Force US to Choose between Privacy and Freedom?*, Perseus Books, 1998.

BUCKINGHAM Marcus, *First, Break All the Rules: What the World's Greatest Managers Do Differently*, Simon & Schuster, 1999.

BUCKINGHAM Marcus, *Now, Discover Your Strengths*, Free Press, 2001.

BUCKINGHAM Marcus, *The One Thing You Need to Know: About Great Managing, Great Leading, and Sustained Individual Success*, Free Press, 2005.

"Business across Cultures: Equality in the Workplace.", *Living in Indonesia, A Site for Expatriates.* www.expat.or.id/business/equality.html.

Business Ethics, www.business-ethics.com.

CAPURRO Rafael, "Between Trust and Anxiety: On the Moods of Information Society." www.capurro.de/lincoln.html.

CAPURRO Rafael, "Ethical Challenges of the Information Society in the 21st Century.", Academic Press, décembre 2000.

"Causes of Hundred Years' War.", *Killeen Harker Heights Connections*. http://killeenroos.com/2/100YEARS.htm.

Center for Ethical Business Cultures. www.cebcglobal.org.

Center for Neuroeconomics Studies, www.pauljzak.com/index.php.

CHERNISS Cary, Daniel GOLEMAN, Robert EMMERLING, Kimberly COWAN, Mitchel ADLER, "Bringing Emotional Intelligence to the Workplace." Consortium for Research on Emotional Intelligence in Organizations, 7 octobre 1998.

DAY Peter, "Get Rid of the Hierarchies.", *BBC News*, 28 novembre 2005.

"Death on the Job: The Toll of Neglect." AFL-CIO, avril 2006.

The Defense Industry Initiative on Business Ethics and Conduct. www.dii.org.

"Do It Right: A Noted Author Explains Why an Ethical Business Is a Profitable Business.", *Bentley Surveys*.

"Does Superior Governance Still Lead to Better Financial Performance?", *Bentley Surveys*.

DRISCOLL Dawn-Marie, W. Michael HOFFMAN, *Ethics Matters: How to Implement Values-Driven Management*, Bentley College Center for Business Ethics, 1999.

EINSTEIN Albert, ThinkExist.com. http://en.thinkexist.com/quotes/albert_einstein/.

ELIOT T. S, 1934. "Choruses from the Rock." In *Complete Poems and Plays: 1909–1950*, Harcourt Brace & Company, 1952.

"Engadget: Kryptonite Evolution 2000 U-Lock Hacked by a Bic Pen." www.businessblogconsulting.com/2004/09/engadget_a_href.html.

EPSTEIN Edward Jay, "The Jewish Connection." http://edwardjayepstein.com/diamond/chap8.htm.

ESTY Amos, "The Bookshelf Talks with Michael Gazzaniga." *American Scientist Online*. www.americanscientist.org/template/InterviewTypeDetail/assetid/44271.

"*Ethical Consumer* Magazine's Online Shoppers' Guide." Ethical Consumer Research Association. www.ethiscore.org/.

Ethics & Compliance Officer Association. www.theecoa.org.

Ethics Resource Center. www.ethics.org.

FAIRTLOUGH Gerard, *The Three Ways of Getting Things Done: Hierarchy, Heterarchy and Responsible Autonomy in Organizations*, Triarchy Press, 2005.

"Fortune 100 Best Companies to Work for 2006.", *CNN Money*, 2006.

"Fortune 100 Best Companies to Work for 2006: Nordstrom.", *CNN Money*, 2006.

GAZZANIGA Michael S., *The Ethical Brain*, Dana Press, 2005.

GEFFNER David, "A Sparkling Life: Three Generations of Family Shine in L.A.'s Jewelry Trade.", *Jewish Journal*, 15 août 2003.

GERSTNER Lou, "Lou Gerstner's Turnaround Tales at IBM.", The Wharton School of the University of Pennsylvania, 18 décembre 2002.

GREENHOUSE Steven, "Nike Shoe Plant in Vietnam Is Called Unsafe for Workers.", *New York Times*, 8 novembre 1997.

"Greenspan's Not-So-Modest Book Proposal.", *New York Times*, 2 mars 2006, sec. DealBook.

HAINES James, "Corporate Governance, Business Ethics, and Individual Responsibility.", Automne 2004, Anderson Chandler Lecture, Lawrence, Kansas, 8 novembre 2004.

HAUSMAN Daniel M., "Trust in Game Theory.", Paper for Discussion, University of Wisconsin–Madison, Philosophy Department, 1997.

Heidrick & Struggles. www.heidrick.com/default.aspx.

HELLIWELL John F., Haifang HUANG, "How`s the Job? Well-Being and Social Capital in the Workplace.", *Social Science Research Network*, novembre 2005.

HENDERSON George M., "Wave Statement." www.krazygeorge.com/wave.html.

HENDRICKS Gay, Kate LUDEMAN, *The Corporate Mystic: A Guidebook for Visionaries with Their Feet on the Ground*, Bantam, 1997.

HYATT James C., "Birth of the Ethics Industry.", *Business Ethics*, été 2005.

International Center for Information Ethics. www.i-r-i-e.net/index.htm.

"J&J Is People's Favorite.", *CNN Money*, 6 décembre 2005.

JONES Dan, "Exploring the Moral Maze.", *New Scientist*, 26 novembre 2005.

"Kryptonite Cylinder Locks Opened with Bic Pens.", *Bicycle Retailer and Industry News*, September 16, 2004.

"Linda S. Wolf." Forbes.com. www.forbes.com/finance/mktguideapps/personinfo/FromPersonIdPersonTearsheet.jhtml?passedPersonId=929909.

LIPTON Eric, "Study Finds Huge Fraud in the Wake of Hurricanes.", *New York Times*, 14 juin 2006, Late Edition Final.

LRN. www.lrn.com.

MAHER Kris, "Wanted: Ethical Employer; Job Hunters, Seeking to Avoid an Enron or an Andersen, Find It Isn't Always Easy.", *Wall Street Journal*, 9 juillet 2002, sec. Career Journal.

MASUM Hassan, Yi-Cheng ZHANG, "Manifesto for the Reputation Society.", *First Monday*, juillet 2004.

MEAKEM Glen, Discours. The Joseph M. Katz Graduate School of Business, University of Pittsburgh Commencement, Pittsburgh, 14 juin 2002.

"Media Holds Its Own in Trust Poll.", *BBC News*, 3 mai 2006.

MENCKEN H. L., "Quotes Related to the Fundamental Values of Academic Integrity." Center for Academic Integrity, Kenan Institute for Ethics, Duke University. www.academicintegrity.org/quotes.asp.

MEYER Danny, *Setting the Table: The Transforming Power of Hospitality in Business*, HarperCollins, 2006.

MILGRAM Stanley,"The Perils of Obedience." http://home.swbell.net/revscat/perilsOfObedience.html.

MONTAIGNE Michel (de), "Essays of Michel de Montaigne." *Project Gutenberg*. www.gutenberg.org/files/3600/3600-h/3600-h.htm (alternate translation from the French).

"The Moral Brain." www.themoralbrain.be.

"Morals on the Brain." *BBC News*, 19 octobre 1999, sec. Sci/Tech.

MOSS Stephen, "Idleness Is Good." *Guardian*, 17 avril 2003.

"The Nature of a Wave: Waves and Wavelike Motion.", *The Physics Classroom*. www.physicsclassroom.com/Class/waves/U10L1a.html.

"100 Best Corporate Citizens for 2005."*Business Ethics*, printemps 2005.

"Our Favourite Case Study Tells Their Side: Kryptonite Speaks.", *Business BlogConsulting*. www.businessblogconsulting.com/2005/07/our_favourite_c.html.

"ParEcon." *ZNet*. www.zmag.org/parecon/indexnew.htm.

PATSURIS Penelope, "The Corporate Scandal Sheet.", *Forbes*, 26 août 2002.

PAVLINA Steve, "List of Values." StevePavlina.com. www.stevepavlina.com/articles/list-of-values.htm.

Pew Internet & American Life Project. www.pewinternet.org.

PICASSO Pablo, In *Uncommon Wisdom*, Andrews McMeel Publishing, 1999.

"Predicting Hits: What's the Buzz?", *Los Angeles Times*, 10 février 2006, sec. Calendar.

RAMSEY Geoff, "Ten Reasons Why Word-of-Mouth Marketing Works." *Online Media Daily*. http://publications.mediapost.com/index.cfm?fuseaction=Articles.showArticleHomePage&art_aid=34339.

"The Real Link to Demand Creation." *Sirius Decisions*. www.siriusdecisions.com/newsletter/newsletter20/index.html.

RECKARD E. Scott, “Ex-Money Manager Gets 30 Years.”, *Los Angeles Times*, 27 mai 2006, Home Edition.

Reputation Institute. www.reputationinstitute.com.

RESNICK Paul, Richard ZECKHAUSER, John SWANSON, Kate LOCKWOOD, “The Value of Reputation on eBay: A Controlled Experiment.”, *Experimental Economics*, juin 2006.

“Responsible Shopper.” *Co-op America*. www.coopamerica.org/programs/rs/.

RHEINGOLD Howard, “Important New Book on Sharing Economies.” www.smartmobs.com/archive/2005/05/18/important_new_b.html.

“Richard Joyce.” Philosophy Program, Research School of Social Sciences, Australian National University. http://philrsss.anu.edu.au/people-defaults/rjoyce/index.php3.

ROOSEVELT Theodore, “The Opening of the Jamestown Exposition.” Discours, Norfolk, Virginia, 26 avril 1907.

RUBEL Steve, “Kryptonite Lock’s Blog Crisis Leaps into the Press.” *Micro Persuasion*. www.micropersuasion.com/2004/09/kryptonite_lock.html.

SCOBLE Robert, Shel ISRAEL, “Kryptonite Argues Its Case.” *Naked Cases*. http://redcouch.typepad.com/weblog/2005/07/kryptonite_argu.html.

SEGLIN Jeffrey L., “Business with a Conscience: Do It Right.”, *MBA Jungle Magazine*, November 1, 2001.

SHAKESPEARE William, *Othello*, Washington Square Press, 2004.

SHIRKY Clay, “Reputation and Society.” *Corante*. http://many.corante.com/archives/2004/07/19/reputation_and_society.php.

SOCRATES. ThinkExist.com. http://en.thinkexist.com/quotes/socrates/.

“Stewart Convicted on All Charges.”, *CNN Money*, 5 mars 2004.

“Surveillance Campaign.” American Civil Liberties Union. www.aclu.org/pizza/.

“Theories about Decision-Making.” ChangingMinds.org. http://changingminds.org/explanations/theories/a_decision.htm.

“The Toxic 100: Top Corporate Air Polluters in the United States.” Political Economy Research Institute, 2002.

“TQM, ISO 9000, Six Sigma: Do Process Management Programs Discourage Innovation?” *Knowledge@Wharton*, 30 novembre 2005.

“Triarchy Press—Articles.” www.triarchypress.co.uk/pages/articles/articles.htm.

“Trust in Employees Significantly Higher Than in CEOs, Edelman Trust Barometer Finds.” Edelman, 23 janvier 2006.

ULRICH Dave, Steve KERR, Ron ASHKENAS, *The GE Work-Out.* McGraw-Hill, 2002.

VEDANTAM Shankar, "Study Ties Political Leanings to Hidden Biases.", *Washington Post,* 30 janvier 2006.

WEBLEY Simon, Elise MORE, "Does Business Ethics Pay?", Institute of Business Ethics. www.ibe.org.uk/DBEPsumm.htm.

WHITELEY Richard, *The Corporate Shaman: A Business Fable,* HarperCollins, 2006.

WHITFIELD George B., III, "Conflict Resolution Strategies in Indonesia." *Living in Indonesia, A Site for Expatriates.* www.expat.or.id/business/conflictresolution.html.

WIEDEMANN Erich, "Jews Surrender Gem Trade to Indians.", *Spiegel Magazine,* 15 mai 2006.

WOODEN John, ThinkExist.com. http://en.thinkexist.com/quotes/john_wooden/2.html.

"World Values Survey." www.worldvaluessurvey.org.

ZUBOFF Shoshana, "From Subject to Citizen.", *Fast Company,* mai 2004.

INDEX

D

E

M

N

O

P

56768 - (I) - (4,5) - OSB 90° - DAT - VCT
Imprimerie CHIRAT - 42540 Saint-Just-la-Pendue
Dépôt légal : octobre 2011
N° 201109.0244

Imprimé en France